Nelles Verlag

Ausgabe 2016

Karibik
Große Antillen, Bermudas, Bahamas

Autoren:
Steve Cohen, Janet Groene,
Elke Frey, Robin D. Frommer,
Birgit Müller-Wöbcke, Ute Vladimir,
Claire Walter, Laurie Werner, Deborah Williams

U. S. A.
66
BERMUDA
Tallahassee
ATLANTIC OCEAN
GULF OF MEXICO
Miami
Nassau
BAHAMAS
La Habana
CUBA
DOM. REP.
Puerto Rico (U.S.)
MEXICO
Greater Antilles
Lesser Antilles
BELIZE
JAMAICA
HAITI
HONDURAS
CARIBBEAN SEA
Fort Pierce
West Palm Beach
Boca Raton
FORT LAUDERDALE
MIAMI BEACH
FLORIDA (U.S.)
GRAND BAHAMA
89
Freeport
LITTLE ABACO
Marsh Harbour
THE MARLS
GREAT ABACO
Northwest Providence Ch.
Northeast Providence Ch.
BIMINI ISLANDS
BERRY ISLANDS
NEW PROVIDENCE
ELEUTH
82
NASSAU
Rock S
San Andros
GREAT ANDROS
Behring Point
Congo Town
Exuma Sound
EXUMA CAYS
CAY SAL BANK
Santaren Channel
BAHAMA BANK
BRIGANTINE CAYS
GREAT EXUMA
BAHAMAS
LONG ISL
Old Bahama Channel
COCHINOS BANK
LA HABANA
Miramar
MATANZAS
Varadero
Bahía Honda
Sagua la Grande
Santa Lucía
C. DE GUANIGUANICO
Artemisa
Palos
Colón
Batabanó
SANTA CLARA
Caibarién
CAYO COCO
Golfo de Batabanó
PEN. DE ZAPATA
Rodas
Guane
PINAR DEL RIO
CIENFUEGOS
Morón
La Bajada
Nueva Gerona
Esmeralda
CAYO GUAJABA
La Fé
Trinidad
SANCTI SPÍRITUS
CIEGO DE AVILA
Nuevitas
ISLA DE LA JUVENTUD
CAYO LARGO DEL SUR
Minas
Manatí
CUBA
CAMAGÜEY
LAS TUNAS
HOLGUÍN
Amancio
80
MANZANILLO
BAYAMO
Golfo de Guacanayabo
Niquero
SIERRA MAESTRA
Pilón
SANTIAGO DE CUBA
GRAND CAYMAN
196
LITTLE CAYMAN
202
CAYMAN BRAC
Cayman Trench
208
Montego Bay
Ocho Rios
Port Antonio
Savanna-la-Mar
Albert Town
Mandeville
2256
Old Harbour
KINGSTON
JAMAICA
178
CARIBBEAN
0
100
200 km
100 miles

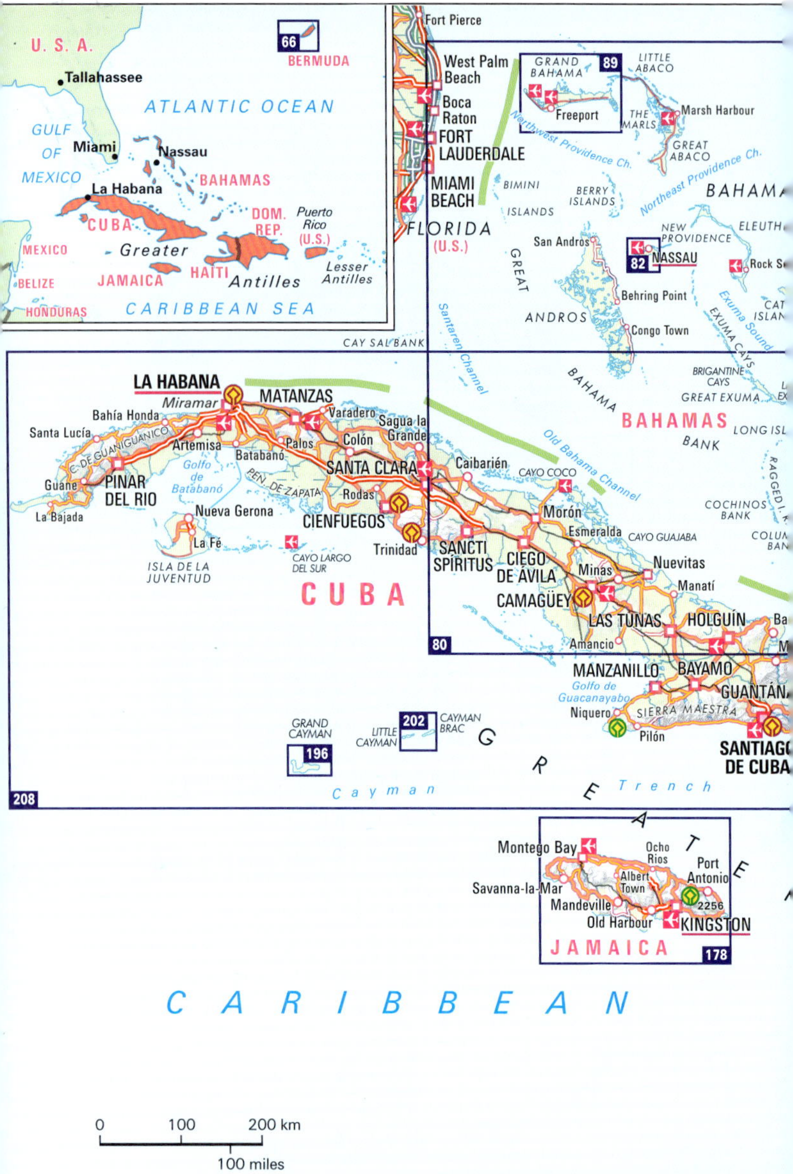

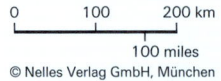

KARTENVERZEICHNIS

IMPRESSUM / KARTENLEGENDE

Liebe Leserin, lieber Leser,

AKTUALITÄT wird in der Nelles-Reihe groß geschrieben. Unsere Korrespondenten dokumentieren laufend die Veränderungen der weltweiten Reiseszene, und unsere Kartografen berichtigen ständig die auf den Text abgestimmten Karten.

Wir freuen uns über jeden Korrekturhinweis! Unsere Adresse: Nelles Verlag, Machtlfinger Str. 26 Rgb., D-81379 München, Tel. +49 (0)89 3571940, Fax +49 (0)89 35719430, E-Mail: Info@Nelles.com, Internet: www.Nelles.com

Haftungsbeschränkung: Trotz sorgfältiger Bearbeitung können fehlerhafte Angaben nicht ausgeschlossen werden, der Verlag lehnt jegliche Produkthaftung ab. Alle Angaben ohne Gewähr. Firmen, Produkte und Objekte sind subjektiv ausgewählt und bewertet.

LEGENDE

KARIBIK
Große Antillen, Bermudas, Bahamas
© Nelles® Verlag GmbH
81379 München
All rights reserved

Ausgabe 2016
Druck: Bayerlein, Germany
Einband durch DBGM geschützt

- R18 -

1 FEATURES

2 GESCHICHTE UND KULTUR

3 BERMUDAS

4 BAHAMAS

5 TURKS & CAICOS

6 PUERTO RICO

12 REISE-INFORMATIONEN

Die Playa Flamenco auf der Insel Culebra, vor Puerto Ricos Ostküste

Bewaldete Karstkegel, sogenannte Mogotes, prägen das Viñales-Tal auf Kuba

HÖHEPUNKTE

★★**Horseshoe Bay** (S. 68): Der bekannteste Badestrand von Grand Bermuda wird zwischen Mai und September von Rettungsschwimmern überwacht.

★★**Botanical Gardens** in Paget Parish, Grand Bermuda (S. 69): Da die blühenden Bäume des Botanischen Gartens, besonders stark duften, besitzt der Park sogar einen speziell für Blinde angelegten Bereich.

★★**Andros** (S. 92): Die urwüchsigste Insel der Bahamas. Unzählige Wasserarme, Seen, Mangrovensümpfe und Pinienwälder prägen die Landschaft und sind Rückzugsgebiete zahlreicher Tier- und Vogelarten.

★★**Eleuthera** (S. 95): fast 180 Kilometer rosa schimmernde Strände, felsige Buchten und verschlafene Dörfer.

★★**Windsor Lake** (S. 96): Der See auf Great Inagua beheimatet mehr als 80 000 Flamingos, zudem Pelikane, Reiher und Papageien.

★★**Princess Alexandra National Park** (S. 107): das Naturschutzgebiet auf Providenciales, Turks & Caicos, zählt zu den besten Schorchelrevieren der Karibik. Auch Fischadler und Iguanas können beobachtet werden.

★★**Grace Bay Beach** (S. 108): Weißer feinsandiger Traumstrand auf Providenciales; wird regelmäßig in den TOP 10-Listen der Karibik genannt.

★★Die **Caicos Banks** (S. 109): Das Koralleriff vor South Caicos gilt als erstklassiger Tauchgrund und ist, wie der Badestrand ★**Pine Cay**, Teil des Caicos Unterwasser-Nationalparks.

★★**San Juan** (S. 117): Puerto Ricos Hauptstadt mit ihren mächtigen Bollwerken ★**Fort San Cristóbal**, ★★**San Felipe del Morro** und der Festung ★★**La Fortaleza** ist ein touristisches Muss.

★★**Nationalpark El Yunque** (S. 125): Puerto Ricos 11 270 ha großen Regenwald mit herrlichen Trekking-Routen, Aussichtstürmen und Wasserfällen stellte schon die Spanische Krone im Jahr 1876 unter Schutz.

★★**Ponce** (S. 127): Pastellfarbene Art-déco-Fassaden und der schönste ★**Karneval** Puerto Ricos lohnen den Besuch.

★★**Zona Colonial** von Santo Domingo (S. 146): 1990 erklärte die UNESCO die koloniale Altstadt zum schützenswerten Weltkulturerbe.

★★**Blue Mountains** (S. 188), Jamaikas Berglandschaft und Hiking-Paradies mit Gipfeln von bis zu 2166 Metern ist in der gesamten Karibik einmalig. Die Blue Mountains sind auch berühmt den Kaffee, der in diesen tropischen Hochlagen gut gedeiht. Sie zählen zum UNESCO-Natur- und Kulturerbe zugleich.

★★**Stingray City** (S. 200): Zahme Rochen in einer Art maritimem Streichelzoo vor Grand Cayman.

★★**Bloody Bay Wall** (S. 202): Von 5 bis 365 m Tiefe bietet dieses fast senkrecht abfallende Riff vor allem für versierte Taucher jede Menge Adrenalin vor Little Cayman.

★★**Havanna** (S. 211): Befestigungsanlagen und Altstadtkern der 2-Millionen-Einwohner-Metropole sind wegen ihres zusammenhängenden Ensembles barocker und neo-klassizistischer Bauwerke einzigartig.

★★**Camagüey** (S. 223): Die 1528 gegründete Stadt im Inneren Kubas unterscheidet sich durch Häuserblocks mit asymmetrischen Grundrissen und durch gewundene Straßen von allen herkömmlichen spanischen Stadtgründungen.

★★**Cienfuegos** (S. 223): Das neoklassizistische Stadtzentrum wurde 1819 gegründet und 2005 zum UNESCO-Welterbe erklärt.

★★**Trinidad** und das ★★**Valle de los Ingenios** (S. 228): Das hübsche kubanische Kolonialstädtchen und die Zuckerrohr-Landschaft der Umgebung zählen zu Kubas UNESCO-Weltkulturerbe.

Rechts: Viel Spaß in der Karibik! (Cayman)

Foto: Cayman Islands Tourism

EINSTIMMUNG

Willkommen in einem Meer der Farben, in einer Welt mitreißender Rhythmen und origineller Klänge: Salsa beschwingt Puerto Rico, Son hält Kuba in rhythmischer Bewegung, Bachata, Merengue und Reguetón befeuern die Dominikanische Republik, Cadence und Zouk sind Haïtis musikalische Absage an den Alltag, Reggae schwappt in Jamaika aus den Bassboxen. Wo Party ist, wird Dancehall aufgelegt und getanzt, als gäbe es kein Morgen. Braver „Bananaboat"-Calypso à la Harry Belafonte – das ist lange her.

Wer Karibik hört und dabei nur an traumhafte Badestrände und vielleicht noch an Piratenfilme denkt, lässt einige sehr interessante Facetten der afrikanisch, amerikanisch, britisch, französisch und spanisch geprägten Inselwelten vorschnell außer Acht. Natürlich gibt es etliche korallenweiße, gold- oder rosafarbene Puderzuckerstrände wie beispielsweise Cabbage Beach oder Treasure Key auf Abaco, wie den Seven Miles Beach auf Grand Cayman oder Grace Bay Beach auf Providenciales, deren Sand man am liebsten in kleine Glasfläschchen gefüllt für immer mit nach Hause nehmen möchte. Oder weite Küstenabschnitte wie die bei Punta Cana und Bávaro in der Dominikanischen Republik, die auch Pauschalreisenden auf einer Länge von mehr als 70 Kilometern Freiheit und individuelle Badefreuden versprechen. Hinzu kommen faszinierende Tauch- und Schnorchelreviere wie etwa auf den Cayman Islands sowie ein breites Wassersportangebot.

Doch Besucher, die bereit sind, auch einmal über den Tellerrand ihres Hotelgeschirrs zu blicken, entdecken in den Millionenstädten Havanna und Santo Domingo architektonische und kulturelle Schätze und treffen auf gastfreundliche, lebensfrohe Menschen. Die karibischen Inseln haben viele Facetten, vom Party-Glitzer Nassaus bis zur einsamen, schönen Natur der jamaikanischen Blue Mountains. Angesichts dieser Vielfalt wäre es schade, den Urlaub ausschließlich am Palmenstrand zu verbringen.

13

Präkolumbische Zeit

Ab dem 1. Jh. n. Chr. Auf die Landnahme der Arawak folgt eine Invasion kriegerischer Kariben im 8. Jh. n. Chr. Im 11. Jh. wandern weitere Arawak-Stämme ein – auf eine Untergruppe, die Taíno, trifft Kolumbus bei seiner ersten Entdeckungsreise in Kuba und Hispaniola.

Die Entdeckung der Neuen Welt

12.10.1492 Christoph Kolumbus landet auf der Bahamas-Insel *Guanahani* (San Salvador).

27.10.1492 Kolumbus landet an der Nordküste Kubas und glaubt, Indien erreicht zu haben.

24.12.1492 Kolumbus' Flaggschiff Santa Maria läuft im Nordwesten Hispaniolas auf Grund; mit Gründung der Siedlung „La Navidad" beginnt die spanische Besitznahme der Karibik.

1494 Auf seiner zweiten Reise entdeckt Kolumbus Jamaika und Puerto Rico.

1496 Bartolomé Colón, ein Bruder von Kolumbus, gründet Santo Domingo, heute die Hauptstadt der Dominikanischen Republik.

1503 Der Spanier Juan de Bermúdez entdeckt Bermuda, das 1620 britische Kronkolonie wird.

1511 Diego Velázquez gründet auf Kuba sieben Siedlungen – erste Hauptstadt ist Santiago. Die indianische Bevölkerung wird von den Spaniern nahezu ausgerottet.

1585-86 Handelsstreit zwischen den führenden Seemächten Spanien (Felipe II.) und England (Elisabeth I.) – Francis Drake überfällt Santo Domingo. Später häufige Plünderungen durch englische und französische Piraten.

1588 Unter Francis Drake vernichten die Engländer die Spanische Armada und beenden deren Seeherrschaft in der Karibik. Weitere europäische Kolonialmächte drängen nach.

1607 Havanna wird Kubas Hauptstadt und Hauptanlaufstelle spanischer Schiffe, die Gold, Silber und Kolonialprodukte aus Mittel- und Südamerika bzw. Manufakturwaren aus Europa transportieren. Später bringen die Galeonen auch Sklaven aus Afrika in die Karibik: Der „Dreieckshandel" blüht, Zuckerrohrplantagen werfen hohe Gewinne ab. Kanarische Einwanderer machen den Tabakanbau profitabel.

1655 Die Briten erobern 1655 Jamaika.

1665 Frankreich annektiert den Westen Hispaniolas (heute Haïti).

1692 Port Royal auf Jamaika, englische Flottenbasis, Piratennest und wichtigster Sklavenumschlagplatz auf Jamaika mit lockeren Sitten, wird durch ein Erdbeben zerstört.

Freiheitsbewegung und Unabhängigkeit

1789 In der von Sklaverei bestimmten Karibik der Kolonialzeit löst die Französische Revolution („Freiheit, Gleichheit, Brüderlichkeit") Aufstände der Unterdrückten aus.

1791-93 Auf zahlreichen Inseln lodern nun Revol-

Foto: Archiv für Kunst und Geschichte, Berlin

Der Amerika-Entdecker Kolumbus segelte im Auftrag des spanischen Königs Ferdinand II.

ten von Leibeigenen auf; doch nur in Haïti gelingt es den Sklaven, die Sklaverei abzuschaffen. Hier schlagen die Schwarzen sogar eine Elitearmee Napoleons in die Flucht.

1795 Frankreich bringt die ganze Insel Hispaniola unter Kontrolle und macht den Ex-Sklaven Toussaint L'Ouverture zum Gouverneur.

1.1.1804 Jean-Jacques Dessaline ruft im französischen Westen Hispaniolas die Republik Haïti aus und erklärt sich zum Kaiser; zwei Jahre später wird er ermordet.

1822 Haïtianische Truppen besetzen Santo Domingo, die Osthälfte Hispaniolas, und schaffen auch dort die Sklaverei ab.

1838 Jamaikas Parlament beendet die Sklaverei; befreite Leibeigene besetzen das Inselinnere; bankrotte Plantagen, Wirtschaftskrise, hohe Steuern und Diskriminierung schüren die Unzufriedenheit der schwarzen Bevölkerung.

1844 Der Geheimbund „La Trinitaria" setzt die Ideen der drei späteren Staatsväter der Dominikanischen Republik – Duarte, Sánchez und Mella – mit

Der ehemalige Sklave General Toussaint L'Ouverture regierte Hispaniola 1801-03.

Gewalt um und stürmen den Sitz der haïtianischen Garnison, die Festung Santo Domingo. Die 1. Dominikanische Republik wird unabhängig.

1861 Eine Schutzbitte des Großgrundbesitzers und Präsidenten Pedro Santana nützt Spanien zur erneuten Herrschaftsübernahme in ihrer dominikanischen Ex-Kolonie.

1865 Farbige Jamaikaner rebellieren bei Port Morant, was die Regierung mit brutalen Repressalien beantwortet. Jamaika wird britische Kronkolonie und verliert sein Selbstverwaltungsrecht.

1868 Kuba schafft die Sklaverei ab.

1898 Spanien unterliegt im Krieg gegen die USA, muss Kuba und Puerto Rico aufgeben. Kuba gerät in die Abhängigkeit Nordamerikas.

1902 Kuba wird Republik, doch die USA behalten Interventionsrechte; u.a. pachten sie im Folgejahr Guantánamo.

1914-16 Unter dem Einfluss der amerikanischen Mafia blühen auf Kuba Glücksspiel und Prostitution.

1915 US-Streitkräfte besetzen Haïti wegen des wachsenden Einflusses der Deutschen.

1916-24 Die USA besetzen nun auch Santo Domingo, das später die Diktatoren Machado und (ab 1934) Batista beherrschen.

1956-59 Fidel Castros Guerillatruppe erkämpft die kubanische Revolution und treibt Diktator Fulgencio Batista ins Exil.

1957-86 Haïti durchlebt das brutalste Regime seiner Geschichte: Die Diktatoren „Papa Doc" François Duvalier und „Baby Doc" Jean-Claude Duvalier plündern das Land gnadenlos aus. Das von ihnen veruntreute Geld macht 40 % der horrenden Staatsverschuldung Haïtis aus.

1961 Kuba verstaatlicht ausländische Firmen; die USA verhängen darauf ein Handelsembargo und unterstützen den Landungsversuch von Exilkubanern in der Schweinebucht.

1962 Auf dem Höhepunkt der Kubakrise bedrohen russische Atomraketen die USA und den Weltfrieden. Jamaika wird als Mitglied des Commonwealth unabhängig; doch Staatsoberhaupt bleibt formell die britische Königin.

1973 Großbritannien entlässt die Bahamas in die Unabhängigkeit.

1995 Bermuda lehnt die Unabhängigkeit ab.

1998 Papst Johannes Paul II besucht Kuba.

2004 Blutige Aufstände auf Haïti, Präsident Jean Bertrand Aristide muss fliehen. Mit der UN-Mission „MINUSTAH" kommen Blauhelmtruppen ins Land.

2006 Mit Portia Simpson-Miller wird auf Jamaika erstmals eine Frau Premierministerin.

12.1.2010 Erdbeben in Haïti: 300 000 Tote und 1 Mio. Obdachlose. Der Großteil von Port-au-Prince wird zerstört.

2011 Eröffnung von Jamaikas neuem Kreuzfahrthafen „Historic Falmouth Port".

2012 Der Hurrikan Sandy richtet Schäden an.

2015 Wirtschaftsreformen in Kuba; Wiederaufnahme der diplomatischen Beziehungen mit den USA; die USA lockern ihre Sanktionen. Finanzkrise auf Puerto Rico.

Foto: Archiv für Kunst und Geschichte, Berlin

Foto: Christian Heeb

Inseln im Türkisblau des Meeres, im Passatwind rauschende Palmen, weiße Sandstrände und ein wolkenloser Himmel – die Karibik ist eine ideale Kreuzfahrtdestination.

„Ich sah so viele Inseln, dass ich mich nicht entscheiden konnte" notierte schon Kolumbus in sein Bordbuch, als er nach monatelanger Seereise die Karibik erreicht hatte. Seit ihrer Entdeckung haben diese tropischen Inseln die Alte Welt – und manchen Piratenkapitän – fasziniert, und bis heute, im Jet-Zeitalter, ist die schönste Art, sich den Inseln zu nähern, die per Schiff. Was früher als Reichenprivileg galt, hat sich zum bezahlbaren Vergnügen entwickelt. Am Beginn einer Kreuzfahrt steht die Entscheidung: Welche Route, welches „Traumschiff"?.

Wege durch ein Traumrevier

Zwischen den Bahamas im Norden und den ABC-Inseln vor der südamerikanischen Küste trifft man auf so viele schöne Ankerplätze, dass die individuelle Auswahl schwer fällt. Die Meisten entscheiden sich deshalb für eine der bewährten Pauschalrouten.

Eine eher langsame Form des Reisens bieten „Transatlantik-Kreuzfahrten", bei denen die Karibik-An- oder Abreise per Schiff erfolgt. Etwa fünf Seetage benötigen die Schiffe von den Kanarischen Inseln, bis der Atlantik überquert und die Karibik erreicht ist. Häufiger starten Kreuzfahrer allerdings von Florida aus (Fort Lauderdale, Miami, Tampa) bzw. von San Juan aus (Puerto Rico) für mehrtägige bis mehrwöchige Touren. Passagiere buchen in diesem Fall ein *Fly & Cruise*-Arrangement, das heißt: An- und Abreise in die USA erfolgen mit dem Flugzeug.

Links: Auf dem Sonnendeck der Voyager of the Seas (Royal Caribbean).

Von Florida südostwärts gelangt man zu den „Großen Antillen", die – abgesehen vom englischsprachigen Jamaika und dem französisch beeinflussten Haïti – noch erkennbar spanisch geprägt sind, mit unterschiedlich großen Bevölkerungsanteilen von Nachfahren der einst aus Schwarzafrika hierher verbrachten Plantagenarbeiter.

Weiter südöstlich schließen sich die „Kleinen Antillen" an (siehe *Nelles Guide Kleine Antillen*) – hunderte von Inseln und Inselchen, die sich nicht nur durch ihre Vegetation, Ökonomie und Größe, sondern auch durch ihre Kolonialgeschichte, Kultur und Lebensstil stark voneinander unterscheiden. Etliche Eilande sind nachhaltig von Holland, Frankreich oder Großbritannien geprägt; auf Trinidad hingegen leben viele Inder.

Kreuzfahrtrouten kombinieren in der Regel Inseln der Großen und Kleinen Antillen miteinander, und so hat man die Gelegenheit, einen guten Eindruck von der Vielfalt der Karibik zu bekommen.

UNESCO-geschützte Altstädte und Robinson-Inselchen

Mit ihren geschichtsträchtigen Hauptstädten bieten Kuba, die Dominikanische Republik und Puerto Rico städtebauliche Highlights, wie man sie auf den Kleinen Antillen sonst nicht findet. Die Altstadt Havannas etwa ist eine fünf Quadratkilometer große historische Schatzkammer, bestückt mit Palästen, Festungen, Kirchen und Klöstern. Über die Bucht von San Juan ragt die eindrucksvolle Festung El Morro; dort ist das Erbe der spanischen Kolonialherren nach wie vor lebendig.

Vom Ochos Ríos Cruise Terminal auf Jamaika sind es nur wenige Kilometer zu den berühmten Wasserkaskaden Dunn's River Falls, die Sie am besten mit rutschfesten Schwimmschuhen und Badebekleidung erklimmen.

Vom Kreuzfahrt-Terminal in Santo

Domingo (Dominikanische Republik) gelangen Sie problemlos auf eigene Faust in die Ciudad Colonial, zu spanischen Kirchen, prächtigen Plazas und Palästen, alle aufs Feinste restauriert.

Royal Caribbean betreibt den Hafen Labadie an der Nordküste von Haïti, 10 km nordwestlich vom Cap-Haïtien, mit Privatstrand. Hier spaziert man zum Dragon's Rock, gleitet an einem Canopy-Seil durch den Dschungel oder genießt den paradiesischen Strand.

Über Bilderbuchstrände verfügen die Jungferninseln. Das kleine, edle Anguilla besitzt zwar kaum Sehenswürdigkeiten, ist aber bekannt als Hideaway für Stars und VIPs. Vulkane und Regenwald prägen das französische Guadeloupe, während man auf Barbados und Antigua in Plantagenhäusern britisch stilvoll zur Cocktailstunde lädt. Das Wahrzeichen der Kleinen Antillen, die Twin Pitons von St. Lucia – zwei wie Zuckerhüte aus dem Regenwald ragende Vulkankegel – betrachtet man am besten von einem der Restaurants des Fischerstädtchens Soufrière aus. Exotische Gewürze locken auf den farbenfrohen Märkten von Grenada. In Dominica sollte man eine geführte Hiking Tour durch den dampfenden Regenwald unternehmen. Und falls Sie im Februar in Trinidad an Land gehen sollten, erwartet Sie dort das prachtvollste Faschingsspektakel der Karibik.

Schwimmende Paläste

Tagsüber neue Inseln erforschen, abends in die Geborgenheit und den Luxus des Schiffes zurückkehren – da lohnt es sich, vorher genau zu überlegen. Denn die für Kreuzfahrten genannten Preise sind Einstiegspreise, nämlich in der günstigsten Kabinenklasse. Diese ist zumeist im Unterdeck, d. h. Kabinen ohne Fenster. Schöner und teurer, teils auch größer sind Außenkabinen, die in

Rechts: Die Avalon-Show, beliebte Abendunterhaltung auf Aida-Kreuzfahrtschiffen.

der Luxusversion auch einen Balkon besitzen. Oft lohnt es sich, hier zu investieren: Da man auf Kreuzfahrtschiffen meist von vielen Menschen umgeben ist, sich in offenen, ineinander übergehenden Räumen aufhält, schätzt man bald die Privatsphäre, die eine Kabine bietet, und der eigene Balkon wird zum Lieblingsplatz. Und was kann es Schöneres geben, als den ersten Kaffee am Morgen in der Privatheit der eigenen Kabine, auf einem Logenplatz über dem Meer zu genießen?

Generell konzentrieren sich Kreuzfahrten in die Karibik auf den Winter und beginnen nach der jährlichen Hurrikan-Saison. Diese ist von Juni bis November, doch treten die Stürme verstärkt im September und Oktober auf.

Der Trend geht zu immer größeren Schiffen, so dass Belegungszahlen von über 3000 Passagieren keine Ausnahme mehr sind; die *Allure of the Seas* (Heimathafen: Nassau/Bahamas) bietet sogar 6300 Passagieren und 2100 Besatzungsmitgliedern Platz. Dem Luxussegment vorbehalten sind hingegen Kreuzfahrtschiffe, die nur um die 200 Kabinen zählen und deren Personal den Gästen jeden Wunsch von den Augen ablesen, angefangen von der individuellen Begrüßung mit Jahrgangschampagner beim Einschiffen bis zum exklusiven Turn Down Service – der Vorbereitung von Bett und Kabine für die Nachtruhe, während die Passagiere beim Dinner sind.

Die enorme Größe moderner Kreuzfahrtschiffe mit mehr als 14 Decks garantiert vielfältige Unterhaltungsmöglichkeiten: Neben Swimmingpools gehören Spa- und Wellness-Bereiche, Jogging-Laufstrecken und weitere Sportprogramme schon zum Standard. Neben Dutzenden von Restaurants, Cafés und Bars gibt es Casinos und Theater, in denen abends Showprogramme zur Aufführung kommen.

Außerdem könnte man bei der Wahl des „richtigen" Kreuzfahrtschiffs auf die Zertifizierung nach der internationalen

Foto: AIDA Cruises

Umweltnorm achten – der Bestätigung des nachhaltigen Umgangs mit Ressourcen.

Wer etwas ganz Besonderes mag, entscheidet sich für eine Segelkreuzfahrt auf einem Windjammer, etwa auf der legendären Sea Cloud II, beispielsweise rund um Barbados.

Kreuzfahrt-Knigge

Während der ersten Tage an Bord erläutert die Besatzung die Sicherheitsbestimmungen. Per Durchsagen, übers Bordfernsehen oder tägliche Bordzeitungen erfährt man das Programm des jeweiligen Tages. Landausflüge können bereits von zu Hause oder an einem speziellen Schalter auf dem Schiff gebucht werden. Natürlich gibt es auch die Möglichkeit für Unternehmungen auf eigene Faust. Dies bietet sich besonders auf Inseln an, wo das Cruise Ship Terminal nahe dem Stadtzentrum liegt. Andererseits gelangt man mit den auf den Inseln stets reichlich vorhandenen Taxis sicher und günstig (vorher über

die Preise informieren!) überall hin. Spezielle Kreuzfahrtführer-Literatur kann bei der Planung und auch manchen Euro sparen helfen.

Die Kleidung an Bord sollte dem feuchtwarmen Tropenklima entsprechen. Zum Abendessen sind meist lange Hosen und Hemden mit Kragen bei den Herrn erwünscht; Dinnerjacket bzw. Abendkleid sind – mit Ausnahme einiger Luxusschiffe – eher wenigen Gelegenheiten vorbehalten. Recht leger geht es mitunter auf US-amerikanischen Schiffen der drei- und vier-Sterne Kategorie zu, wo manche Gäste selbst zum à la carte-Dinner in Schlappen, kurzen Hosen und T-Shirt erscheinen.

Das auf Kreuzfahrtschiffen nahezu obligatorische Trinkgeld pro Person und Seetag wird von einigen Reedereien pauschal über die Bordkreditkarte eingezogen, mitunter ist dieses aber auch bereits im Reisepreis enthalten. Am Ende steht das „Ausschiffen", aber für nicht wenige Passagiere folgt nun lediglich eine Übergangszeit, bis es möglichst bald wieder heißt: „Leinen los"!

Foto: Christian Heeb

KARIBISCHE KÜCHE

Die karibische Küche verwendet reichlich heimische tropische Gemüsesorten wie Okra, Süßkartoffeln oder Kochbananen, aber auch Bohnen; exotische Gewürze wie Piment, Chili, Curry und Langer Koriander (*culantro* oder *cilantro*); frischen Fisch, Meeresfrüchte und zum Nachtisch Tropenfrüchte wie Mango der Ananas. Mangels Rinderweiden auf den kleineren Inseln kommt auf solchen eher Schwein, Lamm und Huhn als Rindfleisch in den Topf. Reis und Kartoffeln dienen oft als Beilagen. Einige international gängige Nahrungsmittel müssen importiert werden.

Nach der Ausrottung der indianischen Urbevölkerung bildeten Tausende aus Afrika verschleppte Sklaven sowie die später als Arbeiter und Diener hierher verpflichteten Inder das grundlegende kulturelle Element – *Mestizen*

Oben: Im Rum-Museum der Zona Colonial in Santo Domingo. Rechts: Ein typischer dominikanischer Lebensmittelladen.

und *Kreolen* – unter der Herrschaft der fernen Kolonialmächte und ihrer Vertreter auf den Inseln – spanischen, britischen, französischen oder niederländischen Kolonisten. Inzwischen hat sich die Machtstruktur zwar geändert, nicht jedoch das in der karibischen Küche seinen Ausdruck findende kulturelle Erbe.

Die karibische Küche ist äußerst abwechslungsreich. Viele Pflanzen wurden von den Kolonisten erst hierher gebracht, so der Brotbaum, den die Einheimischen dem u. a. auf der berühmtberüchtigten „Bounty" in den Diensten Englands stehenden Captain Bligh verdanken. Zur Vegetation der Inseln gehören auch Kokosnuss-, Mango- und Avocadobäume, die man in vielen Gärten sieht. Bei den sog. Taubenerbsen (Strauchbohnen) handelt es sich um ein allen Inseln gemeinsames afrikanisches Erbe. Auch wild wachsende Bananensorten sind hier heimisch, darunter die nahrhafte Kochbanane.

Einen hervorragenden Einblick in die Küche der verschiedenen Inseln erhält man grundsätzlich immer an den Markttagen. In Nassau treffen dann schwer beladene Schaluppen von den Nachbarinseln ein; Bauern aus den abgelegenen Gebieten strömen nach Montego Bay und Ocho Rios auf Jamaika sowie nach Santo Domingo.

Die *higglers* genannten Verkäufer bündeln ihre Waren fein säuberlich oder häufen sie am Boden auf – eine Augenweide: Bananen, Kochbananen, Brotbaumfrüchte, Tamarinden, Mangos und Grapefruits, Zimtstangen, Muskatnüsse, eine verblüffende Auswahl an Pfeffersorten, grüne Zwiebeln, die *ackee*-Frucht, ein wichtiger Bestandteil des jamaikanischen Nationalgerichtes, Tomatenpyramiden, Papayas und *sour sop* für die Zubereitung von Eiscreme, braune Maniokknollen und Tüten mit Taubenerbsen, scharfe Soßen zum Würzen von langweiligen Gerichten und Fässer mit gepökeltem Schweinefleisch und Kabeljau als preiswerte Zugabe für die Plantagenarbeiter. Auf dem Fisch-

Foto: Christian Heeb

markt gibt es außer lebenden Muscheln und dem Panzerkrebs – dem scherenlosen Hummer der Karibik (sofern er gerade Saison hat) – Barsch, Blaufisch, Oberbramsaling, Thunfisch, Fliegenden Fisch und Krabben.

Die Küchenchefs der Hotels und Restaurants der Inseln kaufen das Beste auf dem Markt ganz frisch ein, denn die typisch karibischen Gerichte kommen endlich auch wieder für Touristen auf den Tisch – nach Jahren eintöniger Touristenmenüs und einer „einheimischen" Küche, die ausschließlich aus gebackenen Muschelstückchen und Rum-Punsch zu bestehen schien.

Hier und da werden kleine, inseltypische Restaurants eröffnet. In der Vergangenheit gingen die Einheimischen – mit Ausnahme der Bewohner der French West Indian Islands – aus traditionellen und finanziellen Gründen kaum zum Essen aus. Das ist heute aufgrund der neuen wirtschaftlichen Situation (zumindest in den Städten und in der Nähe von Touristenzentren) anders und kommt auch den Touristen zugute.

Bahamas: Einst wurde hier Ananas kommerziell angebaut. Heute gibt es noch kleine Obstfarmen auf Eleuthera und Great Exuma; ansonsten liegt der Reichtum im Meer. *Peas and rice* mit Strauchbohnen sowie *Johnny Cake* sind die beiden Hauptgerichte der Einheimischen. Der Rest kommt aus dem Meer. Conch (Aussprache „konk") ist in unzähligen Variationen stets auf der Speisekarte zu finden: als in Fett gebackene Muschelstückchen, als Suppe, Steaks, ausgelöst, zerkleinert, Muschelsalat, mit Barschfingern und Panzerkrebs, gefüllt oder einfach gedünstet.

Bermudas: Die vorwiegend schwarze Bevölkerung ist afrikanisch orientiert. Ein traditionelles Sonntagsfrühstück besteht immer noch aus gepökeltem Kabeljau und Bananen. Maniokmehl, einst die Hauptzutat für Brot, wird meist nur noch an Weihnachten verwendet, um den traditionellen Kassave-Kuchen zu backen. *Hoppin' John* heißt das hiesige Erbsen- und Reisgericht – die Hauptnahrung in der gesamten Karibik. Im Herbst und Winter stehen frische *gui-*

Foto: Christian Heeb

nea chicks – die Languste der Bermudas – auf jeder Speisekarte. Das restliche Jahr über hat sie Schonzeit. Muscheln in allen Variationen sind ein guter Ersatz.

Cayman Islands: Hier werden Suppenschildkröten für den Verzehr gezüchtet. Ansonsten sind die Tiere im gesamten Karibischen Becken vom Aussterben bedroht. In vielen Restaurants reicht das Angebot von Schildkrötenschnitzel und *turtle soup* bis zu den anderen Spezialitäten der West Indies, zu denen auch Curryziege, gepökelter Kabeljau, *ackee*, Muschel- und Krebsgerichte gehören.

Kuba: In den Restaurants wird kreolische und internationale Küche angeboten. Zu den Spezialitäten gehören schwarze Bohnensuppe, *moros y cristianos* (schwarze Bohnen und weißer Reis), *picadillo*, eine Art Rinderragout mit Rosinen, Oliven, Kapern, Tomaten und scharfen Chilischoten, *lechón* (Spanferkel), *yuca con mojo* (Maniok mit

Knoblauchsoße) *chicharroncitos para el saladito* (grüner Salat mit Grieben) und als Dessert *buñuellos* (Windbeutel) und natürlich starker kubanischer Kaffee. Das Nationalgetränk *mojito* ist aus Rum, Limonensaft, Zucker und zerstoßener Minze gemixt.

Dominikanische Republik: *Spiced rice and beans* heißt auf der westlichen Seite von Hispaniola *moro de habicuelas*. Dieses Gericht wird mit dem überall auf den hispanischen Inseln so beliebten Schweinefleisch in allen Variationen serviert, so mit *chicharrones* (gebratener Schweinespeck) oder *mondongo* (geschmorten Innereien). Als Dessert gibt es *cocoyuca flan*.

Haïti: Die Küche dieses Landes besteht aus einer Mischung afrikanischer, kreolischer und französischer Elemente, die in den wenigen reichen Enklaven (Hotels und Restaurants) gepflegt wird. *Homard* und *langouste*, beide aus der Panzerkrebs-Familie, kommen in köstlichen kreolischen Schöpfungen als Ragouts und gegrillt mit kreolischer Sauce auf den Tisch. Für das Reis-Bohnenge-

Oben: Vollreife Tropenfrüchte. Rechts: Cool drinks, big smiles – Strandbar auf Jamaika.

Foto: Jamaica Tourist Board

richt *Riz et pois rouges colles* werden rote Kidneybohnen verwendet. Muscheln stehen in vielen Variationen als *lambi* auf der Speisekarte.

Jamaika: Auf der üppigen Tropeninsel, wo der berühmte *Blue Mountain Coffee* gedeiht, spiegelt die jamaikanische Küche die unterschiedlichen Kulturen wieder, die in der Geschichte des Landes eine Rolle spielten. So erinnert der Nachmittagstee an die britischen Kolonialisten, der Currygeschmack mancher Gerichte an die indischen Plantagenarbeiter. Hinzu kommt der Einfluss der größtenteils aus Schwarzafrika stammenden Bevölkerung.

Peas and Rice – das bedeutet hier Kidneybohnen mit Kokosmilchsahne. Des weiteren findet sich auf den Speisekarten Jamaikas *pumpkin soup* (Kürbissuppe); das Nationalgericht gepökelten Fisch mit *ackee*, der wie Rührei aussehenden und schmeckenden afrikanischen Frucht; *pickapeppa*-Sauce zum Würzen von Speisen; scharfe Rinderpastetchen (als Fast-Food) und das berühmte *jerk pork*: gegrilltes, scharf gewürztes Schweinefleisch. In das Fleisch werden Löcher gestochen und alles mit *bird peppers* (extrem scharfen Chilis), Piment und anderen Gewürzen eingerieben. Pimentzweige im rauchigen Grillfeuer sorgen für die besondere Note. Auch Hähnchen und Fisch werden so zubereitet.

Größte Vorsicht ist bei *magic mushrooms* geboten: Sie wirken berauschend und verursachen überdosiert fatale, bleibende Hirnschäden!

Puerto Rico: Die Insel besitzt eine eigene Variante von *peas and rice* – die Zubereitung erfolgt hier ebenfalls mit roten Kidneybohnen. *Sofrito*, eine salsaähnliche Sauce wird häufig zum Würzen von Pilaws (Reisgerichten), Eintöpfen und sogar für *peas and rice* verwendet. *Chicharrones* sowie *bacalaitos* (frittierter Pökelfisch) gibt es bei Straßenverkäufern und auf Märkten. Im Restaurant gleicht die Küche der anderer hispanischer Karibikinseln, mit lokalen Varianten wie *morcillas* (Blutwürste), *tostones* (gebratene Kochbananen) und *asapao* (Hühnchen oder Meerestiere mit Reis).

MUSIK VON DEN INSELN

Foto: Joe Viesti

MUSIK VON DEN INSELN

Kaum eine Karibikinsel, die nicht wenigstens eine authentische Musikrichtung ihr Eigen nennt – gerade auf den Großen Antillen wurden und werden immer wieder Stilrichtungen kreiert, die zu lokalen Dauerbrennern geraten oder gar die halbe Welt erobern.

Puerto Rico: Als Salsa-Hochburg löste San Juan in den 1980er-Jahren New York und Miami ab. Puerto Rico ist seit 1952 „assoziierter Freistaat" der Vereinigten Staaten, was Puerto-Ricaner de facto zu amerikanischen Staatsbürgern (wenn auch ohne Wahlrecht) macht. Dies hat einen regen musikalischen Austausch zwischen der Insel und dem US-Festland zur Folge. In der internationalen Wahrnehmung sind Stars wie Ricky Martin, Jennifer Lopez oder Marc Anthony in erster Linie Interpreten von Popmusik aus den USA; ihre puertoricanische Herkunft wird oft übersehen.

Oben: Vom Ölfass zur Steel Drum. Rechts: Straßenmusikanten in Old San Juan, Puerto Rico.

Allerdings hätte es die weltweite Verbreitung von **Salsa** als Tanz und Musik ohne den „Multiplikator" Vereinigte Staaten kaum gegeben. Das Genre maßgeblich geprägt hat aber der musizierende Nachwuchs von Exil-Kubanern, wie beispielsweise **Gloria Estefan** (geb. 1957), oder von Einwandererfamilien aus Puerto Rico. Mit weltweit mehr als 30 Millionen verkauften Alben ist der fünffache Grammy-Gewinner **Marc Anthony** (geb. 1968) der erfolgreichste Salsa-Star. Er betont seine puerto-ricanische Wurzeln und ist zugleich Protagonist der gerade auf seiner Heimatinsel sehr beliebten balladenhaften „Salsa romántica".

Dominikanische Republik: Zu den lokalen Helden der karibischen Musikszene, denen bislang der weltweite Durchbruch versagt blieb zählt **Juan Luis Guerra** (geb. 1957): Der in der Dominikanischen Republik komponierende und lebende Sänger und Songwriter ist in der Karibik längst ein Megastar, der bei seinen Konzerten ganze Fußballstadien mit Fans zu füllen vermag, in Europa kennen ihn hingegen nur wenige Musikinteressierte. In seiner Heimat und auf den Antilleninseln steht er wie kaum ein anderer Künstler für die Fusion von **Merengue**, **Afro-Pop** und **Bolero**; sein Anfang der 1990er-Jahre erschienenes Album „Bachata Rosa" wurde sofort mit einem Grammy ausgezeichnet und war selbst in Brasilien in den Hitparaden weit vorne platziert. In Santo Domingo ist Juan Luis Guerra Miteigentümer des Musikclubs **Café Concierto Bachata Rosa**. 2006 trat der tief religiöse Musiker mit seiner Band in Santo Domingo im Vorprogramm der Rolling Stones auf. Im gleichen Jahr spielte er mit Paul Simon, Herbie Hancock und Diego Torres gemeinsame Titel ein. Der mit der mexikanischen Formation „Maná" aufgenommene Song „Bendita Tu Luz" („Gesegnet sei dein Licht") machte ihn auch in Mexiko berühmt. Inzwischen hat der Sänger neben einer Vielzahl anderer Aus-

Foto: Christian Heeb

zeichnungen 14 Latin Grammy Awards verliehen bekommen. 2008 wurde er außerdem von der UNESCO zum „Artist for Peace" ernannt. 2010 nahm Juan Luis Guerra gemeinsam mit Enrique Iglesias den Song „Quando Me Enamoro" („Wenn ich mich verliebe") nebst Videoclip auf – der Titel hielt sich 15 Wochen auf Platz 1 der spanischen Hitlisten; für beide Künstler die bisher längste Spitzennotierung. Es bleibt abzuwarten, ob auch das nicht-spanischsprachige Europa von Juan Luis Guerras Musik Notiz nimmt. Welcher Erfolg mit einem **Bachata**-Titel, freilich angereichert mit R'n'B und Pop-Elementen, auch in Europa möglich ist, bewies 2004 der Song „Obsesión" der Gruppe **Aventura**.

Kuba: Manchmal braucht es einen genrefremden Geburtshelfer; der deutsche Regisseur Wim Wenders trug mit seinem gleichnamigen Dokumentarfilm viel zum späten internationalen Erfolgs der kubanischen Musiker des „Bunea Vista Social Club" bei. Die vom amerikanischen Gitarristen Ry Cooder Ende der 1990er-Jahre zusammengeführten

kubanischen „Altmeister" – **Compay Segundo**, (1907-2003), **Rubén González** (1919-2003), die Sängerin **Omara Portuondo** (*1930), **Eliades Ochoa** (*1946) und **Ibrahim Ferrer** (1927-2005) – erfuhren, gerade durch Wim Wenders' filmische Dokumentation und trotz ihres hohen Alters, höchste Anerkennung und teils sogar den kommerziellen Erfolg, der ihnen in Kuba so nicht möglich gewesen wäre. Dort hatte und hat der von den genannten Musikern „gelebte" und geliebte **Son** jedoch seinen festen Platz im breiten musikalischen Spektrum der Insel und steht beispielsweise im Mittelpunkt des Trova-Festival der renommierten **Casa de la Trova „Pepe Sánchez"** in Santiago de Cuba. Bei jüngeren Hörergenerationen auf Kuba und auf den anderen spanischsprachigen Antilleninseln ist hingegen **Reggeatón** „der" gegenwärtig besonders angesagte Rhythmus, der auf jamaikanischem Dancehall, Reggae, Hip-Hop und auf dem in der Dominikanischen Republik außergewöhnlich erfolgreichen **Merengue Hip-Hop** fußt.

Jamaika: Gleich mehrere musikalische Stilrichtungen mit internationalem Erfolg stammen von der englischsprachigen Karibikinsel: Ska, Reggea und Dancehall. **Harry Belafontes** (geb. 1927) früher Calypso „Banana Boat Song" wird zwar vor allem im Zusammenhang mit der in der Sklavenzeit gewachsenen Calypso-Tradition auf Trinidad zitiert, doch lag auch diesem Millionenseller aus dem Jahr 1956 ein jamaikanisches Volkslied zu Grunde, dessen musikalischer Substanz sogar das endlose Wiederaufwärmen durch Steel Bands nichts anzuhaben vermag.

Hier ein kurzer Überblick über die jamaikanische Musikszene vor dem Reggae-Zeitalter: **Mento**, Jamaikas erste Stilrichtung einheimischer Popmusik – synkopierte Rhythmen, die vom Trommeln der auf die Insel gebrachten afrikanischen Sklaven abgeleitet sind –, war in den 1940er und 1950er Jahren sehr beliebt. Gegen die Flut amerikanischer Rhythmen und den Blues konnte er sich schließlich nicht mehr behaupten. So vermischte er sich mit dem amerikanischen Sound. 1959 begannen die Plattenstudios, diese neue jamaikanische Popmischung groß herauszubringen, und schon bald hatte sie auch einen Namen: **Ska**. Die Gruppe *Skatalites* identifizierte sich mit dieser Musik, deren rhythmischer Sound von Bläsern und Gitarren dominiert wurde. 1966 war *ska* bereits wieder out. In der Folgezeit änderte sich das Tempo der jamaikanischen Musik. Die schnellen Rhythmen nach der Unabhängigkeit des Landes im Jahr 1962 – Ausdruck der Stimmung im Volk, das nicht wusste, was die Zukunft bringen würde – waren zu Wegbereitern einer Rhythmusverschiebung hin zu einer weniger schnellen, nachdenklicheren Musik geworden.

Als die ungerechten Gesellschaftsstrukturen immer deutlicher zutage traten, wurden Sound und Texte der

Songs zunehmend zorniger. In den Sechziger Jahren nahm der **Reggae** in den Ghettos konkrete Formen an. In ihm machten die Armen ihren Gefühlen Luft. Einige Reggaemusiker der ersten Stunde kannte man bereits aus der *ska*-Szene. Während damals jedoch ihr instrumentales Können im Vordergrund stand, waren jetzt ihre Stimmen und Texte gefragt. Einer von ihnen war Toots Hibbert mit seiner Band *Toots and the Maytals*; er nannte diese Stilrichtung als erster Reggae.

Berühmter wurde der in Montego Bay geborene Sänger **Jimmy Cliff**, der in den 1960ern nach England ging. Dort nahm er eine melancholische Ballade über sein bisheriges Leben unter dem Titel *Many Rivers to Cross* auf, die ihn schließlich zum Star machte und im Streifen *The Harder They Come* als Filmmusik verwendet wurde. Der bald international bekannte Hit zog die Aufmerksamkeit der Welt auf den Reggae. Es war auch Cliffs Verdienst, dass ein Plattenproduzent auf den talentierten jungen Reggaesänger **Bob Marley** (1945-1981), einen eher politischen Rastafari, aufmerksam wurde.

Selbst Harry Belafontes großer Erfolg wurde vom durch Bob Marley getragenen Reggae-Boom der 1970er-Jahre noch übertrumpft. Die scheinbar politisch-revolutionären Botschaften seiner Songs wie „Get Up, Stand Up" passten perfekt zum damaligen westlichen Zeitgeist. Der tiefere religiöse Sinn etlicher seiner Songs, deren Texte im Kontext des rastafarischen Panafrikanismus stehen, wurde von der Mehrheit nie wirklich verstanden, obwohl Marley schon 1967 offiziell vom Christentum zur Religion der Rastafari konvertierte und nicht zuletzt wegen seiner verfilzten „Dreadlocks" auch als praktizierender Anhänger dieser sich um den früheren Kaiser von Äthiopien, Haile Selassie (1892-1972), rankenden jamaikanischen Religion zu erkennen war.

Marleys Karriere begann im üblen Viertel Trench Town in Kingston zusam-

Rechts: Dreadlocks – die berühmte Haartracht der Rastafaris.

Foto: Volker W. Radtke

men mit zwei anderen Musikern, Peter Tosh und Bunny Wailer, die sich gemeinsam *The Wailers* nannten. Ursprünglich hatten sie sich für den Namen *The Wailing Rude Boys* entschieden, ihre Songs wandten sich gegen die Plünderungen und Schießereien in den Armenvierteln. Marleys Musik und Texte blieben unerreicht. *The Wailers* perfektionierten den chaka-chaka-chaka-Rhythmus, den der Rest der Welt als Reggae kennt und in dem der Bass und Trommeln vorherrschen. Ihnen gelang es auch, alle Elemente auf einen gemeinsamen Nenner zu bringen: ihren Glauben als Rastafaris, die religiösen, doch realitätsbezogenen Texte und die hypnotisierenden Rhythmen. Doch Bob Marleys Popularität stellte bald die anderen Musiker der Gruppe in den Schatten. Nach seinem Aufstieg zum Weltstar trennten sich ihre Wege. Marleys politischer Einfluß war so groß, dass er 1980 zu einem Auftritt anlässlich der Unabhängigkeitsfeiern nach Zimbabwe eingeladen und in Jamaika mit dem höchsten zivilen Orden ausgezeichnet wurde. Marley war jedoch nur

kurze Zeit ganz oben: 1981 starb er im Alter von 36 Jahren an Krebs. Er erhielt ein Staatsbegräbnis, und der 88 km lange Trauerzug zeigte, wie beliebt und geschätzt er im Volk gewesen war.

Nach dem Tod Marleys zerfiel die Reggae-Szene. Seine Frau Rita übernahm sein Studio und schaffte es auch selbst in die Hitparaden. Vier seiner Kinder gründeten die Band *The Melody Makers*, und sein Sohn Ziggy war bereits als Teenager ziemlich erfolgreich. Andere Reggaestars kamen und gingen, so auch die *Toots and the Maytals*, die *Mighty Diamonds* und *Third World*.

Ein neuerer jamaikanischer Reggae-Stil heißt **Dancehall Reggae**; er beschleunigt den traditionellen Rhythmus durch Rap. Damit international erfolgreich sind der „Deejay" *Shabba Ranks* sowie **T.O.K.**, die schon beim Chiemsee Reggae Summer in Oberbayern aufgetreten sind.

Reggae Sunsplash, das Festival, für das Montego Bay auf Jamaika einst berühmt war, ist dort als „Reggae Sumfest" wiederbelebt worden.

LA PINTA

"THE WORLD IS BUT SMALL. OUT OF SEVEN DIVISIONS OF IT THE DRY PART OCCUPIES SIX AND THE SEVENTH IS ENTIRELY COVERED BY WATER. EXPERIENCE HAS SHOWN IT AND I HAVE WRITTEN IT WITH QUOTATIONS FROM THE HOLY SCRIPTURES IN OTHER LETTERS WHERE I HAVE TREATED OF THE SITUATION OF THE TERRESTIAL PARADISE AS APPROVED BY THE HOLY CHURCH. AND I SAY THAT THE WORLD IS NOT SO LARGE AS VULGAR OPINION MAKES IT."

LETTER OF COLUMBUS WRITTEN HERE ON THIS SPOT ON THE SEVENTH OF JULY IN THE YEAR OF OUR LORD ONE THOUSAND FIVE HUNDRED AND THREE

Foto: Greg Nikas (Vesti Associates)

GESCHICHTE DER GROSSEN ANTILLEN

1492 beanspruchte Christoph Kolumbus die Neue Welt für Spanien. Die Geschichte der Karibik und ihrer Inselkette beginnt aber viel früher. Jahrmillionen lang wirkten Ozeane, Vulkane und Korallen-Riffs zusammen und schufen den Traum vieler Urlauber, die Karibik. Damals kollidierten Erdplatten und erzeugten dabei einerseits auf Kuba, Haïti und Jamaika Berge mit einer Höhe von 1800-3000 m, andererseits Ozeangräben mit einer Tiefe von 6000-12 000 m. Der Pico Duarte in der Dominikanischen Republik könnte sich mit seinen 3200 m auch in den Alpen sehen lassen.

Einige Inseln sind derart von Höhlen durchzogen, dass sie im Inneren wie Emmentaler aussehen dürften. Zu diesen Höhlen gehören z. B. die zauberhaften Crystal Caves auf Bermuda oder die Mile Gully Caves auf Jamaika. Inmitten von Bergen sprudeln bei Cuomo auf Puerto Rico heiße Quellen. Und Rheumatiker reisen scharenweise nach Clarendon an der jamaikanischen Südküste, um dort im stark radioaktiven Quellwasser zu baden. Ein anderer Fleck an der Südküste, ein Stück Land wie ein Teerkessel, heißt wohl zu Recht *Hell*, „Hölle".

Die erdgeschichtlichen Kräfte, die die Westindischen Inseln hervorbrachten, waren sehr mächtig. Sie schufen den mächtigen Golfstrom, einen „Fluss" im Ozean, der sich mit einer Geschwindigkeit von 6 Knoten nach Norden bewegt und dabei Bermuda und andere atlantische Inseln wie etwa die Azoren mit seinen südlich-milden Wassern umspült. Die Bermudas, die mitten aus dem Atlantik auftauchen, sind wahrscheinlich die Spitze eines mehrere hundert Millionen Jahre alten Vulkans. Schon vor der Kolonialzeit galten sie als eine Art teuflische Falle, wartend auf glücklose Seeleute.

Links: Auf den Spuren von Christoph Kolumbus.

Auch heute hat das Bermuda-Dreieck anscheinend immer noch die mysteriöse Fähigkeit, Seeleute und Flugpiloten in die Irre zu führen. Allerdings muss man sagen: Für die berühmt-berüchtigten Katastrophen, die verschwundenen Schiffe und Flugzeuge, gibt es nüchterne wissenschaftliche Erklärungen. Aber diese schauervollen Legenden gehören hier natürlich auch zum Urlaubsvergnügen. So legen sich die Besucher mit Vorliebe T-Shirts zu, die die Aufschrift tragen: „I survived the Bermuda Triangle".

Die Bahamas und die Caymans ragen kaum über den Meeresspiegel hinaus. Andere Inseln dagegen wie Kuba und Haïti (Hispaniola) liegen hoch über dem Meeresspiegel und besitzen üppige Wälder und fruchtbaren Boden. Die Gegensätze hier von arm und reich, Trockengebiet und Regenwald, sonnendurchglühtem Strand und kühler Bergwaldlichtung machen die Großen Antillen für den Besucher so interessant.

Wie ein roter Faden taucht in der Geschichte der Inseln der Rum auf. Mit Zuckerrohr und Rum geht es los, dann kommen die Jahre der grölenden, Rum wie Wasser trinkenden Piraten, später, nach 1920, die Ära der Rumschmuggler, und heute heißt es – wie im Calypso-Evergreen – „Rum and Coca Cola".

Die Zeit der Entdeckungsfahrten

Nach der Entdeckung der Bahamas, von Kuba und Hispaniola verlor Kolumbus sein Flaggschiff *Santa Maria* an der Küste der heutigen Dominikanischen Republik. Man baute daher aus dem Schiffsholz Behausungen. In Navidad ließ Kolumbus einige seiner Leute zurück, während er selbst nach Spanien heimkehrte. Indianer brachten allerdings die glücklosen Siedler um und brannten das Dorf nieder. Nur traurige Reste grüßten Kolumbus, als er mit einer größeren Mannschaft zurückkehrte.

1494 gründete man eine neue Siedlung in der Nähe des heutigen Puerto Plata. Die Priester lasen eine Messe für die Mannschaft, der erste Gottesdienst in der Neuen Welt. Die nächsten Reisen führten Kolumbus zu den Kleinen Antillen, nach Jamaika, Dominica und Guadeloupe, dann nach Trinidad und an die Nordküste Südamerikas, weshalb fast jede Insel einen Küstenstreifen ihr eigen nennt, den Kolumbus angeblich betreten hat.

Auf seinen Entdeckungsreisen schickte Kolumbus Kundschafter-Trupps mit Empfehlungsbriefen an den „Großen Khan" Asiens aus, denn er glaubte bis zu seinem Tod, er habe entdeckt, was er finden wollte: einen neuen Weg nach Indien, eine Handelsroute in den Orient. Deshalb heißen diese Inseln bis heute Westindische Inseln und die Ureinwohner der Neuen Welt bekanntlich Indianer.

Auf seiner vierten Reise kam Kolumbus bis nach Mittelamerika; zur gleichen Zeit gab der Spanier Bermudez den Bermudas seinen Namen. Kolumbus kehrte von Jamaika aus nach Spanien zurück, wo er 1506 starb. Er wurde dort bestattet, später aber nach Santo Domingo überführt und in der Kathedrale Santa Maria La Menor beigesetzt, auf der Insel, die sein Herz gewonnen hatte. „Hispaniola sehen heißt, nie wieder weggehen wollen", hatte er 1492 in sein Logbuch geschrieben. 1795 wurden seine Gebeine exhumiert und nach Sevilla gebracht. Dominikanische Historiker glauben allerdings, dass es sich bei dem Sarg um den von Kolumbus' Enkel Luis gehandelt hat. Die Inseln, die Christoph Kolumbus entdeckt hatte, sollten für immer west-„indische" heißen, und bis heute ist das Meer nach den Eingeborenen, die er hier vorfand – den Kariben – benannt.

Arawak-Indianer und Kariben

Auf zwei Gruppen von Indianern stieß Kolumbus bei seinen Entdeckungen: die Arawak-Indianer, ein Bauernvolk, auch als Taino-, Lucayan-, Iguayo- oder Caiquetio-Indianer bekannt, und die Kariben.

Als kampflustiges Volk, das sich lieber mit kriegerischen Scharmützeln als mit Fischen und Jagen abgab, überfielen die Kariben die Siedlungen der Arawaks, brachten die Männer um und raubten die Frauen. Es gibt Anzeichen dafür, dass sie eine Art rituellen Kannibalismus betrieben, indem sie zeremoniell die Asche ihrer Toten verzehrten. Dieser Brauch beflügelte die Fantasie der Spanier, und bald machte die Legende von den karibischen Menschenfressern die Runde.

Der wahre Grund dieser Legende aber war, dass sie vorzüglich geeignet war, die elende Behandlung der Indianer durch die Spanier zu rechtfertigen. Aber sogar die rauen Kariben hatten den Kanonen und der Heimtücke ihrer europäischen Gegner, die sie ermordeten oder versklavten, nichts entgegenzusetzen. Die sanftmütigen Arawaks, die Kolumbus und seine Männer auf den Inseln willkommen geheißen hatten, lebten hingegen lange genug, um eben dies zu bedauern.

Von den 1493 schätzungsweise 5,8 Mio. Indianern der Westindischen Inseln, ganz gleich ob kriegerisch oder friedliebend, überlebten nur wenige die Kämpfe oder das Sklavendasein. Außerdem war mit den Spaniern die gefürchtete Inquisition auf den amerikanischen Kontinent gekommen, die nicht nur das indianische „Heidenpack", sondern jeden französischen oder englischen Protestanten, dessen sie habhaft wurde, der Folter unterwarf; das gleiche galt auch für spanische Landsleute, die in ihrem Glaubenseifer nachließen.

Hunderttausende von Indianern durften nun an diesen und anderen europäischen Errungenschaften wie den Pocken, den Masern oder auch dem schlichten Schnupfen teilhaben. Viele von ihnen, nach manchen Dokumenten Tausende, waren nicht gewillt, sich

Rechts: Ein typisch karibisches Gesicht.

Foto: Peter Purchia (Viesti Associates)

dem spanischen Joch zu beugen. Sie begingen lieber Selbstmord, indem sie rohe Kassawa, eine stärkereiche Wurzel, aßen. Im Naturzustand ist die Wurzel nämlich giftig, behandelt und gebacken gehörte sie zu den wichtigsten Lebensmitteln der Indianer. Allein auf Jamaika kamen zwischen 1509, dem Datum der Ankunft der Spanier, und 1655, dem Beginn der britischen Herrschaft, ca. 60 000 Arawak-Indianer um. Und 1513, als Ponce de León auf den Bahamas ankam, gab es von den Arawak-Indianern dort keine Spur mehr, von einem Stamm also, der nach Schätzungen bei Kolumbus' Ankunft 40 000 Mitglieder gezählt haben muss.

Erstaunlicherweise gibt es kleine Gruppen von Kariben, die in abgelegenen Gegenden der Kleinen Antillen, vorwiegend in den Bergen von Dominica und St. Vincent, überlebt haben. Es sind ziemlich sicher keine reinrassigen Kariben, aber wie viele ihrer Vorfahren damals auf dem amerikanischen Kontinent haben sie eine matriarchalisch organisierte Form von Gemeinschaft.

Ein sehr guter Ort zur Beobachtung indianischen Lebens in seiner ursprünglichen, präkolumbischen Form sind die San-Blas-Inseln vor Panama. Die Locono-Indianer, die an der karibischen Küste Venezuelas und Guayanas lebten, stammten wahrscheinlich von denselben Vorfahren ab wie die Arawaks. Sie sind Bauern und Seeleute, leben in Hütten aus Zweigen mit Palmwedel-Dächern, schlafen in Hängematten, und ihre Kanus ähneln sehr stark denen, die uns die Spanier beschrieben haben. Übrigens sind die Worte *Hurrikan*, *Tabak*, *Kanu* und *Barbecue* ein Beitrag der Indianer zu unserer modernen Sprache. Und die Hängematte ist eine Erfindung dieser Indianer, die später von den weißen Seeleuten kopiert wurde.

Die Archäologie befindet sich auf den Großen Antillen noch in ihren Anfängen. Die indianischen Siedlungen waren bei Ankunft der Spanier zerstreut, die Dörfer klein, und der Eifer der Missionare, die „heidnische" Kultur zu zerstören, hatte nicht seinesgleichen. Dennoch sind auf fast jeder Insel wenigstens einige indianische Objekte im Museum zu finden, und weitere Ausgrabungen stehen an. 1988 entdeckte man z. B. in einer Höhle auf Long Island (Bahamas) drei Holzfiguren aus der Arawak-Zeit; Arawak-Zeichnungen fand man in Höhlen auf Cat Island und Jamaika.

Wenn man Einblicke in das präkolumbische Leben gewinnen will, sollte man unter anderem die Steingut- und Töpferei-Abteilung des Museé du Peuple Haïtien in Port-au-Prince besuchen. Empfehlenswert in dieser Hinsicht ist auch das Museo del Hombre Dominicano in Santo Domingo. Eine sehr interessante historische Stätte befindet sich bei Utuado in Puerto Rico. Dort hat man ein 700 Jahre altes Spielfeld der Tainos samt Straßen und Plazas ausgegraben. Die Tainos verwendeten es für ihre zeremoniellen Ballspiele. Für die lebenslustigen Arawak-Indianer wie für ihre Verwandten, die Tolteken, war so ein schnelles Ballspiel ein wichtiger Ritus und ein todernstes Spiel. Der Ball war aus Kautschuk, der für die Indianer mit wachsender Entfernung vom Festland und damit vom Kautschuk-Baum immer wertvoller wurde.

Doch anders als die Tolteken brachten die Arawak-Indianer vermutlich den Anführer der unterliegenden Mannschaft nicht um. Wie J. Michener in seinem Buch *Caribbean* dargelegt hat, hielten sie es für blödsinnig und darüber hinaus für einen Verlust, den zweitbesten Spieler des Stammes zu töten.

Die Piraten und das Meer

Die Spanier waren nur an einem interessiert: Gold. Cortéz hatte festgestellt, dass es auf dem Festland viel mehr Gold gab und es außerdem sehr leicht zu holen war – angesichts der unbewaffneten Indianer. So wandte sich das Interesse der Königin Isabella ganz dem

Festland zu, weshalb die Piraten die Karibik übernehmen konnten. Pirat war aber nicht gleich Pirat, hier gab es feine Unterschiede.

Es gab Unternehmer zur See, die nur von feindlichen Nationen mit Schimpfworten wie Pirat, Freibeuter oder Bukanier belegt wurden. Daheim waren sie hochgeachtete Kapitäne und Kaufleute, die von finanzkräftigen Hintermännern – wie z.B. Elisabeth I. von Großbritannien oder Kardinal Richelieu – mit Schiffen und Waffen ausgestattet wurden. Ihr Auftrag lautete, Feindschiffe zu erbeuten, um so den Reichtum der eigenen Nation zu vermehren.

Da die Engländer, Franzosen, Holländer und Spanier fast andauernd im Kriegszustand waren, fehlte es nie an Rechtfertigungen für Gewalttaten aller Art inklusive Plünderung, Raub und Brandstiftung. Erfolgreiche Freibeuter wurden mit Reichtümern, Macht und Bewunderung überschüttet. Zudem regnete es offizielle Titel und Ehren: So wurden z. B. Sir Henry Morgan, Sir Francis Drake, Pierre Balain D'Esnambuc und Urban de Roissey in den Ritterstand erhoben. Hollands berühmtester Freibeuter, Piet Hein, wurde Admiral der niederländischen Marine. Henry Morgan, den blutgierigsten von allen, machte man auf Jamaika zum Vize-Gouverneur. Die Zustände in der Karibik waren aber für den staatlich konzessionierten Freibeuter des 17. Jh. kein Hindernis, mit reinem Gewissen zu leben, schließlich hatte er die Feinde seines Vaterlandes gemeuchelt und seinen Souverän, seine Sponsoren und sich selbst bereichert.

Die Spanier rafften in Südamerika Gold und Silber zusammen und mussten dann mit gefährlichen Riffs, Stürmen und Piraten fertig werden, bevor sie in Sevilla landen konnten. Viel von dieser Beute fiel in die Hände der Engländer, Franzosen, Holländer oder der Privatiers, die auf eigene Rechnung kaperten. Und einiges ruht bis heute in Schächten, Höhlen und auf dem Meeresgrund, wo Schatzjäger mit ihrer

Foto: Joe Viesti

High-Tech-Ausrüstung immer mal wieder fündig werden. Diese ungezählten Millionen in Gold und Silber sind die Grundlage all der Legenden über geheimnisvolle Landkarten und tief vergrabene Schatztruhen.

Besucher der British Virgin Islands können in einer Höhle schnorcheln, die angeblich das Vorbild für Robert Louis Stevensons *Schatzinsel* war und immer noch sagenhafte Schätze beherbergen soll. Fast jede Insel weiß übrigens von so einem Schatz, den einmal ein Kapitän Kidd, dann Anne Bonney oder ein Jean LaFitte zurückgelassen hat oder vielleicht auch irgendein namenloser Teufelskerl, den ein aufziehender Sturm oder die bevorstehende Gefangennahme dazu zwangen, die Beute über Bord zu werfen. „Gauner leimt man am besten mit einem Obergauner!" Dieses Bonmot bewahrheitete sich auch hier. Die Ära der Piraten ging schlagartig zu Ende, als man Kapitän Woodes Rogers als ersten Gouverneur der Krone auf die Bahamas entsandte. Er hatte sich seine ersten Auszeichnungen als königlicher

Freibeuter im Spanischen Erbfolgekrieg geholt, wo er übrigens auch einige Körperteile einbüßte. Er fing die Piraten dutzendweise, ließ mindestens acht hängen; andere ließ er nach England vor Gericht bringen.

Der Rest verlegte schleunigst seinen Wirkungskreis oder schloss sich Rogers bei den Bemühungen um friedliche und gesetzestreue Zustände auf den Bahamas an. Nassau öffnete sich jetzt allen Neuankömmlingen, ob Franzosen, Spaniern oder ehemaligen Piraten. Und damit begann die Zeit der großen Plantagenkulturen.

Die Bindungen an Europa

Seit der erste Europäer seinen Fuß auf karibischen Boden gesetzt hatte, war die Geschichte der Großen Antillen unauflöslich mit den politischen, wirtschaftlichen und religiösen Entwicklungen in Europa, mit den dortigen Siegen, Niederlagen und all den Bündnis-Kungeleien verknüpft.

Die Spanier stellten fest, dass das

Zuckerrohr von den Kanarischen Inseln auch hier gedieh. Tief liegende Inseln waren natürliche Salzpfannen, wo das Salz nach Verdunstung des Meerwassers zurückblieb. Mit diesem Stoff konnte man Reichtümer erwerben, schließlich war Salz damals das einzige Konservierungsmittel und zu bestimmten Zeiten buchstäblich sein Gewicht in Gold wert.

Neben Salz und Zucker konnte man hierzulande mit Kakao, Tabak, Ananasfrüchten, Baumwolle, Holz, Gewürzen wie Muskat, Bananen und Kaffee reich werden. Und natürlich musste man etwas für den Schutz dieser Reichtümer tun.

Die Briten bauten Bollwerke gegen die Spanier, die Spanier ihrerseits gegen die Holländer, die Franzosen mussten die Engländer fürchten und so fort, alles je nach Kriegslage in Europa. Auf vielen Inseln sind die Forts heutzutage die einzigen Monumente von historischer Bedeutung – und was für Forts das sind! Von Sklaven gebaut, erstrecken sie sich über riesige Flächen, recken sich in schwindelnde Höhen, und ihre Mauern hielten fast allen Attacken stand. Auch wer nur zum Baden oder Einkaufen auf die karibischen Inseln kommt, sollte diese Forts unbedingt besuchen, denn von hier hat man garantiert den besten Rundblick.

Neben den zahlreichen Forts gibt es einige äußerst eindrucksvolle Paläste, beispielsweise den Alkazar mit 22 Zimmern auf Hispaniola (heute in der Dominikanische Republik), 1514 von Diego Columbus erbaut – seine Kalkstein-Wände sind fast drei Meter dick. Die starke Festung San Felipe in Puerto Plata entstand 1540. Der Palast des Spanischen Generals aus dem 18. Jh. in Havanna ist heute ein Museum. Nassaus imposantes Fort Charlotte war mit 42 Kanonen bestückt, von den Kasematten und Verliesen ganz zu schweigen. Der Palast Sans Souci und die Zitadelle auf Haïti wurden vom schwarzen König Henry Christophe zum Schutz gegen die Franzosen erbaut und 1817 fertiggestellt. Jeder Zehnte der am Bau beteiligten 200 000 Sklaven kam bei den Arbeiten um, ihre Körper sind angeblich in die Wände eingemauert. Die 42 m hohen, am Fundament bis zu 12 m dicken Mauern erheben sich auf einem 900 m hohen Berg. Das Fort ist eins der beeindruckendsten Bauwerke der Antillen. König Henry wurde Opfer seiner Exzesse. Seine Leibwache erhob sich gegen ihn, weshalb er sich, in einer ihm eigenen Arroganz, mit einer goldenen Kugel erschoss.

Die großen Forts der Karibik, vom Fort St. Catherine auf Bermuda bis zu San Felipe del Morro auf Puerto Rico, sind Erinnerungen an eine Zeit, als jede Insel allein gegen eine feindliche Welt antrat.

Die Inseln wechselten häufig den Besitzer, je nachdem welche Friedensverträge gerade im alten Europa unterzeichnet wurden. 1695 erhielt der Kurfürst von Brandenburg Tortola und St. Thomas; Tobago gehörte von 1642 bis 1654 Kurland, dann ging es an die Holländer, danach an die Franzosen, dann an die Engländer. Der Vertrag von Rijswick 1697 machte Haïti französisch und das Gebiet der Dominikanischen Republik spanisch. 1655 brachten die Engländer Jamaika in ihre Gewalt. Es blieb britisch bis zur Unabhängigkeit 1962. Der Vertrag von Versailles sprach 1783 u. a. die Bahamas und Grenada den Briten zu. Und 1784 schnappte sich Schweden St. Barts.

Nach der Unabhängigkeitserklärung von 1776 mischten auch die Vereinigten Staaten sofort in dem Gerangel mit. Kurze Zeit wehte sogar das Sternenbanner über Nassau, aber dann wechselte das Kriegsglück. Übrigens flohen damals auch einige Tausend Amerikaner, die weiterhin zur englischen Krone stehen wollten, auf die nördlichen Bahamas.

Rechts: Das Fort San Felipe del Morro in San Juan auf Puerto Rico, ein Bollwerk gegen die wechselnden Machtverhältnisse im alten Europa.

Foto: Christian Heeb

Bis heute sind daher die *Abaconians* blond und blauäugig, im Gegensatz zur schwarzen Mehrheit auf den Bahamas.

Unterdessen verbreiteten sich die Freiheitsideen der Französischen Revolution auch unter den Sklaven der Neuen Welt. Ein Aufstand in Haïti war so durchschlagend, dass sich die Plantagenbesitzer gezwungen sahen, ihre Sklaven kurzerhand in die Freiheit zu entlassen. Julien Fedon, ein schwarzer Plantagenbesitzer auf Grenada, führte 1795 einen blutigen Aufstand gegen die Briten. Nach der Mordnacht auf St. Croix übernahmen die Sklaven dann für sechs Monate die Herrschaft auf der Insel.

Die erste schwarze Republik in der Karibik und vermutlich auf der ganzen Welt wurde 1804 auf Haïti gegründet, als sich Sklaven gegen die Plantagenbesitzer erhoben. Sie waren schon einmal befreit worden – 1793 durch die Spanier; doch man hinterging sie, es gab Mordanschläge und Verrat. Die Saat von Hass und Chaos, die vor zwei Jahrhunderten gelegt wurde, trägt bis heute

böse Früchte für diese heimgesuchte Nation. In Port-au-Prince auf Haïti gibt es übrigens ein Denkmal zu Ehren des *Marron Inconnu*, des Unbekannten Entlaufenen Sklaven.

Trotz seiner Entfernung von den anderen Inseln mischte auch Bermuda in diesen turbulenten Zeiten mit. Der Überfall auf die Hauptstadt Washington im Krieg von 1812 – bei dem das Weiße Haus niedergebrannt wurde – ging von der britischen Hochburg Bermuda aus. (Eine Multi-Media-Schau im Old Cooperage-Theater erzählt diese Geschichte im Detail.) Unterdessen nahm man in Europa nach

den Napoleonischen Kriegen (1803-1815) eine weitere Neuordnung der Welt vor. Die Pariser Verträge übereigneten Kuba, Puerto Rico und das Gebiet der heutigen Dominikanischen Republik an Spanien. Frankreich behielt Martinique und Guadeloupe, die Dänen und Holländer bekamen ein paar Brosamen; und Großbritannien erhielt alles Übrige.

Ein Jahrhundert lang gehörten die Cayman-Inseln zu Jamaika. Kurioserweise stimmten dann die Einwohner dieser Inseln für den Verbleib bei der britischen Krone, während Jamaika den Weg der Rebellion und der Unabhängigkeit wählte. Heute sind die Cayman-Inseln, in der Rangfolge gleich nach Bermuda, eine der wohlhabendsten Nationen in der Karibik; die Jamaikaner dagegen, die sich immer noch mit den Wachstumsschwierigkeiten einer neuen Nation herumschlagen, stellen auf den Caymans das Personal für Dienstleistungen.

Kolumbus' Lieblingsinsel Hispaniola wurde im 17. Jh. aufgeteilt. Französische Piraten schnappten sich das Westende von den Spaniern, und ein paar Jahre danach, 1697, erhielt Frankreich das Land durch den Vertrag von Rijswick zugesprochen. Bald brachte Frankreich die ganze Insel unter seine Herrschaft, bis es zu einem Sklavenaufstand kam, der mit der Abspaltung von Haïti endete. Mit britischer Unterstützung stellte der andere Teil der Insel die spanische Oberherrschaft wieder her, revoltierte dann selber und erhoffte eine Übernahme durch Haïti. 1844 ging dann die Dominikanische Republik aus einer weiteren Revolution hervor. Das folgende Jahrhundert brachte allein in dieser Republik 56 Aufstände und den Aufstieg und Fall mehrerer Anführer im benachbarten Haïti.

Toussaint Louverture, der in Haïti immer noch als Nationalheld verehrt wird, wurde 1801 zum Gouverneur bestellt. Toussaint kam zu dem Ehrennamen *L'Ouverture* weil er angeblich allüberall Löcher in den Aufmarsch feindlicher Streitkräfte schlug. Nachdem Napoleon ihn fallen gelassen hatte, starb er in einem europäischen Kerker. Trotzdem verlor Frankreich schließlich Haïti: Erbitterte Sklaven und das Gelbfieber, das die französischen Soldaten reihenweise niedermähte, besorgten diese Niederlage.

Rechts: Diese Maskerade als Piraten und Freibeuter hat auf den Inseln Tradition.

Die Schwarzen in der Karibik kämpften für ihre politische Unabhängigkeit, und eine Reihe von Größenwahnsinnigen entriss sie ihnen regelmäßig wieder. Dessalines z. B. rief sich eigenmächtig zum Kaiser aus. Henri Christophe setzte sich selber die Krone auf. Die Überlieferung sagt, dass er eines Tages Soldaten seiner Palastwache dazu zwang, von den Palastmauern in den Tod zu springen – und wozu? Um einem ausländischen Besucher zu imponieren und ihm seine Machtfülle zu demonstrieren.

Er sollte nicht der erste und auch nicht der letzte haïtianische Herrscher mit größenwahnsinnigen Allüren sein. 1915 nahm die Entwicklung einen so stürmischen Verlauf, dass US-Streitkräfte einmarschierten, 1916 besetzten sie dann auch die von Unruhen erschütterte Dominikanische Republik. Sie blieben dort bis 1924, auf Haïti bis 1934. Anlässlich von Militärputschen in der Dominikanischen Republik (1965) und in Haïti (1994) wiederholte sich dieses Vorgehen der USA.

Portugal, Schweden und andere, minder wichtige Mitspieler zogen sich frühzeitig vom karibischen Roulette zurück. Aber erst der Spanisch-Amerikanische Krieg von 1898 stellte den endgültigen Rückzug Spaniens aus ganz Amerika sicher. Die USA und die Kubaner besorgten in diesem Krieg die Vertreibung der Spanier aus Kuba. Dänemark verkaufte die Virgin Islands für gute Dollars an die USA. Nur Großbritannien, die Niederlande und Frankreich wichen keinen Schritt.

Auch heute noch ist Großbritannien auf den Großen Antillen stark präsent, speziell auf Bermuda und den Bahamas. Die meisten seiner früheren Kolonien sind auch nach der Unabhängigkeit Mitglieder des Commonwealth of Nations geblieben. Die Cayman-Inseln, die British Virgin Islands, Bermuda, Montserrat und die Turks- und Caicos-Inseln dagegen sind immer noch Kronkolonien.

Foto: Joe Viesti

Freibeuter – mal in Eigenregie, mal mit staatlicher Konzession

Während sich die Europäer wegen der Antillen in den Haaren lagen, sickerten Piraten jeder Sorte ein, spielten jedermann zum Tanz auf und machten dabei Beute im Wert von Abermillionen Dollar. Einige arbeiteten ganz auf sich gestellt. Andere wurden – offen oder versteckt – von europäischen Herrscherhäusern, von Kaufleuten oder Kapitalgesellschaften finanziert. Die kleinen Leute gerieten dabei – wie immer – zwischen alle Fronten. Manchmal allerdings schlossen sich alle Seiten – gezwungenermaßen – gegen die Piraten zusammen; und zu Zeiten von Sklavenaufständen kämpften Weiße, freie Schwarze und Orientalen gegen die wütenden Sklavenmassen.

Die Geschichte der Großen Antillen erscheint wie eine tragikomische Posse mit blutigen und abstoßenden Zügen. Die Verfolgten und Unterdrückten suchten hier Zuflucht. Mit Profitgier stürzte man sich auf die hiesigen Reichtümer.

Die Tüchtigen sahen hier ihre Chance. Die Soldateska aus aller Herren Länder diente hier ihre Waffen dem Meistbietenden an. Und alle waren sie auf Sklaven angewiesen, die man aus Westafrika verschleppte. Ihre Zahl war so groß, dass die meisten Karibischen Inseln heute von Westindern afrikanischer Herkunft geprägt und regiert werden. Die Sitten und Bräuche, die sie von dort mitgebracht hatten, lebten mit ihnen weiter und machen heute das eigentliche Insel-Flair aus.

Die Zeit der Sklaverei

Die Sklaverei war nichts Neues, geschweige denn Schockierendes in der Welt des 16. Jahrhunderts. Schon lange vor Kolumbus machten die Indianer üblicherweise die Stämme zu Sklaven, die sie unterworfen hatten. Die Arawaks z. B. waren lange Zeit Opfer der Kariben gewesen; die Kariben wurden dann ihrerseits von den Spaniern in die Sklaverei geschickt. Afrika war ein Glücksfall für die Sklavenhändler, die zwischen

Foto: Peter Hinze

drei oder vier Dutzend Sklavenmärkten an der afrikanischen Goldküste wählen konnten. Von dort aus beluden sie ihre Schiffe mit den unglücklichen Wesen, die afrikanische Herrscher oder europäische Sklavenjäger, meist Holländer oder Engländer, verkauft hatten. Später kamen aus Europa auch weiße Dienstboten, Leute aus dem Schuldturm und Flüchtlinge aus politischen oder religiösen Gründen, die kaum etwas Besseres als Sklaven waren.

Schon 100 Jahre nach Kolumbus waren die Plantagen und der dazugehörige Sklavenhandel ein multinationales Geschäft. Allein der Sklavenhandel warf ein riesiges Vermögen pro Jahr ab, wobei ein sehr kräftiger Leibeigener oder einer mit besonderen Fähigkeiten für 18 Pfund Sterling verkauft wurde. Schätzungen besagen, dass zu Beginn des 18. Jh. ungefähr 75 000 Schwarze jähr-

lich auf die Zuckerplantagen verschifft wurden.

Als man 1834 die Sklaverei auf britischem Herrschaftsgebiet abschaffte, erstattete die Regierung den „geschädigten" Plantagenbesitzern pro freigesetztem Sklaven 40 Pfund Sterling – ein Betrag, der nach Meinung der Sklavenhalter beträchtlich unterhalb des wahren Werts lag. Auf dem Höhepunkt des Sklavenhandels gab ein Plantagenbesitzer gern bis zu 50 Pfund Sterling für einen kräftigen Feldsklaven mit guter Abstammung aus, und leicht ein Vielfaches für einen bestens abgerichteten Haussklaven.

Der Sklavenhandel hatte derart fantastische Gewinnspannen, dass sich manche Sklavenhalter ganz auf die Züchtung von Sklaven verlegten. Das war natürlich billiger als die Ausrüstung von Afrika-Schiffen und umging das Dazwischentreten der Sklavenhändler. Außerdem konnte man mit selektiver Züchtung „beste Qualitäten" auf den Markt bringen, ein Produkt nämlich, das intelligenter oder auch belastbarer,

Oben: Zuckerrohr – Symbol der kolonialwirtschaftlichen Erschließung und der früheren Sklaverei in der Karibik. Rechts: Die Ketten der Sklaverei sind gesprengt.

Foto: Thomas Kanzler

auf jeden Fall aber schnell an den Mann zu bringen war. Dieser unmenschliche Geschäftszweig verlor erst gegen Ende des 18. Jh. an Boden, als die Nordamerikaner gegen England revoltierten und französische Bauern sich gegen ihren König erhoben. Der politische Gleichheitsgedanke, zusammen mit zunehmender moralischer Empörung darüber, dass man mit Menschen handelte, breitete sich unaufhaltsam aus.

Eine sympathische Fußnote zur Zeit der Sklaverei existiert in Samaná in der Dominikanischen Republik. 1824 lief dort ein Schiff mit „entlaufenen" Sklaven auf Grund. Sie waren in Philadelphia dank des Einsatzes der dortigen Quäker, Vorreitern der Antisklavereibewegung, freigekommen. Die Gestrandeten bildeten eine Gemeinschaft und lebten friedlich mit spanischen Auswanderern von den Kanaren zusammen, viele ihrer Nachfahren sprechen heute noch elisabethanisches Englisch. In Jamaika hatte man schon 1807 den Sklavenhandel verboten, und 1834 waren alle Sklaven in sämtlichen britischen Kolonien für

frei erklärt worden. Innerhalb weniger Jahrzehnte folgte der Rest der Karibik.

Als einigen Sklavenhaltern in den USA im Bürgerkrieg klar wurde, dass die Konföderation verloren hatte, flohen sie auf die Bahamas und nahmen ihre Sklaven mit. Dort aber zwang man sie, diese ohne Entschädigung freizulassen.

Die Schwarzen auf den Bahamas und allen britischen Inseln waren schon 30 Jahre vor ihren Brüdern in den USA für frei erklärt worden. Die Anti-Sklaverei-Bewegung auf den britischen Inseln war so leidenschaftlich, dass man nach der Emanzipation der Schwarzen dort Sklavenschiffe auf hoher See abfing und ihre menschliche Fracht befreite.

Mit dem Ende der Sklaverei verschwand in der Karibik auch der verschwenderische Lebensstil der Großgrundbesitzer: Riesenpflanzungen wurden verlassen; herrschaftliche Häuser verfielen zu Ruinen; der Dschungel holte sich die in harter Arbeit gewonnenen Felder zurück. Heute ist der Zuckerrohranbau, einst ein blühender Zweig dank billiger Sklavenarbeit, nur noch auf wenigen Inseln ein lohnendes Geschäft.

Die freigelassenen Sklaven lebten mühsam von Fischerei, vom Feldanbau, vom Sammeln von Schwämmen und der Gewinnung von Salz und Holzkohle. Andere verdingten sich als Arbeiter zu Niedrigstlöhnen. Als der Herzog von Windsor, während des Zweiten Weltkriegs Gouverneur auf den Bahamas, ein umfassendes Drainage-Projekt auf New Providence initiierte, zahlte er den Arbeitern pro Woche einen Dollar. Zur selben Zeit richtete die Herzogin den Regierungssitz im luxuriösesten Stil ein. Historisch bedingte Gräben zwischen Reich und Arm, Hell- und Dunkelhäutigen haben eine ungleiche Verteilung des Wohlstands hinterlassen. Und diese ökonomischen Gegensätze beeinflussen bis heute die Politik in der Karibik.

Bermuda und die Bahamas

Weil diese Inseln im Atlantik liegen und formell nicht zur Karibik gehören – und Bermuda außerdem eine recht isolierte Lage hat – nahm die Geschichte Bermudas und der Bahamas einen besonders verschlungenen und interessanten Verlauf. Auch wenn der Name Christoph Kolumbus mit ermüdender Regelmäßigkeit in den Karibik-Reiseführern auftaucht, so hat er doch zuerst die Bahamas zu Gesicht bekommen. Und das erste Mal an Land ging er vermutlich auf der Insel San Salvador.

Kolumbus, durch die kilometerlangen Riffs, die Sandbänke und Untiefen entmutigt, die nur wenige, schwer zu findende Fahrrinnen boten, nannte das Gebiet *baja mar*, seichtes Meer. Daraus wurde dann die Bezeichnung Bahamas. Die Großzahl der Inseln war klein und öde. Zwar beanspruchten später alle die Bahamas (die Spanier, die Engländer und die Franzosen), aber niemand wollte dort leben, nicht einmal Ponce de León, der auf der Suche nach dem

Jungbrunnen auch auf Bimini stieß.

Die Bermudas wurden durch Zufall besiedelt, als ein englisches Schiff mit Ziel Virginia hier auf Grund lief. Der Spanier Juan de Bermudez hatte zwar eine Seekarte der Inselkette angefertigt, dies aber wohlweislich aus sicherer Entfernung erledigt. Hunderte von Schiffen liefen in der Folgezeit auf diesen Riffs auf. Damals waren natürlich auch die Navigationsmethoden sehr primitiv. Außerdem rechnete man einfach nicht damit, dass plötzlich mitten im endlos scheinenden Ozean eine 35 km lange, irrwitzige Kette von winzigen Felsinseln auftauchte. So schlimm war der Ruf dieser Inseln im England des 16. Jh., dass die Bermudas als Inspirationsquelle für William Shakespeares Stück *Der Sturm* gelten.

Sir George Somers, dessen *Sea Venture* 1609 vor Bermuda auf Grund lief, schusterte ein paar neue Schiffe zusammen und fuhr weiter nach Virginia. Doch ein paar Matrosen desertierten und blieben hier. Weitere Siedler kamen wenig später, 1612, aus Virginia zurück, und 1640 waren sie all derart untereinander zerstritten, dass sich eine Gruppe abspaltete und zu den Bahamas aufmachte.

Bermuda blühte, ähnlich wie die Westindischen Inseln, während der Zeit der Sklaverei. Man setzte Afrikaner ein, aber auch eine große Zahl verurteilter schottischer und irischer Unabhängigkeitskämpfer. Auf Grund dessen besteht die Bevölkerung der Bermudas zu 37 % aus Weißen – im Gegensatz zu den Westindischen Inseln. Es ist die britischste von allen Inseln, sie ist schließlich seit 1684 Kronkolonie. Und sie ist relativ wohlhabend. Es gibt keine Arbeitslosen, keine Obdachlosen, keinen Hunger, vielmehr einen herzlichen Willkommensgruß für alle Besucher.

Religionskonflikte, die die Puritaner veranlasst hatten, sich von England nach Massachusetts aufzumachen, waren auch für die Besiedlung der Bahamas verantwortlich. Kapitän William

Rechts: Beim Hahnenkampf kann es um viel Geld gehen.

Foto: Volker W. Radke

Sayle, ehemaliger Gouverneur auf den Bermudas, und eine Gruppe, die sich *Eleutherianische Abenteurer* nannte, brachen 1647 in Richtung Bahamas auf und liefen vor dem heutigen Eleuthera (griechisch für „Freiheit") auf Grund. Sie siedelten schließlich beim heutigen Spanish Wells und auf Harbour Island.

Auch Nassau zog dank seines ausgezeichneten Hafens, guter Fischgründe und bester Gelegenheiten, spanische Galleonen zu plündern, Siedler an. Die ersten kamen 1656 und nannten die Insel New Providence, das alte Providence lag nämlich schon auf Rhode Island.

Die Inseln standen formell unter britischer Herrschaft, faktisch waren sie aber seit Generationen gesetzloses Territorium. Nassau z. B. wurde wiederholt besetzt, niedergebrannt oder geplündert. Nach 1700 war es völlig in der Hand von Piraten. Weitere Hundertschaften von Freibeutern lagerten in Port Royal auf Jamaika, einem berühmt-berüchtigten Seuchennest, wo Gold und Rum billig zu haben waren und ein Menschenleben wenig wert war. 1692 versank ein

Teil der Stadt im Meer, Auswirkung eines gewaltigen Erdbebens.

Die überlebenden Piraten flüchteten nach Nassau und verstärkten dort die Horden. Die Bahamas erlebten damals geradezu eine Bevölkerungsexplosion. Pflanzer strömten aus England hierher, um sich auf das gewinnträchtige Zuckerrohr zu stürzen.

Auch entflohene Sklaven retteten sich von den Südstaaten der USA auf die Bahamas, wo es schon lange vor der gesetzlichen Gleichstellung autonome schwarze Siedlungen im unzugänglichen Hinterland gab. Brachen auf den Sklavenschiffen irgendwelche Epidemien aus, warf man die Kranken über Bord. So manchem von ihnen gelang es, an Land zu schwimmen – auf eine unbewohnte Insel. Diese Glücklichen gründeten später blühende Dorfgemeinschaften, denen man schließlich sogar ihr Land als Eigentum zusprach. Um 1718 lagen angeblich ständig über 1000 Piraten in Nassau, ihrem Heimathafen, und die Krone hatte endgültig die Nase voll. Der umjubelte Held der neuen Zeit wurde Kapitän Woodes Rogers, der schon reiche Beute im Südpazifik eingefahren hatte und sich dabei eine furchterregende Sammlung von Narben und entstellenden Amputationen zugelegt hatte. Viele Piraten waren derart von der Härte des neuen Gouverneurs beeindruckt, dass sie freiwillig die schwarze Flagge mit dem Totenschädel einzogen und zu dem neuen Mann überliefen, ja sich sogar an den Befestigungsarbeiten auf New Providence beteiligten. Heute sind 80 % der Bevölkerung auf den Bahamas Schwarze und Mulatten. Die Bahamas sind souveränes Mitglied des Commonwealth und unterscheiden sich kulturell und politisch deutlich von den anderen Westindischen Inseln wie auch von den USA, die nur 80 km weit weg sind.

Magere Zeiten

Die nächsten zwei Jahrhunderte verfiel die Karibik in einen sanften Schlaf. Das Bebauen von Land war auf den Großen Antillen immer eine Glückssache gewesen, und die Abschaffung der Sklaverei läutete das Ende der großen Plantagen ein. Die Pflanzer, die trotzdem weitermachten, gaben schließlich auf, als Ananas und Baumwolle von Schädlingen heimgesucht wurden – bzw. der Preis für Sisal, Naturschwämme oder Aloe wieder einmal ins Bodenlose fiel, spätestens jedoch, als dann in Europa die Zuckerrübe das karibische Zuckerrohr vom Markt verdrängte.

Zudem hatte man den Raubbau an den Hartholzwäldern so weit getrieben, dass sie sich nie wieder erholten, was zugleich das Ende für die Holzindustrie und die Bootsbauer auf Jamaika und auf den Caymans bedeutete. Inseln, auf denen einst Dutzende von Planta-

Rechts: Der heutige Tourismus auf den Großen Antillen-Inseln bietet nicht nur schöne Strände, Schnorcheln, Tauchen und Sportfischen, sondern auch Kajaktouren wie hier im Ökosystem der Mangrovensümpfe (Cayman Kajaks, Grand Cayman).

gen mit vielen Arbeitskräften betrieben wurden, waren plötzlich gespenstisch einsam.

Nur das Ausschlachten von Schiffswracks und der Abtransport der Schiffsladung bei Nacht und Nebel verschaffte den Inselbewohnern kärglichen Wohlstand. Fast jede Insel kennt Geschichten darüber, wie man mit trügerischen Leuchtsignalen Segelschiffe auf die Felsen lockte, wo sie dann schnell von ihrer wertvollen Fracht befreit wurden. Es gab viele Leute auf den Bahamas, in Florida und sogar auf Barbados, die ihr Vermögen auf diese heimtückische Art und Weise erwarben. Erst um 1750 wurde die Schifffahrt in der Karibik sicherer – dank besserer Seekarten und Navigationsmethoden, dazu kam ein wachsendes Netz von regulären Leuchttürmen. Eine beachtliche Ausnahme von der üblichen Schiffsfledderei stellten die heldenhaften Caymaner dar, die bei der Rettung der Opfer des *Wreck of the Ten Sails* so selbstlos vorgingen, dass König Georg I. ihnen Steuerfreiheit auf immer gewährte.

Der Amerikanische Bürgerkrieg nach 1860 war kurioserweise eine gute Zeit für die Bahamas. Großbritannien schlug sich liebend gerne auf die Seite der Konföderierten, um es den Yankees zu zeigen, von denen man im Krieg von 1812 eine Niederlage bezogen hatte. Und die geografische Lage der Bahamas war ideal für Blockadebrecher. Sobald man die Bahamas durchkreuzt hatte, war es nur noch ein Katzensprung über den Golf nach Florida, Charleston oder New Orleans. An sich galten die Bahamas als neutrales Land, doch Schiffe der Union wies man ab, wohingegen die Kapitäne der Konföderation mit allen Ehren empfangen wurden. Das Mutterland England spielte gern den Waffenproduzenten und Waffenhändler für die Südstaaten, erhielt es doch im Gegenzug Baumwolle bester Qualität für seine Fabriken in und um Manchester.

Danach war es lange Zeit sehr ruhig um die Inseln. Erst mit der Prohibiti-

Foto: Cayman Islands Tourism

onsära (1919-1933) in den USA kehrte wieder Wohlstand ein: Herstellung wie auch der Verkauf von alkoholischen Getränken waren damals in den USA durch Gesetz verboten; das bedeutete einen Riesenboom für die Rumbrenner und Alkoholschmuggler der Karibik; via Bermudas und Bahamas versorgten Schiffe mit Rum, aber auch schottischem Whisky und französischem Wein, die illegalen Kneipen der USA.

Die Zurücknahme dieses Gesetzes auf dem Höhepunkt der Weltwirtschaftskrise war verheerend für die Inseln. Erst der Zweite Weltkrieg verschaffte wieder jedermann Arbeit, z. B. beim Bau von Landebahnen und Verteidigungsanlagen. Auf den kleinen Antillen wurden die Ölraffinerien kriegswichtig. Bermuda dagegen wurde wegen seiner relativ geschützten, aber strategisch beherrschenden Lage zu einem der Knotenpunkte der Kriegsführung. Hier wurden Briefe abgefangen und Schiffe auf Konterbande abgeklopft, Nachrichten dechiffriert, Flugzeuge und Schiffe aufgetankt.

Dass Bermuda – mit seinen exzellenten Golfplätzen – weitab von allem Trubel liegt, hat es bei Staatsmännern zu einem beliebten Konferenzort gemacht. Winston Churchill kam sogar während des Krieges hierher. Andere hochkarätige Besucher waren Roosevelt, Macmillan sowie Eisenhower, Kennedy und Nixon.

In den letzten Jahrzehnten waren es vor allem Zusammenkünfte von Geschäftsleuten, die für einen kontinuierlichen Dollarzufluss sorgten, und das nicht nur auf Bermuda, sondern in der ganzen Karibik. Und wenn mancherorts die Luxushotels gut belegt sind, liegt das auch an den vielen aus aller Welt anreisenden Kongressgästen, die gern Arbeit und Vergnügen verbinden und dabei einiges an Geld hier lassen.

Der Tourismus schlägt Wurzeln

Mit dem Ende der Plantagenära stellten die Bewohner der Antillen fest, dass sie immer noch etwas sehr Wertvolles zu offerieren hatten: warme Winter,

Foto: Helene Hart - Skupy

Meeresluft für geschädigte Lungen und, als vielleicht bestes Heilmittel gegen den Stress der modernen Welt, viel Gemächlichkeit.

Zunächst war es wirklich nicht einfach, hierher zu kommen; es galt zuerst, eine nicht ganz ungefährliche Seereise zu bestehen, und dann musste man auf Zimmersuche gehen. Um 1851 boten die Bahamas der Schifffahrtsgesellschaft 1000 Pfund Sterling an, die von New York aus Nassau anfuhr.

Eine Reaktion blieb aus, weshalb man die Prämie 1859 auf 3000 Pfund erhöhte. Das weckte das Interesse des legendären Reeders Samuel Cunard, der nun regelmäßig einen Schaufelraddampfer zwischen New York und Nassau verkehren ließ.

1872 gab es dann auch eine Linie New York – Bermuda. 1873 wechselten einige reiche Müßiggänger von Florida auf die Bahamas. Henry Flagler mietete das Royal Victoria Hotel und vermietete Zimmer an die Reisenden der Schifffahrtsgesellschaften. Seit 1925 brachte die Königliche Post auf ihren Schiffen Urlauber aus Kanada, Großbritannien und den USA auf die Bahamas.

Mit dem Ende des 2. Weltkriegs waren die Inseln bereit für die Aufnahme neuer Touristenströme. Jede größere Insel besaß eine von den Alliierten erbaute Landepiste. Als die Hubschrauber die Wasserflugzeuge ablösten, konnte selbst die winzigste Insel auf Flugtouristen hoffen. Wer des Winters im Norden überdrüssig war, freute sich auf den Strand und die Sonne hier; und Tausende von Soldaten und Matrosen, die sich im Krieg in die Karibik verguckt hatten, wollten jetzt mit ihrer Frau wiederkommen. So wie die US-Touristen während der Prohibitionszeit auf die Inseln strömten, um sich betrinken zu können, machen sie heute einen Abstecher nach Freeport oder Paradise Island zum Glücksspiel. In vielen Staaten der USA ist dies nämlich verboten. Heute ist der Tourismus die Haupteinkommensquelle der Großen Antillen, und für einige Inseln die einzige.

Die Turks- und Caicos-Inseln verzeichnen eine wachsende, sehr loyale Gästeschar; Urlauber genießen dort eine angenehm entspannte Atmosphäre – wenn nicht gerade, wie 2008, ein Hurrikan darüber hinweg zieht.

Die meisten Inselregierungen haben erkannt, dass der Tourismus sauberes, gutes Geld ohne Luftverpestung bringt, weshalb sie ihre Bürger ermutigen, die Gastfreundlichkeit zu einer gewinnbringenden Einnahmequelle auszubauen. Dennoch – wenn man manchmal auf einen kühlen Empfang trifft, sich über unerwartete Preissteigerungen oder einen unhöflichen Taxifahrer ärgert, sollte man bedenken, dass hinter der Kulisse des unbeschwerten touristischen Lebens die Menschen hier mit den Herausforderungen ihres Alltags fertig werden müssen.

Oben: Sportfischfang, ein Segment des Karibik-Tourismus. Rechts: Das Mega-Resort Atlantis auf Paradise Island (Nassau, Bahamas) – Start in eine neue Größenordnung des Tourismus.

Foto: Ruth Peterkin (Dreamstime)

Zur Lage Haïtis

Doch es gibt auch massive Probleme in der Karibik. Vor allem Haïti, das ärmste Land der westlichen Hemisphäre, birgt reichlich Konfliktstoff. Haïtis Tourismus war trotz großen Potentials schon vor dem Erdbeben stark zurückgegangen. Manche Karibik-Reiseführer ignorieren es trotz des schönen, sicheren Kreuzfahrthafens ganz, andere, wie dieser, beschreiben zwar die Schönheiten Haïtis, warnen aber zugleich vor einem Besuch unsicherer Orte wie der Hauptstadt Port-au-Prince. Denn trotz der Anwesenheit des 12 650 Mann starken UN-Truppenkontingents, der MINUSTAH, steht Haïti immer noch am Rand der Unregierbarkeit.

Schon früher hatten Banden die Staatsgewalt teilweise verdrängt. Entführungen, Drogenhandel, Lynchjustiz, Korruption bei Staats- und Sicherheitsbehörden, Gewalt und Chaos waren an der Tagesordnung. Bei den Wahlen 2006 kam es wieder einmal zu Krawallen. Doch den härtesten Schlag erlitt

Haïti im Januar 2010: Ein verheerendes Erdbeben forderte mehr als 300 000 Menschenleben und machte 1,2 Millionen Haïtianer obdachlos. Später tötete die Cholera, eingeschleppt vermutlich von nepalesischen UN-Soldaten, 8000 Menschen.

Derzeit leben immer noch 170 000 Haïtianer in Notzeltlagern. Über drei Millionen Haïtianer sind seit 2000 ausgewandert. An der wirtschaftlich und sozial katastrophalen Lage Haïtis hat sich trotz aller Hilfsgelder bislang noch zu wenig geändert: 80 % der Bevölkerung – die überwiegend afrikanische Wurzeln hat – leben unterhalb der Armutsgrenze (2$ /Tag), die Arbeitslosenquote übertrifft 70 %, die Lebenserwartung liegt bei 62 Jahren und die Analphabetenquote bei 47 %, die Infrastruktur des Landes ist noch immer ziemlich desolat, und auch die Cholera ist noch nicht besiegt.

Foto: Tobias Hauser

DIE KULTUR DER GROSSEN ANTILLEN

Obwohl sich die Großen Antillen von den Bermudas bis zu den Cayman-Inseln erstrecken und politisch so gegensätzliche Inseln wie Kuba und Haïti einschließen, gibt es doch faszinierende Gemeinsamkeiten in kultureller Hinsicht. Hinsichtlich der Sprache, der politischen Zustände und des Bruttosozialprodukts existieren vielleicht große Unterschiede; aber die Menschen in der Region haben ähnliche kolonialgeschichtliche Wurzeln. Sie genießen einerseits Sonne und Meer und die süßen Früchte tropischer Fruchtbarkeit, kennen aber allzugut den Fluch des Karibikklimas und wissen, wie schnell eine sanfte Brise zum verheerenden Hurrikan werden kann. Als Überlebenstechnik hat sich auf den Inseln eine Kultur des friedlichen Zusammenlebens entwickelt, die jahrhundertelang durch Heiraten über Rassenschranken hinweg gefördert wurde. Alle Bewohner der Karibik, bis auf die Indianer, kamen von außen, und die meisten halten stolz zu ihrer Heimatinsel, wie klein und arm sie auch sein mag. Jamaikas Motto „Ein Volk aus vielen" gilt heute für fast alle Nationen der Antillen.

Begegnungen mit Einheimischen

Es ist nicht schwer, mit Einheimischen Kontakte zu knüpfen: Restaurants, Bars, Märkte und auch Kirchen sind Orte, wo man schnell ins Gespräch kommt. Einige Inseln führen Begegnungsprogramme durch, z. B. Jamaika, Puerto Rico und die Bahamas; die Fremdenverkehrsbüros vermitteln gern Kontakte. Je eher und detaillierter Sie dort Ihre Wünsche anmelden, desto mehr kann man auf Sie eingehen und Ihnen eine Familie Ihrer Altersgruppe, mit gleichen Interessen etc. vermitteln.

Links: Die Tropicana Show in Havanna – ein unbedingt sehenswertes Spektakel.

Musik und Tanz

Nassaus *Changing of the Guard*, die Ablösung der Wachsoldaten vor dem Government House, verläuft nicht anders als in London, mit viel Pomp und einer jahrhundertealten Zeremonie. Aber man braucht nur einmal die *Royal Bahamas Police Force Band* gehört zu haben, um zu wissen, was westindische Musik ist: eine einzigartige Mischung afrikanischer und europäischer Elemente mit Jazz- und Flamenco-Einsprengseln plus karibischem Calypso.

Das reiche Erbe der Musik Spaniens kam mit den ersten Entdeckern auf die Antillen und vermischte sich mit den Liedern und Instrumenten der Indianer, die keine Saiteninstrumente, sondern nur primitive Schlaginstrumente und Flöten kannten. Aus Spanien rührten dagegen die Vorläufer der heutigen Gitarren und *cuatros*. Was bei dieser Mischung herauskam, hat heute viele Formen, von Salsa bis Pop. Was Sie allerdings von westindischen Radiostationen zu hören bekommen, ist oft melodischer *Calypso*, der aber immer mehr durch den synkopischen Rhythmus des Reggae und dem Soca, eine Verbindung von Soul und Calypso, verdrängt wird.

Aus Spanien, über Kuba, kam der *Bolero* hierher. Die *Plena* ist rein puertorikanisch, sie verbindet die Spontaneität des Calypso mit dem afrikanischen Rumba-Rhythmus. Auf Haïti, wo die Leute zu fröhlichen *Bambouches* (lockeren Tanzparties) auf die Straße gehen, werden Abwandlungen der alten Quadrillen getanzt.

Urlauber schaffen es kaum, gleich auf Anhieb den erotisierenden *Merengue* gut hinzubekommen, einen Tanz, der von Insel zu Insel etwas anders ausfällt, aber in der ganzen Karibik sehr beliebt ist. Damit die Bewegungen flüssig und lasziv erscheinen, muss man sie aus den Hüften machen – mit Muskeln, von denen man zuvor nicht mal wusste, dass sie existieren.

Reggae, in den 1960ern in den Slums

Foto: Geri Bauer (Wiest Associates)

von Kingston entstanden, ist ein Kind verschiedener musikalischer Stilrichtungen, vor allem des *ska*, des Blues und des *mento* aus der Ära der reichen Plantagenbesitzer. Berühmt war früher das *Sunsplash*-Reggae-Festival auf Jamaika, das noch auf seine Wiederbelebung wartet.

Beim *Limbo* tanzt man nach hinten gebeugt unter einer Stange durch – der Rekord liegt bei 21,5 cm. In den Touristen-Nachtklubs hat man ihn zu einer Burleske gemacht; vorgeführt von geschmeidigen Westindern. Entstanden ist er aber vermutlich einst unter den niedrigen Decks der Sklavenschiffe.

Calypsotexte scheinen oft harmlose Verse zu sein, enthalten aber häufig beißende Satire. Guter *Calypso* wird improvisiert, er ist ein wichtiges kulturelles Element der Karibik. So mancher Politiker musste still und leise seinen Hut nehmen, nur weil ihm ein bissiger

Calypso einen Vers verpasst hatte, der beim Publikum hängenblieb.

Die Einwohner der Antillen lieben einmütig die *Steel Bands*, und die werden sie überall hören. Es ist *die* Musik der Karibik, zuerst auf den Öltonnen gespielt, die der 2. Weltkrieg hinterließ. Angeblich in Antigua entstanden, verbreitete sich die *pan*-Musik bis nach Trinidad und von dort überallhin.

Beim *Casals Festival* im Juni auf Puerto Rico ist Klassik das Thema; bei den hochkarätigen Konzerten im Fine Arts Center in San Juan werden Werke von Bach bis Verdi aufgeführt.

Kunst und Kunsthandwerk

Wenn Sie authentisches Kunsthandwerk in guter Qualität erwerben wollen, halten Sie sich an Objekte aus einheimischen Materialien, z. B. gewebte oder geflochtene Stücke aus Palmfasern, Batikstoffe, Schnitzereien und Schmuck.

Auf den Cayman-Inseln, wo Schildkröten kommerziell gezüchtet werden, sind schöne Schildpatt-Gegenstände

Oben: Kurze Verschnaufpause im Festtrubel. Rechts: Die Karnevalsmasken sind auf allen Karibik-Inseln kunsthandwerkliche Glanzleistungen.

Foto: Thomas Kanzler

im Angebot; allerdings ist deren Einfuhr nach Deutschland aus Gründen des Artenschutzes streng verboten.

Bernstein wird vor allem in der Dominikanischen Republik gewonnen und zu Schmuckstücken u. ä. weiterverarbeitet. Sehr hübsch sind Stücke, bei denen im fossilen Harz ein Insekt eingeschlossen ist. Der Abbau von schwarzen Korallen ist heute meist untersagt, die Schmuckschmiede arbeiten daher mit importierter Ware. Die Cayman-Inseln haben einen besonders guten Ruf, was den Entwurf und die Ausführung von Schmuck in Sterlingsilber-Qualität und Korallen-Ausführung angeht.

Haïtianische Schnitzarbeiten sind bekannt für ihr dunkel-schimmerndes Holz und die Bilder für ihre heiter leuchtenden Farben. Auf Kuba, schon immer ein Ort, der Inspiration für Künstler bot, entstand eine Vielzahl lebensfroher, leuchtender Malereien. Das Museo Nacional de Bellas Artes ist in Havanna das bedeutendste Kunstmuseum Kubas; auch Gegenwartskunst wird dort ausgestellt (www.museonacional.cult.cu).

In Santiago de los Caballeros, in der Dominikanischen Republik, existiert ein Museum der Volkskunst, und im Museo del Hombre Dominicano in Santo Domingo sind Arbeiten einheimischer Künstler ausgestellt. The Gallery of West Indian Art in Montego Bay auf Jamaika zeigt die Zedernarbeiten einer Autodidaktin, der ehemaligen Wäscherin Hyacinth. Auch die National Gallery in Kingston hat eine große Sammlung einheimischer Maler, darunter interessante Bilder aus dem 19. Jh., die das Leben auf den Plantagen schildern.

Zedern liefern auf Bermuda seit jeher das Material für Möbel und Holzfiguren. Arbeiten aus Zedernholz, Kerzen, Rohrmöbel, Töpfergut und Puppenhauseinrichtungen gibt es im Craft Market beim Royal Naval Dockyard und in The Cooperage in Somerset. Das wohlhabende und kunstliebende Bermuda hat viele gute Galerien und einheimische Künstler. Im Elbow Hotel in Paget zeigt eine Galerie beispielsweise die Bronze-Skulpturen von Desmond Fountain; andere lebensgroße Arbeiten des Künst-

Foto: Christian Heeb

lers sind auf dem Hotelgelände verteilt. Skulpturen Fountains stehen in mehreren Orten auf Bermuda. Sein Denkmal für Sir George Somers in St. George's auf Ordnance Island wurde 1984 von Prinzessin Margaret enthüllt. Einheimisches Kunsthandwerk und Kunst gibt es auch im Briege House und im St. George's Historical Society Museum.

Die Bermudiana Collection, eine Sammlung von bermudianischen Kunstgegenständen, ist in der Masterworks Foundation über dem Britannia Gift Shop in Hamilton zu besichtigen, von den interessantesten Exemplaren gibt es Postkarten oder Poster.

In Nassau offeriert die Nassau Art Gallery u. a. Originalbilder und Drucke der bahamesischen Künstler Elyse und Wayde Taylor. Arbeiten des Abaco-Künstlers Albert Lowe sind in einem Museum und einer Galerie in Green Turtle Cay ausge-

stellt; das Dorf hat auch einen hübschen Garten mit Figuren aus der überaus bewegten Geschichte der Bahamas.

Der bekannte Bildhauer Randolph Johnston ließ sich in den 50er Jahren in Little Harbour auf Abaco nieder. Seine Bronzefigur einer schwarzen Bahamesin steht in Nassau direkt am Meer. Johnstons Arbeiten und die Werke seiner Familie sind in Little Harbour und in Galerien in Nantucket und Palm Beach erhältlich.

Der Crafts Market in Kingston steht voller kleiner Buden, die einheimisches Kunsthandwerk präsentieren. Jamaikanische Handarbeit und Antiquitäten gibt es im Things Jamaican im Devon House in Kingston. Im Mutual Life Centre kann man die Werke jamaikanischer Künstler in weiträumigen Hallen besichtigen.

Einen guten Überblick über zeitgenössische Strömungen in der lateinamerikanischen Kunst verschafft die Galeria Botello in der Altstadt von San Juan. Das Gebäude gehörte früher Angel Botello, einem bekannten puertori-

Oben: Die Künstler der Großen Antillen bevorzugen leuchtende Farben (hier: Las Terrenas, Dominikanische Republik). Rechts: Christliche Kirchen sind Teil der vielfältigen Religiosität der Großen Antillen.

Foto: Carl Rosenstein (Westi Associates)

kanischen Künstler, der 1986 starb. Außer seinen Arbeiten gibt es hier die *Santos*, Heiligenfiguren aus Holz, die traditionell in Familienbetrieben geschnitzt werden. Weitere authentische Produkte sind die Papiermaché-Masken, die in den Räumen des Puerto Rican Arts and Crafts Center in der Fortaleza Nr. 204 ausgestellt sind, aber auch in der heiteren Atmosphäre von La Plaolete del Puerto am Pier 3.

Puerto Ricos Fine Arts Museum in der Cristo Nr. 253 beherbergt die Sammlung des Institute of Culture. Das Gebäude, ein schönes Beispiel kolonialen Stils, wurde 1990 renoviert.

Die Dominikanische Republik hat eine ganze Stadt der Künste in Altos de Chavón. Die Künstler und Handwerker leben, arbeiten und studieren hier. Die Galería de Arte Nader in Santo Domingo bietet interessante dominikanische und haïtianische Malerei an. In der Galería de Arte Moderno sind moderne Werke einheimischer Künstler ausgestellt. Reproduktionen der Taino-Kunst gibt es im Tu Espacio. Ambar Tres verkauft Schmuck, darunter auch Stücke aus dominikanischem Bernstein.

Baumwollstoffe werden teils noch von Hand mit volkstümlichen Motiven bedruckt. Möchte man seine Garderobe mit einem dieser bedruckten, wie ein Lendentuch verwendeten Stoffe erweitern, tut man das am besten mit dem Kauf eines *java wrap* (anderswo auch als *pareu*, *sarong* oder als *lava-lava* bekannt).

Rastafari, Voodoo und Religiosität

Die *Rastafari*-Bewegung entstand in den Slums der jamaikanischen Städte unter Schwarzen, die dem sozialen Elend durch religiös untermauerte Thesen von der Heimkehr nach Afrika entkommen wollten. In Kaiser Haile Selassie sahen sie den erwarteten Erlöser. Die *Rastas* tragen ihr Haar in wild wuchernden Kaskaden ungekürzter Zöpfchen, *dreadlocks* genannt (Hinweis: Selbst Rasta-Kinder sollte man nicht ohne Erlaubnis fotografieren oder übers Haupt streichen!). Sie rauchen Marihuana, im

Rasta-Jargon *ganja*, und fliehen aus „Babylon", der Welt des materiellen Erfolgsstrebens. Reggae wurde zum Protest der Rasta gegen die Unterdrückung durch die etablierte Gesellschaft. In der Sehnsucht nach Afrika schufen sie sich eine eigene Kultur.

Zwei Kulte afrikanischen Ursprungs finden sich in Nischen der Antillen. Der *Shango*-Kult lebt in Trinidad. Sein Gott des Donners und des Blitzes hat zwölf Apostel. Der andere, *Santeria*, ist ein afro-indianischer Kult auf Kuba. *Voodoo* – das Wort bedeutet Genius oder Schutzgeist – kam ursprünglich aus dem früheren Königreich Dahomé in Westafrika. Obwohl Voodoo und verwandte Zauberkulte der Schwarzen wie *Obeah* meist mit Haïti verbunden werden, existieren sie doch in der ganzen Karibik. Die Voodoo-Riten sind häufig mit katholischen Elementen vermischt, da sie sich so in der Sklavenzeit besser tarnen ließen.

Obeah ist ein magischer Kult, der die guten Menschen durch Geister schützen und böse Menschen durch sie strafen lässt. Cat Island ist bei den Bewohnern der anderen Bahama-Inseln wegen seines mächtigen *Obeah* sehr gefürchtet; *Obeah* wird vor allem auf Jamaika, aber auch auf den Bay Islands vor der honduranischen Küste praktiziert.

Bevor Sie versuchen, sich in eine Voodoo-Zusammenkunft einzuschleichen, gehen Sie lieber in eine „normale" Kirche: Dort werden Sie ebenfalls ein authentisches Bild hiesiger Religiosität gewinnen; Kirchen und „Tempel" sind Zentren des sozialen, politischen und religiösen Lebens. Allerdings wird sich der Gottesdienst beträchtlich von dem unterscheiden, was Sie von daheim gewohnt sind. In einer einfachen fensterlosen Kirche auf einer abgelegenen Insel zu sitzen und Kirchenlieder aus einem abgegriffenen Gesangbuch –

Rechts: Ein Plankenweg erleichtert die Wanderung durch das höhlendurchzogene Kalksteingebiet von Cayman Brac.

ohne Orgelbegleitung – anzustimmen, nachdem man einen leidenschaftlichen Laienprediger mit Showtalent gehört hat, der vielleicht unter der Woche sein Geld als einfacher Arbeiter verdient, ist ein Erlebnis, das einem die Insulaner sehr nahe bringen kann.

Klima, Flora und Fauna

Der süße, schwere Duft, der von unbewohnten Inseln herüberweht, scheint einen bunten Blumenstrauß zu versprechen. Was man aber tatsächlich vorfindet, wenn man an Land geht, kann üppiger Regenwald sein oder trockenes Buschland. Diese landschaftlichen Gegensätze resultieren aus der unterschiedlichen Topografie der Inseln und der unterschiedlichen Verteilung der Niederschläge.

An einigen Inseln ziehen die Regenwolken grundsätzlich vorbei, an anderen sorgen hohe Berge für das Abregnen jeder noch so kleinen Wolke. Jamaikas indianischer Name *Xaymaca* bedeutet soviel wie „gut bewässert". Nassau dagegen muss sein Wasser in größeren Mengen von der nahen Insel Andros beziehen. Während die Touristen in der Dominikanischen Republik und Puerto Rico unten am Strand schwitzen, greifen die Leute im kühleren Hochland zum Pullover – in der „DomRep" erreicht das Gebirge mehr als 3000 m Höhe. Auf Kuba kann man innerhalb einer Stunde die Klimazone wechseln, und in der Nacht können die Temperaturen in Hochlagen auf 5 °C fallen.

Einige Pflanzen sind Kinder der Großen Antillen: Tatsächlich stammen Wörter wie *Kassawa* und *Guave* aus der Arawak-Sprache. Schon lange vor Kolumbus bauten die Kariben die Ananas an und ließen die älteren Knaben in einem Mannbarkeitsritus durch die Felder mit den messerscharfen Blättern laufen. Erst viel später kam die Ananas nach Hawai'i.

Doch ein Großteil der heutigen Früchte und Blumen kam mit den eu-

Foto: Flavio Vallenari (iStockphoto)

ropäischen Siedlern und Eroberern auf die Inseln. So brachten die Spanier die Orange und das Zuckerrohr. Die Brotfrucht, heute ein wichtiger Bestandteil des westindischen Speiseplans, wurde von Bligh, dem Kapitän der *Bounty*, nach Jamaika importiert.

Die meisten tropischen Arten gedeihen bestens in der Hitze und Feuchtigkeit, weshalb alle bewohnten Inseln ein Meer von Bougainvillea-, Hibiskus-, Oleander- und Poinciana-Blüten sind. Im Busch findet man blühende Kakteen, wilden Lorbeer und einige tausend anderer einheimischer oder eingebürgerter Gewächse. Allein auf Puerto Rico hat man 3000 verschiedene Pflanzen identifiziert, darunter 20 einheimische Orchideen und 500 Farne. Die Heilkräfte dieser Pflanzen, teils in Vergessenheit geraten, teils von weisen „Kräuterdoktoren" immer noch genutzt, werden die heutige Wissenschaft noch auf Jahre hinaus beschäftigen.

Schiffe aus aller Welt brachten Ratten, aber auch Katzen hierher, die Siedler das Hausschwein und den Esel. Die Nachkommen dieser Tiere leben noch immer im Busch – manchmal sogar in richtigen Herden. Auch die importierten Pferde, Hühner, Ziegen und Kühe überlebten den Klimawechsel. Bei vielen Grundstücken der Inseln sind die Einfahrten mit einem großen Rost aus Röhren versehen, um streunende Tiere, vor allem Esel und Kühe, von den Häusern fernzuhalten. Mungos, die man freiließ, um der Ratten und Mäuse Herr zu werden, haben sich auf vielen Inseln über die Maßen vermehrt. Fledermäuse sind ebenfalls sehr verbreitet, und auf einigen Inseln gibt es auch Skorpione, Iguanas und Schlangen – so die giftige *fer-de-lance*, eine Klapperschlangenart. Aber wahrscheinlich wird ein Urlauber höchstens Bekanntschaft mit Moskitos machen.

Ein auf den ersten Blick wenig ansprechendes Tier, das *hutia*, ein einheimischer, rattenähnlicher Nager, den man schon für ausgestorben hielt, ist zur großen Freude der Wissenschaft um 1960 auf Atwood Cay (Bahamas) wiederentdeckt worden.

Foto: A. M. Begsteiger

Iguanas und die nachts Laut gebenden Geckos sind auf den Inseln allgegenwärtig, aber harmlos und nützlich, weil sie Insekten vertilgen. In manchen Teilen von Jamaika und Puerto Rico singen einen die Baumfrösche mit ihrem Konzert in den Schlaf. Große Flamingokolonien existieren bei Inagua, und der Bahama-Papagei kommt gelegentlich sogar noch als Wildvogel vor. Und dann gibt es tatsächlich fast überall den *yellow-bird*, dem besonders viele Calypso-Lieder gewidmet sind.

Architektur

Not macht erfinderisch, heißt es. Die Architektur der Antillen belegt diesen Spruch: Die ersten Siedler nahmen für den Hausbau alles, was vorort zu finden war. Außerdem mussten die Häuser auf Bermuda und den Bahamas, wo die

Winter durchaus kalt sein können, die Winterwinde abhalten und doch so luftig wie möglich für den Sommer sein. Bermuda hat genügend Sandsteinvorkommen. Der Stein wird härter, wenn er den Elementen ausgesetzt ist. Man kann damit Häuser bauen, die fast hurrikansicher sind. Achten Sie auch auf die Dächer, die das Wasser auffangen sollen: Sie sind ein Kennzeichen der Bermudas und müssen laut Gesetz alle fünf Jahre neu gekalkt werden.

Im spanischen Einflussbereich findet man noch den *bohío*, ein Wohnhaus aus Brettern mit einem Dach aus Palmblättern, der auf die indianische Urbevölkerung zurückgeht. In manchen Gegenden stehen noch wunderschöne Holzhäuser, meist aus Hartholz konstruiert: aus Kiefer, Mahagoni und anderen einheimischen Hölzern, die gegen Termiten und Schwammbefall resistent sind.

Alle Städte sind Gründungen der Kolonialzeit, die schachbrettartig um einen Hauptplatz mit den wichtigen Gebäuden angelegt wurden. Ihre Architektur erinnert deshalb an die des

Oben: Der Alcázar de Colon von 1514 in Santo Domingo, eines der frühesten und schönsten Beispiele spanischer Kolonialarchitektur, erbaut von Diego Kolumbus.

jeweiligen Mutterlandes – an Spanien, Frankreich, England oder die Niederlande.

In einigen Städten wurden gewaltige Bauten errichtet, so die prächtige Renaissance-Kathedrale Santa Maria La Menor aus dem 16. Jh. in Santo Domingo; der nahe Alcázar, 1514 errichtet und noch original eingerichtet, ist ein herausragendes Gebäude früher spanischer Kolonialarchitektur. Weitere Beispiele des spanischen und maurischen Stils gibt es in der Altstadt von San Juan und Havanna sowie in den Festungen von Puerto Rico mit ihren minarettartigen Türmen.

Es macht Spaß, durch alte Stadtviertel zu streifen und architektonische Details aus der Kolonialzeit zu entdecken. Lassen Sie Ihren Blick weiter schweifen als bis zum nächsten neon-umrahmten Schaufenster mit den modischen T-Shirts. Die engen Gassen und Passagen, die einzigartigen Portale und schmiedeeisernen Gitter – sie alle haben eine besondere Geschichte zu erzählen. Und wenn Sie genau hinschauen, werden Sie feststellen, dass die Architektur der Antillen all die Moden und Marotten europäischer Stilrichtungen widerspiegelt: von den gotisierenden Kathedralen Kubas und Haïtis, den imposanten Festungsbauten des 16. und 17. Jahrhunderts bis zum Viktorianischen, Georgianischen und Bauhaus-Stil.

Verhaltensregeln für Touristen

Obwohl beim Großteil der Karibik von Zurückgebliebenheit nicht die Rede sein kann und die Leute Besucher von überallher gewöhnt sind, erwartet man doch von den Gästen die Einhaltung gewisser Regeln. Die Bewohner der Westindischen Inseln sind im allgemeinen zurückhaltend, was die Kleidung betrifft. Das Tragen von superkurzen Shorts und Bikini-Oberteilen in der Öffentlichkeit – abseits vom Strand –, aber auch ein nackter Bauchnabel gelten manchen als anstößig. Baden „oben ohne" wird zwar mancherorts toleriert, ist auf vielen Inseln aber unerwünscht und auf einigen sogar verboten.

Auf Bermuda sind die Bekleidungsvorschriften besonders streng. Verpönt sind etwa Lockenwickler in der Öffentlichkeit. Das Tragen von ärmellosen T-Shirts und Hot Pants abseits vom Strand sowie die Benutzung eines Mopeds oder Fahrrads ohne Oberkörperbekleidung gelten als unkorrekt. Außerdem müssen die Herren der Schöpfung beachten, dass *Bermuda Shorts* – die aus Schneidertuch! – bei den Einheimischen nur in Verbindung mit Kniestrümpfen und Lederschuhen als Abendkleidung akzeptiert sind.

Seien Sie rücksichtsvoll beim Fotografieren! Die Bahamesen von den Außeninseln lassen sich gern fotografieren, aber sie möchten natürlich im schönsten Sonntagsstaat aufgenommen werden. Ausgesprochen kamerascheu hingegen sind die Haïtianer und die Bewohner der Turks- und Caicos-Inseln. Manche werden für ein Foto Geld von Ihnen verlangen, andere posieren gern vor der Kamera. Gute Gelegenheit, Fotos in Festtags-Kleidung zu machen, hat man sonntags nach dem Gottesdienst auf dem Kirchplatz.

Wenn Sie Englisch sprechen, vermeiden Sie besser – an sich harmlose – Redewendungen wie *Oh, boy* oder *Boy, it's hot*. Es könnte von manchen schwarzen Westindern als Beleidigung aufgefasst werden – in Erinnerung an Zeiten, wo die Kolonialherren das Wort *boy* für Leibeigene verwandten. Ähnliches gilt für die Bezeichnung „Eingeborener" bzw. das englische *native*.

Dazu kommen einige Unterschiede zum Standard-Englisch: Auf Puerto Rico ist ein *motel* ein Stundenhotel, meist für Verliebte, die sich dort heimlich treffen möchten. Eine *discotheque* ist ein Nachtklub, manchmal mit, manchmal ohne Tanzfläche.

Marktfrauen mögen es nicht, wenn man ewig stehenbleibt, die Waren betatscht, nur fotografiert und dann ohne

Foto: Hans-Horst Skupy

sen, das seinen Körper nachts verlassen kann und sich von Menschenblut, und zwar am liebsten von dem Blut kleiner Kinder, ernährt.

Horrorstories eigener Klasse sind die Geschichten, die immer wieder um das Bermuda-Dreieck gesponnen werden – unerklärliche Katastrophen wie Schiffbruch, Mord und verschwundene Flugzeuge werden mit diesem ominösen Teufelsdreieck in Zusammenhang gebracht – das meiste nur aufgebauscht von Sensationsjournalisten.

Karneval

Einmal im Jahr ist Karneval auf den Großen Antillen, aber der Zeitpunkt dafür ist auf jeder Insel anders. Gemeinsam ist den Festlichkeiten, dass es laut und turbulent zugeht, dass man größte Sorgfalt und viel Geld auf die Kostümierung verwendet, dass auf der Straße gefeiert wird und dass es völlig unproblematisch ist, mitzumachen. Legen Sie also ihre Hemmungen ab und schwimmen Sie im Trubel mit!

Auf vielen Inseln, vor allem den streng katholischen, findet der Karneval vor Beginn der Fastenzeit statt. Übrigens feiern nicht nur die Inselhauptstädte Karneval, sondern auch fast jedes Dorf.

Auf den Bahamas findet der *Junkanoo,* der Kostümumzug, im Dezember und Januar statt. Auf Bermuda heißt er *Goombay* und wird nach dem Einbringen der Zuckerrohrernte, Weihnachten und Neujahr veranstaltet; auf Bermuda ist zusätzlich der Ostermontag *Goombay*-Tag. In San Juan ist das Fest des San Juan Bautista Karnevalszeit. Es dauert zehn Tage und wird mit Straßentanz, Umzügen und Spielen gefeiert.

Andere Folkloreveranstaltungen entstanden als Reaktion auf das große Interesse ausländischer Besucher am kulturellen Erbe: Events wie das *LeLoLai Festival* auf Puerto Rico, das das alte *Jibaro*-Fest zum Vorbild hat, oder der *Goombay Summer* auf den Bahamas.

Einkauf abzieht. Auch merke man sich fürs Feilschen: Auf Bermuda ist es verpönt, auf den britischen Inseln wird es bis zu einem gewissen Punkt akzeptiert, aber überall ist man den Einheimischen dabei ohnehin unterlegen.

Märchen und Legenden

Eine Bahama-Insel mit großer Landmasse ist die kaum bewohnte, von Sümpfen durchzogene Insel Andros. Hier lauern die boshaften *chickcharnies* und bereiten Unvorsichtigen eine Menge Ärger. Sie haben drei Finger, drei Zehen und rote Augen. Ihr Körper ist wie der eines Vogels geformt. Wenn irgendwo etwas schief geht, waren selbstverständlich die *chickcharnies* am Werk. Sie sind aber harmlos verglichen mit den Schrecken des Voodoo. Unartige Kinder hält man oft und gern mit dem Verweis auf den *loup-garou* in Zaum: ein We-

Oben: Eine Karnevalspuppe, die bei Umzügen getragen wird. Rechts: Ein Tropensturm zieht auf – wieviel Zerstörung wird er bringen?

Wenn der Hurrikan kommt

Die Arawak-Indianer nannten den verheerenden Wind *uracana*. Hurrikane können apokalyptische Zerstörungen anrichten und prägen sich ins kollektive Gedächtnis ein – durch Stürme mit Geschwindigkeiten von über 300 km/h und katastrophalen Niederschlägen, bei denen der Regen stundenlang fast wie ein Wasserfall vom Himmel stürzt. 1909 fiel in einer Woche bei einem Hurrikan auf Jamaika soviel Regen wie auf anderen Inseln im ganzen Jahr nicht: 3370 mm!

Wenn ein Hurrikan auch noch mit Wirbelstürmen einhergeht, ist das meist mit fürchterlichen Folgen verbunden. Irgendwann hat es fast jede Insel schon einmal getroffen. Einige Beispiele hierfür: Seit 1852 hatte sich auf Rum Cay, in den Bahamas, eine blühende Salzindustrie entwickelt. 1903 wurde sie von einem Hurrikan völlig zerstört, und der Versuch, sie wieder aufzubauen, wurde durch einen weiteren Hurrikan 1926 endgültig zunichte gemacht. 1970 lebten auf der Insel, die einst 3000 Bewohner hatte, nur noch 70 Menschen.

Ähnlich erging es St. John – hier verwüstete ein Sturm die gesamte Zuckerrohrernte, wovon sich die Wirtschaft nie mehr ganz erholte.

1932 raste ein Hurrikan über die kleine Insel Cayman Brac und vernichtete alle Gebäude und Bäume derart, dass die Überlebenden hinterher nicht mehr sagen konnten, wo vorher die Grundstücksgrenzen verlaufen waren.

Erst seit jüngerer Zeit gibt es verlässliche Wettervorhersagen für die ganze Karibik. Die abgelegenen Turks- und Caicos-Inseln waren lange ohne moderne Kommunikationsverbindungen. So überraschte noch im 20. Jh. ein Hurrikan die Männer der Inseln beim Fischen. Sie hinterließen eine ganze Generation von Witwen und Waisen.

Die Besiedlung der Bermudas geht auf einen schweren Sturm zurück, der ein großes Schiff zum Kentern brachte,

Foto: Denis Fevekov (Dreamstime)

das auf dem Weg nach Virginia war.

1989 verwüstete der Hurrikan *Hugo* Montserrat und die Virgin-Inseln. Auch 2004 ging als schlimmes Hurrikan-Jahr in die Geschichte ein: Teile Jamaikas, Kubas und – wiederholt – Floridas wurden von den Tropenstürmen heimgesucht. Auf dem Weg des Hurrikans *Ike* über die Turks- und Caicosinseln im September 2008 zerstörte er 80 % aller Häuser. In Haïti verloren 74 Menschen ihr Leben, anschließend suchte er Kuba und dann Texas heim, das noch nie solch eine Urgewalt erlebt hatte und Milliardenschäden erlitt – 1400 km war der Durchmesser von *Ike*, der noch in Kanada für Stromausfälle sorgte.

1800 km maß *Sandy*, der 2012 in Haïti, der Dominikanischen Republik und auf Kuba schwere Schäden anrichtete, Menschenleben forderte und selbst in New York noch für verheerende Überschwemmungen sorgte.

Ein Tipp für Urlauber: Während der Hurrikansaison (Juni bis November) gelegentlich einen Blick aufs Barometer werfen und Warnhinweise befolgen!

Gombay-Tänzer an der Horseshoe Bay

Foto: Ken Ross (Viesti Associates)

DIE BERMUDAS

Hamilton
BERMUDA
(U.K.)

UNITED
STATES   *ATLANTIC*

FLORIDA

OCEAN

Miami   Nassau

La Habana   **BAHAMAS**

TURKS AND
CAICOS ISLANDS
(U.K.)

CUBA   **DOMINICAN
REPUBLIC**

JAMAICA   **HAITI**   San Juan
Kingston   Port-au-   Santo   *PUERTO RICO*
Prince   Domingo   (U.S.)

DIE PARISHES DER BERMUDAS

BERMUDAS

Landeskunde

„Bermudas" – viele haben richtige Vorstellungen von den gleichnamigen Hosen, aber falsche von den Inseln, vermuten diese als „Rum- und Sonnenscheininseln" irgendwo in der Karibik – und ist das nicht die Gegend, in der Schiffe und Flugzeuge auf mysteriöse Weise verschwinden? Tatsächlich liegt Bermuda, eine Gruppe von 181 Korallenkalk-Inseln – die sieben größten sind durch Brücken miteinander verbunden –, keineswegs in der Karibik, sondern weit nördlich davon, nahe dem 32. Breitengrad im Atlantik und 812 km östlich von Cape Hatteras (North Carolina). Das macht die Anreise aus den USA in das 33 km² kleine, aber extrem wohlhabende Touristen- und Steuerparadies, das den Status eines Britischen Überseegebiets hat, sehr bequem; von der Ostküste aus ist es meist nur ein Eineinhalb-Stunden-Flug nach Bermuda. Der Flug von Europa ist komplizierter, da Großbritannien die Flugrouten festlegt und es Direktflüge nur von London aus gibt.

Die Strände sind gepflegt und rötlich gefärbt, für letzteres ist der Unterbau

Links: Selbst auf den Bermudas gibt es inzwischen Rastafaris.

der Insel, die Korallenriffe, verantwortlich. Die Pflanzenwelt ist subtropisch üppig, die Hügel schimmern grün – die höchste Erhebung ist der Town Hill mit 79 m –, und nachts erfüllt der süße Duft von Hibiskus und Frangipani die Luft. Der Himmel über Bermuda scheint immer blau zu sein, nur hier und dort treiben ein paar Wölkchen. Es gibt keine durchweg regnerische Jahreszeit, nur gelegentliche Regengüsse, die schnell vorüber sind. Allerdings: Wegen der Lage im Nordatlantik wurden hier im Januar auch schon einmal enttäuschende 5 °C gemessen; die durchschnittliche Tageshöchsttemperatur im Januar und Februar liegt jedoch normalerweise immerhin noch bei 20 °C.

Die schmucken Häuser sind in sanften Pastellfarben gestrichen. Die spitz zulaufenden Giebeldächer sind blitzblank und schneeweiß gekalkt, denn sie haben die Aufgabe, so viele Regentropfen, wie nur möglich aufzufangen. Bermudas Straßen sind übrigens kaum weniger sauber als die gepflegten Strände.

Das gepflegte Erscheinungsbild der Insel korrespondiert mit der allgemeinen Einstellung der Bermudianer: Sie bewohnen nicht nur eine britische Insel, man ist auch sonst sehr britisch: Dezentes Auftreten und gute Manieren sind das A und O auf Bermuda. Die Leute hier werden nie laut und bleiben unerschütterlich höflich, auch wenn Horden

≫ **Karte S. 66-67, Info S. 75**

Foto: Bermuda Tourism (AKB Marketing)

von Touristen vor der Front Street in Hamilton an Land gehen – denn auf das Geschäft mit dem Tourismus will man nicht verzichten.

Aufgrund der gesunden Wirtschaft und des hohen Lebensstandards, einem der höchsten der Welt, können die Behörden äußerst pingelig sein, was Besucher angeht; die Aufenthaltsdauer für Urlauber ist auf 3 Wochen beschränkt. Ausländer, die nach ihrer Einreise bleiben, den Bermudianern Arbeitsplätze wegnehmen oder gar als Arbeitslose die Wirtschaft belasten könnten, sind unerwünscht. Das gilt vor allem für die weit ärmeren karibischen Vettern!

Zur Geschichte der Bermuda-Inseln

Der erste Bermuda-Besucher dürfte der spanische Entdecker Juan de Bermudez gewesen sein. Er schaute 1503 nur kurz vorbei, denn er hatte

Oben: Die Bermuda-Inseln aus der Vogelperspektive. Rechts: Fort St. Catherine bewacht die Nordspitze von St. George's Island.

andere Probleme: Er wollte die riskanten Stürme des Atlantiks hinter sich bringen und endlich die ruhige Karibik erreichen. Deshalb verbuchte er seine Entdeckung und segelte gleich weiter. Zudem glaubte er, die von zahlreichen Riffs geschützte Insel sei unbewohnbar, ein Ort böser Geister, die jedes Schiff ins Verderben locken wollten. Er nannte sie deshalb *Insel der Teufel*, und dies nicht ganz zu Unrecht, angesichts der vielen Schiffe, die hier später tatsächlich auf Grund laufen sollten.

40 Jahre später ging jemand mit den Initialen T. F. an Land, verewigte sich in einem Felsen und verschwand wieder im Dunkel der Geschichte. Und noch einmal, 50 Jahre später, verlor Kapitän Henry May, ein Engländer, hier sein Schiff; seine detaillierte Beschreibung des Vorfalls ist hingegen bis heute erhalten geblieben.

Die Schiffsuntergänge häuften sich bis ins beginnende 17. Jh. So lief beispielsweise die *Sea Venture*, die 1609 von England mit dem Ziel Jamestown in Virginia aufgebrochen war, während

Foto: Bermuda Tourism (AKR Marketing)

eines Hurrikans auf ein Riff im äußersten Osten Bermudas. Alle 150 Passagiere überlebten und konnten sich auf die Insel retten, wo sie ein Jahr lang lebten und den Bau von zwei neuen Schiffen in Angriff nahmen. Im Mai 1610 gingen sie erneut an Bord und reisten nach Virginia weiter. Zwei Männer zogen es vor, auf Bermuda zu bleiben. Wie sich bald herausstellte, sollten sie nicht lange allein bleiben, denn die englischen Siedler fanden, in Jamestown in Amerika angekommen, nur verhungernde Kolonisten vor, worauf sie schleunigst nach Bermuda, auf die sanfte Insel, zurückkehrten. Ihr Anführer, Sir George Somers, starb jedoch kurz darauf an Erschöpfung. Sein Neffe Matthew Somers überführte seine sterblichen Überreste nach England, doch das Herz von Sir George wurde auf Bermuda begraben, dort wo er an Land gegangen war.

In England erzählte Matthew Somers von der Insel und von seinen Erfahrungen. Und plötzlich war diese entlegene Insel in aller Munde. So kam es, dass zwei Jahre später nochmals eine statt-

liche Zahl Briten auf die Insel kam. Sie landeten am östlichen Ende Bermudas und gründeten St. George, so benannt nach dem Heiligen Georg, dem Schutzpatron Englands, und zur Erinnerung an Sir George Somers. (Dieser Ort sollte die nächsten 203 Jahre Hauptstadt bleiben.) Danach machten sich die Siedler eifrig ans Aufteilen der Insel. 1616 war die 57 km große Ansammlung von Inseln schon in acht Gemeinden (*parishes*) aufgeteilt, die jeweils den Namen des Investors erhielt, der die Expedition finanziert hatte. Diese Namen haben sich bis heute nicht geändert: Sandys, Southampton, Warwick, Paget, Pembroke, Devonshire, Smith's und Hamilton. Der St. George's Bezirk kam erst später dazu.

Man baute jetzt Brücken, Kirchen und Amtsgebäude; und 1620 trat das erste Parlament der Bermudas in der **St. Peter's Church** zusammen. Innerhalb der nächsten 30 Jahre begannen ruhelose Siedler, sich auch auf andere Inseln auszubreiten, so besiedelte eine Gruppe 1649 die Bahama-Insel Eleuthera. 1668 bildete man eine weitere Kolonie auf Turks Island, einer der Turks- und Caicos-Inseln im Süden der Bahamas.

Bereits 1684 erhielten die Bermudas das Recht auf Selbstverwaltung, weshalb man gern bis heute britische Kolonie blieb. Nach der Regelung politischer Fragen konzentrierte man sich deshalb mit großem Elan auf die wirtschaftlichen Aufgaben. Schiffsbau und Handel blühten auf. Doch, wie es schien, blieb die Piraterie bzw. das Ausschlachten von Schiffswracks die stärkste Seite der Bermudianer, kein Wunder bei dem nicht endend wollenden Nachschub an Schiffen, die hier auf Grund liefen. Vielleicht vernachlässigten sie deshalb den Ackerbau und wurden immer mehr von Lebensmittelimporten aus den Kolonien in Neuengland abhängig. Im amerikanischen Unabhängigkeitskrieg führte das zu großen Auseinandersetzungen bei den Inselfamilien, wo man sich teils auf die Seite der nordamerikanischen Kolonisten, teils auf die Seite Englands schlug. Doch schließlich war ein gefüllter Magen wichtiger, als es irgendwelche Blutsbande sein konnten. Die Unterstützung für die nordamerikanischen Kolonisten nahm daher gelegentlich dramatische Formen an. In einem Fall wandte sich George Washington mit der Bitte um Schießpulver an die Inselbürger und bot dafür weiterhin freundliche Beziehungen an. Man verstand den Wink mit dem Zaunpfahl und schmuggelte mehrere Säcke mit dem gewünschten Inhalt auf zwei amerikanische Kriegsschiffe, die vor dem Hafen von St. George ankerten. Der Gouverneur der Krone sah das natürlich nicht gern, aber Bermuda kam während des ganzen Krieges zu seinen Lebensmitteln. Im nächsten anglo-amerikanischen Krieg, dem von 1812, glich sich das dann wieder aus: Diesmal tanzte Bermuda nicht aus der Reihe, man stellte vielmehr die Insel den Briten als Marinebasis zur Verfügung und bewachte bereitwillig die gekaperten amerikanischen Schiffe im Hafen.

Im amerikanischen Bürgerkrieg ergriffen die Inselbewohner wieder Partei und unterstützten die Südstaaten, wohl wegen der günstigen geografischen Lage Bermudas und der sich bietenden wirtschaftlichen Chancen. So wurden die Bermudas zum Durchgangspunkt für den Güterverkehr der Südstaaten. Als Blockadebrecher lieferten die Bermudianer Waffen an die Konföderation und erhielten dafür Baumwolle aus dem Süden, auf schon die Spinnereien in England warteten. Die Inselwirtschaft blühte kurz auf, doch nach Kriegsende waren die Lagerhäuser überfüllt und die Insulaner hoch verschuldet.

20 Jahre später besserte sich die wirtschaftliche Lage, als man den Tourismus zu fördern begann. Bis heute ist er die wichtigste Branche geblieben. Einer der ersten Besucher in diesem Sinn war Prinzessin Louise, Tochter von Königin Victoria und Ehefrau des kanadischen Generalgouverneurs. 1883 kam sie hierher, um dem strengen kanadischen Winter zu entrinnen, und schuf damit einen neuen Trend. Bis zu den Reise- und Handelsbeschränkungen des 2. Weltkriegs waren die Bermudas der winterliche Zufluchtsort für die bessere Gesellschaft, die mit Bediensteten und riesigen Koffern anreiste und auf dem saftig-grünen Rasen *Croquet* spielte.

Während des Zweiten Weltkriegs ging es für alle, auch die Inselbewohner, um Ernsteres als um Rasenspiele. Die Bermudianer waren wieder parteiisch. Ihre Insel, ein natürlicher Stützpunkt zwischen den USA und Europa, wurde zu einer Basis des Agentenkriegs. Weil er den Mitarbeitern der Nachrichtendienste seinen Dank aussprechen wollte, besuchte Winston Churchill 1942 die Insel und war so begeistert von Bermuda, dass sie für Gipfeltreffen empfahl – an solchen haben US-Präsidenten von Eisenhower bis Bush und andere führende Staatsmänner teilgenommen.

Nach Ende des Kriegs kamen die Touristen wieder, allerdings nicht mehr

Rechts: Das „britische Gesicht" der Bermudas.

Foto: Bermuda Tourism (AKB Marketing)

nur Snobs, sondern auch „normale" Reisende auf Kreuzfahrtschiffen, und dies nicht nur im Winter, sondern das ganze Jahr über. Im Augenblick kommen besonders viele Kreuzfahrttouristen im Sommer auf die Insel. Im Winter ist weniger los, daher ist das vielleicht die geeignete Saison für einen Besuch, vor allem wenn Preisnachlässe auf dieser doch recht teuren Insel für noch mehr Attraktivität sorgen.

Fortbewegung auf Bermuda

Die Fortbewegung per Auto ist auf Bermuda mit Hindernissen verbunden, denn es gibt keine Mietwagen. Wegen der relativ kleinen Fläche der Inseln wird die Anzahl der Autos auf ein Minimum beschränkt – eins für eine Familie. Besucher können allenfalls ein Mofa oder Moped mieten; ein Riesenspaß, aber in jeder Saison verursachen ungeübte Fahrer zahlreiche Unfälle. Es geht aber anders. Eine kuriose, wenn auch teure Alternative ist die Pferdedroschke, das *Bermuda Buggy*. Die Kutschen

warten zuhauf bei der Anlegestelle der Kreuzfahrtschiffe: Front Street in Hamilton. Eine Fahrt damit ist eine ebenso unterhaltsame wie gemütliche Art, die Sehenswürdigkeiten der Insel kennen zu lernen. Als öffentliches Verkehrsmittel fungieren auf Bermuda Busse, die tagsüber alle wichtigen Strecken befahren. Der Preis der Fahrkarte richtet sich nach der Zahl der Zonen, die man durchqueren will. Es gibt auch Spartickets für drei oder sieben Tage ohne Streckenbegrenzung.

Taxis haben alle ein Taxameter und sind relativ teuer, angesichts der kurzen Entfernungen auf der Insel. Die Fahrer sind aber meist recht höflich und können einem viel über die Insel erzählen.

Eine Fahrt mit einer der Fähren lohnt sich selbst dann, wenn man kein eindeutiges Fahrtziel hat. Schließlich sind sie billig – die längste Strecke von Somerset nach Hamilton kostet nur wenige Dollar – und bieten einen tollen Rundumblick sowie die Möglichkeit, mit Einheimischen ins Gespräch zu kommen.

» Karte S. 66-67, Info S. 75

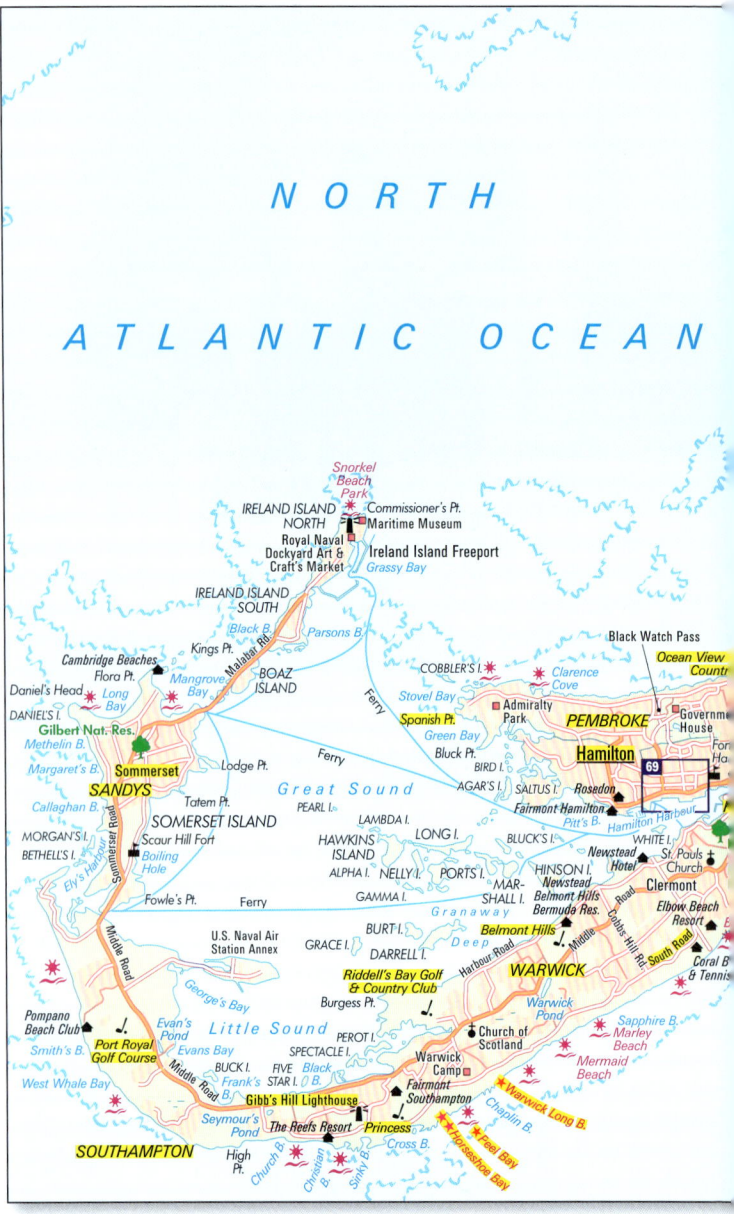

N O R T H

A T L A N T I C   O C E A N

Snorkel
Beach
Park

IRELAND ISLAND NORTH
Commissioner's Pt.
Maritime Museum
Royal Naval
Dockyard Art &
Craft's Market
Ireland Island Freeport
Grassy Bay

IRELAND ISLAND SOUTH

Black B.
Malabar Rd.
Parsons B.

Kings Pt.

Cambridge Beaches
Flora Pt.
Mangrove
Bay
Daniel's Head
Long
Bay
DANIEL'S I.
Gilbert Nat. Res.
Methelin B.
Margaret's B.
Sommerset
SANDYS
Callaghan B.
Lodge Pt.

BOAZ
ISLAND

Ferry

COBBLER'S I.
Clarence
Cove
Stovel Bay
Admiralty
Park
Spanish Pt.
Green Bay
Bluck B.
BIRD I.
AGAR'S I.

Black Watch Pass
Ocean View
Countr
Governm
House
For
For I.

PEMBROKE

Hamilton
69

Great Sound
PEARL I.
LAMBDA I.
HAWKINS
ISLAND
LONG I.
ALPHA I. NELLY I. PORTS I.
GAMMA I.
MAR-
SHALL I.

SALTUS I.
Rosedon
Fairmont Hamilton
Pitt's B.
BLUCK'S I.
HINSON I.
Newstead
Belmont Hills
Bermuda Res.
Granaway
Deep
WHITE I.
Newstead
Hotel
St. Pauls
Church
Clermont
Elbow Beach
Resort

SOMERSET ISLAND
Scaur Hill Fort
Boiling
Hole
Tatem Pt.

MORGAN'S I.
BETHELL'S I.
Ely's Harbour
Fowle's Pt.
Ferry

U.S. Naval Air
Station Annex
GRACE I.
BURT I.
DARRELL I.

Belmont Hills
WARWICK

Riddell's Bay Golf
& Country Club
Burgess Pt.

Coral B.
& Tennis

Harbour Road

Middle Road

Dobbs Hill Rd.

South Road

George's Bay

Little Sound

Pompano
Beach Club
Smith's B.
Port Royal
Golf Course
West Whale Bay

Evan's
Pond
Evans Bay
BUCK I.
Frank's B.
Seymour's
Pond
High
Pt.

PEROT I.
SPECTACLE I.
FIVE
STAR I.
Black
B.
Gibb's Hill Lighthouse
The Reefs Resort
Christian B.
Stik'l B.

Church of
Scotland
Warwick
Camp
Fairmont
Southampton
Princess

Warwick
Pond

Sapphire B.
Marley
Beach
Mermaid
Beach

Warwick Long B.
Chaplin B.
Cross B.
Peel Bay
Horseshoe Bay

SOUTHAMPTON

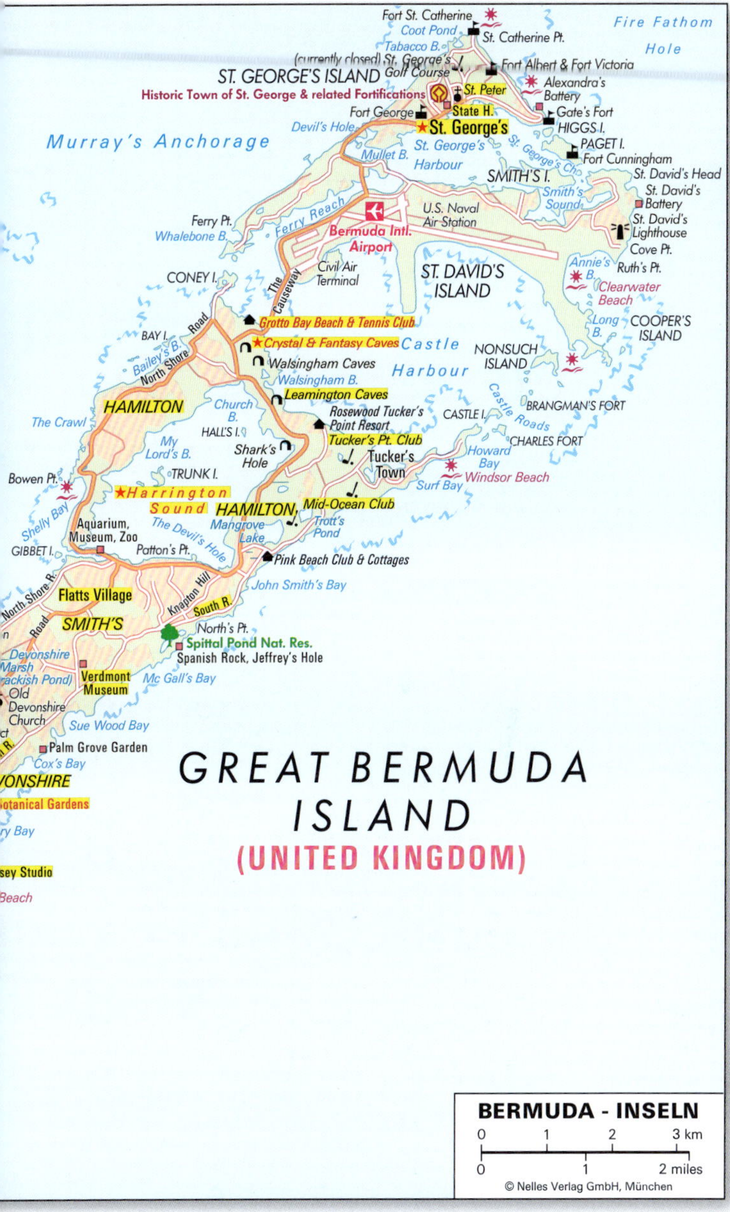

GREAT BERMUDA ISLAND

(UNITED KINGDOM)

Murray's Anchorage

Fire Fathom Hole

Fort St. Catherine
Coot Pond
Tabacco B.
(currently closed) St. George's Golf Course
St. George's Pt.
St. Catherine Pt.
Fort Albert & Fort Victoria
Alexandra's Battery
Gate's Fort
HIGGS I.
PAGET I.
Fort Cunningham

ST. GEORGE'S ISLAND
Historic Town of St. George & related Fortifications
Fort George
St. Peter
State H.
★ St. George's

Devil's Hole
Mullet B.
St. George's Harbour

SMITH'S I.

St. George's Sound

Smith's Sound
St. David's Head
St. David's
Battery
St. David's Lighthouse
Cove Pt.

Ferry Pt.
Whalebone B.
Ferry Reach

Bermuda Intl. Airport
Civil Air Terminal
U.S. Naval Air Station

CONEY I.

The Causeway

ST. DAVID'S ISLAND

Ruth's Pt.
Annie's B.
Clearwater Beach

BAY I.
Bailey's B.
North Shore Road

Grotto Bay Beach & Tennis Club
★ Crystal & Fantasy Caves
Walsingham Caves
Walsingham B.
★ Leamington Caves

Castle Harbour

Long B.

COOPER'S ISLAND

NONSUCH ISLAND

BRANGMAN'S FORT

HAMILTON
Church B.
HALL'S I.
My Lord's B.
Shark's Hole
TRUNK I.

Rosewood Tucker's Point Resort
Tucker's Pt. Club
Tucker's Town
CASTLE I.
Castle Roads
CHARLES FORT
Howard Bay
Windsor Beach
Surf Bay

The Crawl

★ Harrington Sound
Aquarium, Museum, Zoo
Patton's Pt.
HAMILTON
The Devil's Hole
Mangrove Lake
Mid-Ocean Club
Trott's Pond

Bowen Pt.
Shelly Bay
GIBBET I.

Flatts Village
SMITH'S
North Shore Road
Knapton Hill
South R.

Pink Beach Club & Cottages

John Smith's Bay

Devonshire Marsh
(Brackish Pond)
Old Devonshire Church
Verdmont Museum
North's Pt.
★ Spittal Pond Nat. Res.
Spanish Rock, Jeffrey's Hole
Mc Gall's Bay

DEVONSHIRE
Palm Grove Garden
Cox's Bay
Sue Wood Bay

Botanical Gardens
ry Bay

sey Studio
Beach

BERMUDA - INSELN

| 0 | 1 | 2 | 3 km |

| 0 | 1 | 2 miles |

© Nelles Verlag GmbH, München

BERMUDAS

Foto: Bermuda Tourism (AKB Marketing)

DIE PARISHES DER BERMUDAS

Der westliche Bezirk der Inseln heißt **Sandys Parish**, nach einem Teilhaber der Bermuda Company, er wird aber meist als **Somerset** bezeichnet, nach dem Namen der größten Ortschaft. Das Leben verlief hier sehr ruhig, bis die Restaurierung des **Dockyard Areals** Touristen aus Hamilton und St. George anlockte. Man erkennt das Areal sofort an seinen mächtigen Mauern. 1809 ließ man hier von Sträflingen eine Festung bauen. Damals unterstützte Bermuda Großbritannien im Krieg von 1812 gegen die USA. Da der Überfall auf die Hauptstadt Washington von hier aus organisiert wurde, musste den Einwohnern an einem Schutz vor den wütenden Amerikanern liegen. In den folgenden Jahren verfiel der Hafen samt Bastion allmählich wieder. Erst 1975 ging man an eine Restaurierung der Bauten. Es entstand ein Shopping-Komplex

Oben: Warwick Parish verfügt über schöne, oft von Felsen eingefasste Strände (hier: Astwood Cove).

mit Restaurants, Kinos, Handwerker- und Kunstzentren und dem **Maritime Museum**. Im Museum fühlt man sich wie auf einem Schiff, was den hier ausgestellten Objekten zu verdanken ist, darunter solche aus dem Wrack der *Sea Venture*, dem ersten Siedlerschiff. Heute ist der „Royal Naval Dockyard", zusammen mit dem Maritime Museum und dem Dockyard Art & Crafts Market Bermudas bedeutendste Touristenattraktion. Ein Dock für Kreuzfahrtschiffe entstand ein Kino, ein Jachthafen und ein Terrassenpavillon. Fähren verbinden den Dockyard mit Hamilton.

Southampton Parish liegt südlich von Sandys. Diese Küstenabschnitte sind einmalig: Brandung, Felsen und Sand in vielfältigen Farbschattierungen. Hier findet man die besten Bademöglichkeiten, beispielsweise den 5 km langen Sandstrand zwischen ★**Warwick Long Bay** und ★★**Horseshoe Bay**. Klares Wasser und Korallenformationen bilden hier, ebenso wie an der benachbarten ★**Peel Bay**, zudem ein ideales Schnorchelgebiet.

Warwick Parish hat dem Urlauber viel zu bieten: wunderschöne Strände, Hotels und Golfplätze. In diesem Bezirk liegt auch **Warwick Camp**, es diente den Briten in zwei Weltkriegen als Kaserne und beherbergt heute das Freiwilligenregiment Bermudas.

Paget Parish hat hübsche Strände und historische Gebäude. Außerdem ist der Bezirk wegen der Nähe zur Hauptstadt Hamilton ein bevorzugtes Wohngebiet. Er nimmt die sehenswerten ★★**Botanical Gardens** und ein Naturschutzgebiet, die **Paget Marsh Nature Preserve**, auf. In Paget wurde auch Tennisgeschichte geschrieben: Der erste Tennisplatz der Insel entstand 1873 auf dem Grundstück des Clermont-Gebäudes auf Initiative der Familie Gray. Ein Gast war so von diesem Spiel beeindruckt, dass er bei der Heimfahrt eine Tennisausrüstung und die Regeln im Gepäck hatte. 1874 machte er das Spiel in New York bekannt!

Pembroke Parish: Das Zentrum dieses Bezirks ist **Hamilton**, die Hauptstadt der Insel, die 1993 ihren 200. Geburtstag feierte. In der ★**Front Street** ①, der Hauptstraße, reihen sich buntgestrichene Ladengeschäfte dicht aneinander. Zu den Kuriositäten hier gehört der so genannte Vogelkäfig (*birdcage*), ein Gehäuse für den Polizisten, der den Verkehr regelt. Und selbstverständlich trägt er die berühmten Bermudas. Unter den Bäumen warten Kutschen auf Kunden. Ein Gebäude von historischer Bedeutung ist das ★**Perot Post Office** ② in der Queen Street. Das hübsche weiße Bauwerk gehörte einst der Familie Perot, die auch den ersten Posthalter von Hamilton, William Bennett Perot, stellte. Er war der „Erfinder der Briefmarke". Die Inseleinwohner hatten nämlich die Angewohnheit, nach Dienstschluss zur Post zu kommen und Briefe zur Beförderung dazulassen, ohne die angemessenen Gebühren zu zahlen. Also nahm Perot mehrere Bogen Papier, versah sie mehrfach mit Stempel und Unterschrift und verkaufte sie an seine Kunden. Noch heute können hier Briefmarkensammler aus aller Welt zeitgenössische Marken erstehen.

In der Nähe der Post befinden sich die wichtigsten Verwaltungs- und Regierungsbauten. Im Ostflügel der **City Hall**, dem modernen Rathaus in der Church Street ist die ★**Bermuda National Gallery** ③ mit *The Masterworks Bermudian Collection* zuhause. Hier findet man Gemälde von Winslow Homer, Georgia O'Keefe, de Hooch, Gainsborough und Reynolds. Andere Regierungsgebäude sind das rötliche **Sessions House** ④, wo das Parlament tagt, und der Kalksteinbau des **Cabinet Building** ⑤ in der Parliament Street sowie das alte Rathaus in der Front Street, **Town Hall** ⑥, in dem jetzt der Oberste Gerichtshof tagt.

Aufgrund der vielen verlockenden Boutiquen, Shops und Restaurants in der Front Street wäre es verständlich, wenn ein Besucher nicht bis zum Gerichtsgebäude vordringt. Aber falls Sie noch keine Verhandlung eines englischen Gerichts erlebt haben, sollten Sie sich dieses „Schauspiel" auf keinen Fall entgehen lassen!

Fast am anderen Ende der Front Street, bei der Touristen-Information (**Visitor's Service Bureau**) und der Anlegestelle für die Bermuda-Fährboote, die von hier aus zu regelrechten Rundfahrten durch die Meerenge *Great Sound* auslaufen, liegt der private **Royal Bermuda Yacht Club**. 1844 gegründete, übernimmt er jedes Jahr die Patenschaft für das Jachtrennen von Newport nach Bermuda. Die Straße weiter hinunter geht es zum **Fairmont Princess Hotel**, das erste Luxushotel der Insel, und **Pitt's Bay**, ein geschützter Ankerplatz für Segelboote samt Wohngebiet mit denkmalgeschützten Gebäuden. **Spanish Point** liegt an der Grenze des Bezirks: ein Felsstreifen, bei dem die Besatzung der *Sea Venture* feststellen musste, dass spanische Entdecker noch vor ihnen die Insel betreten hatten.

Devonshire Parish: Dieser Teil Bermudas erinnert an England – die felsige

Oben: Kleine Personenfähre vor der Hafenfront von Hamilton. Rechts: In St. Peter's Church in St. George trat 1620 das erste Parlament der Bermudas zusammen.

Foto: Bermuda Tourism (AKB Marketing)

Steilküste und die Landschaft mit den grünen Hügeln sieht wie das britische Mutterland aus. Es gibt eine Kirche aus dem 18. Jh., eine Cottage-Siedlung und Appartement-Gebäude. Bemerkenswert ist das Marschland, zu dem auch die **Devonshire Marsh** gehört, häufiger **Brackish Pond** genannt.

Smith's Parish: Hier gibt es einige außergewöhnliche Sehenswürdigkeiten, so das entzückende **Flatts Village**, ein kleines altertümliches Dorf mit Blick auf den ★**Harrington Sound**, aber noch interessanter war wahrscheinlich das Flatts des 17. und 18. Jahrhunderts: ein richtiges Schmugglernest. Die Schiffe kamen mitten in der Nacht herein und luden ihre Ware aus, ehe sie sich bei der Zollinspektion in St. George's meldeten. Fährt man die **South Shore Road** nach Süden, an **John Smith's Bay** vorbei, kommt man nach **Spanish Rock**. Der echte Felsen steht nicht mehr hier, aber immerhin eine gegossene Kopie, die die Kontroverse um die Inschrift T. F. und die Jahreszahl 1543 am Leben erhält. Der Stein wurde schon – samt

Inschrift – von den ersten Siedlern gefunden. Manche meinen, sie gehe auf den spanischen Entdecker Theodore Fernando Camelo zurück. Andere glauben, sie stamme von Portugiesen. Fährt man dieselbe Straße noch weiter hinunter, stößt man auf das 1710 erbaute **Verdmont Museum**, ein Herrenhaus in gregorianischem Stil. Das von Kapitän William Sayle erbaute Gutshaus steckt voller Antiquitäten. Achten Sie auf das Kaffeeservice im Salon im ersten Stock – angeblich ein Geschenk Napoleons an George Washington, das seinen Adressaten nie erreichte, da man das Schiff abfing.

Hamilton Parish: Hier lohnt ein Besuch der 500 000 Jahre alten Höhlen. Zwischen **Bailey's Bay** und **Castle Harbour** gibt es eine Fülle von Kavernen. **Leamington**, ★**Crystal** und ★**Fantasy Cave** sind für die Öffentlichkeit zugänglich: Man kann auf schmalen Brücken unterirdische Seen überqueren und effektvoll beleuchtete Stalagmiten und Stalaktiten bewundern. Zwei weitere Höhlen, **Cathedral Cave** und

Foto: Christian Heeb

Prospero's Cave, liegen auf dem Gelände des teils privaten rosafarbenen Strands des **Grotto Bay Beach and Tennis Club**. Die Erstere muss man auf allen Vieren erkunden, die Letztere wurde zu einem unterirdischen Nachtclub umgestaltet.

★**St. George's** war mehr als 200 Jahre lang die Hauptstadt der Insel und zählt heute zum UNESCO-Welterbe. Rund um den alten Town Square und das um 1620 errichtete **State House**, das älteste Gebäude Bermudas, hat sich das bezaubernde Städtchen seinen altertümlichen Charme bewahrt: Enge, verschlungene Gassen, historische Giebelhäuser und die **St. Peter's Church**, die älteste, ununterbrochen genutzte protestantische Kirche des Westens, lohnen einen Besuch. **King's Square** ist das Zentrum der Stadt. Hier gibt es einen städtischen Ausrufer in

Oben: Einführungskurse ins Tauchen bieten mehrere Tauchzentren an. Rechts: Auf Bermuda gibt es etliche hervorragende Golfplätze (hier: Castle Harbour Golf Club, Hamilton Parish).

traditioneller Tracht, den *Town Crier*, der sein Geschäft so erläutert: Missetäter an den Pranger stellen und Schurken eine Tracht Prügel verabreichen.

Daneben gibt es in St. George's gute Einkaufsmöglichkeiten in lokalen Geschäften, die exklusive Importware aus aller Welt anbieten.

Sport

Aufgrund seines Klimas – subtropisch mit heißen Sommern und milden Wintern, die an manchen Tagen durchaus kühl und nass sein können – bietet Bermuda Sportarten für jeden Geschmack. Im Herbst und Winter, wenn Badeausflüge nicht in Frage kommen, lenken Sportbegeisterte ihre Schritte zum Golfplatz – die Möglichkeiten sind hier großartig. Der bekannteste, der des **Mid-Ocean Club** (18 Loch) – er liegt im noblen **Tucker's Town**-Abschnitt des Hamilton Parish – ist wohl auch der schwierigste. Der Club ist privat, Sie können sich aber von einem Mitglied einführen lassen. Der benachbarte

Foto: Bermuda Tourism (AKB Marketing)

Tucker's Golf-Platz ist ebenfalls ein 18-Loch-Platz. Interessant ist auch der private **Riddell's Bay Golf & Country Club** im Southampton Parish.

Zu den populären öffentlichen Golfplätzen gehört der **Belmont Hills Golf Club** in Warwick. Der **Ocean View Golf & Country Club** in Devonshire hat viele treue Anhänger. Der **Port Royal Golf Course** in Southampton sowie der **Princess Golf Club** in Southampton sind bekannte und beliebte Plätze.

In der kühleren Jahreszeit ist Tennis sehr beliebt. Die meisten Hotels haben eigene oder angemietete Plätze. Sie können aber auch selber einen Platz beim **Government Tennis Stadium** (bei der Cedar Avenue) in Pembroke mieten. Dort gibt es insgesamt acht Plätze, drei davon sind abends beleuchtet. **Port Royal** in Southampton hat ebenfalls vier öffentliche Plätze.

Bei schönem Wetter dreht sich natürlich alles um den Wassersport, speziell ums Tauchen und Schnorcheln. Kein Wunder angesichts der unglaublichen Fülle von Korallenriffen und Schiffswracks rund um die Insel. Es existieren fünf Tauchzentren: **Blue Water Divers**, Somerset, **Fantasea Diving** im Zentrum von Hamilton. **Dive Bermuda**, Sandys, **Nautilus Diving Ltd.**, Southampton, und **South Side Scuba Water Sports**, Grotto Bay. Äußerst bizarre Erlebnisse vermittelt einem der **Hartley's Undersea Walk** in Flatts Village. Hier bekommt man einen riesigen goldglänzenden Taucherhelm aufgesetzt und kann dann in einer geführten Gruppe einen Spaziergang auf dem Meeresgrund unternehmen.

Boots- und Jacht-Ausflüge sind ebenfalls sehr beliebt. Es gibt vielfältige Angebote für jeden Geldbeutel und Geschmack: **Glass Bottom Boat Reef & Wreck Adventure**, Abfahrt von Front Street, Hamilton. Spezialität: Ausflüge mit Glasboden-Booten; **Salt Kettle Yacht Charters and Boat Rentals** in Paget und **Ocean Yacht Charters** in Southampton.

Sportfischer kommen hier ebenfalls voll auf ihre Kosten. Rund um Bermuda gibt es Möglichkeiten für 17 interessante Arten von Angelsport. Hochsee-Fahrten sind z. B. mit der **Sea Wolfe**, einem 13 m langen Boot, möglich. Fürs Riff-Fischen steht z. B. die 8,5 m lange **Ellen B.** zur Verfügung. Auskünfte über Boots-Charter erteilt die **Bermuda Charter Fishing Boat Association**.

Einkaufen

Für viele Leute ist das Einkaufen auf Bermuda ein ebenso wichtiger Urlaubsbestandteil wie das Baden oder Segeln. Die Geschäfte bieten eine exklusive Auswahl britischer und europäischer Waren und günstige Preise.

Was Bermuda in dieser Hinsicht zu bieten hat, das vermittelt einem ein Spaziergang durch Hamiltons Front Street. Im Haus Nr. 35 finden Sie z. B. **H. A. & E. Smith Ltd.**, ein exklusives Kaufhaus, das seit 1889 besteht. Interessant sind hier Porzellan, Kristallgefäße, Gold-Schmuck und Textilien aus England. Gleich nebenan, im Haus Nr. 37, befindet sich **Trimingham's**, ein weiteres Kaufhaus, das seit 1842 zollfreie Waren und Bermuda-Shorts zum Kauf anbietet. **A. S. Cooper & Sons Ltd.** im Haus Nr. 59 ist Bermudas ältestes und größtes Spezialgeschäft für Porzellan und Glas. **Crisson's**, ein Juwelier mit weiteren Filialen auf Bermuda, hat schönen Schmuck, Uhren und Edelsteine im Angebot. Zu den Spezialitäten von **Bluck's** gehören Antiquitäten, Porzellan und Kristallwaren. **Archie Brown & Son, Ltd.** hat eine große Auswahl an schottischen Wollsachen, darunter Kaschmir-Textilien und Kilts.

Die meisten Geschäfte haben Filialen in St. George's; bei **Taylor's**, Water Street Nr. 30, gibt es original schottische Woll-Textilien in großer Auswahl.

Ausflüge

In Southampton Parish lockt der gusseiserne, in den Jahren 1844 bis 1846 fertig gestellte Leuchtturm, das **Gibb's Hill Lighthouse**, jährlich Tausende von Besuchern an. Wer die 185 Stufen des von den Engländern errichteten Turms bis zu seinem Balkon erklimmt, wird mit einer Panoramaaussicht auf Bermuda und die Küste belohnt; im Frühling lassen sich von hier vor der Südküste vorbeiziehende Wale beobachten. (Der Leuchtturm an der Lighthouse Road bleibt im Februar geschlossen.)

Nicht weit entfernt, im **Birdsey Studio**, Stowe Hill, führt Jo Birdsey Lindberg, die Tochter von Bermudas wohl bekanntestem Künstler Alfred Birdsey (1912-96), die Familientradition fort. Die versierte Malerin erläutert ihre in impressionistischem Stil gestalteten Ölgemälde und Aquarelle selbst und bietet außerdem Reproduktionen von Werken ihres Vaters zum Kauf an.

Das Nachtleben von Bermuda

Mag sein, dass Bermuda nicht unbedingt ein „Eldorado" für Nachtschwärmer ist; aber man kann hier durchaus abends einiges unternehmen. Einige Hotels veranstalten Shows mit maskierten Kostümgruppen, den berühmten **Gombay-Dancers**.

Daneben gibt es eine Vielzahl an Discos, Pubs und Nightclubs. Blues, Salsa und Rock werden im Rock Room des **Ozone Nightclub**, Tel 295-8299, an Hamiltons Front Street, „live" dargeboten.

In Hamilton lädt auch die **Chewstick's Neo-Griot Lounge** (www.chewstick.com) sonntagabends Poeten, Straßenkünstler und Sänger zur (nicht immer ganz jugendfreien) „Offenen Bühne". Haus- und Begleitband ist die angesagte Formation „O".

Montags steht der **Spinning Wheel Entertainment Complex** im Zeichen mitreißender karibischer Rhythmen: Limbo Dance und Steel Drum, Soca und Salsa halten das bunt gemischte Publikum das mit mehreren Bars, Lounge, Bistro und Swimmingpool ausgestatteten Nachtclubs in Hamiltons Court Street ab 20.30 Uhr in Bewegung. Dienstag gibt es Live-Jazz, freitags Barbecue.

»» Karte S. 66-67

BERMUDAS (☎ 001 441)

ℹ️ Informationen erteilten die Posten des **Visitor's Information Centres**; sie befinden sich an Bermudas Internationalem Flughafen (Tel. 299-4857), am King's Square in der Stadt St. George (Tel. 297-1642), in Hamiltons Front Street (Tel. 295-1480), unweit des Fährterminals und im Royal Naval Dockyard (Tel. 234-3824). Internet: www.bermuda. com und www.traveltobermuda. de

VERTRETUNG IN DEUTSCHLAND: Bermuda Service Center, c/o **Eest Reisen GmbH**, Tassilo-Zöpf-Weg 18, 82409 Wildsteig, Tel. (08867) 91390 und Fax (08867) 913-913; www.traveltobermuda. de

🛫 Aus Europa fliegen **Jets** von British Airways (www.ba.com) nach Bermuda; Lufthansa und United schaffen via New York eine weitere Verbindung. **Kreuzfahrtschiffe** legen von April bis Oktober in Dockyard, kleinere Schiffe auch in St. George an. Auf Bermuda gibt es keine Mietwagen; aber es können **Fahrräder, Mopeds und Vespas** gemietet werden. Neben **Taxen** übernehmen **Pferdedroschken** und im Great Sound **Fähren** den Transport der Inselgäste. Bermuda hat Linksverkehr.

FORMALITÄTEN: Touristen aus Deutschland, Österreich und der Schweiz benötigen zur Einreise und für einen max. dreiwöchigen Aufenthalt einen noch sechs Monate gültigen Reisepass sowie ein Rück- oder Weiterflugticket. Die Hafensteuer beträgt pro Passagier 60 $; die beim Abflug zu entrichtende *departure tax* beträgt 25 $. **WÄHRUNG:** Der **Bermuda Dollar** (BMD) kann im Verhältnis 1:1 mit dem US-Dollar getauscht werden, der auf Bermuda überall als Zahlungsmittel akzeptiert wird. Auch Kreditkarten und Traveller-Schecks in US-Währung werden nahezu flächendeckend akzeptiert.

ELEKTRIZITÄT: Bermudas Stromversorgung entspricht nordamerikanischen Standards: 110 Volt, 60Hz – für europäische Geräte braucht man einen Adapter.

NEWS: In Hamilton informieren „The Royal Gazette" und die „Bermuda Sun" über örtliche Ereignisse und Veranstaltungen.

🍴 **Barracuda Grill**, bietet exzellente Fischgerichte und erlesene Weine; Burnaby Hill 5, Pembroke Parish, Hamilton, Tel. 292-1609, www.barracuda-grill.com.

L'Oriental, Sushi, Teppan Yaki und Ost-West-Küche, elegant und teuer; Bermudiana Road 32, Hamilton, Tel. 296-4477, www.diningbermuda.com/loriental.

Lobster Pot, fangfrische Meeresfrüchte, Reservierung ist dringend anzuraten; Bermudian Road, Hamilton, Tel. 292-6898.

Swizzle Inn Pub&Restaurant, Bermudas ältester Pub ist auch ein beliebter Treffpunkt für Nachtschwärmer; Hamilton Parish, unweit des Flughafens, Tel. 293-1854, www.swizzleinn.com.

Tom Moore's Tavern, in einem altehrwürdigen Gebäude, elegant und teuer; Bailey's Bay, Hamilton, Tel. 293-8020, www.tommoores.com.

TAUCHEN UND KAJAKS: Auf Bermuda existieren mehrere renommierte Tauchzentren: **Blue Water Divers & Watersports**, Southhampton, Tel. 234-1034 U: 232-2909, www.bermuda4u.com; **Fantasea Bermuda**, Tel. 236-1300, www.fantasea.bm; **Kiteski Bermuda**, auch Wasserski, Tel. 293-1968; **Somerset Bridge Watersports**, Tel. 234-0914, www.bdawatersports.com; und **H₂O Sports Bermuda**, Royal Naval Dockyards, Tel. 234-3082.

Unterwasserexkursionen mit Tauchhelmen: **Hartley's Bermuda**, Tel. 234-3535, 001-866-836-3989, www.hartleybermuda.com.

BOOTS- UND JACHTAUSFLÜGE: The Royal Bermuda Yacht Club, Hamilton, Tel. 295-2214, www.rbyc.bm. Das Bermuda Harbour Radio sendet auf den VHF-Frequenzen 16 und 27; www.rccbermuda.bm.

PARASAILING: St. George's Parasail Water Sports, Start am Krant Craft Deck, St. George, Tel. 232-2871. **Skyrider Bermuda**, Great Sound und Nordküste, Royal Naval Dockyard, Sandys Parish, Tel. 234-3019 (jeweils Mai bis Oktober).

GOLF: Riddell's Bay Golf&Country Club, 18 Loch, am Meer, Southhampton, www.riddellsbay.com. **Belmont Hills Golf Club**, 9- und 18-Loch-Anlage, Par 70; Warwick, Tel. 236-6400, www.belmonthills.com. **Port Royal Golf Course**, 18-Loch; Southampton, Tel. 234-0974, Par 71, www.portroyalgolf.bm.

Thaddeus Darling – Herr über scharfe Soßen in Captains Charthouse Restaurant, Grand Bahama

Foto: Lars Topelmann (Bahamas Ministry of Tourism)

DIE BAHAMAS

NEW PROVIDENCE / NASSAU

GRAND BAHAMA

OUT ISLANDS

BAHAMAS

Landeskunde

Die **Bahamas** liegen so nahe der Atlantikküste Floridas, dass schnelle Fähren von Miami nach Nassau nur knapp 2 Stunden benötigen. Der Name Bahamas stammt vom spanischen Begriff „baja mar" (flaches Wasser). Das Staatsgebiet der 320 000 Bahamesen umfasst etwa 700 Inseln und Inselchen, doch auf nur 19 davon leben jeweils mehr als 70 Menschen.

Sprache und Lebensstil der *Bahamians* zeigen einen ausgeprägten westindischen Einschlag; 85 % der Bürger haben Wurzeln in Schwarzafrika. Die Insulaner, besonders auf Great Abaco, sprechen ein eigenwilliges Englisch, das *English-Caribbean*, das vielen aus der Reggae-Musik bekannt ist. Im Stil der Londoner Cockneys lassen sie das „h" aus den Wörtern „herausfallen" (*t'ing* statt thing), vertauschen „v" und „w" und haben Schwierigkeiten, Worte wie ask (*axe*) oder children (*chirrun*) schulmäßig auszusprechen. Eine häufig zu hörende Geschichte ist die von dem Bootsbesitzer, der einen Einheimischen für die Tiefenmessung anheuerte. Als

Links: Barfuß in die Ehe – Heirat am Strand von Andros.

sie das Boot durch seichte Gewässer manövrierten, rief der Einheimische vom Bug aus: „Tin, mon, tin." Für den Bootsbesitzer bedeutete dies, dass das Wasser zehn Fuß tief sei, und er steuerte sein Boot geradewegs in ein Riff. Der Einheimische hatte jedoch gesagt: „Thin, man, thin" – „Knapp, Mann, sehr knapp!".

Die Bahamas sind ein unabhängiges Mitglied des Commonwealth und werden nach britischer Art von einem Parlament und einem Premierminister regiert. Halten Sie sich streng an die bahamesischen Gesetze (besonders, falls Drogen angeboten werden) – der Justizapparat funktioniert sehr gut!

Zwar kann das Klima der Bahamas im Winter kühl und stürmisch und im Sommer feucht und drückend sein – aber das ganze Jahr über findet man hier die schönsten Gewässer der Welt, türkisfarben und kristallklar, einsame, schneeweiße Strände und Korallenriffe zum Schnorcheln oder Tiefseetauchen.

Das seichte Wasser um die Inseln (oft nicht tiefer als 1,80 m) ist auch deshalb so klar und sauber, weil nirgends Flüsse ins Meer münden, die das Ufergebiet mit Schlick trüben könnten. Auch im tiefen Wasser kann man noch unten am Meeresboden den schwerelosen „Tanz" des Teufelsrochens bestaunen. Der höchste Punkt der Bahamas liegt nur 63 m über dem Meeresspiegel.

BAHAMAS

FLORIDA (U.S.)

North Palm Beach
Riviera Beach
West Palm Beach
Boca Raton
Pompano Beach
FORT LAUDERDALE
HOLLYWOOD
MIAMI BEACH

WALKER'S CAY
STRANGERS CAY
MANGROVE CAY
GREAT SALE CAY
Fox Town
Cedar
Harbour
LITTLE
ABACO
★★ABACO ISLANDS
Cooper's Town
West End
Lucaya
Nat. Pk.
Mc Lean's
Town
Green Turtle Cay
★Man-o'-War-Cay
Treasure
Cay
Marsh Harbour
★Hope Town
Freeport
High Rock
★GRAND BAHAMA
THE
MARLS
Pelican Harbour
Pelican Cays Nat. Pk.
MORES ISLAND
Hard
Bargain
Cherokee Sound
Eight Mile Bay
GORDA CAY
Crossing Rock
Sandy Point
GREAT ABACO
Cornwall
Hole in the Wall
Bullock's Harbour
GREAT
HARBOUR CAY
BAHAMA
★Alice Town
★★BIMINI
ISLANDS
CAT CAYS
GUN CAY
BERRY
ISLANDS
Spanish Wells
HARBOUR
ISLAND
Dunmore Town
Alice Town
★★ELEUTHERA
The Bluff
CURRENT I.
The Cove
Hatchet
Bay
JOULTER CAY
Whale Pt.
Governor's Harbour
ORANGE CAY
San Andros
Mastic
Point
NASSAU
ROSE I.
NEW
PROVIDENCE
Savannah Sound
Tarpun Bay
Owens Town
Staniard
Creek
DEVIL'S BACKBONE
Powell Pt.
Freetown
Rock Sound
Wemyss
Bight
Andros
Town
★★Exuma Cays
Land & Sea
Park
Arthur's
Town
Bennett's
Harbour
★★ANDROS
Behring Point
Moxey Town
Mangrove Cay
Congo Town
Kemps Bay
BIG MAJOR
CAY
New Brigh
Mt. Alvern
Hack's Nest
De
Poi
DAMAS
CAYS
Mars Bay
SOUTH CAY
Rolleville
Steventon
GREAT EXUMA
Georgetow
Rolletown
LITTLE EXUMA
ANGUILLA
CAYS
SANDY
Dripstone C
WATER C
JUMENTOS
CAY
El
Santo
CAYO FRAGOSO
Punta
El Morro
SEAL CAY
Nurse
RAGGED
ISLANDS
Caibarién
CAYO COCO
Placetas
Chambas
Morón
CAYO
CRUZ
CAYO
ROMANO
Duncan Town
Cabaiguan
Punta El Inglés
SANCTI SPÍRITUS
CIEGO DE ÁVILA
Esmeralda
CAYO GUAJABA
Tunas
de Zaza
Júcaro
Embarcadero
Baraguá
Florida
Minas
Sabana
de Imías
CAYO SABINAL
Nuevitas
Playa St. Lúcia
Puerto
Manatí
CAY SANTO
DOMINGO
Golfo de
Ana María
La Tomatera
Vertientes
CAMAGÜEY
Manatí
Playa Uvero
Puerto Padre
Gibara
Playa
Guardalavaca
Guáimaro
Santa Cruz
del Sur
Amancio
LAS TUNAS
HOLGUÍN
Cabo L
Banes
Antilla

Santaren
Northwest Providence Channel
Northeast Providence Channel
BAHAMA
Exuma Sound
Tongue of the Ocean
Santaren Channel
GREAT
BAHAMA
BANK
Old Bahama Channel
RAGGED ISLAND RANGE
EXUMA CAYS
Eastend Pt.
Eastend Pt.

BAHAMAS

| 0 | 50 | 100 km |
| 0 | 50 miles | |

© Nelles Verlag GmbH, München

Diese weitläufigen Bereiche seichter Gewässer, Alptraum jedes Steuermanns eines größeren Boots, bedeuten für den Urlauber hingegen ein traumhaftes Paradies zum Schwimmen, Segeln, Schnorcheln und Fischen.

Geschichte

Kolumbus, Entdecker der Bahamas, war anscheinend der Meinung, dass sie mit Ausnahme der Indianer, die er schnurstracks als Sklaven abtransportierte, wenig zu bieten hätten, und Spanien ignorierte die Inseln für die nächsten hundert Jahre. Als sich das Gerücht verbreitete, dass es auf Bimini einen Jungbrunnen gäbe, sandte der spanische König seinen Statthalter Ponce de León hierher. Angeblich gab es auf Bimini früher eine Heilquelle – erwiesen ist jedoch, dass der Jungbrunnen Abenteurer auf eine Insel lockte, die außer landschaftlichen Reizen wenig zu bieten hatte.

Im Jahr 1629 wurden die Inseln erstmals zur englischen Kolonie erklärt. Religiöse Dissidenten aus England, die *Eleutherian Adventurers*, zogen nach dem Jahr 1640 – als der Protestantismus an Boden gewann und sich schließlich von der katholischen Kirche abspaltete – auf der Suche nach einem freien Leben in die Bahamas und ließen sich auf der Insel Eleuthera (das griechische Wort für Freiheit) nieder.

1887 wanderten Schwammtaucher aus der Ägäis ein, die es bald zu Wohlstand brachten. Die Griechen machen zwar nur 1% der Bevölkerung aus, pflegen hier aber nach wie vor ihre kulturellen Bräuche – auch die kulinarischen, wie das *Athenas Café* in Nassau, nahe dem Kreuzfahrthafen, beweist.

Für viele sind die Bahamas gleichbedeutend mit Nassau (auf New Providence) und Freeport (auf Grand Bahama). Die beiden größten Städte haben jedoch auch Schattenseiten wie viele Großstädte dieser Welt: Es gibt auch hier Arbeitslosigkeit, Drogen-, Aids-,

» **Karte S. 80-81, Info S. 98**

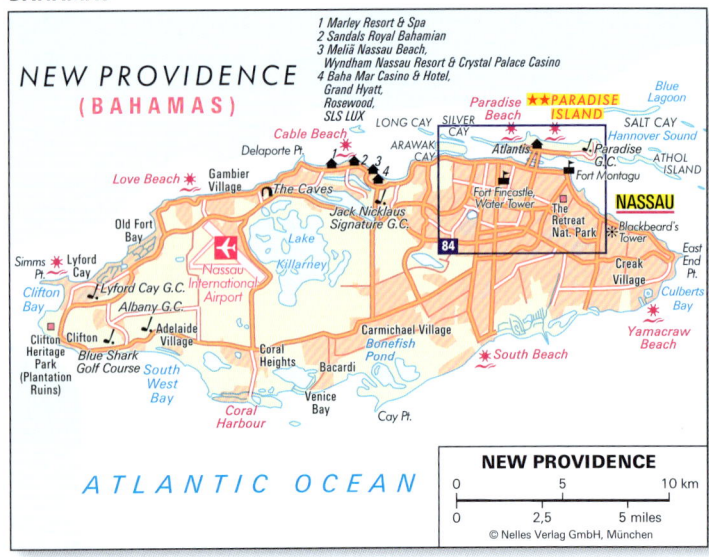

1 Marley Resort & Spa
2 Sandals Royal Bahamian
3 Meliä Nassau Beach,
   Wyndham Nassau Resort & Crystal Palace Casino
4 Baha Mar Casino & Hotel,
   Grand Hyatt,
   Rosewood,
   SLS LUX

NEW PROVIDENCE
(B A H A M A S)

NEW PROVIDENCE

0   5   10 km
0   2,5   5 miles
© Nelles Verlag GmbH, München

A T L A N T I C   O C E A N

Umwelt-, Verkehrs- und Sicherheitsprobleme. Diese beiden urbanen Zentren des Archipels ziehen eben nicht nur Touristen, sondern auch Bahamesen aus ärmeren Gegenden und illegale Einwanderer aus Haïti an.

Auf der Insel New Providence und dem vorgelagerten Paradise Island kann sich der Besucher erstmals in den karibischen Traum fallen lassen: Hier gibt es atemberaubende Strände, erstklassige Ferienzentren und mondäne Casinos. In Nassau kann man aber nicht nur historische Stätten besichtigen; man sollte auch einmal einfach durch die Straßen wandern (aber nur tagsüber!), um den leicht morbiden kolonialen Charme der 300 Jahre alten Stadt zu genießen, die – wie auch die Umgebung – schon mehrfach als James-Bond-Filmkulisse gedient hat.

Rechts: Das Parlamentsgebäude der Bahamas in Nassau, Rawson Square, stammt von 1812.

Die Insel **New Providence** mit ihrer Hauptstadt **Nassau**, Ziel vieler US-Kreuzfahrer aus Miami, ist ein idealer Ausgangspunkt für eine Bahamas-Tour. Nassau (250 000 Einw.), gegründet 1656 von britischen Siedlern als *Charlestown*, bekam seinen Namen 1689 zu Ehren von Wilhelm III. von Oranien-Nassau, der in jenem Jahr König von England wurde. Allerdings war Nasssau in jener Zeit zugleich ein Piratenstützpunkt und wurde deshalb von den Spaniern mehrmals zerstört.

Als Steueroase auch Bankenzentrum, Briefkastenfirmenadresse und Heimathafen zahlreicher Kreuzfahrtschiffe, ist Nassau eine für Fußgänger angenehme Stadt; übersichtlich und – zumindest tagsüber – relativ sicher. Bummeln Sie über die Hauptgeschäftsstraße **Bay Street** mit ihren Parfümerien, Schmuck- und Modegeschäften. Vor dem anmutigen **Parlamentsgebäude** ① von 1812 wirft **Queen Victoria** von ihrem Podest einen strengen Blick über die Stadt.

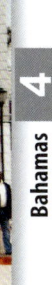

Foto: Glenys Gustin (iStockphoto)

Die **Skulptur** einer bahamesischen Mutter mit ihrem Kind am **Prince George Wharf** ② schuf der berühmte amerikanische Künstler Randolph Johnston, der schon lange in der Karibik lebt. Am Prince George Wharf liegt auch ★**Junkanoo Expo**, ein Museum, in dem die schönsten Kostüme früherer Junkanoo-Paraden (am 26.12, u. 1.1., siehe unten) ausgestellt sind (geöffnet tägl. 10-16 Uhr, Tel. 356-2731).

Der ★**Straw Market** ③, der nach dem Brand des alten Markts im Jahr 2001 entstand, garantiert ein farbenfrohes, lebhaftes Einkaufsvergnügen. Noch heute flechten die Frauen der *Out Islands* das von Kindern gesammelte Palmstroh zu langen „Zöpfen", die dann in Nassau auf alten Nähmaschinen zu Hüten und Taschen verarbeitet werden. Obwohl viele dieser Waren für den Touristengeschmack mit kitschigen Bastschleifen und Ornamenten überladen sind, findet man auch noch schöne, schlichte, traditionelle Flechtwaren, vom Arbeitshut und Picknickkorb bis hin zur Bodenmatte. Beim Einkauf wird

zwar ein bestimmtes Maß an temperamentvollem Feilschen erwartet, aber die Marktfrauen wissen genau, wieweit sie mit dem Preis heruntergehen können. Lassen Sie sich keine grobe „Anmache" gefallen – gehen Sie lieber weiter und kaufen woanders ein.

Im Strohmarkt wird auch das – in der ganzen Karibik populäre – *corn row plaiting* (Kornähren-Flechten) angeboten: Hier können Sie sich Ihr Haar in Dutzende von winzigen Zöpfchen inklusive Schmuckperlen flechten lassen. Mit dieser attraktiven „Einheimischen-Frisur" können Sie auch den aufdringlichen Friseusen entkommen, die am Straßenrand auf Kundschaft lauern.

Nur einen Steinwurf vom Straw Market entfernt lohnt das interaktive **Pirates Museum** ④ (tägl. geöffnet) in der Bay Street / Ecke Blue Hill Road einen Besuch: Die Zeit der Freibeuter wird hier wieder lebendig.

Eine Augenweide sind die **Briefmarken** der Bahamas, die mit ihren farbenprächtigen Motiven von Tropenfischen, Muscheln und Blumen zu den

» **Stadtplan S. 84-85, Info S. 98**

BAHAMAS

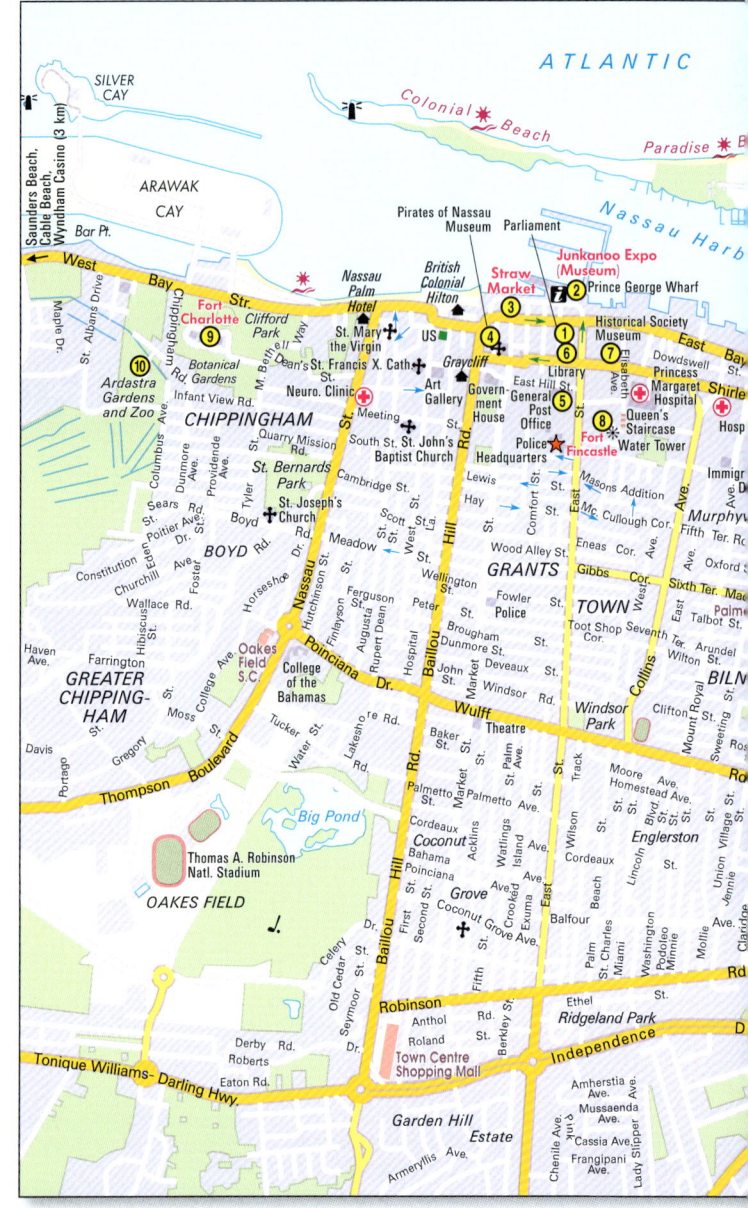

ATLANTIC

SILVER CAY

ARAWAK CAY

Saunders Beach, Cable Beach, Wyndham Casino (3 km)

Bar Pt.

Colonial Beach

Paradise B

Nassau Harb

West Bay Str.

Maple Dr.

St. Albans Drive

Chippingham Way

Fort Charlotte

Clifford Park

Botanical Gardens

Ardastra Gardens and Zoo

Infant View Rd.

Dean's St. Francis X. Cath.

Neuro. Clinic

CHIPPINGHAM

St. Bethel Ave.

Quarry Mission Rd.

Providende Ave.

Dunmore Ave.

Columbus Ave.

St. Bernards Park

Cambridge St.

Sears Rd.

Poitier Ave.

Eden St.

Tyler St.

Boyd St.

BOYD

Constitution

Churchill

Foster

Wallace Rd.

Hibiscus St.

Haven Ave.

Farrington

GREATER CHIPPING-HAM

Davis

Gregory

Portago

Thompson Boulevard

Nassau Palm Hotel

St. Mary the Virgin

US

Graycliff

Art Gallery

Meeting

South St. St. John's Baptist Church

St. Joseph's Church

Meadow

Horseshoe

Nassau St.

Hutchinson St.

Ferguson

Finleyson

Augusta

Rupert Dean

Oakes Field S.C.

Poinciana Dr.

Bahou

College Ave.

Moss St.

Tucker St.

Water St.

Lakeshore Rd.

British Colonial Hilton

Pirates of Nassau Museum

Parliament

Straw Market

Junkanoo Expo (Museum)

Prince George Wharf

Historical Society Museum

East Bay

Government House

Library

General Post Office

Police Headquarters

Fort Fincastle

Queen's Staircase

Water Tower

Dowdswell

Princess

Margaret Hospital

Shirle

Hosp

Elisabeth Ave.

Masons Addition

Mc Cullough Cor.

Murphy

Fifth Ter.

Oxford S

Lewis

Hay

Scott St.

West St.

Wellington St.

Hill St.

Comfort St.

East St.

Eneas Cor.

Gibbs Cor.

Sixth Ter.

GRANTS TOWN

Wood Alley St.

Fowler Police St.

Brougham St.

Dunmore St.

Deveaux St.

John St.

Windsor Rd.

Market St.

Hospital St.

Baillou

Toot Shop Cor.

Seventh Ter.

West

Arundel

Wilton

BILN

College of the Bahamas

Wulff Rd.

Theatre

Baker St.

Palm St.

Palmetto St.

Palmetto Ave.

Windsor Park

Clifton St.

Moore Ave.

Homestead Ave.

Track

Sweeting

Mount Royal

Ro

Big Pond

Thomas A. Robinson Natl. Stadium

OAKES FIELD

Celery St.

Old Cedar St.

Seymour St.

Baillou Hill Rd.

Cordeaux St.

Bahama

Poinciana

Second Ave.

Coconut Grove

Coconut Grove Ave.

Acklins St.

Watlings St.

Crooked Island

Exuma Ave.

Cordeaux

Balfour

Beach St.

Lincoln St.

Wilson

Englerston

Union St.

Village St.

Jennie

Clairdre

Fifth St.

Robinson

Anthol Rd.

Roland Dr.

Berkley St.

Ethel St.

Ridgeland Park

D

Tonique Williams-Darling Hwy.

Derby Rd.

Roberts

Eaton Rd.

Town Centre Shopping Mall

Independence

Garden Hill Estate

Armeryllis Ave.

Amherstia Ave.

Mussaenda Ave.

Pink

Cassia Ave.

Frangipani Ave.

Chenile Ave.

Palm St.

St. Charles

Washington

Podoleo

Minnie

Mollie Ave.

Lady Slipper

1 2 3 4 5 6 7 8 9 10

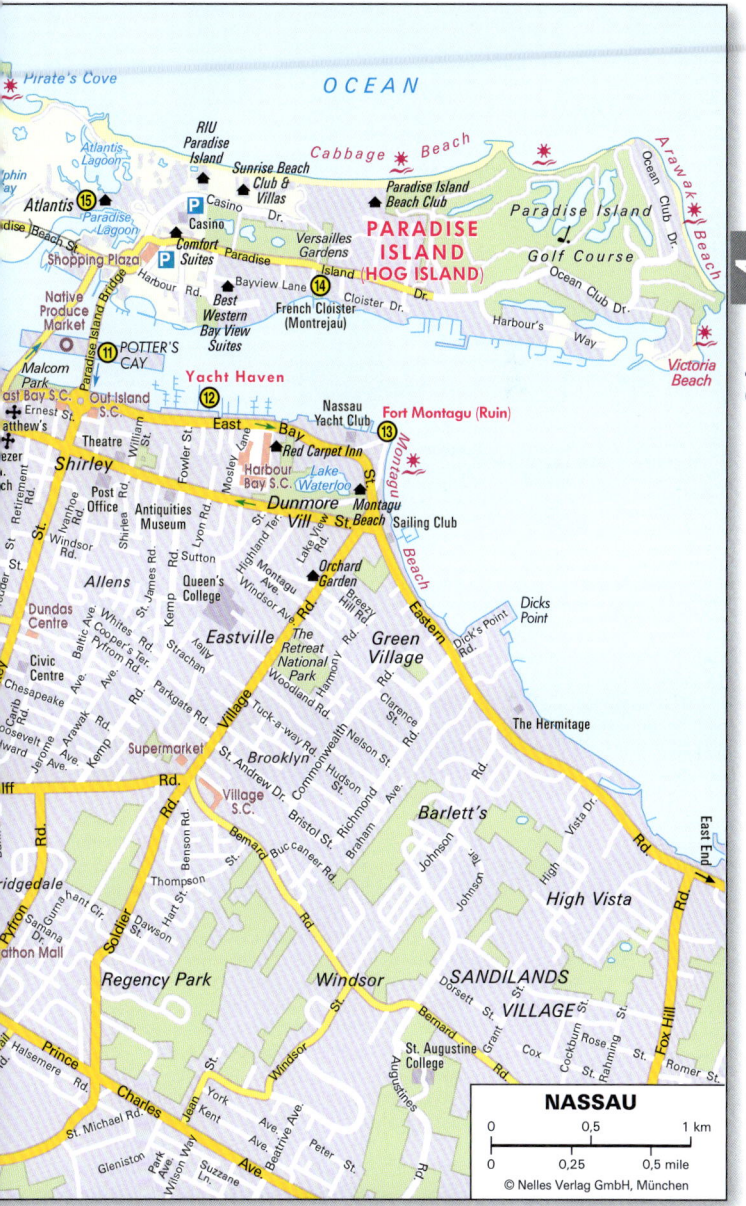

NASSAU

| 0 | 0,5 | 1 km |
| 0 | 0,25 | 0,5 mile |

© Nelles Verlag GmbH, München

Foto: Bahamas Ministry of Tourism

schönsten der Welt zählen. Im **Postamt** ⑤ in der East Hill Street erhalten Sie an einem Sonderschalter druckfrische Exemplare, Erstausgaben und andere Sammlerstücke.

Im ehemaligen Gefängnis von Nassau, an der Shirley Street, ist heute die **Nassau Public Library** ⑥ untergebracht. In dem achteckigen Bau aus dem Jahr 1797 gibt es auch eine kleine Ausstellung zur Geschichte der Bahamas. Hinter der Bibliothek liegen die **Gardens of Rememberance**, wo am Ehrenmal im November der Kriegsgefallenen gedacht wird.

An der Elizabeth Avenue steht das **Bahamas Historical Society Museum** ⑦. Von der Elizabeth Avenue kommt man zu **Queen's Staircaise** , auch „The 65 Steps" genannt. Dieser 30 m hoch führende Treppenweg wurde im 18. Jh. von Sklaven in den Kalkstein gehauen. Von hier kann man zum **Water Tower** weitergehen. Wer vom Treppensteigen

Oben: Korbwaren und Hüte aus Palmstroh bietet der Straw Market in Nassau.

genug hat, fährt mit dem Aufzug (falls er gerade funktioniert) zur **Aussichtsplattform** und genießt den herrlichen Panoramablick über Nassau und den Hafen. Gleich neben dem Water Tower liegt ★**Fort Fincastle** ⑧, das 1793 der Earl of Dunmore erbauen ließ.

Ein Spaziergang zum **Over the Hill District**, südlich der Innenstadt, führt in eine ärmere Gegend, die als nicht besonders sicher gilt. In diesem Gebiet mit Grants Town, Bain Town, Blue Hill Road, Market- und East Street befinden sich zahlreiche alte Kirchen und Häuser sowie Restaurants, Bars und Clubs.

In ★**Fort Charlotte** ⑨, der größten, 1768-98 errichteten Befestigungsanlage der Insel, stehen Folterkammern und Zugbrücken für den Besuch offen. Die Stadt Nassau hat blutige Zeiten gesehen, einschließlich ihrer Plünderung im Jahr 1703, als Spanier und Franzosen die englische Garnison überfielen. 1783 gelang es Colonel Stephen Deveaux, mit einer List die Spanier zu vertreiben und New Providence für die britische Krone zu gewinnen: Er befahl seiner

Handvoll Männer, ständig die Kleidung zu wechseln und in Sichtweite der Spanier immer wieder neu aufzumarschieren. Die Spanier flüchteten in der Überzeugung, einer unschlagbaren Übermacht gegenüber zu stehen. Zum Dank für diesen Sieg erhielt Deveaux vom englischen König Land auf Cat Island geschenkt. Die Plantagengebäude, die bis noch in die 1950er Jahre von Deveaux' Nachkommen bewohnt wurden, sind heute aber nur noch Ruinen.

Ardastra Gardens & Zoo ⑩ an der Chippingham Road, im Westen von Nassau, ist ein 2 ha großes Tropenparadies mit seltenen bahamesischen Papageien, exotischen Kleintieren und abgerichteten Flamingos, die mehrmals täglich ihre **Flamingo-Show** vorführen (tgl. 9–16.15 Uhr, www.ardastra.com).

Um die hoch aufragende **Brücke**, die New Providence mit ★★**Paradise Island** (s. S. 88) verbindet, erstreckt sich der Stadtbezirk **Potter's Cay** ⑪. Am gleichnamigen **Markt** bieten die Fischer ihren Fang an (allerdings zu oft astronomischen Preisen) . Ein geschmackliches Abenteuer besonderer Art sind die essbaren Trompetenschnecken *(conch)*, die man Ihnen gerne an Ort und Stelle zubereitet. Zu diesem Zweck wird das Fleisch des Meerestieres eingeschnitten und dann mit Zitronensaft beträufelt. Die Preise an Potter's Cay sind nicht nur für Bahamesen, sondern auch für Touristen schwindelerregend hoch. Viele Nahrungsmittel werden importiert – aber auch für örtlich angebaute Ananas, Mangos oder Bananen, die in Haïti oder Kuba zu Spottpreisen angeboten werden, bezahlt man auf den Bahamas oft horrende Wucherpreise.

Im östlichen Abschnitt der Bay Street liegt der malerische ★**Yacht Haven** ⑫ mit stimmungsvollen Bars, und Restaurants mit Aussicht wie dem *Poop Deck*. An Bord der *Pied Piper*, die hier im Winter vor Anker liegt, erwartet Sie ein Tauchabenteuer besonderer Art: Zweimal täglich (9 und 13 Uhr) läuft die Jacht zu einer dreieinhalbstündigen Kreuzfahrt aus. Der Höhepunkt ist ein Unterwasserspaziergang mit einem speziellen Taucherhelm. Sie steigen eine Leiter bis zum Meeresboden hinab und gehen in kleinen, geführten Gruppen spazieren, wie im Garten, ohne dass Ihre Brille oder Ihre Haare nass werden. (Hartley's Undersea Walk, Tel. 393-8234).

In Neptuns Reich dringt man auf einer Fahrt mit dem U-Boot vor: Die *Seaworld Explorer* bringt 45 Passagiere in eine Tiefe von 25 m. Während der 90minütigen Tauchfahrt sieht man durch die großen Bullaugen exotische Fische vorbeiziehen und erlebt eine aufregende Korallenwelt. 20 Minuten der Exkursion werden oberhalb der Wasseroberfläche zurückgelegt und erlauben den Blick auf die Küste vor Paradise Island (Reservierungen unter Tel. 356-2548).

Östlich vom Jachthafen erhebt sich die Ruine des 1741 zum Schutz der Hafeneinfahrt erbauten ★**Fort Montagu** ⑬. Von hier genießt man einen herrlichen **Panoramablick** nach Westen über den Hafen (Eintritt frei).

Am Ostzipfel der Insel liegen die Gärten des **Retreat** (National Trust Park) mit einer weltberühmten Sammlung seltener **Palmen**. (Führungen finden Mo-Fr statt. Tel. 393-1317.)

Freizeitaktivitäten

Während die meisten Inseln ihren Karneval vor der Fastenzeit feiern, tobt jedes Jahr die ausgelassene ★**Junkanoo Parade** in den frühen Morgenstunden des *Boxing Day* (26. Dezember) und am Neujahrstag (1. Januar) sieben Stunden lang über Nassaus **Bay Street**. Oft haben die Bahamesen das ganze Jahr über an den prächtigen Kostümen gearbeitet, mit denen sie sich in das rauschende Straßenfest stürzen und in totaler Selbstvergessenheit tanzen. Trommeln, Trillerpfeifen und Trompeten sorgen für einen mitreißenden und stampfenden Rhythmus, der die kostümierten und tanzenden Menschen zu überschäumendem Freudentaumel

Foto: Christian Heeb

farbenprächtigsten Riffen und geheimnisvollen Unterwassergrotten von New Providence. Eines der größten Tauch-Unternehmen, Bahama Divers (Tel. 398-5644, www.bahamadivers.com), vermietet auch Tauchausrüstung.

Kaum ein Tourist kann **Glücksspielen** in den **Casinos** widerstehen. Sollten die feineren Nuancen von Würfeln, Roulette, Blackjack oder Baccarat ein Buch mit sieben Siegeln für Sie sein, können Sie sogar Unterricht nehmen – z. B. auf Paradise Island und in allen anderen Casinos von Nassau.

★★Paradise Island

Eine Mautbrücke führt auf das Nassau vorgelagerte **★★Paradise Island**, bis 1960 als Hog Island („Schweineinsel") bekannt. Hier findet man neben schönen Stränden und Luxushotels auch das älteste Gebäude der Karibik: Das **Kloster von Montrejau** ⑭ war ursprünglich im 14. Jh. von Augustinermönchen in Frankreich erbaut worden. Der Zeitungskönig William Hearst ließ es Stein für Stein abtragen und über den Ozean nach Florida transportieren. Ein anderer amerikanischer Millionär, Huntington Hartford II, erreichte, dass es 1962 auf die Bahamas zurückkam und auf einem Hügel inmitten der herrlichen **Versailles Gardens** auf Paradise Island wieder aufgebaut wurde. Die Versailles Gardens ziehen sich über sieben attraktiv bepflanzte Terrassen hin und sind heute Teil des **One & Only Ocean Club**.

Paradise Island ist quasi eine Kombination aus Nassau, Monte Carlo und dem Garten Eden. An langen weißen **Sandstränden**, in **Luxushotels** und Restaurants kommt die Erholung nicht zu kurz. Das Mega-Resort **Atlantis** ⑮ (Bild S. Variable) bietet zudem in seinem **Casino** Spannung, in seinem Wasserpark **Aquaventure** feuchtfröhliches Vergnügen, spektakuläre **★Aquarien** zum Staunen und im **Dolphin Cay** sogar **Schwimmen mit Delfinen**.

aufpeitscht – eine Reminiszenz an die afrikanische Herkunft der einstigen Sklaven, die nur in den Zuckerrohr-Erntepausen um Weihnachten etwas Freizeit hatten und zu diesem Zeitpunkt bis heute ihr großes karnevalistisches Freudenfest feiern.

Ein **Ritt** durch die Brandung auf dem Rücken eines Pferdes ist ein unvergessliches Erlebnis. Gruppenausritte organisiert das Windsor Equestrian Centre, auch „Happy Trails" genannt, Coral Harbour, www.bahamahorse.com.

Keine Bahama-Reise ist vollständig ohne ein Abenteuer in, auf oder unter Wasser. Tagestouren per Boot oder **Dinner-Cruises** werden mit unbegrenzten Mengen an Wein und Rumpunsch aufgelockert. Zu buchen über Ihr Hotel (oder bei Calypso Cruises, Tel. 363-3577).

Dutzende von Booten transportieren **Hochseefischer** und **Taucher** zu den

Oben: Schwimmen mit Delfinen kann man auf Grand Bahama im UNEXSO Museum, im Rahmen des Programms „Dolphin Experience".

GRAND BAHAMA
(BAHAMAS)

LITTLE ABACO ISLAND

GRISHY SWASH

BARRACUDA SWASH
SANDY HARBOUR

CROSS CAYS

WATER CAY

West End
Settlement
Hope Estate
Bight
MAN O'WAR BUSH

Cormorant Pt.

Halls Pt.

Water Cay
Settlement

Riding Pt.

AUGUST CAY

Pelican Point
Settlement

BIG HARBOUR
CAY

Wilschcombe
Bay
Holmes Rock
Village
Bartlet Town
Freeport
Int'l.
Airport

College
of the Bahamas

Old Freetown,
Blue Holes (Ruins)

Mc Lean's Town
DEEP WATER CAY SWEETINGS CAY

High Rock
Village

LIGHTBOURN'S
CAY

Freeport

Garden of the Groves
Port Lucaya

Lucayan N. P.,
Blue Holes

1

GAINUM'S
CAY

MICHAEL'S
CAY

Freeport Harbour
Hunter Settlement

1 Peterson Cay N. P.

ATLANTIC

Boiling Hole

East Palm Beach

North West Providence Channel

1 Grand Lucayan,
Pelican Bay
2 Coral Beach
3 Paradise Cove Beach Resort
4 Rand Memorial Nature Centre

OCEAN

5 Fortune Hills G.C.
6 Reef Golf Course
7 Emerald G.C.
8 Ruby Golf Course

GRAND BAHAMA

| 0 | 15 | 30 km |

| 0 | | 15 miles |

© Nelles Verlag GmbH, München

GRAND BAHAMA

Grand Bahama, die viertgrößte Insel der Bahamas, liegt nur 88 km von der Küste Floridas entfernt. Durch ihre Nähe zu den USA ist sie stark amerikanisch geprägt und ein Konzentrationspunkt der Industrie. Außerhalb der Freihandelszone ist heute kaum mehr Tourismus zu finden. Die Blütezeit der Insel begann mit dem amerikanischen Unternehmer Wallace Groves, der sich ab 1948 mit der Abaco Lumber Company auf Grand Bahama niederließ und sich 1956 mit der Gründung der Stadt Freeport einen Traum verwirklichte. Acht Jahre später wurde die Strandregion von Lucaya als Ferienparadies ausgebaut. An der Südküste der Insel liegt **Freeport / Port Lucaya**, ein bedeutender Industriestandort sowie ein vielbesuchtes Freizeitzentrum der Bahamas.

Die Sehenswürdigkeiten sind allerdings schnell entdeckt, darunter der **International Bazaar** mit mehr als 60 Läden und Lokalen, und der **Port Lucaya Market Place** mit seinen zahlreichen Bars und Restaurants – empfehlenswert ist das „Luciano's of Chicago". Besonders der ★**Strohmarkt**, wo Hüte, Körbe und Taschen aus Stroh vor den Augen der Touristen entstehen, bietet vielfältige Einkaufsmöglichkeiten. Das berühmte ★**Underwater Explorers Society (UNEXSO) Museum** (www.unexso. com) am Jachthafen **Bell Channel Bay/ Lucaya** zeigt die Entwicklung des Gerätetauchens. Ein besonderes Erlebnis bietet die UNEXSO mit **Dolphin Experience**: die Gelegenheit, mit Delfinen zu schwimmen und zu tauchen – allerdings nicht gerade ein billiges Vergnügen.

Außerhalb von Freeport liegen die tropischen Gärten **Parrot Jungle's Garden of the Groves** (www.garden ofthegroves.com). Darin ist das **Grand Bahama Museum** integriert, das Einblicke in die Inselgeschichte und eine naturkundliche Ausstellung bietet. 3 km östlich von Freeport findet man das 40 Hektar große Vogelschutzgebiet **Rand Memorial Nature Centre**, das einen schönen botanischen Garten besitzt.

In erster Linie ist Freeport/ Port Lucaya ein Paradies für Wasserratten, Taucher, Golfer und Tennisspieler. Abends öffnen zahlreiche Restaurants, Bars, Discos und ein **Casino**, in dem sich viele ältere Amerikaner tummeln.

Sehr viel ruhiger geht es außerhalb der Inselhauptstadt zu. In Richtung Osten taucht man in einen sich meilenweit erstreckenden Pinienwald ein, der nur durch verschlafene Ortschaften wie **Freetown, High Rock** und **MacLean's Town** unterbrochen wird. Während die Südostküste ein Eldorado für Sportfischer und Angler ist, zieht der 16 ha große **Lucayan National Park** mit dem längsten vermessenen Unterwasserhöhlensystem der Welt, Quellen und urwüchsigen Landschaft immer mehr Touristen in Jeep oder Kanu an.

Das an der Westspitze der Insel gelegene **West End**, einstmals die größte Siedlung Grand Bahamas und Zentrum des Rumschmuggels, hat im Lauf der letzten Jahre stark an Bedeutung verloren. Während der amerikanischen Prohibition (1917-1933) versorgten Schiffe von hier aus die „trockengelegten" Vereinigten Staaten mit heißbegehrtem bahamesischen Rum.

OUT ISLANDS

Eine Bahamareise, die sich nur auf den Besuch von Nassau und Freeport beschränkt und allenfalls einen Abstecher auf die Exuma- oder Abaco-Inseln einschließt, vermittelt nur wenig von der Vielfalt dieses großen und wunderschönen Inselstaats. Zu Beginn einer Bahamareise neigt man dazu, alle Inseln in einen Topf zu werfen. Erst ein längerer Aufenthalt – und ein genauerer Blick – lassen erkennen, dass die Inselkette von Walker's Cay im Norden bis zu Great Inagua im Süden (auch Family Islands genannt) aus einer Reihe ganz unterschiedlicher Eilande besteht, von

Rechts: Der Jachthafen von Hope Town (Elbow Cay; Abaco Islands).

denen jedes seinen eigenen Charakter bewahrt hat.

★★Abaco Islands

Die Kette der ★★**Abaco-Inseln** beginnt im Norden mit dem – hauptsächlich von amerikanischen Touristen besuchten – Inselchen **Walker's Cay** und endet im Süden mit **Great Abaco**. Während die meist dunkelhäutigen Bahamesen von afrikanischen Sklaven abstammen, können die Abaconier ihre Herkunft bis zu den weißen Amerikanern zurückverfolgen, die im Bürgerkrieg hierher flüchteten und im Jahr 1783 auf **Treasure Cay** siedelten. 3 km vom Treasure Cay Hotel entfernt markiert ein Gedenkstein an einem einsamen Strand diese Stelle.

Die Abaconier sind teils wohlhabende und stolze Bahamesen. Ihre blitzblanken, weiß oder pastellfarben gestrichenen Holzhäuser am Elbow Cay und am Man-O-War Cay vermitteln, mitsamt ihren gepflegten Blumenbeeten, einen gediegenen Neuengland-Charme. Autos trifft man nur auf **Great Abaco** des öfteren an, ansonsten ziehen es die Bewohner vor, in einer Art von elektrischem Golfwägelchen herumzukurven. Aus dem harten Holz dieser einst dicht bewaldeten Insel wurden die berühmten Abaco-Schoner und -Schaluppen gebaut. Um die Jahrhundertwende fertigte man hier Häuser vor, die als Bausätze nach Florida verschifft wurden und teils noch heute dort zu bewundern sind.

Ehe die Abaconier den heutigen Wohlstand erreichten, mussten sie viele Rückschläge einstecken: In einem Jahr wurden die Ananaspflanzen von Mehltau zerstört, im nächsten die Baumwolle. Sisal, einst ein wichtiges Ernteprodukt, wächst heute nur noch wild, denn der Anbau wurde in den 1930er Jahren eingestellt, als der Sisalpreis auf nur einen Dollar pro Zentner gefallen war und zugleich Schädlinge die Ernte vernichteten.

Foto: Christian Heeb

Bahamas

4

Bis vor kurzem waren die Abaco-Inseln noch eine verschlafene Idylle abseits der Touristenpfade. Besucher ohne Privatjacht oder -flugzeug mussten zuerst nach Nassau und dann nach Marsh Harbour fliegen, um dann mit dem Boot nach ★**Hope Town** mit seinem markanten, rot-weiß gestreiften Leuchtturm auf **Elbow Cay** oder nach **Green Turtle Cay** überzusetzen. Heutzutage gelangt vor allem gehobener Tourismus durch das neue Flughafengebäude des **Marsh Harbour International Airport** auf die Insel Great Abaco.

Anziehungspunkte sind die Souvenirläden von Green Turtle Cay und ★**Man-o-War-Cay**, die Jachthäfen und nostalgischen Friedhöfe. Auf Man-o-War müssen Sie auf Alkohol verzichten; auf Green Turtle können Sie sich in **Miss Emily's Blue Bee Bar** (Tel. 365-4181) mit einem *Goombay Smash* die Sinne betäuben – dieser beliebte Cocktail wurde hier erfunden.

Auch heute noch werden auf Man-o-War-Cay traditionelle Holzboote, die *Abaco Dhingies* gebaut; **Albury's Sail**

Shop, der einst die Leinensegel dafür herstellte, produziert heute robuste, farbige Taschen aus Segeltuch (Canvas), die sich gut als Mitbringsel eignen.

Im **Skulpturengarten** auf Green Turtle Cay ist die bahamesische Geschichte dreidimensional dargestellt, während das **Albert Lowe Museum** (Mo-Sa 9-11.45 u. 13-16 Uhr) den Werken dieses Künstlers und historischen Funden gewidmet ist.

Südlich von Marsh Harbour erstreckt sich der Badestrand der bekannten **Eight Mile Bay**. Der **Pelican Cays National Park** schließt sich an und bietet vielfältige Möglichkeiten für Unterwasser-Exkursionen.

In **Marsh Harbour**, dem Hauptort der Inselgruppe, können Sie ein Boot stunden- oder tageweise mieten; erfahrene Segler können Jachten auch wochenweise chartern. Einsame Strände, Grotten und Korallengärten entfalten ihren Zauber vor Ihren Augen. Von Marsh Harbour gelangt man in nordwestlicher Richtung zu der luxuriösen (vorwiegend von amerikanischer Klien-

Foto: Svetlana Day (Dreamstime)

tel besuchten) Ferienkolonie **Treasure Cay**. Diese Perlenkette von Inseln lässt sich am besten mit dem Boot erkunden.

In **Little Harbour** lebt eine authentische Robinsonfamilie: Der Kunstprofessor Randolph Johnston aus Massachusetts kam 1951 zusammen mit Frau und Kindern hierher. Obwohl sie zunächst in einer Höhle hausten, schufen sie sich allmählich eine kleine Inselidylle, an die heute die **Johnston Gallery** erinnert. Ein Sohn der Familie betreibt eine kleine Bar, **Pete's Pub & Gallery** (www.petespubandgallery.com, Tel. 577-5487), in die Besucher einkehren können.

★★Andros

Das 224 km lange **Andros Barrier Reef** vor Andros, der größten Insel der Bahamas ist das drittgrößte Riff

weltweit, und seine farbenprächtigen Tropenfische und Korallengärten verzaubern selbst „mit allen Wassern gewaschene" Taucher. Kilometerweit kann man das Riff knapp unter der Wasseroberfläche schimmern sehen, ehe sein Rand steil in dramatische Tiefen abfällt. Hier wird der Taucher in eine Wunderwelt aus haushohen Fächerkorallen, exotischen Fischen und zerklüfteten Grotten versetzt.

Schon eine kurze Bootsfahrt bringt einen zu märchenhaften Tauchgründen; zum Andros Barrier Reef müssen Sie jedoch ein ganzes Stück weiter aufs Meer hinausfahren. Obwohl ★★**Andros** nur 45 km von New Providence entfernt ist, hat der Massentourismus um diese Insel bis jetzt einen Bogen gemacht. Nur leidenschaftliche Taucher, Fischer und Segler lassen sich von den vielen Sümpfen, Moskitoschwärmen und dem Mangel an luxuriösen Ferienzentren nicht abschrecken.

Die großen Süßwasserseen von Andros versorgen auch New Providence mit Frischwasser. Viele Zugvögel, auf

Oben: Junkanoo, diese besondere, für die Bahamas typische Form des Karnevals, wird am 26. Dezember und 1. Januar mit Paraden und mitreißender Musik gefeiert.

dem Weg von Süd- und Mittelamerika in Richtung Norden, legen hier zum Entzücken vieler Ornithologen eine Pause ein, und Botaniker können 40 verschiedene Orchideenarten bewundern.

In dieser abgeschiedenen Ecke der Karibik glauben Manche noch an die *chickcharnies*, kleine, vogelähnliche Kobolde, die in Pinienbäumen hausen und Unheil über jeden bringen, der sie erzürnt. Einstmals lebten Arawak-Indianer auf dieser Insel; hier wie auch in Bimini vermischten sie sich wahrscheinlich mit Indianern aus Florida, den Vorfahren der heutigen Seminolen.

Die Flughäfen in **Andros Town**, **Mangrove Cay**, **San Andros** und **Congo Town** können von Nassau oder per Charterflug von Florida aus angeflogen werden. Die Ferienorte auf Andros sind klein und einfach.

★Bimini Islands

Die **★Bimini-Inseln** waren über lange Zeit ein beliebter Treffpunkt für Rumschmuggler, Wrackplünderer, Drogenhändler und Blockadebrecher.

Die Bimini-Islands, eine Kette ins Meer getüpfelter Inseln, sind von goldenen Stränden und azurfarbenem Wasser umgeben. **Alice Town** auf **North Bimini** ist die Inselhauptstadt; auf **South Bimini** liegt der Flug- und Jachthafen sowie eine Ferienanlage mit 208 Apartments (www. biminisands. com). Vor **Gun Cay** können Taucher ein gesunkenes Wrack erforschen, das einst Rumschmugglern als Treffpunkt diente. Eine exklusive Ferienanlage auf **Cat Cay** garantiert den „Oberen Zehntausend" Ruhe vor neugierigen Journalisten.

In den 1930er Jahren begeisterte sich Ernest Hemingway nicht nur für das Hochseefischen auf den Biminis, sondern auch für die Bars in Alice Town. Dort kann man zu den Hemingway-Andenken im **Compleat Angler Hotel** (Tel. 347-3122) pilgern. Zwar sind die Touristen dem „letzten einsamen Helden" zahlenmäßig weit überlegen, aber die

Drinks und das Fischen sind hier noch heute populär.

Manche meinen, die Riffe um die Inseln seien Überreste des versunkenen Atlantis, andere wiederum verlegen diesen sagenhaften Kontinent auf die Riffe um Andros. Fischer lässt dieser Disput kalt, sie interessieren sich mehr für die Schwärme von Barschen, blauen Speerfischen (Marlin) und die vielen Spezies anderer Tropenfische in diesen herrlichen Gewässern.

In den Jachthäfen von Alice Town können Sie zum Fischen oder Tauchen ein geeignetes Boot mit Kapitän mieten; der Concierge Ihres Hotel wird Ihnen gern behilflich sein.

Berry Islands

Die **Berry Islands**, eine halbmondförmige Kette von Inseln, locken Scharen von Sportfischern an, die im exklusiven **Chub Cay Resort & Marina** (www. chubcay.com) und in den umliegenden Gewässern ihre Wettkämpfe austragen. Von den zwei Telefonen der Berry Islands befindet sich eins im Chub Cay Club und das andere auf **Great Harbour Cay**.

Jachtbesitzer, Taucher und Sportfischer haben die Berry Islands fast gänzlich mit Beschlag belegt; in Chub Cay gibt es eine kleine Ferienanlage, ansonsten ist es für Individualreisende nicht leicht, Unterkunft zu finden.

Auf **Great Stirrup Cay** (Privatbesitz der Norwegian Cruise Line) und auf **Little Stirrup Cay** (Privatinsel der Royal Caribbean Cruises und oft auch nur **Coco Island** genannt) fallen jedes Jahr Tausende von Kreuzfahrttouristen ein. Dann ankern die Kreuzfahrerschiffe vor den unbewohnten Inseln, während sich die Touristen am Strand über Barbecue und Bars hermachen oder sich die Zeit mit Schwimmen und Schnorcheln vertreiben. Auch für Souvenirjäger ist gesorgt, denn Frauen der Nachbarinseln bieten hier tagsüber ihre geflochtenen Waren an. Unternehmungslustige kön-

4

Bahamas

Foto: Christian Heeb

nen im Inselinneren verfallene Plantagen besuchen.

★Cat Island

Die „Katzeninsel" ★**Cat Island** mit der höchsten Erhebung der Bahamas (**Mount Alvernia**, 63 m) ist – wohl wegen ihrer großen Entfernung von Nassau – bislang von Besucherhorden verschont geblieben. Dementsprechend hält sich die touristische Infrastruktur – ebenso wie der Wohlstand – deutlich in Grenzen. Der Filmstar und Regisseur Sidney Poitier ist der berühmteste Sohn dieser Insel. Die größte Siedlung von Cat Island ist Arthur's Town im Norden des Eilands.

Abenteuerlustige mit Zeit und guten Nerven werden auf Cat Island mit unverfälschter Lebensart und herrlichen Landschaften belohnt. Einwohner des Dorfes **Devil's Point** erzählen von einem hier gestrandeten Schiff, dessen

Oben: Die Einsiedelei The Hermitage erbaute Pater Jerome auf dem Gipfel des Mount Alvernia.

Seemänner so große Angst vor dem mächtigen Voodoo-Zauber *(Obeah)* der Cat Islands hatten, dass sie lieber in der See ertranken, als sich auf das verhexte Land zu retten. Auch heute noch werden Felder oft mit einem magischen *Obeah*-Objekt vor Dieben geschützt.

In **Fernandez Bay** ist vom Herrensitz Ambrister House aus der Kolonialzeit nur noch die Fassade erhalten.

Auf der Spitze des Mount Alvernia erbaute Pater Jerome (der frühere Architekt John Hawkes) seine Einsiedelei **The Hermitage**. Nachdem er fünf Kirchen auf Long Island fertiggestellt hatte, zog er sich in die Einsamkeit Cat Islands zurück und brachte seine letzten Lebensjahre damit zu, für den Bau seiner Einsiedelei Felsbrocken den Hügel hinaufzuschleppen und den in die Höhe führenden Pfad mit einem liebevoll gearbeiteten Kreuzweg zu schmücken. Nach seinem Tod 1956 wurde er in einer Höhle auf dem Gipfel des Hügels begraben. Nach dem mühsamen Aufstieg können Sie in der friedlichen Einsiedelei und der Kapelle rasten.

★★Eleuthera

Die Insel ★★**Eleuthera** bekam ihren Namen von den 1649 hier gelandeten religiösen Dissidenten aus England, den *Eleutherian Adventurers*. Mit ihrem Anführer, Kapitän William Sayle, ertrugen sie Hunger, Krankheiten, Stürme, Spanier, Piraten, Missernten, Dürre und sonstige Plagen und gründeten die wahrscheinlich erste wirkliche Demokratie der Neuen Welt.

Vor der Nordküste der schmalen, 144 km langen Insel Eleuthera liegen kleine Inselketten, z. B. die vielbesuchte **Harbour Island**, mit den hübschen Häuschen in **Dunmore Town**, dessen Bewohner sich *Brilander* nennen, oder das Eiland **Spanish Wells** mit seiner hellhäutigen Bevölkerung und den berühmtesten Fischern der Inselwelt. Die **Harbour Lounge** am Fähranleger von Harbour Island zählt zu den beliebtesten Treffpunkten. Hier kann man gute Küche genießen oder bei einem Cocktail einfach die Seele baumeln lassen.

Exklusivere Ferien- und Erholungszentren liegen südlich von Roch Sound an der **Cotton Bay** sowie südwestlich am **Cape Eleuthera**. Insbesondere Eleutheras ungewöhnliche rosafarbene Strände auf der Ostseite der Insel locken Besucher aus aller Welt an. Außerdem ist der hiesige Golfplatz einer der schönsten der Welt.

Farmer im Inselinneren kultivieren noch die süßen Ananas, die einst zu den wichtigsten Agrarprodukten der Bahamas zählten. Das größte Einkaufszentrum der Insel liegt in **Rock Sound**, und überall auf der Insel gibt es Ferienlagen und familiäre Hotels. Besonders beliebt sind die kleinen, individuellen Hotels auf Harbour Island, der Perle der Out Islands.

★Exumas

Während für Taucher das Gebiet um Andros als einer der besten Tauchgründe der Welt ist, zieht es Segler zu den ★**Exumas** mit ihren leuchtend türkisfarbenen Gewässern und einsamen Traumstränden. In den Dörfern und den ruhigen Ferienorten bekommt man beim Fischen und Tauchen das Gefühl, weitab der Zivilisation die große Freiheit gefunden zu haben. Die Exumas, die im Norden mit einem Wirrwarr winziger Cays, dem **Devil's Backbone** („Rückgrat des Teufels") beginnen, erstrecken sich mit 365 Inselchen und Cays nach Süden und enden schließlich bei den beiden Inseln Great Exuma und Little Exuma. **Great Exuma** ist vor allem bekannt durch die Stadt **Rolletown** mit Häusern aus dem 17. und 18. Jh. sowie durch ausgezeichnete Badestrände an der **Pretty Molly Bay**.

Jedes Jahr im April findet in **George Town** auf Great Exuma die *Family Island Regatta* statt – ein wildes, nasses Bootsduell, das beinahe so berühmt ist wie die Karnevalsparade *Junkanoo*. Die Insulaner sind geborene Seeleute, und mit ihren eleganten und schnittigen Booten wird das Segeln ein geradezu poetisches Erlebnis.

Der nördliche Teil der Insel wurde zum ★★**Exuma Cays National Land and Sea Park** erklärt – ein 45 000 ha großes Refugium des Bahama-Anolis (Leguan). Genießen Sie diese idyllische Oase der Ruhe – bummeln Sie durch hübsche Dörfer, aalen Sie sich am Strand oder im Wasser und sehen Sie zu, wie das Eis in Ihrem Rumpunsch schmilzt.

Ein Tagesausflug zum unbewohnten **Big Major Cay** (Pig Island) kann von Great Exuma aus unternommen werden – dort plantschen ★**verwilderte Hausschweine** mit den Besuchern im glasklaren Wasser: einzigartig in der Karibik! Aber keinesfalls mit der Hand füttern, sie sind wirklich wild und beißen manchmal in Finger.

★Great Inagua

★**Great Inagua**, die drittgrößte Bahama-Insel, ist ein Paradies für Vogel-

» **Karte S. 80-81, Info S. 98**

4

Bahamas

Foto: Christian Heeb

kundler, denn am dortigen ★★**Windsor-See** liegt die größte **Flamingobrutstätte** der Karibik. Bis zu 80 000 Stelzvögel kommen hier zusammen. Mit etwas Glück kann man hier außerdem den Rosa Löffler, den rötlichen Silberreiher oder westindische Baum-Enten erspähen. Wildrinder, Esel und Wildschweine durchstreifen die Insel, die zu zwei Dritteln zum **Nationalpark** erklärt wurde. Besuche sind nur mit Guide erlaubt; auf Anfrage arrangiert der National Trust Nassau vor Ort (Tel. 001-242-393-1317) vogelkundliche Führungen.

Inaguas Hauptstadt **Matthew Town** hat einen Flughafen; ansonsten müssen Sie die malerische Route im Schneckentempo mit dem Postboot zurücklegen. Auf den riesigen natürlichen **Salzfeldern** Great Inaguas wird jährlich 1 Million Tonnen Salz gewonnen. Die **Morton Salt Company**, die auch das Morton

Oben: Swimmingpool mit Blick aufs Meer im Stella Maris Resort, Long Island. Rechts: Die Strände der Bahamas, ein Dorado für Sammler von Muschelschalen und Schneckengehäusen.

Main House unterhält, organisiert Führungen über die Salzfelder.

★★Long Island

Das schmale, 96 km lange ★★**Long Island** wird in Nord-Süd-Richtung von einer Landstraße durchquert, die **Burnt Ground**, **Simms**, **Deadman's Cay** und **Hard Bargain** verbindet und am südlichsten Punkt, **Cape Verde**, endet. Die ersten Siedler waren die Arawak-Indianer. Im Jahr 1790 kamen dann amerikanische Loyalisten, die Rinder züchteten und Baumwolle und Mais anbauten. Heute noch leben im Dorf Simms ihre Nachkommen, die Ihnen stolz die Ruinen der Simms-Plantagen zeigen.

Im gepflegten Ferienzentrum und am Jachthafen **Stella Maris** auf Long Island finden mehr als 150 Besucher Unterkunft. Die Fischgründe sind traumhaft, und das Ferienzentrum stellt eigene Boote für Taucher zur Verfügung. Die Landebahn wird von Privatflugzeugen sowie von Maschinen der Bahamas-Air (www.bahamasair.com) regelmäßig angeflogen. Kleinere Hotels findet man in **Deadman's Cay**, **Salt Pond** und **Thompson's Bay**. Diese bezaubernde Insel, fast am „Ende der Welt", kann sich neben Plantagenruinen, Farmen und Dörfern auch erstaunlich schöner Kirchen rühmen – dank Pater Jerome, dem auf Cat Island begrabenen Architekten. In der Umgebung von Deadman's Cay gibt es Karsthöhlen voll faszinierender Tropfsteingebilde.

★San Salvador und Rum Cay

Im Jahr 1492 landete Kolumbus auf ★**San Salvador**, in dem Glauben, endlich Indien erreicht zu haben. Das **Cross Monument** an der **Long Bay** erinnert an das Ereignis. Eine 56 km lange Autostraße führt rund um die Insel, und es lohnt sich, ein Auto zu mieten.

Von der Inselhauptstadt **Cockburn Town** aus können Sie viel unternehmen: entdecken Sie frühe indianische Siedlungen und Grabstätten, historische Gedenksteine und Kirchen, besuchen Sie die kleinen Museen in Cockburn Town und **Polaris Point**, oder wandern Sie über die weiten Strände. Übernachtungsmöglichkeiten gibt es in einfachen Pensionen, im **Riding Rock Inn Resort & Marina** (mit Pool, Tennisplätzen, Tauchsport und Restaurant, Tel. 359-8353, www.ridingrock.com).

Bei **Rum Cay**, 33 km südlich von San Salvador, liegt das Wrack der 1861 gesunkenen *Conqueror*. Wenn Sie dort tauchen, bedenken Sie, dass Sie keine „Souvenirs" von dem Wrack entfernen dürfen: Es gehört dem National Trust.

★Crooked Island und Acklins

★**Crooked Island** und **Acklins** sind nur durch den schmalen Meeresstreifen **The Going Through** voneinander getrennt. Schnuppern Sie ein bisschen – vielleicht können Sie den Geruch der Cascarillarinde wahrnehmen, aus der die aromatischen Bitterstoffe des Kräuterlikörs *Campari* gewonnen werden.

Foto: Joe Viesti

Am **Pittstown Point** auf Crooked Island wurde um die Ruinen des ersten Postamts ein Gasthaus erbaut; ganz in der Nähe liegen das **Bird Rock Lighthouse** und riesige Höhlen, in denen weiße Tropfsteine schimmern. Die Ruinen britischer Forts sowie das schöne alte Herrenhaus **Hope House** (17. Jh.) sind Zeugen einer bewegten Vergangenheit, wie auch der alte Wachtturm auf Acklins Island und der Leuchtturm (19. Jh.) auf **Castle Island**, südlich von Acklins gelegen.

Zweimal wöchentlich fliegt Bahamasair den **Colonel Hill Airstrip** auf Crooked Island an; Abenteuerlustige werden die Fahrt mit dem Postboot (einmal wöchentlich) vorziehen.

Eine Unterkunft in den kleinen Hotels der Inseln sollte man im voraus buchen, mit weiteren Arrangements kann man bis zur Ankunft warten. Die Einwohner der idyllischen, touristenleeren Inseln freuen sich über jeden Besucher. Halten Sie ruhig ein Schwätzchen mit alten Männern – sie können Geschichten aus jenen Zeiten erzählen, als bahamesische noch gezwungen waren, als „Gastarbeiter" für Spottlöhne in den USA die Ernten der Farmer einzubringen.

Tipps für die Out Islands

Nicht überall werden Kreditkarten akzeptiert, und auf abgelegenen Inseln kann ein Reisescheck einen Hotelbesitzer in finanzielle Engpässe bringen. Banken sind rar, Sie sollten über einen ausreichenden Vorrat an Bargeld mitführen. In den Out Islands akzeptiert man zwar gern US-Dollars, aber Ihr Wechselgeld bekommen Sie meist in bahamesischer Währung zurück.

Bevor Sie einen „Self-Service Bungalow" beziehen, sollten Sie folgendes geklärt haben: Kochgelegenheit im Bungalow, Einkaufsmöglichkeiten, Entfernung des nächsten Dorfs, Lage des Bungalows (in oder bei einem Ort oder in einer touristischen Ferienanlage?). Es ist ratsam, für die ersten zwei Tage Vorräte mitzubringen.

Das „Farmland" der Bahamesen darf man sich nicht als ein Meer von goldenem Getreide vorstellen. Die meisten Inselbewohner praktizieren das *pothole farming* („Schlagloch-Anbau"): Eine Vertiefung wird in den Sandstein geschlagen, mit fruchtbarer Erde gefüllt und bepflanzt. Denken Sie daran, dass das Land der Bauern nicht mit Zäunen oder Verbotsschildern markiert ist. Sollten Sie beim unerlaubten „Ernten" erwischt werden, müssen Sie mit harten Strafen rechnen.

Die meilenweiten, flachen Strände der Bahamas sind ein Paradies für Muschelsammler. An ruhigen Stränden und im flachen Wasser findet man bezaubernde Muscheln und Schnecken jeder Größe: Tritonhörner, Strand- und Flügelschnecken, westindische Chitons, Pilgermuscheln und Kauris. Jedoch ist das Entfernen von lebenden Tieren aus Meeresparks und Gebieten des National Trust verboten – dies gilt auch für die Schneckenmuschel und insbesondere auch für Korallen!

BAHAMAS (☎ 001 242)

Bahamas Tourist Office, Bay St., Nassau, Tel. 302-2000, www.bahamas.com. In Nassau gibt es Informationszentren für Touristen am Flughafen, an der Prince George Wharf und am Rawson Square. Touristeninformation in Freeport: am Flughafen, im International Bazaar und am Hafen.

VERTRETUNG IN DEUTSCHLAND: **Majunke International Sales**, Waldstraße 17, 61479 Glashütten bei Frankfurt, Tel. (06174) 619-014, Fax 619-442, www.bahamas.de.

ANREISE: British Airways fliegen 6x wöchentlich ab London-Heathrow zu Nassaus Lynden Pinding International Airport. Als Alternative bieten sich Flüge nach Miami an: z. B. mit Delta (auch ab Zürich), LTU, Swiss und anderen Gesellschaften. Von Miami fliegen z. B. Bahamasair, American Eagle und Continental Airlines nach Nassau oder zu den Out Islands weiter. Alternativ werden Flüge mit Condor nach Fort Lauderdale angeboten, mit Anschlussflug (z .B. von Bahamas Air; www.bahamasair.com) auf die Bahamas, oder mit Air Berlin nach Miami mit Anschlussflug (zum Beispiel mit American Airlines) nach Nassau. Anlegestellen von Kreuzfahrtschiffen sind Nassau und die NCL-Privatinsel Great Stirrup Cay. Fähren ab Miami: www.bahamasferries.com und www.ferryexpress.com.

ÖRTLICHE TRANSPORTMITTEL: Jitney heißen die Linienbusse, mit denen man auf den größeren Inseln eine Rundfahrt unternehmen kann. Taxigebühren sind auf New Providence und Grand Bahama gesetzlich festgelegt, alle entsprechenden Fahrzeuge müssen mit Taxameter ausgerüstet sein. Die Fahrpreise auf den Out Islands variieren hingegen stark und sollten vor Fahrtantritt vereinbart werden.

Die Straßen auf den Bahamas sind gut. Fahrzeuge, Ersatzteile und Benzin sowie Mietwagen sind teuer. Auf den Bahamas herrscht Linksverkehr und Parkplätze sind rar; überlegen Sie, ob Sie nicht ohne Auto auskommen.

Freeport: Billige „Jitneys" (eine Art Sammeltaxi-Bus) verkehren zwischen Hotels und Sehenswürdigkeiten.

Während auf Great Abaco eine Ampelanlage (!) den Autoverkehr regelt, werden auf den vorgelagerten Abaco Cays überwiegend Golfcars zum Erreichen der Sehenswürdigkeiten benutzt. Infos; Thompson's Rentals, George Town, Tel. 336-2442; Econo Rentals, Nassau, Tel. 328-4984,www.econorentalsbahaas.com; Island Jeep & Car Rentals, Freeport, Tel. 373-4002; K.S.R., Freeport, Tel. 351-5737.

FORMALITÄTEN UND WÄHRUNG: Sie benötigen einen gültigen Reisepass. Bei Ausreise ab Nassau ist eine Departure Tax von $ 25 zu zahlen (Ausnahme: Kinder unter 3 Jahren); in Grand Bahama beträgt die Ausreisesteuer $ 28 pro Person, in den Preisen der meisten Flugtickets ist sie aber bereits enthalten. Auf den Zimmerpreis kommen noch 12 % Steuern. Einige Hotels berechnen automatisch 15% Bedienung.

Der Wert des **Bahamas Dollar** entspricht dem des US Dollar. Beide Währungen werden als Zahlungsmittel anerkannt und benutzt. Kreditkarten von American Express und Visa werden zwar überall auf den Inseln akzeptiert, aber in den kleinen Pensionen auf den Out Islands könnten Sie damit in Schwierigkeiten kommen – nehmen Sie dorthin genug Bargeld mit.

ZEITUNTERSCHIED: MEZ minus sechs Stunden.

STROM: Amerikanische Steckdosen 120 V, 60 Hz. Adapter erforderlich.

Notruf, Polizei und Feuerwehr: Tel. 332-4444, **Ambulanz** (Nassau): Tel. 332-2221.

NACHTLEBEN: „Hot Spots" des Nachtlebens auf den Bahamas sind Paradise Island, Nassau, Cable Beach und Freeport. Gleich drei glitzernde **Casinos** locken Scharen von vor allem US-amerikanischen Spielern: das Wyndham am Cable Beach, das Atlantis auf Paradise Island und das Royal Oasis in Freeport.

Das Nassau Beach Hotel, Cable Beach, ist die Spielstätte des 90-minütigen Folklore-Spektakels **King & Knights Native Calypso Show**; (Tel. 327-7711 und 327-5321, Eintritt 25 $). Die Schlusssequenz der Mo-Sa um 20.30 Uhr und um 22.30 Uhr beginnenden Aufführung vermittelt einen Eindruck von Nassaus ausgelassenem Junkanoo Festival.

Zu den beliebtesten Nachtlokalen zählen in Nassau

der Club **Waterloo**, East Bay Street, beim Lake Waterloo, Tel. 393-7324, und am westlichen Stadtrand, auf halbem Weg nach Cable Beach, **The Zoo**, West Bay Street, Tel. 322-7195. Beide Lokale verfügen über mehrere unterschiedliche Bars, locken ein altersmäßig gemischtes Publikum (Einheimische und Feriengäste, Eintritt 20-40 $) und schließen tgl. erst gegen 3 bzw. 4 Uhr früh.

TAUCHEN / SCHWIMMEN MIT DELFINEN: UNEXSO (Underwater Explorers Society), hautnahe Begegnungen mit Tümmlern im Rahmen eines einzigartigen Lernprogramms sowie im Rahmen von normalen Tauchgängen; Freeport, Grand Bahama, Tel. 373-1244, Fax 373-8956, www.unexso.com.

Keefe's Bimini Undersea, bietet Exkursionen zur Beobachtung wilder Tümmler sowie geführte Tauchexkursionen an; Bimini, Tel. 347-3089, www.biminiundersea.com.

NEW PROVIDENCE / PARADISE ISLAND

NASSAU: Graycliff, in der ganzen Karibik seit Jahren berühmtes Spitzen-Restaurant, Ambiente im englischen Kolonialstil, Reservierung notwendig, ebenso Jackett und Krawatte, aufmerksame Bedienung. Mittagessen nur werktags, Frühstück für Gruppen auf Anfrage; West Hill Street, Tel. 302-9150, www.graycliff.com.

Blue Caviar, wer feine französischen Küche auch auf den Bahamas nicht missen möchte, ist hier richtig; So geschl., Lyford Bay, Old Fort Bay, Nassau, Tel. 362-6030, www.bluecaviar.com.

Naughty Johnny, bahamesisches Bistro, Conch und Chicken, tgl. 11-22 Uhr, Tel. 377-7776, www.naughtyjohnnysbahamas.com.

GRAND BAHAMA: Luciano's, französisch inspiriert, Reservierung ratsam; Port Lucaya, Marketplace, Lucaya, Tel. 373-9100, www.lucianosofportlucaya.com.

Foto: Hans-Horst Skupy

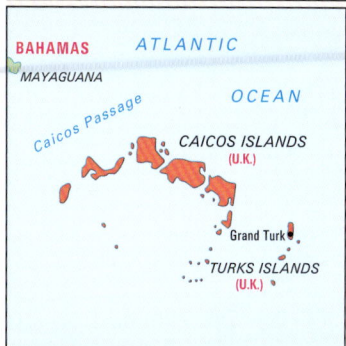

TURKS & CAICOS

GRAND TURK
CAICOS

TURKS & CAICOS

Landeskunde

Gut 920 km südöstlich von Miami und 153 km nördlich von Haïti liegen die **Turks & Caicos**, ein Britisches Überseegebiet. Es besteht aus einer Kette von mehr als 40 Inseln (Hauptinseln: Grand Turk und Providenciales), von denen nur acht bewohnt sind. Obwohl die Turcs- und Caicosinseln als südöstlicher Ausläufer der Bahamas geografisch im Atlantik liegen, werden sie oft zur Karibik gezählt. Die Inseln mit ihren freundlichen Bewohnern locken mit kilometerlangen, weißen Traumstränden, kristallklaren, fischreichen Gewässern und farbenprächtigen Korallengärten.

Als der Chief Minister der Inseln, Oswald Skippings, während seiner Amtszeit 1989 das Büro eines britischen Beamten in London besuchte, stellte er erstaunt fest, dass die damalige britische Kronkolonie Turks & Caicos noch nicht einmal auf dessen Weltkarte eingezeichnet war. Schon zu einem früheren Zeitpunkt sorgte das Inselwappen für Missverständnisse: Im Jahr 1860 bat man die britischen Territorien, für ihre Flaggen ein passendes Motiv zu ent-

Links: Abendstimmung an einem der malerischen Strände auf den Turks & Caicos.

werfen. Ein Künstler der Turks ließ sich ein typisches Motiv der Inseln einfallen: zwei Salzberge, die von Männern geharkt werden, und dahinter ein Schiff. Als der Londoner Flaggenmacher das Design erblickte, hielt er die Salzberge für Iglus und zeichnete zwei Eingangstüren hinein, und für die nächsten 100 Jahre hielt man die Turks & Caicos für einen Außenposten des Empire in der Arktis. Erst 1967 änderte man die Flagge: Seitdem zeigt sie eine Languste, eine Fechterschnecke und einen Kaktus.

Philatelisten in aller Welt sind diese Inseln ein Begriff, denn Briefmarken sind eines ihrer Hauptexportgüter.

1962 landete der Astronaut John Glenn mit seiner Weltraum-Kapsel vor der Insel Grand Turk im Meer. Im Jahr 1974 erwog Kanada, die Turks & Caicos zu einer kanadischen Provinz zu erklären, was schon 1917 ein Thema war und auch heute wieder diskutiert wird.

Vor einigen Jahren verursachte die Entdeckung eines der ältesten Schiffswracks am Molasses Reef bei West Caicos große Aufregung: Man vermutete, dass es sich um das Kolumbus-Schiff Pinta handle, das im Jahr 1500 verloren gegangen war. Diese Vermutung bestätigte sich nicht, doch kann die Karavelle im ★**Turks & Caicos Museum** (www.tcmuseum.org) besichtigt werden.

Eine Legende führt den Namen der Turks Islands auf den hier heimischen

» **Karte S. 104–105, Info S. 110–111**

Foto: Ramunas Bruzas (Dreamstime)

Kaktus zurück, dessen scharlachrote Blüte einem türkischen Fez ähnelt. Der Name Caicos leitet sich entweder von dem spanischen Wort cayos (Cays), oder von der *della-Cosa*-Seekarte aus dem Jahr 1500 ab, auf der die Inseln als *Lucayo* verzeichnet sind, wohl nach den damals dort lebenden Lucayo-Indianern.

Geschichte

Die Lucayo teilten das Schicksal vieler Indianerstämme der Karibik: Sie wurden von den Spaniern versklavt oder umgebracht. Einige Historiker sind überzeugt, dass Kolumbus im Jahr 1492 nicht auf San Salvador oder Samaná Cay in den Bahamas erstmals westindischen Boden betrat, sondern auf Grand Turk. Heute existieren viele „Turks-Theorien": Entweder landete Kolumbus auf einem winzigen Cay vor East Caicos oder an dem Ort, den Kolumbus 1492 Guanaha-

ni nannte: dem Ankerplatz **Hawks Nest** auf Grand Turk. Wenn er auf den Caicos an Land gegangen war, musste er auch auf die Lucayo-Indianer gestoßen sein, die in großen Siedlungen auf Middle und North Caicos lebten. Ponce de León, der 1513 erstmals von den Inseln berichtete, wird heute offiziell für deren Entdecker gehalten.

Im 17./18. Jh. waren die Inseln ein beliebtes Piratenversteck. Auch die *Bloody Sisters* mit ihren Anführerinnen Anne Bonney und Mary Reid erholten sich hier von ihren Raubzügen. 1678 siedelten erstmals Menschen von Bermuda nach Grand Turk über. Sie brachten Schwung in die Salzindustrie, die dann für 250 Jahre das wirtschaftliche Standbein der Inseln blieb. Auf den „Salzinseln" Grand Turk, Salt Cay und South Caicos sammelt sich Meerwasser in natürlichen „Salzpfannen", wo sich durch Verdunstung schließlich frische Salzkristalle ablagern.

Während die Spanier ihr Salz noch den Salztümpeln entnahmen, machten sich die Siedler aus Bermuda daran,

Oben: St Mary's Anglican Church von 1899 ist die älteste Kirche in Cockburn Town. Rechts: Kreuzfahrtpassagiere bei einer Badepause auf Grand Turk.

Foto: Ruth Peterkin (Dreamstime)

Mutter Natur ein wenig nachzuhelfen: Die Steine, die sie als Ballast auf ihren Schiffen mitgeführt hatten, benutzten sie nun zum Einfassen der Salzpfannen, aus denen das Meerwasser in Kanälen absickerte, während Schleusen den Wasserfluss regulierten. Sonnenlicht und starke Winde trockneten das Salz, das man dann zu hohen Kegeln zusammenharkte. Später konstruierte man zur Beschleunigung des Entwässerungsprozesses Windmühlen, und im Jahr 1860 wurden mechanische Salzharken erfunden. Noch heute stehen einige dieser Windmühlen, z. B. die auf Salt Cay, als malerische Relikte zwischen den Salzpfannen. Ein typischer Tag auf den Salzfeldern sah so aus: Zuerst wurde das Salz von den Männern mit Holzharken in 50 cm hohe, bis zu 2 m lange „Salzberge" zusammengeharkt, dann auf Karren geschaufelt und zum Strand gefahren, wo es die Frauen in Säcke abfüllten. Diese wurden dann auf den Rücken von Eseln oder Sklaven zu den wartenden Schiffen gebracht und in die Laderäume geleert.

Mit der Erfindung einer Salzmühle wurde es möglich, das Salz in unterschiedlicher Körnung auf dem Weltmarkt anzubieten. Gourmets dieser Zeit bestanden darauf, ihr Fleisch nur mit dem Salz der Turks & Caicos zu pökeln, und auch George Washington legte für seine Armee große Vorräte an. Der Historiker Charles Hutchings beschreibt die Salzproduktion auf South Caicos: „Auf einem riesigen Gelände sieht man Windpumpen, Flutschleusen und Eselskarren; Männer und Knaben machen sich daran, die Salzpfannen zu entwässern, das Salz zu harken und zu schaufeln, auf Karren zu verladen und in Säcke zu füllen." Im Jahr 1951 verstaatlichte Großbritannien die damals blühende Industrie, mit dem „Erfolg", dass sie innerhalb der nächsten 20 Jahre einging. Alte Salzhütten, Windmühlen und verschlickte Salzpfannen dienen heutzutage allenfalls noch als malerische Fotomotive.

1787 flohen amerikanische Südstaatler samt ihrer Sklaven aus den USA und ließen sich auf North und Middle Caicos

» **Karte S. 104-105, Info S. 110-111**   103

nieder, wo sie Baumwoll- und Sisalplantagen anlegten. Heute stehen dort nur noch Ruinen ihrer Herrenhäuser, doch ihre Namen und die ihrer Sklaven sind erhalten geblieben: Ihre Nachkommen heißen Forbes, Gardiner, Stubbs, Robinson, Hall oder Williams.

Im Lauf der wechselhaften Inselgeschichte versuchten Spanier und Franzosen immer wieder, die Inseln in ihre Gewalt zu bekommen, und die Inselbewohner entwickelten eine wirkungsvolle Methode, um die Schiffe der Eroberer zu zerstören: das *wrecking*. Von Blue Hills aus, der heutigen Insel Providenciales, wurden die Schiffe mit Hilfe von Irrlichtern auf ein Riff gelenkt, wo sie kenterten und von den Inselbewohnern geplündert wurden.

Von 1799 bis 1848 wurden sie von Nassau aus verwaltet; Spannungen zwischen der Bevölkerung und der bahamesischen Kolonialregierung führten jedoch dazu, dass man die Turks & Caicos unter die Oberherrschaft der britischen Kronkolonie Jamaika stellte. Als sintflutartiger Regen 1874 die Salzgewinnung zum Stillstand brachten, standen die Turks & Caicos kurz vor dem Wirtschaftskollaps. 1962 wurden sie dann wieder mit den Bahamas administrativ gekoppelt, bis sie, nachdem die Bahamas 1973 unabhängig wurden, 1975 den Status einer selbständigen Kronkolonie erhielten, mit der britischen Königin als Oberhaupt, einem vertretenden Gouverneur und einer örtlich gewählten Ministerial-Regierung.

1985 wurden Chief Minister Saunders und sein Handelsminister in den USA wegen Begünstigung des Drogenhandels eingekerkert. Wie die Cayman-Inseln sind auch die Turks & Caicos ein Paradies für Leute, die dem Fiskus ihres Heimatlands ein Schnippchen schlagen wollen. Körperschafts-, Mehrwert- oder Einkommensteuer sind Fremdwörter, und niemand fragt, womit man sein Geld verdient hat, was die Briten ärgert, die 2009 kurzerhand die Regierung wegen Korruption absetzten. Seitdem ha-

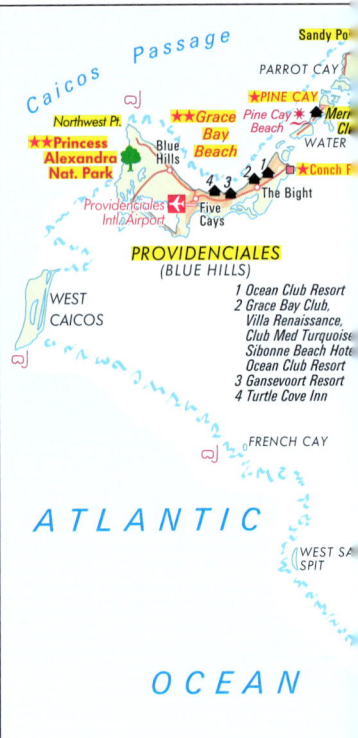

1 Ocean Club Resort
2 Grace Bay Club, Villa Renaissance, Club Med Turquoise, Sibonne Beach Hotel, Ocean Club Resort
3 Gansevoort Resort
4 Turtle Cove Inn

ben die Unabhängigkeitsbestrebungen wieder Rückenwind.

Auf den Turks & Caicos leben heute nur etwa 41 000 Menschen. Die beiden Inselgruppen sind durch die 2000 m tiefe, 35 km breite **Turks Island Passage** getrennt. Zwischen Januar und März schwimmen Buckelwale durch diese Meerenge zu den ★**Silver Banks**, die deshalb ein beliebtes Ziel mehrtägiger Walbeobachtungs-Kreuzfahrten sind.

Ein 368 km langes Korallenriff umgibt die Inselgruppe, die 2008 von zwei Hurrikanen hartgetroffen wurde. Neben der heutigen offiziellen Währung US-Dollar existiert zwar noch die *Turks & Caicos Crown* (TTC), aber v.a. als Gedenkmünzen für Sammler.

≫ **Karte** S. 104-105, **Info** S. 110-111

Pelican Beach Hotel,
Hollywood Beach Suites,
Whitby Plaza Suites
NORTH CAICOS
le Creek

Creek

Blue Horizon
Resort

ATLANTIC

Conch
Bar

Middle
Caicos
Airport

Bemberra

MIDDLE   **Lorimers**

CAICOS

*EAST
CAICOS*

OCEAN

CAICOS

BANKS

*CAICOS
ISLANDS
(U.K.)*

5 Windmills Plantation,
6 Purple Conch Cottage
7 Mount Pleasant Guest House
8 Salt Raker Inn,
   Turk's Head Mansion,
   Osprey Beach Hotel,
   Manta House
9 Grand Turk Inn

TURKS

South Caicos
Island Airport   **SOUTH
CAICOS**

Turks Island Passage

★West Wall

★Cockburn Harbour

Ocean & Beach
Resort

★Turks & Caicos Museum

Cockburn Town

Grand Turk Intl. Airport

**GRAND
TURK I.**

SIX HILL CAY   LONG
CAY

LONG
CAY

★Black
Coral Forest

Turks   *ISLANDS
(U.K.)*

COTTON
CAY

FISH CAY

AMBERGRIS CAYS

5

6   **Balfour Town**

EAST
CAY

SALT CAY

TURKS & CAICOS ISLANDS

| 0 | 10 | 20 km |

| 0 | 5 | 10 miles |

© Nelles Verlag GmbH, München

SEAL   CAYS   BUSH CAY

GRAND TURK

Auf der 20 km großen Hauptinsel **Grand Turk** (7800 Einwohner), in der Hauptstadt **Cockburn Town**, scheint die Zeit langsamer zu verstreichen: *rush hour* bedeutet hier, dass ein paar vereinzelte Autos die Hauptstraße entlang schleichen. Für die Häuser am Strand – im Bermuda-Stil erbaut – wurden weiche Sandsteinblöcke aus dem Boden geschnitten; die dadurch entstehenden Löcher benutzt man zum Auffangen von Regenwasser. Cockburn Town besitzt neben Regierungsgebäuden eine große, weißgetünchte Kirche mit rotem Dach und einige schöne Häuser, die noch aus der Kolonialzeit stammen.

Zwei winzige Brücken tragen die pompösen Namen **Brooklyn Bridge** und **White Cliffs of Dover**. Am Nordende der baumlosen, mit Gebüsch bewachsenen Insel liegen Sandsteinklippen.

Überall auf Grand Turk prallen die Gegensätze aufeinander: Neben ultramodernen Kommunikationsmitteln findet man hier noch 200jährige Sandsteinkirchen und die **Old Library**, die der Gebrauchskunst der Lucayo-Indianer gewidmet ist; z. B. kann man hier ein ca. 600 Jahre altes Sitzmöbel und Eselskarren bewundern. Überall laufen „wilde" Esel frei herum, von denen einer vor ein paar Jahren sogar in die Schlagzeilen kam: Der temperamentvolle schwarze Esel „Buster" biss leidenschaftlich

Foto: Ramunas Bruzas (Dreamstime)

gern Fußgängern und Radfahrern ins Hinterteil. Eines Abends erwischte es einen Touristen, und die Polizei wurde gerufen, um das Tier in Gewahrsam zu nehmen. Vier Polizisten auf Motorrädern durchkämmten vergeblich die Front Street – Buster hatte sich längst aus dem Staub gemacht. Noch am selben Abend verkündete die örtliche Zeitung auf der Vorderseite: „Police Chase Black Ass in Grand Turk" („Polizei jagt schwarzen Esel auf Grand Turk" – eine doppeldeutige Schlagzeile, denn „black ass" bedeutet nicht nur schwarzer Esel, sondern als Slangausdruck auch „afroamerikanischer A...").

Die Unterwasserwelt um Grand Turk ist ein **Paradies für Taucher**: Steile Korallenriffe stürzen dramatisch in die Tiefe, und die Sicht ist bis zu einer Tiefe von 46 m noch gut. Zwischen Schwarzkorallen tummeln sich Schwärme von Jackfischen, Barschen, Schnappern, Barrakudas und Unmengen kleinerer Meeresbewohner. Großartige Tauchgründe findet man an der ★**West Wall** und am ★**McDonald's-Bogen** – eine bogenartige Riff-Formation, die dem „M" im Logo der Fast-Food-Kette ähnelt. Südlich des berühmten ★**Black Coral Forest**, einem gigantischen Wald von Schwarzkorallen, liegt ein großer, verkrusteter Anker aus dem 17. Jh., der wahrscheinlich von den Bermudas stammt. Der Tauchgrund namens ★**Tiki Hut** wird von ganzen Schwärmen von Adlerrochen besucht.

Während in einigen der „TaucherMekkas" weiter südlich das fein abgestimmte Gleichgewicht der Unterwasserwelt schon empfindlich gestört ist, sind die Gewässer um Grand Turk noch relativ intakt geblieben. Die 5,5 km breite, wie ein Tortenstück geformte Insel **Salt Cay**, 14 km von Grand Turk entfernt, ist schnell mit dem Boot oder Flugzeug zu erreichen. Neben traumhaft weißen **Sandstränden** gibt es hier zwei Dörfer, Kirchen, eine Realschule und mehrere

Oben: Die Victoria Public Library in Cockburn Town stellt heute Gebrauchskunst aus. Rechts: Conch-(Fechterschnecken-)Gehäuse vor einem Strandkiosk an einem abgelegenen Strand.

Foto: Luan Tran | iStockphoto

Pensionen. Überall auf der kleinen Insel findet man noch Relikte aus der Zeit der Salzgewinnung – Schleusen, Windmühlen und Salzpfannen.

DIE CAICOS

Die Caicos-Inseln – von den Turks durch die tiefe Meerenge **Turks Island Passage** getrennt – bestehen aus den Inseln West Caicos, Providenciales, North, Middle, East und South Caicos, die sich halbmondförmig um die Riffs Caicos Bank gruppieren.

Providenciales (**Provo**) besitzt nicht nur die höchste Erhebung der Turks & Caicos, sie wird auch für die hübscheste dieser Inseln gehalten. Sie zählt inzwischen mehr als 32 000 Einwohner, 1960 waren es noch lediglich 500. Viele Hotels sind mittlerweile hier entstanden: So hat im **Ramada Turquoise Reef Resort** ein **Casino** seine Pforten geöffnet, und der **Club Med** bietet Intensivkurse für Taucher an.

Auf Providenciales liegt das Hauptquartier der Umwelt- und Naturschutz-

Organisation PRIDE (Society to Protect our Reefs and Islands from Degradation and Exploitation), deren Vorsitzender Chuck Hesse sich bemüht, Nationalparks zu schaffen, um das ökologische Gleichgewicht von Natur und Meeresleben zu erhalten. 1988 wurden, dank seines unermüdlichen Einsatzes, 33 Gebiete der Karibik zum Schutzgebiet erklärt, unter anderem auch der ★★**Princess Alexandra National Park** auf Provo. Viele dieser Gebiete sind nicht nur wegen ihrer landschaftlichen Schönheit unter Naturschutz gestellt worden, sie sind auch wichtige Brut- oder Nistplätze für die ca. 150 Vogelarten, die sich auf ihren jährlichen Wanderungen hier niederlassen. Chuck Hesse unterhält auch die erste kommerzielle Meerschneckenfarm der Welt. Auf der ★**Caicos Conch Farm** werden Fechterschnecken (eine Delikatesse, die in verschiedenen Varianten auf den Tisch kommt und 28 Monate bis zur Reife braucht) für den einheimischen Markt und den Export gezüchtet. Die Farm produziert jährlich ca. 700 000 Schnecken.

Foto: Jo Ann Snover (Dreamstime)

Das beliebte Maskottchen der Insel war ein atlantischer Tümmler namens *JoJo* (www.deanandjojostory.com), der sich von seinen Artgenossen dadurch unterschied, dass er nicht in einer Tümmlergruppe lebte, sondern die menschliche Gesellschaft in ★★**Grace Bay Beach** vorzog. Obwohl JoJo nie abgerichtet wurde, spielte er fröhlich mit den Schwimmern im Flachwasser oder schloss sich einer Tauchgesellschaft an. Jojos „Beschützer" Dean Barnal betreut bis heute das *Jojo Dolphin Project*. Die Tauchgründe um Provo gehören zu den besten der Karibik: Zwischen steilen Riffwänden, in Grotten und Korallengärten tummeln sich farbenprächtige Tropenfische, Schwarzkorallen hängen von der Decke einer Grotte und riesige Schwärme von Jackfischen streifen umher. Zwischen lila und orangefarbenen Schwämmen leben mitternachtsblaue Papageienfische, Kugelfische und Engelsfische sowie zahlreiche Barsche und manchmal sogar die eine oder andere Wasserschildkröte.

Kein Tauchausflug in Provo ist vollständig ohne einen Abstecher in die Tiefen des **Northwest Point**. Wasserschildkröten und „Hai-Babies" legen in den tiefen Kerben der Riffwand Verschnaufpausen ein, Schwärme von Schnappern und Grunzerfischen schwimmen von den Säulenkorallen zu den hügeligen Formen der Hirnkoralle. Erfahrene Taucher meinen, dass man selbst nach jahrelangem Tauchen in diesen Gewässern immer noch sein „blaues Wunder" erleben kann.

Besonders interessant für Sportfischer sind die Meeräschen (bonefish), die sich in den flachen Gewässern dieser Inseln aufhalten. Diese kraftvollen Kampffische werden nach dem Fang meist wieder ins Meer geworfen – es sei denn, man weiß, wie man sich der unzähligen Gräten entledigt: Die Einheimischen, die angeblich „den Trick raushaben", halten die Meeräsche für eine Delikatesse. So mancher Sportfischer wagt sich auch an größere Di-

Oben: Grace Bay Beach, Caicos Inseln. Rechts: Die Turks und Caicos sind ein Paradies für Taucher.

Foto: Harald Mielke

mensionen: In der **Turtle Cove Marina** findet alljährlich im Juli ein Wettkampf für Sportfischer statt, bei dem jeder den ersten Preis für den Rekordfang von blauem oder weißem Marlin, dem makrelenartigen Wahoo oder Gelbflossen-Thunfisch gewinnen möchte. Jeder blaue Marlin unter 90 kg muss, laut den Artenschutzbestimmungen der Inseln, wieder freigelassen werden.

North Caicos ist von Provo aus leicht mit dem Boot oder der Turks and Caicos Airline (TCA) zu erreichen. In den vier kleinen Touristenanlagen der Insel kann man gemächlich vom Stress der Zivilisation abschalten. Die größte der Anlagen, das **Prospect of Whitby Club-hotel**, bietet 28 Zimmer im eleganten Luxusambiente an. Auf einsamen Cays können Sie tauchen oder ein Picknick am Strand abhalten; im idyllischen Inselinneren liegt die Flamingo-Brutstätte **Flamingo Pond**, und der fast 9 km lange Strand von North Caicos lässt das Herz jedes Urlaubers, der die Einsamkeit sucht, höher schlagen. In den vier winzigen Dörfern – **Bottle Creek** im Osten,

Kew und **Whitby** in der Mitte und **Sandy Point** im Nordwesten – leben etwa 2000 Einwohner.

Middle Caicos ist per Fähre und Flugzeug (2x täglich) von North Caicos aus zu erreichen. Diese größte Insel der Turks und Caicos wird von nur 505 Menschen bewohnt – deshalb ist es nicht verwunderlich, dass für Touristen nur elf Zimmer in drei Gasthäusern zur Verfügung stehen! In der Nähe des Hafens liegt ein wunderschöner einsamer Strand, und in den Sandsteinhöhlen an der Nordküste spiegeln sich Stalaktiten und Stalagmiten in salzigen Untergrundseen. Archäologen haben in den vergangenen Jahrzehnten die Höhlen und Ruinen in der Nähe von **Bembarra** und **Lorimers** erforscht, in denen sie Kunstgegenstände und Siedlungsreste der einstmals hier lebenden Lucayo- und Arawak-Indianer vermuteten.

Die Insel **South Caicos** erhebt sich als Gipfel des abrupt aus der Tiefe ragenden Korallenriffs ★★**Caicos Banks** aus dem Meer und bietet eine grandiose Unterwasser-Wunderwelt. Die

» **Karte S. 104-105, Info S. 110-111**

Foto: Steve Geer / iStockphoto

TURKS & CAICOS
(☎ 001 649)

Turks & Caicos Islands Tourist Board & Government Office, Front Street, Cockburn Town, Grand Turk, Tel. 946-2321, Fax 946-2733, www.turksandcaicostourism.com.
VERTRETUNG IN ENGLAND: **TCI London**, 83 Baker Street, London W1U 6AG, Tel. (044) 20 7034-7845, www.visittci.com.

ANREISE UND ÖRTLICHE TRANSPORT-MITTEL: Direktflüge nach **Providenciales** bieten British Airways sonntags ab London-Heathrow, via Nassau. Mehrere nordamerikanische Fluglinien wie American Airlines, Delta Airways, Jet Blue, US Airways und Continental Airways fliegen Turks and Caicos an; die Inseln sind untereinander durch regionale Fluglinien verbunden: beispielsweise Air Turks & Caicos (www.airturksandcaicos.com). Zugleich versieht eine Fährgesellschaft (TCI Ferry Service, Tel. 946-5406) ihren Dienst zwischen Providenciales und den North Caicos.
Kreuzfahrten zu den Turks and Caicos sind die große Ausnahme, in der Regel bleiben die winzigen Inseln im Abseits.
Die Flugzeit von Grand Turk nach Salt Cay beträgt nur wenige Minuten, 10 Minuten nach South Caicos und ungefähr 30 Minuten nach Providenciales oder North Caicos. „Insel-Hüpfen" innerhalb der Turks & Caicos oder darüber hinaus: mit regulären Flügen der Air Turks & Caicos nach Nassau (Bahamas), Cap Haïtien (Haïti), oder Puerto Plata (Dominikanische Republik), außerdem mit örtlichen Charterflügen oder -booten.

MIETWAGEN bieten auf Providenciales die folgenden Unternehmen an:
Avis (Tel. 946-4705, www.avis.tc).
Hertz (Mystigue Car Rental, Tel. 941-3910, www.hertztci.com)
Grace Bay Car Rentals (Tel. 941-8500, www.gracebaycar rentals.com).
Scooter Bob's (Turtle Cove Marina, Tel. 946-4684, www.scooterbobstci.com).
Tropical Auto Rentals (Tel. 946-5300).
Eine Steuer von 10 US$ wird auf alle Mietwagen erhoben.

Inselhauptstadt ★**Cockburn Harbour** (ca. 5200 Einw.) mit dem besten Naturhafen der Karibik ist das Zentrum der örtlichen Fischindustrie für den Export von Hummern und Fechterschnecken. Hier wird alljährlich im Mai die berühmte *South Caicos Regatta* ausgetragen. Taucher und Fischer finden im Hotel der Stadt (24 Zimmer) oder im 7-Zimmer-Cottage Unterkunft.

North Caicos und Providenciales sind durch eine Kette winziger Cays miteinander verbunden. Das 324 ha große ★**Pine Cay** ist in Privatbesitz; hier hat sich – neben ca. 20 Privathäusern – der exklusive **Meridian Club** niedergelassen. Sollten Sie im Flugzeug von Insel zu Insel „hüpfen", finden Sie hier eine Landepiste und Unterkunft im Club oder – je nach Budget – in einem der Privathäuser, und Sie können sich am Strand von Pine Cay mit Tauchen, Fischen oder bei der Muschelsuche prächtig erholen.

Oben: Rötelreiher (Egretta rufescens) finden im klaren fischreichen Gewässer rund um Turks & Caicos reichlich Nahrung.

>> **Karte S. 104-105**

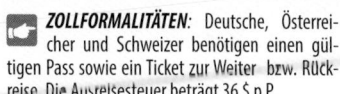
ZOLLFORMALITÄTEN: Deutsche, Österreicher und Schweizer benötigen einen gültigen Pass sowie ein Ticket zur Weiter- bzw. Rückreise. Die Ausreisesteuer beträgt 36 $ p.P.

WÄHRUNG: Offizielle Währung ist der **U.S. Dollar**. Grand Turk, South Caicos und Providenciales haben beste internationale Bankverbindungen. Traveller-Schecks werden von den meisten Hotels, größeren Geschäften und Banken akzeptiert; einige Geschäfte nehmen auch Kreditkarten.

STROM: Amerikanische Steckdosen 120/240 V, 60 Hz; Europäer benötigen Adapter für ihre Elektrogeräte.

ZEITVERSCHIEBUNG: MEZ minus 6 Std., im europäischen Sommer 1 Stunde weniger.

GRAND TURK

Die meisten Restaurants auf **Grand Turk** befinden sich in Hotels. Hier können Sie Inselspezialitäten wie **Conch** (Fechterschnecke), Hummer und andere Meeresfrüchte probieren. Da fast alle sonstigen Nahrungsmittel importiert werden, ist Essen im Restaurant ziemlich teuer.
Guanahani Restaurant & Bar, das Restaurant offeriert Mittag- und Abendessen in guter Qualität und zu sehr vernünftigen Preisen; Bohio Dive Resort, Pillory Beach, Grand Turk, Tel. 946-2135, www.bohioresort.com.

FESTIVALS UND VERANSTALTUNGEN: Der **Karneval** auf Grand Turk beginnt Ende August und dauert bis in den September hinein.
Die **Commonwealth Regatta**, das größte Ereignis der Inseln, findet auf South Caicos am letzten Wochenende im Mai statt.
Der **Geburtstag von Königin Elisabeth** wird Anfang Juni gefeiert.
Das Wettfischen *Turks & Caicos Islands'* **International Billfish Tournament** wird im Juli auf Provo abgehalten. Jedes Jahr wird im August eine Woche lang das Festival **Provo Days** mit Pferderennen, Paraden und Regatten gefeiert. Ende Juli kürt man in einem Schönheitswettbewerb die **Miss Turks & Caicos**.

PROVIDENCIALES

Providenciales liegt im Nordwesten des Caicos Riffs und beherbergt den wichtigsten Flughafen der beiden Inselgruppen.

Für Jachten sind auf „Provo" fünf Marinas als Zollabfertigungshäfen ausgewiesen: **Caicos Marina & Shipyard**, Long Bay, Tel. 946-5600, Fax 946-5390, www.caicosmarina.com; **Leeward Marina**, Tel. 946-5553, Fax 946-5674; **South Side Marina**, Tel. 946-3417, Fax 941-5776, www.southsidemarina-tci.com; **Turtle Cove Marina**, Sellar's Pond, Tel. 941-3781, Fax 946-4350; **Sapodilla Bay**, South Dock (alle VHF 16). Am Hafen gewähren die Behörden einen 7tägigen Aufenthalt; um 30 Tage bleiben zu können, muss man im Immigration Office (12.30-14.30 Uhr geschl.) vorsprechen. Schmier- und Treibstoffe können bei Vorlage der Zoll- und Ausreisedokumente steuerfrei gekauft werden. Die Zollstelle befindet sich am South Dock, Sapodilla Bay.

Auf Provo haben die Gäste die Wahl zwischen 50 Restaurants und Snack-Bars. Alle Speisen (außer Fisch und Meeresfrüchten) müssen importiert werden und sind entsprechend teuer. Hier eine kleine Auswahl: **Caicos Café & Grill**, will man Gedränge meiden, sollte man ganz früh oder ganz spät kommen – die Qualität der hausgemachten Nudeln sowie der gegrillten Fischgerichte hat sich herumgesprochen, täglich von 12-24 Uhr; Grace Bay, Tel. 946-5278. **Grace's Cottage**, das elegante Gourmet-Restaurant bietet asiatisch, indianisch und karibisch inspirierte Küche, von Kokosnuss-Suppe mit gerösteten Macadamias über gebratenen Jerk Wahoo mit Ingwer-Soße bis zum Schokolade-Fondue; Point Grace, Grace Bay Road, Tel. 946-5096, www.pointgrace.com.

Club Sodax Sports Bar, Treff der Einheimischen am Wochenende; Leeward Highway, Grace Bay, Tel. 941-4540. **Water's Edge**, gut besucht, samstags mit mitreißender Livemusik von Reggae bis Soca; Duke Street, Cockburn Town, Tel. 946-2055. **Calico Jack's Restaurant & Bar**, freitagabends spielt hier eine Band auf und lockt ein buntes Volk an; Ports of Call, Grace Bay, Tel. 946-2466.

5

Turks & Caicos

Blick auf die Altstadt von San Juan
auf Puerto Rico

Foto: Christian Heeb

PUERTO RICO

SAN JUAN
PONCE

PUERTO RICO

Landeskunde

In Puerto Rico findet man nicht nur palmengesäumte karibische Traumstrände, sondern auch eine kontrastreiche hügelige Landschaft, mit der zentralen Gebirgskette ★**Cordillera Central** als Rückgrat, bewaldeten Hängen und felsigen Buchten, tropischen Trocken- und Regenwäldern. Auf der 175 km langen und 56 km breiten Insel lebt neben der Landbevölkerung eine gebildete städtische Elite, und Touristen haben die Wahl zwischen eleganten Hotelanlagen und kleinen familiären Gästehäusern. Der besondere Charakter der Insel ist auch in ihrem vielfältigen historischen, politischen und kulturellen Erbe begründet. Puerto Ricos Gegenwart ist das Ergebnis von fast vierhundert Jahren spanischer und einem Jahrhundert amerikanischer Herrschaft, und je mehr sich Puerto Rico in wirtschaftliche und politische Abhängigkeit vom nordamerikanischen System begibt, desto stärker betonen die Puertorikaner ihre eigenständige Vergangenheit.

Die Insel ist in der Karibik eine Ausnahme: Die schätzungsweise 3,8 Mio.

Links: La Mina-Wasserfall im El Yunque-Nationalpark.

Bewohner haben ein jährliches Durchschnittseinkommen von knapp 20 000 US$ pro Jahr und eine Lebenserwartung von 73,8 Jahren. Die Kombination aus zu hohen Schulden, üppigen Sozialleistungen und zu niedriger Beschäftigungsquote brachte Puerto Rico jedoch 2015 an den Rand der Staatspleite.

Geschichte

Die blutige Epoche unter europäischer Führung begann für Puerto Rico mit der Entdeckung durch Kolumbus 1493, der die spanische Kolonisierung unter Gouverneur Juan Ponce de León folgte. Die Franzosen zerstörten bald San Germán, die Engländer besetzten später kurzzeitig San Juan, die Holländer brannten die Stadt nieder, und 1702 legten die Engländer Arecibo in Schutt und Asche. 1515 wurde das Zuckerrohr auf Puerto Rico eingeführt und blieb für Jahrhunderte die Haupteinnahmequelle. Zuerst versklavte man die einheimischen Taíno-Indianer, und ab 1518 wurden afrikanische Sklaven auf die Insel verschleppt. Die Indianer erhielten 1544 aufgrund eines königlichen Edikts die Freiheit, die afrikanischen Leibeigenen hingegen erst 1873. Die wenigen überlebenden Indianer und manche entlaufene schwarze Leibeigene gingen Mischehen ein. Nach dem Spanisch-Amerikanischen Krieg von 1898

6

Puerto Rico

≫ Karte S. 116–117, Info S. 135

wurde Puerto Rico mit seinem bunten Völkergemisch an die damals noch rassistisch geprägten USA abgetreten. Als die neuen Invasoren kamen, war Puerto Rico dabei, seine Unabhängigkeit von Spanien durchzusetzen. Die Amerikaner weigerten sich nicht nur, die Unabhängigkeit anzuerkennen, sondern kolonisierten die Insel aufs Neue. Für die ibero-karibische Bevölkerung wurde dies besonders schmerzhaft deutlich, als die Amerikaner die kulturellen Beziehungen zu Spanien kappten und Englisch als Amtssprache durchsetzten. 1917 wurden die Puertoricaner Staatsbürger der USA. Das Interesse am heimischen Zuckerrohr führte zu einer von den Vereinigten Staaten dirigierten Plantagenwirtschaft, die einheimische Kleinbauern immer mehr verdrängte.

Erst nach dem 2. Weltkrieg durfte Puerto Rico einen eigenen Gouverneur wählen und erhielt den Status eines an die USA angeschlossenen Freistaates. Das besänftigte den Zorn der Einheimischen, denn damit war die *Operation Bootstrap* verbunden, eine Wirtschaftsstrategie, die „König Zucker" durch Industrie-Investitionen ersetzte. Die neue Politik und eine massive Auswanderung in die USA erhöhten den Lebensstandard; zugleich nahm aber die Umweltverschmutzung zu.

Als Gegenbewegung zu der raschen Amerikanisierung, die von den Städten ausging, machten Inselpolitiker ihr spanisches Erbe mobil, und 1955 gründete man das **Institute of Puerto Rico Culture**. Seine Hauptaufgabe wurde die Restaurierung der von den Spaniern angelegten Altstädte von San Juan, San Germán und Ponce. Außerdem erforschten Archäologen und Historiker Stätten der Taíno-Indianer und trugen zur Wiederbelebung alter Plantagen bei. Seither erleben einheimische Literatur, Malerei, Folklore und Rhythmen eine neue Blüte. So stellt sich Puerto Rico heute als ein Land mit zwei Kulturen dar: äußerlich amerikanisch, aber mit spanischer Seele, was

nicht nur in Sprache, Kunst und Musik sondern auch in der Liebe zu Familie und Verwandtschaft seinen Ausdruck findet, Puerto Ricos Regierung will die weitere „Miamisierung" verhindern, der die enge Bucht von San Juan eine Ansammlung ideenloser Hotelhochhäuser „verdankt", und erklärte die historische Altstadt von San Juan demonstrativ zur Touristenattraktion.

Inzwischen werden große Anstrengungen unternommen, kleinere Hotels, landestypische Paradores-Unterkünfte sowie das große, moderne Kongresszentrum zu bewerben und zugleich den Rest des „alten Puerto Rico" zu bewahren, das immer noch in den Herzen der Einheimischen lebt.

★★San Juan

In ★★**San Juan** prallt an allen Orten die geschichtsträchtige, spanisch anmutende Stadt mit dem *American Way of Life* zusammen, historische Bauwerke konkurrieren mit Fast-Food-Restaurants – Sie könnten beispielsweise Ihren Hamburger mit Krabbenbeilage essen und danach ein Speiseeis aus Guaven.

Nach der Ankunft im **Luís Muñoz Marín International Airport** sollte man sich im Touristenbüro neben dem Haupteingang die kostenlose Touristenzeitschrift *Qué Pasa* besorgen; in der Hauptsaison helfen freundliche Angestellte auch gerne bei der Zimmersuche, wenn jemand – was nicht zu

empfehlen ist – noch keine Unterkunft gebucht hat.

Die ★★**Altstadt von San Juan** ①, von den mächtigen Festungen ★★**San Felipe del Morro** und ★**Fort San Christóbal** bewacht, war im 17. Jh. von einem wahren Bollwerk von Stadtmauern umgeben, die die Stadt vor plündernden Holländern und Engländern schützten. Adlige Besucher wurden am Stadttor **Puerta San Juan** empfangen, das 1635 als erstes von sechs Stadttoren fertig war, und den Hügel hinauf zur Kathedrale geleitet, wo man als Dank für die geglückte Seereise eine Messe hielt.

Das mächtige Bollwerk San Felipe del Morro (s. Bild S. 35) wurde gebaut, indem man den Zwischenraum von zwei

Foto: John Rodriquez (iStockphoto)

parallel laufenden, 13 m hohen Sandsteinmauern mit Sand füllte. Nachts wurden die sechs riesigen Holztore geschlossen, und Späher hielten auf den Zinnen Wache. Die sechs Stockwerke hohe Festung hielt etlichen Angriffen stand, zuletzt im Spanisch-Amerikanischen Krieg Ende des 19. Jh.

Lassen Sie das Auto stehen und erforschen Sie das alte San Juan zu Fuß. Für diese Zeitreise in eine vergangene Welt sollten Sie mehrere Tage einplanen. Sie können sich in Museen und Galerien umsehen, danach in eleganten Boutiquen ihre Reisekasse leeren und sich schließlich mit starkem Kaffee stärken, der hier in winzigen Tässchen serviert wird. Für eine Mittagspause bietet sich eine Vielzahl unterschiedlicher Lokale an, von sehr günstig bis vornehm und teuer. Das Restaurant **La Mallorquina** an der Calle San Justo 207 gibt es schon seit 1848 – wenn Sie rechtzeitig

Oben: Farbenfroh restaurierte Häuser in der Altstadt von San Juan. Rechts: Auf der Plaza de Armas im Zentrum von Alt San Juan.

reservieren, können Sie hier *Asopao*, das Nationalgericht Puerto Ricos (s. S. 134), genießen.

Der große, luftige Patio des 1855 erbauten, restaurierten **San Juan Museum für Kunst und Geschichte** (Calle Norzagaray 150, Di-Sa 10-16 Uhr) diente einst als Marktplatz. Heute finden in diesem schönen Beispiel spanischer Innenhof-Architektur Kulturveranstaltungen statt. Auf zwei Etagen wird einheimische Kunst ausgestellt, und bei audiovisuellen Vorführungen kann man die Geschichte San Juans kennen lernen.

Das **Pablo-Casals-Museum** (Pl. San José, Di-Sa 9.30-17.30 Uhr) präsentiert Manuskripte, Fotografien und Erinnerungsstücke des berühmten Cellisten sowie Videos des alljährlichen **Casals Festival** mit Musikern aus aller Welt.

Hier liegt auch das angeblich älteste Privathaus der Altstadt, das eindrucksvolle **Casa de los Contrafuertes**, mit seinen Stützpfeilern im spanischen Kolonialstil (1715), das ein Grafik-Museum beherbergt (geöffnet Mi-So).

Mit dem Bau der **San-José-Kirche**,

Foto: Volkmar E. Janicke

die die **Plaza de San José** (mit einer Statue von Ponce de León) beherrscht, wurde im Jahr 1532 begonnen. Die im gotischen Stil ausgeführte Kirche mit herrlichen Deckengewölben erinnert daran, wie viele Kunststile von der Alten in die Neue Welt verpflanzt wurden. Diese einstige Familienkirche des Gouverneurs und seiner Verwandtschaft beherbergte 350 Jahre lang den Schrein mit seinen Gebeinen, die erst 1913 in die Kathedrale überführt wurden.

In der Krypta des 1523 erbauten ★**Dominikanerklosters** neben der Kirche fanden damals Frauen und Kinder vor den Angriffen der Kariben Schutz. Heute beherbergt das Kloster das puertoricanische **Kulturinstitut**.

Die im 16. Jh. erbaute **Casa Blanca** (1, San Sebastián) war der erste Gouverneurspalast der Stadt und diente der Familie Ponce de Leóns über 250 Jahre lang als Wohnsitz. In den Jahren 1898 bis 1966 residierten hier die Befehlshaber der U.S. Army. Heute ist hier ebenfalls ein **Museum** untergebracht, dessen Ausstellungsstücke ein lebendiges Bild vom Familienleben im San Juan des 16. und 17. Jh. vermitteln.

Die Festung **La Fortaleza** wurde im Jahr 1540 zum Schutz gegen die Kariben fertiggestellt und diente 400 Jahre lang den Gouverneuren von Puerto Rico als Residenz. Sie wurde für kurze Zeit von den Briten erobert, 1625 von den Holländern niedergebrannt und zweimal, 1640 und Mitte des 19. Jh., wieder aufgebaut. Ihre beiden **Türme** aus dem 16. Jh. sind mit die ältesten militärischen Wehranlagen der westlichen Hemisphäre.

Heute zählen San Juans Festungsbauten zum UNESCO-Welterbe und stehen täglich von 9 bis 17 Uhr Besuchern offen (www.nps.gov/saju). Die Besuchszeiten gelten auch für das Museum im Fort San Cristóbal.

Die erste Version der **Kathedrale San Juan**, (153, Cristo) wurde in den 1520er Jahren erbaut. Der hölzerne, mit einem schlichten Strohdach gedeckte Bau fiel jedoch einem Hurrikan zum Opfer, und 1541 begann man mit dem Neubau aus Stein in gotisch inspiriertem Stil. Die Ar-

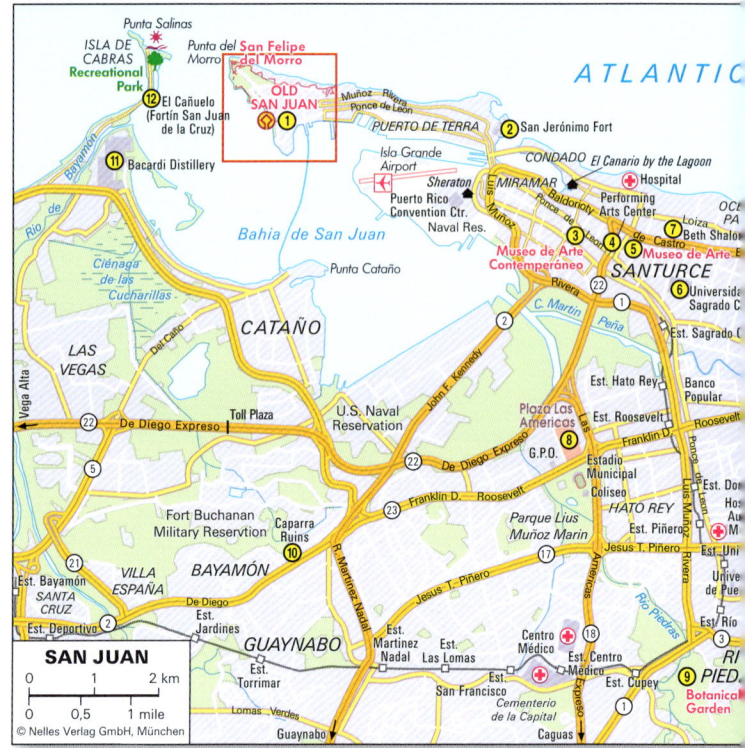

chitektur der Kathedrale, immer wieder von Wirbelstürmen und plündernden Engländern beschädigt, veränderte sich durch Reparaturen und Verschönerungen allmählich, und der Großteil der heutigen Kirche stammt erst aus dem frühen 18. Jahrhundert.

Das sehenswerte Rathaus **Alcaldía** (1604) ist eine Miniatur-Kopie des Rathauses von Madrid. Unter spanischer Herrschaft war es Mittelpunkt des gesellschaftlichen Lebens. Heute ist hier u.a. eine Touristen-Information.

Die **Plaza de Armas** am Rathaus, wo Bürger einst für den Fall eines feindlichen Angriffs das Marschieren übten (deshalb der Name), war damals auch das Stadtzentrum. Die Westseite des Platzes ziert die im Jahr 1851 in neoklassizistischem Stil errichtete **Real Intendencia**, das ehemalige königlich spanische Schatzamt und heutige Auswärtige Amt Puerto Ricos.

Auf der **Plaza de Colón** erinnert eine Säule mit Kolumbusstatue aus dem Jahr 1893 an den Entdecker Puerto Ricos. Die Bronzetafeln am Denkmalssockel zeigen Episoden aus seinem Leben.

Im **Las Palomas-Park** mit seiner schönen Aussicht über den Hafen, der auf den Wällen der alten Stadtmauern angelegt wurde und seinen Namen Unmengen von Tauben verdankt, finden Sie die **Cristo-Kapelle**, deren mit Gemälden geschmückten Innenraum man durch die Glastüren sehen kann.

Einkaufen

Einkaufsfreudige Touristen können im alten San Juan ausgiebig ihrer Leidenschaft frönen. Der Shop **The Butterfly People** (Tel. 723-2432) verkauft Töpfereierzeugnisse und präparierte Schmetterlinge aller Art und Schattierung. In der **Galeria Botello** (Calle del Cristo 208, Tel. 723-9987, www.botello.com) kann man neben der Botello-Ausstellung auch Bilder anderer Künstler bewundern.

Unmengen von farbenfrohen Touristenläden bieten neben Parfüm, Lederwaren und Leinen auch Importwaren aus aller Herren Länder an. Viele der Waren sind zollfrei. Puertoricanischer Rum weist eine ganze Palette unterschiedlicher Farb- und Geschmacksrichtungen auf, vom milden, zartweißen Rum bis zur dunklen, im Fass gereiften Variante, die an Brandy erinnert. Puerto Rico ist auch für seine handgerollten Zigarren aus heimischem Tabak berühmt.

In und um San Juan

Obwohl das moderne San Juan sich in punkto Hektik und Verkehr kaum von anderen Großstädten unterscheidet, genießen es viele Touristen, ein paar Tage mit dem Mietwagen oder den *públicos* (Kleinbussen) herumzukurven. Wenn Sie Ihre Nerven schonen wollen, bietet sich eine organisierte Stadtrundfahrt an; dabei erzählen die Führer auch interessante historische Anekdoten.

In **Santurce** liegen das ★**Museo de Arte Contemperáneo** ③ (Museum für Zeitgenössische Kunst), das **Performing Arts Center** ④ für Konzerte und Theater, das große ★**Museo de Arte** ⑤ (MARP, Kunst ab dem 17. Jh.), die **Universidad del Sagrado Corazón** ⑥ mit der größten Bibliothek der Insel sowie das jüdische Gemeindezentrum **Beth Shalom** ⑦ in einem schönen Jugendstilhaus.

Die vielbefahrene Ponce de León Avenue führt durch **Hato Rey** mit sei-

Bei der kurzen Fahrt mit der *Agua-Expreso*-Fähre (Tel. 788-0940) von **Pier Two** nach **Cataño** genießt man das Stadtpanorama. Im **Museo del Mar** (Calle San Francisco 360) werden alte Navigationsinstrumente, Seekarten und Schiffsmodelle ausgestellt.

Auf dem lebhaften Markt **Plazolete del Puerto**, gegenüber von **Pier Three**, bieten Händler Touristen allerlei Kunsthandwerk an.

Ein Tipp für Liebhaber alter Festungen: In der Festung **San Jerónimo** ② (hinter dem Caribe Hilton im Condado-Bezirk), die 1797 von den Briten fast in Trümmer gelegt und später restauriert wurde, befindet sich ein interessantes **Militärmuseum**.

» Stadtplan S. 120-121, Info S. 135

Foto: Christian Heeb

nem gigantischen Einkaufszentrum **Plaza Las Americas** ⑧ , in dem sich Unmengen von Läden, Restaurants und einige Theater befinden.

In **Río Piedras**, dem Universitäts-Stadtteil von San Juan, lockt der ★**Botanische Garten** ⑨ mit über 200 Arten verschiedener Tropenpflanzen, einem Orchideengarten, einer lotusbewachsenen Lagune und üppigen Bambushainen. In diesem paradiesischen Garten wachsen Zedern, Tulpenbäume, 125 verschiedene Palmenarten und die rosa-lila *Königin der Nacht*. Der Botanische Garten, an der Kreuzung von *Route 1* und *Route 847*, ist Di-So von 9-16 Uhr geöffnet.

Im Stadtteil Río Piedras liegt auch der größte **Markt** der Insel; hier bieten die Einheimischen ihre erntefrischen Produkte an.

Heute noch sind im Stadtteil **Bayamón** die Fundamente von **Caparra** ⑩

Oben: Lauschiger Innenhof des Hotels The Gallery Inn in Old San Juan. Rechts: Puertoricanisches Trauminselchen bei Vieques.

zu sehen, der ersten von Ponce de León 1508 gegründeten Siedlung.

Die Straße nach **Cataño** (auch mit der Fähre von San Juan aus zu erreichen) führt an einer 150 Jahre alten **Windmühle** und einem schönen alten **Wohnhaus** vorbei und bringt Sie zur **Bacardi-Rumfabrik** ⑪ (Tel. 788-8400, www.visitcasabacardi.com). Die hochpreisigen, unterschiedlich teuren Führungen (12-35 $; 10-16 Uhr) schließen alkoholische Kostproben bzw. eigenes Cocktailmixen ein.

Nördlich davon erreicht man die „Ziegeninsel" **Cabras Island** mit den **Ruinen** des spanischen Forts **Canuelo** ⑫. An der dortigen **Punta Salinas** kann man schwimmen.

Die Inseln Culebra und Vieques

Fähren zu den beiden im Osten gelegenen Inseln Culebra und Vieques legen vom hübschen Fischerdorf **Fajardo** ab. Auf beiden Inseln geht das Leben einen gemächlichen Gang. Die **Isla Culebra** bietet mit der hufeisenförmigen

Foto: Puerto Rico Tourism (AKB Marketing)

★**Playa Flamenco** einen gepflegten, besonders kinderfreundlichen Strand mit Schatten spendenden Pavillons. Ein lohnender Tagesausflug führt zu dem unter Naturschutz stehenden Koralleninselchen **Culebrita**.

Auf **Vieques**, bis 2003 Übungsplatz der US-Army, lohnt vor allem das unlängst restaurierte ★**Fort Conde de Marisol**, die letzte von den Spaniern in der Neuen Welt errichtete Festung, einen Besuch. Vieques ist schnell per Boot oder Flugzeug zu erreichen. Dort können Sie die Vogelkolonien beobachten, um die Korallenriffe schnorcheln, die Strände genießen und zum alten Leuchtturm wandern. In Esperanza gibt es eine Uferpromenade, einige Hotels und den schönen Strand der **Sun Bay**. 2010 wurde auf Vieques das Boutique-**Hotel W Retreat & Spa** eröffnet. Mit 157 Gästezimmern ist diese Anlage größer als alle zuvor auf der Insel vorhandenen Hotels zusammen. An der **Mosquito Bay** („Biobay") kann man in mondlosen Nächten ein faszinierendes Naturschauspiel erleben: Luminiszie-

rende Kleinlebewesen lassen dann das dunkle Wasser aufleuchten – als wäre das weite Meer voller Sterne.

Das Inselinnere

Wenn man sich ins Landesinnere aufmacht, kann man eine ganz andere Seite von Puerto Rico kennen lernen: An den Hängen der Bergregionen wachsen Kaffeesträucher, deren Ernte so heißbegehrt ist, dass sie sogar zum Papst in den Vatikan verschickt wird; auf Pferdegestüten werden die eleganten *Paso-Fino*-Pferde gezüchtet und trainiert; in den Regenwäldern erklingt das Zwitschern der Tropenvögel, und Wasserfälle stürzen in die Tiefe.

Neben einem dichten Netz von Haupt- und Nebenstraßen gibt es drei Hauptrouten durch die Insel: Die erste umrundet die gesamte Insel. Die zweite, eine gute Schnellstraße durch malerische Landschaft, verbindet San Juan und Ponce in Nord-Süd-Richtung; auf halbem Weg zwischen San Juan und der Südküste breitet sich die Ortschaft

»**Stadtplan S. 120-121, Karte S. 116-117, Info S. 135**　　123

Foto: Hans-Horst Skupy

Caguas auf einem malerischen Höhenzug aus. Hier gibt es einen **Wasserpark** mit Rutschen, Paddelbooten, Kanus, Schwimmbecken und Restaurant.

Die dritte, ★**Panoramic Route** genannt, führt über (manchmal ziemlich holprige) Straßen und Sträßchen in Ost-West-Richtung quer über den Gebirgsrücken der Insel. Für diese Route sollten Sie mindestens drei Tage einplanen – aber es lohnt sich: In den Dörfern des Inselinneren leben die Menschen noch im Einklang mit der Natur, sie bebauen das Land, ernten Kaffee und Zitrusfrüchte und schnitzen Tiere aus Holz.

20 Minuten nördlich von Ponce liegt das ★**Tibes Indian Ceremonial Center**, die älteste, bis heute entdeckte Kultstätte der puertoricanischen Urbewohner. Als im Jahr 1975 der Portugués-Fluss während eines Hurrikans über die Ufer trat, wurde die Stätte freigelegt, die seit mehr als 16 Jahrhunderten unter Schlick und Buschwerk verborgen war.

Oben: Dieses harmlose Reptil ist keineswegs menschenscheu. Rechts: Ein Lächeln für die Kamera.

Die Kultstätte verläuft über ein Areal von 3,2 km; bis jetzt wurde jedoch nur ein kleiner Teil erforscht. Archäologen entdeckten – und rekonstruierten – hier ein Dorf (yucayeque) mit Hütten (bohios) sowie mehrere zeremonielle Ballspielplätze (bateyes). In einem Abschnitt der Kultstätte befinden sich sechs dreieckige Steine, die wahrscheinlich Teil eines astronomischen Instruments waren. Die Igneris, die lange hier ansässig waren, haben als erste auf Puerto Rico Ackerbau betrieben. In Tibes, der größten Igneri-Grabstätte der Karibik, sind bis heute mehr als 100 Gräber mit Beigaben entdeckt worden.

Die Igneris in Tibes wurden von einer Prätaíno-Kultur abgelöst, deren Angehörige fischten, jagten und Ackerbau betrieben. Die Prätaínos legten die Plazas und Ballspielplätze in Tibes an. Diese Indianer führten mehrmals im Jahr Zeremonien (areytos) durch, die religiöse Riten und Erziehung miteinander verbanden. Tagelang wurde gesungen und getanzt, man sprach zu den Göttern und erzählte Geschichten.

Im **Informationszentrum** dokumentieren Fotos die Entdeckung der Kultstätte und Funde wie Töpferwaren das Leben der Prätaínos. Alljährlich im November werden die Zeremonien, so wie man sie sich heute vorstellt, live aufgeführt. Tibes ist Di-So 8-16 Uhr geöffnet.

Ein weiteres Zeremonialzentrum der Taíno wurde in der Nähe des nordwestlich gelegenen **Utuado** entdeckt und freigelegt. Möglicherweise wuchsen auch damals schon an dieser Stätte Königspalmen und Guavenbäume. Die erhaltenen **Petroglyphen** (Felsgravuren) geben einem fast das Gefühl, die Taíno könnten noch einmal zurückkehren, um ihre Zeremonien abzuhalten.

Nicht weit von Utuado, an der Panoramic Route, liegen zwei der besten *paradores* (Landgasthäuser) der Insel. Der **Parador Hacienda Gripiñas** (Tel. 828-1718, www.haciendagripinas.net) liegt 30 Minuten südlich oberhalb der Kaffeeplantagen-Stadt Jayuya, der **Parador Hacienda Juanita** (Tel. 838-2550) eine Stunde westlich bei Maricao.

Die ★**Hacienda Buena Vista** nördlich von Ponce ist von besonderem historischen Interesse. Hier lebten und arbeiteten drei Generationen der Vives-Familie, eingewandert aus Venezuela, nachdem jenes Land im Jahr 1821 gegen die spanische Herrschaft revoltiert hatte. Puerto Rico war dagegen der spanischen Krone treu geblieben. Die Plantage arbeitete produktiv bis in die 1950er Jahre, als die Regierung im Zug einer Landreform die Familie enteignete. Heute sind alle Maschinen, das ausgedehnte Bewässerungssystem, das die hydraulischen Anlagen antrieb, wie auch die Arbeiterhäuser und das Wohnhaus restauriert worden. (Besuch und Touren nur nach Voranmeldung: Tel. 722-5882 oder 248-7020, www.paralanaturaleza.org)

Foto: Peter Hinze

★★Nationalpark El Yunque

Jahrhundertelang war das große Regenwaldgebiet des ★★**El-Yunque-Nationalparks** (www.elyunque.com) mit seinen reißenden Flüssen ein Zufluchtsort für Taíno-Indianer, entlaufene Sklaven und Abenteurer. Diesen von den USA unterhaltenen Regenwald-Nationalpark kann man gut selbst erforschen. Der **Aussichtsturm Yokahú** bietet einen großartigen Blick über das Waldgebiet. Beginnen Sie Ihre Tour am besten beim **Sierra Palm Visitors Center** (an der *Route 191*, täglich geöffnet). Hier können Sie sich mit Plänen und Infos eindecken und auch eine Camping-Erlaubnis einholen. Sollten Sie Ihr Lunchpaket vergessen haben – die Küche des **El Yunque-Restaurant** bietet gute regionale Speisen.

Die von Busgesellschaften durchgeführten Tagestouren nach El Yunque, die einen ersten Eindruck von der Schönheit und Vielfalt dieses Naturreservats vermitteln, schließen auch den Besuch des malerischen Bade- und Palmenstrands von ★**Luquillo** ein.

In der Nähe, in Richtung Osten, liegt das **Las Cabezas de San Juan Nature Reserve**, auch **El Faro** genannt, da sich

Foto: Puerto Rico Tourism (AKB Marketing)

hier ein **Leuchtturm** aus dem Jahr 1882 befindet. Das Naturreservat, das unter der Ägide des Conservation Trust of Puerto Rico steht, erstreckt sich an der Nordostspitze der Insel, mit Stränden, Felsschluchten, Korallenriffs sowie einer mangrovenumsäumten Bucht.

Auf Puerto Rico gibt es über ein Dutzend Waldreservate: Im majestätischen **Abajo Forest** wachsen Mahagoni- und Teakbäume, in den trockeneren Wäldern des **Maricao Forest** sind Raubvögel heimisch. Der ★ **Toro Negro Forest** liegt ebenfalls im Inselinneren. Die Parks sind an Wochenenden oft stark überlaufen.

Zwischen **Utuado** und dem Abajo Forest erstreckt sich der von Anglern und Seglern geschätzte **Dos-Bocas-See**. In den Hügeln nahe dem **Caonillas-See** liegt die naturnahe Landherberge **Casa Grande Mountain Retreat** (Tel. 894-3939, www.hotelcasagrande.

Oben: Spaziergang im Regenwald von El Yunque. Rechts: Schöner Palmenstrand an der Westküste Puerto Ricos.

com) mit angenehmen Unterkünften in fünf hölzernen Gebäuden.

★Río Camuy Cave Park

Im ★**Río Camuy Cave Park** erwartet einen ein Naturwunder ganz besonderer Art: Vor Jahrmillionen verlegte der Camuy-Fluss sein Bett unter die Erde, und heute befindet sich hier eins der größten unterirdischen Fluss- und Höhlensysteme der Welt mit einem wahren Labyrinth von Tunneln und Wasserläufen, die niemals ganz erforscht wurden. Seit den 1980er Jahren ist dieses weltweit drittgrößte Höhlensystem eine Art „unterirdischer Nationalpark".

Nach der Vorführung eines Informations-Videos wird der Besucher in eine kleine Bahn verfrachtet, die ihn in einer steilen Talfahrt zum Eingang des Höhlensystems bringt. Von hier aus geht es in Begleitung eines Führers zu Fuß weiter. Tief unten im Bauch der Erde lernen Sie ehrfürchtiges Staunen beim Anblick unterirdischer Teiche, glitzernder **Tropfsteinhöhlen** und riesiger, trich-

Foto: Christian Heeb

terförmiger Schlünde. Erfahrene Höhlenforscher können sich den Touren der örtlichen Forschergruppe anschließen.

Im Westen Puerto Ricos

In **Aguadilla** frischte Kolumbus seine Wasservorräte auf, nachdem er im Jahr 1493 erstmals puertoricanischen Boden betreten hatte. Heutige Besucher sind jedoch weniger an Frischwasser als vielmehr an den feinsandigen Palmenstränden interessiert. Die Brandung zwischen ★**Rincón** und **Isabela** eignet sich besonders gut zum Surfen, und Taucher vergessen die Zeit in leuchtenden Korallengärten.

In **Quebradillas** gibt es mehrere *paradores* mit kostenlosem Transport zu Stränden, alten Eisenbahntunneln und Läden, die die berühmte *mundillo*-Spitze verkaufen.

In **Arecibo** steht das zweitgrößte Radioteleskop der Welt (**Observatório Arecibo**). Mit Hilfe dieses Geräts versuchen Wissenschaftler, die Geheimnisse des Universums zu enträtseln, indem sie

nicht nur Radioimpulse aus dem Weltall registrieren, sondern auch selbst Signale aussenden, in der Hoffnung, dass „irgend jemand da draußen" sie eines Tages bemerkt. Es gibt sogar ein **Visitor Center** (Mi–So 9–16 Uhr, Tel. 878-2612, www.naic.edu).

Die ★**Cabo-Rojo**-Region in der südwestlichen Ecke der Insel, eine ländliche Fischeridylle, ist bei den Puertoricanern sehr beliebt; hier gibt es palmengesäumte Sandstrände, in **Joyuda** über zwei Dutzend ausgezeichnete Fisch-Restaurants, und man vergnügt sich bei kleinen Straßenfesten. In ★**Boquerón**, kurz hinter dem **El Combate**-Strand, liegt ein von den USA eingerichteter Naturpark für Wasservögel. Am Ende der Route 301 thront ein **Leuchtturm** auf spektakulären Klippen.

★★Ponce

Die an der Karibikküste im Süden Puerto Ricos gelegene Stadt **Ponce** ist ein kulturelles und architektonisches Juwel. 1992 wurde das 300-jährige Bestehen

» **Karte S. 116-117, Info S. 135**

Foto: Puerto Rico Tourism (AKB Marketing)

der Stadt gefeiert, und zu diesem Zeitpunkt war ein Großteil des $450 Millionen-Projekts *¡Ponce en Marcha!* (Ponce entwickelt sich!) verwirklicht: Historische Gebäude der Innenstadt wurden restauriert, Vororte saniert, Fassaden verschönert und neue Museen eröffnet. Die Häuser mit ihrer eigenwilligen Mischung aus Neoklassik, Art Deco und kreolischem Stil erinnern an New Orleans oder an Barcelona. Ponce pflegt sein historisches Erbe in vielen Kunstgalerien, Museen und Theatern. **Paseo Atocha**, eine der größten Einkaufsstraßen von Ponce, ist heute eine hübsche Fußgängerzone. Hier findet an jedem dritten Sonntag im Monat ein lebhaftes **Straßenfest** statt. Der ★**Paseo Arias**, auch *Callejón del Amor* (Gasse der Liebe) genannt, ist eine romantische Passage zwischen zwei aus den 1920er Jahren stammenden Bankgebäuden.

Im **Ponce Museum of Art** (www. museoarteponce.org), das zu den beeindruckendsten Museen der Karibik zählt, sind Exponate aus fünf Jahrhunderten Malerei und Skulptur ausgestellt, und eine Galerie zeigt Kunstwerke aus Puerto Rico.

Das in einem Stadthaus untergebrachte **Museum of Puerto Rican Music** (Mi-So 8.30-16.30 Uhr, freier Eintritt) erklärt mit faszinierenden Exponaten die Einflüsse der Indianer, Spanier und Afrikaner auf die puertorikanische Musik. In der **Isabel Street** findet man Häuser in verschiedensten Ponceño-Baustilen – Seite an Seite.

Die schwarz-rot gestreifte Feuerwache ★**Parque de Bombas**, 1882 an der Plaza Las Delicias erbaut – heute ein originelles **Feuerwehrmuseum** –, ist eines der beliebtesten Fotomotive in Ponce, außerdem laden Straßencafés zum Verweilen ein.

Straßen und Altstadt von Ponce erleben alljährlich den schönsten ★**Karneval**, den Puerto Rico zu bieten hat. Während des zeitgleich mit Europa stattfindenden Karnevals wird die Stadt

Oben: Liebevoll restauriert – die Touristeninformation am Hafen von Ponce. Rechts: Die alte Feuerwache Parque das Bombas in Ponce.

Foto: Christian Heeb

Ponce ein Wochenende vom „Narrenkönig" *King Momo* regiert.

Das kleine Museum **Casa de la Masacre de Ponce** (Marina Plaza Las Delicias, freier Eintritt) erinnert an das blutigste Kapitel politischer Gewalt in Puerto Rico.

Entlang der Südküste

An der Südküste westlich von Ponce, jenseits der geschützten Hafenbucht der Kleinstadt **Guánica**, erstreckt sich im Regenschatten der Cordillera Central der **Guánica Dry Forest**, ein unter Naturschutz stehender tropischer Küstentrockenwald – Heimat seltener Vögel, mit Wanderwegen und Aussichtsturm.

San Germán war die zweitgrößte Stadt Puerto Ricos – bis sie 1528 von französischen Korsaren geplündert wurde. Die dortige Kirche ★**Porta Coeli** (1606) mit ihrem imposanten Barockalter dient heute als **Museum für religiöse Kunst** (Mi-Fr geöffnet). Sie steht im denkmalgeschützten ★**San Germán Historic District.**

Im Gebiet von San Cristóbal, zwischen den Örtchen Aibonito und Barranquitas, hat sich die steilste Schlucht der Insel, der **San Cristóbal Canyon,** 231 m tief eingeschnitten, ein **Wasserfall** rauscht über efeubewachsene Klippen ins Tal. Diese Region ist touristisch noch wenig erschlossen, es bietet sich aber bei Km 17,7 ein grandioser Blick über die Schlucht. Im malerisch auf einem Felsen thronenden Dorf **Barranquitas** ist neben dem Museum auch eine **Bibliothek** zu besichtigen, die dem früheren Inselgouverneur Luís Muñoz Rivera gewidmet ist.

Die **heißen Quellen** von **Coamo**, im Süden der Insel, wurden schon von den Indianern geschätzt. Die schmucke **Kirche** von Coamo ist im Stil einer spanischen Mission aus dem 18. Jh. erbaut, und in der Nähe der Plaza liegt ein kleines Museum.

Guayama im Südosten besitzt ein hübsches kleines Museum, die **Casa Cautiño**, ein Herrenhaus von 1887. Diese Gegend, einst ein Paradies für Schmuggler, ist heute eher wegen ihrer

Foto: Christian Heeb

Strände und Zuckermühlen bekannt; in **Salinas** befindet sich zudem ein großes **Sportzentrum**, das auch als olympisches Trainingscamp dient.

Wassersport

Sportfischer aus aller Welt strömen nach Puerto Rico, das im Norden vom Atlantik und im Süden von der Karibischen See umspült wird. Am Inselrand zieht sich der tiefe Meeresgraben *Puerto Rico Trench* entlang. Herrliche Strandgebiete garantieren erstklassiges Tauchen, Segeln, Surfen, Schnorcheln und Wasserski-Fahren. Hotels arrangieren Bootstouren für Taucher und Fischer.

Kunsthandwerk und Souvenirs

Überall auf der Insel finden Sie schöne kunstgewerbliche Erzeugnisse, die

Oben: Ferienhäuser an der Caleta Parguera (Südküste). Rechts: Guiro, ein typisches puertoricanisches Percussioninstrument aus einem getrockneten Flaschenkürbis.

sich gut als Mitbringsel eignen. Das **Puerto Rico Tourism Company Artisan Office** (Tel. 721-2400) gibt Ihnen die Adressen von Kunsthandwerkern, denen Sie bei der Arbeit sogar über die Schulter gucken können.

Beliebte Souvenirs sind die kleinen, aus Holz geschnitzten *santos,* die traditionellen Heiligenfiguren. Klöppelspitzen sind zwar aus der Mode gekommen – aber dies kümmert die Frauen von Puerto Rico nicht, die mit großer Leidenschaft über ihren *mundillo*-Rahmen sitzen und Spitzenkragen, Schals und Tischdecken klöppeln. **Quebradillas** ist das Zentrum der Spitzen-Produktion, aber anderswo bekommt man gute *mundillo*-Spitze.

Zum Knüpfen von Hängematten benutzt man noch heute die alten Fischerknoten. Schon die spanischen Eroberer bewunderten bei ihrer Ankunft die Hängematten der Indianer, und schon bald hängte sich so manch ein Seemann eine Hängematte in seine Kajüte.

In **San Sebastián**, an der Mündung des Añasco nordöstlich von Mayagüez,

Foto: Ermess (Dreamstime)

können Sie in einem Laden beim Knüpfen von Hängematten zusehen. Die Indianer besaßen schon immer ein ausgeprägtes Gefühl für Musik und Tanz, aber erst durch die Spanier lernten sie die Saiteninstrumente kennen. Um die elegischen Melodien der spanischen Seeleute nachzuspielen, bespannten sie getrocknete Kürbisse mit Darmsaiten. Heute ist das populärste Saiteninstrument die *cuatro,* die fünf Doppelsaiten besitzt und ähnlich wie eine Gitarre klingt. Das Hauptzentrum für die Herstellung von *cuatro*-Instrumenten, wozu auch das aus einem Flaschenkürbis hergestellte Schrapinstrument *guiro* gehört, liegt in der Cordillera-Stadt **Utuado** nördlich von Adjuntas. Man kann jedoch heute überall auf der Insel traditionelle Instrumente kaufen.

In aller Welt noch bekannter sind Puerto Ricos handgerollte Zigarren, und man sollte es nicht versäumen, einem Zigarrenmacher – z. B. im **San Juan Bus Terminal** – zuzuschauen.

In Puerto Rico wird neben der staunenswerten Kunst des Korbflechtens auch noch die Herstellung der traditionellen *vejigantes*, **Zeremonialmasken** aus Kokosnuss-Schalen gepflegt, die die überwiegend afro-puertorikanischen Bewohner des Strandorts ★**Loíza** an der Nordküste noch heute bei Heiligenfesten tragen. Karnevalsmasken aus Pappmaché sind ebenfalls ein beliebtes Souvenir.

Die örtlichen Märkte sind nicht nur etwas für Souvenirsucher, hier gibt es auch ausgezeichnete Frischware.

Bevor Sie z. B. große Mengen Kaffee in Ihre Koffer packen, sollten Sie sich über die die Einfuhr-Bestimmungen Ihres Heimatlandes informieren. Topfpflanzen müssen im Land bleiben. Halten Sie sich an die Vorschriften – auch bei der Ausreise ist die Agrar-Inspektion des Zolls zu passieren.

Pferde

Puerto Rico ist ein Paradies für Pferdefreunde. Auf dem **El Comandante**-Rennplatz in **Canóvanas** werden Vollblüter-Rennen abgehalten; von der Tri-

Foto: Colin Young (iStockphoto)

büne des modernen Clubhauses kann man bei einem Dinner seinem Wettfavoriten zujubeln.

Ein besonderes Erlebnis sind **Dressurvorführungen** der berühmten *Paso-Fino*-**Pferde**, die mehrmals im Jahr an unterschiedlichen Orten zu sehen sind (www.arteecuestre.com).

Strandresorts

Cataño, fast schon ein Vorort von San Juan, ist am besten mit der Fähre zu erreichen. Die Fahrt ist preiswert, und man hat einen schönen Blick über die herrliche Küste.

In der Nähe des kleinen Fischerdorfs **Dorado** westlich von San Juan liegt eines der besten Hotels der Antillen: das **Hyatt Dorado Beach** (www.hyatthaciendadelmar.hyatt.com). Früher erstreckten sich hier die üppigen Plantagen der Livingston-Familie. (Clara

Oben: Hochsitz für Rettungsschwimmer am Seven Seas Beach bei Fajardo. Rechts: Freundliche Kindergesichter.

Livingston war eine berühmte Pilotin in den 1930er Jahren). Heute ist im ehemaligen Herrenhaus das gemütliche Gourmet-Restaurant **Su Casa** untergebracht. Gäste können sich vom Airport in San Juan mit dem hoteleigenen Flieger direkt zu dem Luxushotel befördern lassen.

In der Küstenstadt **Fajardo** liegt eine der teuersten Hotelanlagen, die je in der Karibik eröffnet wurde: Das **Waldorf Astoria El Conquistador Resort**, mit 900 Zimmern, Golfplatz, Wassersport und 16 Restaurants, eigenem Wasserpark und Insel-Katamara-Shuttle (Tel. 863-1000, www.elconresort.com).

In der Nähe von **Humacao** liegt ein weiteres Küstengebiet, **Palmas del Mar**, das früher aus großen Plantagen bestand. Heute erstrecken sich hier Luxus-Tummelplätze mit Villen und Hotels. Geboten werden Golf und Tennis, Boote, Tauchen, Hochsee-Angeln, Swimmingpools, Strände, Restaurants, Casino und Fitness-Center. In Humacao selbst lohnt der Besuch der **Casa Roig** von 1919, heute ein Museum (Tel. 852-

Foto: Mark Downey (Viesti Associates)

8380): einer der wenigen erhaltenen Bauten von Antonin Nechodoma, dem begnadeten tschechischen Architekten (1877-1928).

Trotz seiner Thunfischkonservenfabriken ist **Mayagüez** eine eindrucksvolle, moderne Hafenstadt, die nach einem katastrophalen Erdbeben im Jahr 1918 wieder aufgebaut wurde. Neben hübschen Plazas gibt es hier einen üppigen Tropenpark, der mittlerweile ins Gelände des **Mayagüez Resort & Casino** hineinwuchert. Dieser Park besitzt die größte Sammlung von Tropenpflanzen in der westlichen Hemisphäre. Im Zoo des Parks sind *Capybaras*, die größten Nagetiere der Welt, ein bengalischer Tiger und ein Kondor zu sehen. (Montags ist der Zoo geschlossen.)

Vom Hafen aus kann man zum wilden, windzerzausten **Mona Island** übersetzen. Im Wildpark der Insel teilen sich 91 cm lange Leguane das Rampenlicht mit Tropenfischen, langbeinigen Ufervögeln und seltenen Pflanzen. Vorherige Anmeldung ist erforderlich, ehe Sie ein (gutes!) Boot chartern und die unruhige, 80 km breite **Mona Passage** überqueren. Auch zum Zelten benötigen Sie eine Erlaubnis, und Sie müssen alles, was Sie zum Leben brauchen (einschließlich Wasser) mitbringen und alles (auch Abfall) bei der Abreise wieder mitnehmen.

Die Paradores

Die *paradores* als besondere Unterkünfte entziehen sich einer genauen Definition. Das Programm wurde einst entwickelt, um Besuchern die lokale Architektur nahezubringen. Einige haben tatsächlich eine typische Architektur – die besten Beispiele dafür sind **Hacienda Gripinas**, die **Hacienda Juanita**, die **Baños de Comas** oder die **Villa Parguera** – andere sind bloß gewöhnliche Hotels oder Motels. Ein *parador* muss behördliche Auflagen erfüllen – beispielsweise bei der Sauberkeit und Komfort. In allen *paradores* werden gute Mahlzeiten serviert.

Weitere Infos unter www.puertorico-hotelesparadores.com.

Foto: John Rodriguez (iStockphoto)

Festivals

Die Puertoricaner lieben Feste jeder Art, von der Kindstaufe bis zum überschäumenden Volksfest. Das von San Juans Tourismusbehörde ins Leben gerufene **LeLoLai-Festival** findet das ganze Jahr über in zahlreichen Hotels statt und bietet touristisch aufbereitete Folklore. Während des Festivals bieten die Hotels vorteilhafte Pauschal-„Pakete" einschließlich Mietwagen, Golf, Fiesta und Shows an. Für Freunde der gehobenen Küche bietet das im April stattfindende **Saborea-Festival** Einblick und Kostproben zum kulinarischen Wirken zahlreicher Spitzenköche. In Puerto Rico finden darüber hinaus das ganze Jahr über unzählige örtlicher Feste zu Ehren der jeweiligen Schutzheiligen statt. Das berühmte **Casals Festival** im Juni hingegen lockt mit Konzerten internationaler Musiker und Orchester Liebhaber klassischer Musik aus aller

Oben: Ein Reisgericht mit der charakteristischen Avocado-Scheibe.

Welt an (Weitere Festival-Infos: Tel. 918-1106).

Die traditionelle Küche Puerto Ricos

Das Nationalgericht *Asopao*, ein suppenartiger Eintopf mit Fleisch oder Krabben, wird zusammen mit kalten Avocado-Scheiben serviert. *Piñón* ist ein Schmorgericht mit Tomaten und Gemüsebananen. Die knusprigen, doppelt in Öl gebackenen Bananenscheiben heißen *tostones.* Soda-Kräcker mit Weißkäse, Guaven-Gelee und kandierter Papaya sind ein kulinarischer Genuss. Der Dörrfisch *bacalao*, früher einmal unentbehrlich, wird heute noch als Eintopf mit Tomaten oder in Öl ausgebacken serviert. Als Nachtisch gibt es den traditionellen *flan* (Karamellpudding), Reispudding (*arróz con dulce*) und einen Kokoskuchen mit dem bezeichnenden Namen *bien-me-sabe* (schmeckt mir gut). *Pionono* ist ein würziger, mit einem Streifen Kochbanane umwickelter Hamburger.

 » Karte S. 116-117

PUERTO RICO / USA (☎ 001 787)

Puerto Rico Tourism Company, Paseo de la Princesa 2, San Juan, Tel. 721-2400, Fax 721-6561, www.gotopuertorico. com und www.prtourism.com.

Informations-Kioske des Touristenbüros finden Sie an den Flughäfen von San Juan und Aguadilla, im El Centro Convention Center in Condado, im La Casita in der Altstadt von San Juan, Tel. 722-1709, 791-1014, 791-2551. Ponce Municipal Tourism Company, Calle Marina, Suite 3, Ponce, Tel. 8284-4913.

Iberia fliegt via Madrid von Berlin, Düsseldorf, Frankfurt, Hamburg, Hannover, München und Stuttgart nach San Juan de Puerto Rico. British Airways und American Airlines über London-Heathrow; Air France via Paris, USAirways via Philadelphia. VAL fliegt mehrmals täglich nach Vieques (www.viequesairlink.com). Für Touristen gibt es besondere „Taxi turisticos".

WÄHRUNG: Zahlungsmittel ist der **US-Dollar**. Geldwechsel im Flughafen, in jeder Zweigstelle der Scotia Bank oder der Banco Popular und am Caribbean Foreign Exchange in der Altstadt von San Juan.
EINREISE: Reisepass nötig, es gelten die Visumbestimmungen der **USA**.

STROM: 110 V, 60 Hz, amerikanische Flachstecker. Adapter erforderlich.

SAN JUAN UND UMGEBUNG: **Dragonfly**, moderne Küche mit Sushi und lateinamerikanisch-asiatisch inspirierter Küche, So geschl.; Calle Fortaleza 364, Tel. 977-3886, www.oofrestaurants.com.

La Mallorquina, klassische, puertorikanische Küche, ältestes Restaurant, 1848 gegründet; Calle San Justo 207, Tel. 722-3261.

DORADO: **Su Casa**, im **Hyatt Dorado Beach Hotel**, köstliche Inselgerichte im 1928 erbauten Stadtpalast von Dr. Alfred Livingstons Tochter, der Luftfahrtpionierin Clara Livingston; Tel. 796-1234.

PONCE: **La Monserrate Sea Port**, hervorragende Meeresfrüchte, direkt am Meer, Las Cucharas Carretera Nr. 2, Tel. 841-2740.

Pablo Casals-Museum, Di-Sa 9.30 17.30 Uhr, Calle San Sebastián, Tel. 723-9185.
La Fortaleza, Mo-Fr 9-15.30 Uhr, Tel. 729-6960, www.nps.gov.

Bacardi-Rumfabrik, geführte Besichtigungen Mo-Sa 9-10.30 und 12-16 Uhr; Tel. 788-1500, www.casabacardi.org.

Nationalpark El Yunque, der einzige tropische Regenwald auf US-Territorium, ist 45 Minuten Fahrzeit von San Juan entfernt.
Abajo Forest, **Maricao Forest** und **Toro Negro Forest**, Information: Department of Natural Resources, Tel. 724-3647 u. 999-2200.

Nationalpark Río Camuy, der beliebte Park und das Höhlensystem sind Mi-So geöffnet, man sollte allerdings früh ankommen, denn es werden maximal 1500 Besucher pro Tag eingelassen; Information unter Tel. 763-0568 oder 898-3100.

Epizentrum von Puerto Ricos Nightlife ist San Juan. Salsa, Latin Jazz, Merengue oder Rock- und Pop-Musik gehören in der Hauptstadt zum Alltag. Mitreißende Live-Musik lässt sich Do-Sa im **Open Air-Amphiteatro Tito Puente**, (Luiz Muñoz Marín Park, Hato Rey, Tel. 751-3353) in besonders schöner Umgebung genießen.

Konzerte mit bis zu 10.000 Zuschauern finden in den Arenen **Coliseo de Puerto Rico José Miguel Agrelot** (Mo-Fr 10-18 Uhr, Ticketverkauf, Milla de Oro, Calle Arterial B, Hato Rey, Tel. 777-0800, www.coliseodepuertorico.com) oder **Coliseo Roberto Clemente** (Av. Roosevelt, Plaza las Américs, Hato Rey, Tel. 754-7422) statt. Eintrittskarten sind via Internet erhältlich: www.ticketpop.com

Vor allem wenn Kreuzfahrtschiffe (Do-Sa) wie die hier beheimateten „Freedom of the Seas" und „Navigator of the Seas" in San Juan vor Anker liegen, drängen sich Nachtschwärmer aller Altersgruppen im zentral in der Altstadt gelegenen **Club Laser** (Calle del Cruz 251, Tel. 725-7581).

Überwiegend junges Publikum trifft sich im **The Noise** (Calle Tanca 203, Do-Sa, Tel. 724-3739; Hip-Hop, Underground und Reggae).

6

Puerto Rico

Weißer Sand und türkisfarbenes Meer –
am Strand von Punta Cana

Foto: Norbert Bruhn

DOMINIKANISCHE REPUBLIK

**SANTO DOMINGO
INSELRUNDFAHRT**

DOMINIKANISCHE REPUBLIK

Geschichte

In der Dominikanischen Republik ist der spanische Einfluss – angereichert mit einer Prise Französisch – unverkennbar. Auf anderen Antilleninseln mag man das afrikanische Erbe hochhalten, hier versteht man sich als Hüterin iberischer Geschichte und Lebensart sowie einer stolzen Vergangenheit, die bis ins 16. Jh. reicht. Kolumbus gab der Insel den Namen *Hispaniola,* als er am 5. Dezember 1492 *La Isabela,* die erste Siedlung auf dem Boden der Neuen Welt, gründete. Mit Kolumbus' dritter Reise 1498 kamen dann die ersten spanischen Frauen in die Neue Welt.

Die einheimischen Taínos wurden bereits Anfang des 16. Jh. ausgerottet. Zugleich begann mit Hilfe schwarzer Sklaven aus Afrika der Anbau von Zuckerrohr für den Export nach Europa. 1585 kam es zum Handelsstreit zwischen England und Spanien, in dessen Folge am 11.1.1586 der englische Pirat Francis Drake Santo Domingo überfiel und plünderte.

1640 besetzte Frankreich Teile der

Links: Die Bucht von Cabarete – ein Paradies für Kitesurfer.

Insel Hispaniola, und 1697 musste Spanien den Westen Hispaniolas, das heutige Haïti, an Frankreich abtreten. Nach einem Sklavenaufstand in den Zuckerplantagen übernahm Frankreich 1795 die Herrschaft über die gesamte Insel und bestimmte den ehemaligen Sklaven Toussaint L'Ouverture zum Gouverneur.

1809 erlangte Spanien mit englischer Hilfe wieder die Herrschaft über den Ostteil der Insel (die heutige Dominikanische Republik). Die spanischen Großgrundbesitzer und Sklavenhalter riefen jedoch 1821 die Unabhängigkeit von Spanien aus. Das so entstandene Machtvakuum nutzten 1822 französisch-haitianische Truppen, besetzten Santo Domingo und schafften die Sklaverei ab. 1844 schlugen die spanischstämmigen Großgrundbesitzer zurück, eroberten die Festung von Santo Domingo und erklärten die Unabhängigkeit der Ersten Dominikanischen Republik. 1861-1865 jedoch übernahm wieder Spanien, aufgrund einer Schutzbitte des Präsidenten Santana, erneut die Herrschaft über seine nun fast bankrotte dominikanische Ex-Kolonie, wogegen sich viele mit Waffengewalt auflehnten – durchaus erfolgreich: Die Zweite Republik wurde proklamiert.

Nun folgten unruhige Zeiten mit häufigen Regierungswechseln; die USA intervenierten mehrmals militärisch und

» Karte S. 140-141, Info S. 159

DOMINIKANISCHE REPUBLIK

Playa Luperon

★Punta Rucia   La Isabela   Playa Cofresi   **PUERTO PLATA**   Playa Dorada

Cabo del Morro   Sabana Cruz   Luperón   Playa Sosúa

Parque Nacional Monte Cristi   **Monte Cristi**   Villa Vásquez   Estero Hondo   Imbert   **156**   ✈   ★**Sosúa**   ★Cabare

457   Los Hidalgos   ●Pico Isabel de Torres 793   Sabane de Y.

Fort Liberté   Copey   Guayubin   Villa Elisa   Maizal   5   Jamao al Norte   Ga Herr

24   Yaque del Norte   Cana   **Mao**   **Bisonó**   CORD. SEPTENTRIONAL

Trou-du-Nord   121   Dajabón   Sabaneta   86   Quemados   51   **SANTIAGO DE LOS CABALLEROS**   **Moca**   21   570   S. FRAN DE MA

Ouanaminthe   Stgo. de la Cruz   Inaje   18   Baitoa   60

Mont Organisé   Loma de Cabrera   El Rubio   Guajaca   **LA VEGA**   Ruinas de La Vega Real   19

HAITI   1210   Restauración   Jicomé   Parque Nacional Armado Bermudéz   Sabaneta

Bassin Zim   Pedro Santana   CORDILLERA CENT.   **Jarabacoa**   Salto de Jimenoa   Rincón

Hinche   3   Thomassique   Los Rinconcitos   Catanamatías   ★Pico Duarte 3098   La Ciénaga   Res.Cientifica Ébano Verde   Jima   La Ceiba

L. de Péligre   Sabaneta   P. N. José del Carmen Ramírez   Aguas Blancas   El Río   **Bonao**

Las Matas de Farfán   2   **SAN JUAN DE LA MAGUANA**   **Constanza**   Res. Cientifica Valle Nuevo   Piedra Blanca

Croix Fer   Comendador (Elias Piña)   Pedro Corto   127   2581   V Altagr

305   Honde Valle   El Cercado   El Guayabal   La Matica   El

Thiote   P. N. Sierra de   2279   Sabana Alta   Padre las Casas   La Horma

Las Lajas   La Descubierta   **Neiba**   Hato Nuevo   El Carrizal   **San José de Ocoa**

Etang Saumâtre   48   ★**Parque Nacional Isla Cabritos**   **Neiba**   Tábara Abajo   **Azua de Compostela**   Bahía de Ocoa   **CRIST**

Malpasse/ Mal Passo   Lago Enriquillo   El Abanico   134   Yaque del Sur   44   58   Los Jovillos   Hatillo

85   **Duvergé**   El Jobo   **Vicente Noble**   1284   Puerto Viejo   Palmar de Ocoa   **Ban**

102   Puerto Escondido   Cristobal   Bahía del Neiba   Las Calderas   Sab Gra de E

Thiote   SIERRA DE BAORUCO   Parque Nacional Sierra de Baoruco   **Cabral**   **Barahona**

Anse-á-Pitre   1308   Polo   Baoruco

Pedernales   1455   **Paraíso**

Cabo Rojo   44   60   Juancho   **Enriquillo**

Bahía de las Aguilas   ★**Parque**

Cabo Falso ó Punta Aguja   **Nacional**   Oviedo   Laguna de Oviedo

Canal de la Beata   **Jaragua**   ISLA BEATA   Cabo Beata

ATLANTIC OCEAN

a Grande
Playa la Preciosa
Cabo Francés Viejo
Cabreras

La Entrada

Bahía Escocesa

★★Playa Bonita
Playa las Terrenas
★PENINSULA SAMANÁ

Nagua
Las Terrenas
605
Cabo Carbón
Las Galeras

Las Cascadas del Limón

DOMINICAN

Cruce de Rincón
Sánchez
Bahía de Samaná
Santa Bárbara de Samaná
★★CAYO LEVANTADO

REPUBLIC

Agua Santa del Yuna
Zapote
★★Parque Nacional Los Haïtises
Sabana de la Mar
Miches
Altamira
Res. Científica Lagunas Redonda y Limón

Guazumita
Sabana Grande de Boyá
La Lomita
CORD
ORIENTAL
Nisibón
Boca de Maimón

Hidalgo
La Loma
Pedro Sánchez
Las Lagunas de Nisibón
El Maçao
★Playa del Macao

Monte Plata
Hato Mayor
El Seibo
La Cruz del Isleño
★★Playa Bávaro

Bayaguana
Los Algarrobos
El Pintado
Bávaro

San Máteo
Yabacao
Los Llanos
Consuelo
Ramón Santana
Soco
Chavón
Higüey
Punta Cana

La Victoria
San Isidro
Boca Chica
Juan Dolio
Guerrero
152

tbela
144
La Caleta
SAN PEDRO DE MACORÍS
LA ROMANA
Juanillo

SANTO DOMINGO
Playa Guayacanes
Embassy Beach
★ISLA CATALINA
★Casa de Campo
★★Altos de Chavón
Boca del Yuma
Cabo San Rafael

aina
Las Americanas Intl. Airport
Parque Nacional Del Este

★Bayahibe Beach

ISLA SAONA

CARIBBEAN SEA

DOMINIKANISCHE REPUBLIK

0   25 km   50 km

0   25 miles

© Nelles Verlag GmbH, München

141

kontrollierten den bankrotten Staat bis 1940 wirtschaftlich; 1924 wurde unter amerikanischer Aufsicht die Dritte Republik gegründet.

1930 putschte der USA-freundliche General Trujillo, ein ehemaliger Straßenräuber, und regierte bis 1961 als grausamer Diktator. 1939 bot er, der Haitianer aus rassistischen Gründen hatte massakrieren lassen, deutschen Juden Asyl in Sosua im Norden an, um sein Volk „aufzuhellen" – die florierende Nahrungsmittelindustrie dort ist jenen gebildeten Einwanderern zu verdanken.

1965 intervenierten die USA erneut militärisch und stürzten die Regierung des ersten demokratisch gewählten Präsidenten Juan Bosch. Nun wurde die Vierte Republik gegründet, die bis heute besteht. Und seit den 1980er-Jahren hat sich die Dominikanische Republik dank ausländischer Investitionen zum international beliebten Urlaubsziel und der Tourismus sich zur tragenden Säule der Volkswirtschaft entwickelt.

Landeskunde

Die Dominikanische Republik ist nach Kuba der zweitgrößte Staat der Karibik. Badestrände, Regenwälder, feuchte Tieflandgebiete, Mangrovensümpfe, kakteenbedeckte Steppen und die höchsten Berge der Karibik verleihen dem Land seinen landschaftlichen Reiz. Es nimmt zwei Drittel der Insel Hispaniola ein (Haïti belegt das andere Drittel), gehört zu den Großen Antillen und liegt ca. 240 km südöstlich von Kuba. Unmittelbar benachbart sind Jamaika und Puerto Rico.

Trotz steigender Touristenzahlen sind weite Bereiche der Küste fast unberührt. Abseits der vielbefahrenen Routen gibt es eine Gebirgslandschaft zu entdecken, die in tieferen Lagen reich an Gräsern und Farnen ist, zunächst in Kiefernwälder und schließlich in üppig

Rechts: Das Kolumbus-Denkmal im Parque Colón, Santo Domingo – als Treffpunkt gut geeignet.

wuchernden Regenwald übergehen. Hier wachsen Edelhölzer wie Mahagonibäume, überwuchert von Lianengeflechten, die eine Menge wunderschöner Vögel beherbergen, darunter den Hispaniola-Papagei und den Solitärvogel mit Halskrause. Außerdem findet man Spechte und den *zumbadorcito* – einen der winzigsten Vögel. An der Küste, zwischen Zuckerrohrfeldern, Palmen und Bäumen, leben Reiher, Ibisse, Flamingos und die beeindruckenden Fregattenvögel. Andere Waldbewohner sind Eidechsen, Geckos, Iguanas und Krokodile. Taranteln, manche faustgroß, sind Gott sei Dank recht selten, im Gegensatz zu anderen Insekten.

In der Dominikanischen Republik gibt es eine Reihe von **Nationalparks**, darunter den großen Parque Nacional del Este, die Isla Cabritos am Lago Enriquillo, den Mangrovendschungel des Parks Los Haïtises (viele Stechmücken!) an der Samaná Bay sowie den Parque Nacional Armado Bermúdez in der Cordillera Central. Dort kann man auch den höchsten Berg der Karibik, den **Pico Duarte** (3098 m), im Rahmen einer mehrtägigen Tour erklimmen.

Strände

Teile der Küste wurden für den Tourismus – mit den entsprechenden Hotelanlagen – erschlossen; andererseits existieren immer noch abgelegene und einsame Strände. Zu den schönsten Badebuchten an der Nordküste zählt die bei ★**Punta Rucia**, sie liegt zwischen Puerto Plata und der haitianischen Grenze. Busse dorthin gibt es kaum, auch keine Bars oder Badestege, nur meilenweit menschenleeren Strand. In **Luperón** und **Cofresi** existieren kaum Hotels, weshalb es am Strand recht ruhig zugeht. In **Playa Dorada** dagegen tut sich auf ca. vier Küstenkilometern eine ganze Menge, ganz zu schweigen von **Sosúa**, wo man mit entsprechendem Portemonnaie alle Wassersportarten ausprobieren kann. Der Strand

Foto: Christian Heeb

von **Cabarete** ist bei Windsurfern sehr populär. Eine starke Brandung mit hohem Wellengang herrscht an der **Playa Grande** in der Nähe von Cabreras. Wer Zurückgezogenheit liebt, liegt an der Bucht von **Playa la Preciosa** richtig.

Die Halbinsel ★**Samaná** hat einige hübsche Strände außerhalb der Stadt bei Puerto Escondido und Las Galeras: z. B. **Playa las Terrenas** und den ruhigen ★★**Playa Bonita**.

Ca. 30 km östlich von Santo Domingo gibt es einen Strand bei **Boca Chica**, an den die Leute aus der Hauptstadt am Wochenende strömen. Der **Embassy Beach** bei Juan Dolio bietet stark bewegtes Meer, **Playa Guayacanes** dagegen hat ruhigeres Wasser. Östlich von Casa de Campo lockt der wunderschöne Palmenstrand ★**Bayahibe Beach**.

Isla Catalina, eine unbewohnte Insel gegenüber von **La Romana**, hat ebenfalls einen sehr hübschen Strand. Von **Punta Cana** bis Miches, gut 100 Kilometer weiter im Nordwesten, wird der Sandstrand der Ostküste dann kaum unterbrochen.

Kultur

Dem „DomRep"-Urlauber wird viel geboten: Küsten- und Berglandschaften, bäuerliches Hinterland und großstädtisches Milieu, in dessen Herz der Rhythmus der *Merengue* pulsiert. Man hört die Musik überall, in den Läden auf der Straße – sogar im Bus. Und wo die ertönt, dort bewegen sich die Leute in tänzerischer Eleganz. Jedes Jahr findet in der zweiten Juli-Hälfte in Santo Domingo ein Merengue-Festival statt, das Tausende Fans und Tanzbegeisterte aus dem In- und Ausland lockt.

Selbst im kleinsten Dorf gibt es ein Baseballfeld. *El beisbol* ist der nationale Sport schlechthin. In den riesigen Stadien von Santo Domingo, Santiago, Puerto Plata, La Romana, San Cristóbal und San Pedro de Macoris werden hochkarätige Spiele geboten, denn die *Liga Dominicana de Béisbol Invernal* ist eine Profiliga, und viele junge Spieler träumen von einer US-Karriere.

Große Popularität genießen auch, Boxen, Basketball und Ringen.

DOMINIKANISCHE REPUBLIK

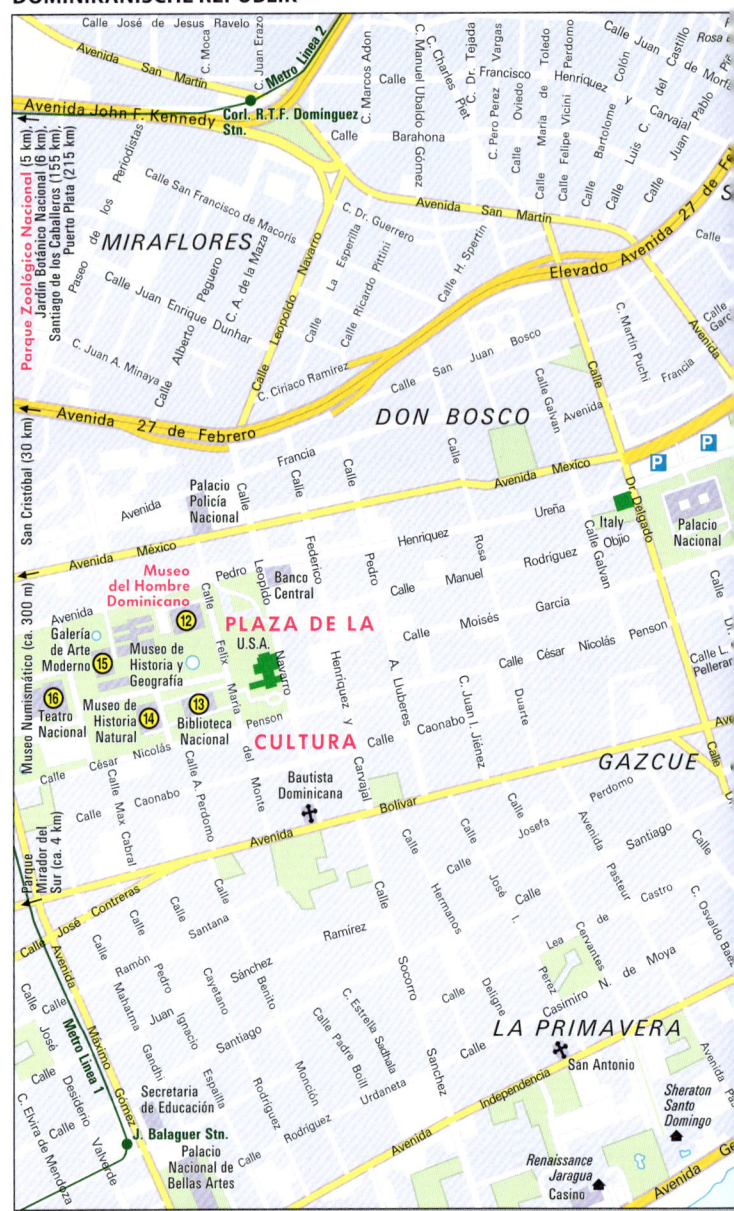

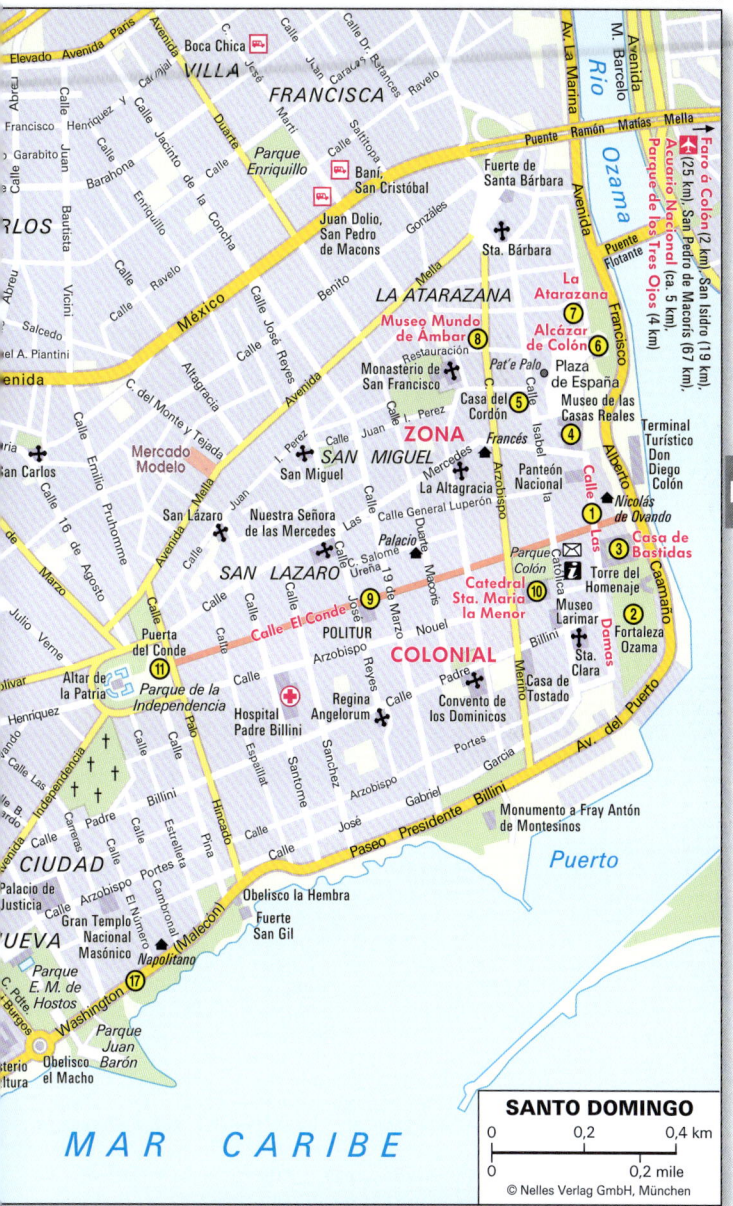

Dominikanische Republik

7

MAR CARIBE

Puerto

Faro á Colón (2 km), San Isidro (19 km),
(25 km), San Pedro de Macorís (67 km),
Acuario Nacional (ca. 5 km),
Parque de los Tres Ojos (4 km)

Río Ozama

M. Barcelo

VILLA FRANCISCA

Boca Chica

Parque Enriquillo

Baní, San Cristóbal

Juan Dolio, San Pedro de Macons

Fuerte de Santa Bárbara

Sta. Bárbara

LA ATARAZANA

La Atarazana ⑦

Museo Mundo de Ámbar ⑧

Alcázar de Colón ⑥

Monasterio de San Francisco

Plaza de España

Pat'e Palo

Casa del Cordón ⑤

Museo de las Casas Reales ④

ZONA MIMGUEL

SAN MIGUEL

Mercado Modelo

San Miguel

La Altagracia

Francés

Panteón Nacional

Terminal Turístico Don Diego Colón

San Lázaro

Nuestra Señora de las Mercedes

Palacio

Nicolás de Ovando ①

Casa de Bastidas ③

SAN LAZARO

Calle El Conde ⑨

Torre del Homenaje

Catedral Sta. María la Menor ⑩

Museo Larimar

Fortaleza Ozama ②

POLITUR

COLONIAL

Sta. Clara

Puerta del Conde

Altar de la Patria ⑪

Parque de la Independencia

Hospital Padre Billini

Regina Angelorum

Convento de los Dominicos

Casa de Tostado

Monumento a Fray Antón de Montesinos

CIUDAD

Palacio de Justicia

Gran Templo Nacional Masónico

NUEVA

Parque E. M. de Hostos

Napolitano ⑰

Obelisco la Hembra

Fuerte San Gil

Parque Juan Barón

Obelisco el Macho

Washington (Malecón)

SANTO DOMINGO

| 0 | 0,2 | 0,4 km |

| 0 | 0,2 mile |

© Nelles Verlag GmbH, München

145

Foto: Christian Heeb

★Santo Domingo

Trotz des raschen Wachstums der Strandorte ist die Hauptstadt ★**Santo Domingo** noch immer das kulturelle Zentrum des Landes. Die Stadt liegt an der Südküste, an der Mündung des Río Ozama; die Fahrzeit zum **Las Americas International Airport** beträgt knapp 30 Min. Die Hauptstadt mit ihren rd. 3,5 Millionen Einwohnern hat sich längst weit über die Mauern der sehenswerten Altstadt ausgedehnt, eine **U-Bahn** bekommen und einen großen modernen **Kreuzfahrthafen** (Sans Souci).

Von historischem Interesse ist vor allem die ★★**Altstadt** (Zona Colonial), seit 1990 ein UNESCO-Welterbe mit rund 300 hervorragend erhaltenen Gebäuden aus der Kolonialzeit. Santo Domingos Anfänge liegen noch vor dem Jahr 1500 – die erste in Amerika

Oben: Die Calle El Conde, eine belebte Fußgängerzone in der Zona Colonial. Rechts: Karnevalsparade auf dem Malecón (mit dem „hinkenden Teufel" aus La Vega).

von Weißen gegründete Siedlung. Die ★**Calle Las Damas** ①, die erste Straße der „Neuen Welt", erhielt ihren Namen zu Ehren der Damen des königlichen Hofes und bietet zahlreiche Beispiele des frühen kolonialen Baustils. Dazu gehört auch die **Fortaleza Ozama** ②, einst Festung und Gefängnis, mit dem Huldigungsturm **Torre del Homenaje**, wo seit 1503 die zu Tode Verurteilten auf ihr Ende harren mussten. Die Ausmaße dieser Festung lassen die anderen historischen Stätten der Nachbarschaft klein erscheinen.

In derselben Straße stehen die vor 1500 gegründete ★**Casa de Bastidas** ③, die heute eine **Galerie für moderne Kunst** und ein **Kindermuseum** beherbergt, und das **Museo de Las Casas Reales** ④ (Museum der Königlichen Häuser). Es war drei Jahrhunderte lang der Sitz des Vertreters der königlichspanischen Herrschaft; heute dient es als eindrucksvolles **Kolonialmuseum**. Zu den Glanzstücken der Sammlung gehört eine illuminierte Weltkarte aus der Zeit von Kolumbus.

Interessant ist auch, 100 m westlich, die **Casa del Cordón** ⑤, zeitweilig das Haus der Familie von Diego Columbus und vermutlich das älteste Kolonialhaus in der Neuen Welt.

Die **Plaza de Espana** dominiert der ★★**El Alcázar de Colón** ⑥, ein Palast von 1514, sein Mauerwerk ist noch aus Korallensandstein. Ursprünglich für Diego Kolumbus, den Sohn des Entdeckers, errichtet, diente er später 60 Jahre lang als Sitz der Spanischen Regierung, außerdem war er Residenz der Konquistadoren. Im Inneren sieht man u. a. Wandteppiche mit Darstellungen von Kolumbus' Reisen.

Das Nachbargebäude ★**La Atarazana** ⑦, ein Komplex von acht Gebäuden aus dem 16. Jh., diente als Waffen- und Munitionsdepot. Heute befinden sich hier Cafés, Boutiquen und Galerien.

Nur 200 m westlich lockt das ★**Bernsteinmuseum** ⑧ mit vor Jahrmillionen von Harztropfen eingeschlossenen Insekten – fossilen Kostbarkeiten.

Lebhaft geht es in der ★**Calle El Conde** ⑨ zu, der ersten „Ladenstraße" der Neuen Welt, heute eine geschäftige Fußgängerzone. Hier trifft man auf Einheimische aus allen Schichten, vermutlich aber auch auf schwer abzuwimmelnde Geschäftemacher, die den Touristen im harmlosesten Fall illegale Devisengeschäfte anbieten (Vorsicht bei größeren Summen!).

Den **Kolumbus-Park** überragen eine **Bronzestatue** des Entdeckers und die ★**Catedral de Santa María la Menor** ⑩, die – 1512-40 erbaut – die erste („Primada") Kathedrale der Neuen Welt war. Hier ruhten die Gebeine von Kolumbus, bis sie man sie 1992, zur 500-Jahr-Feier der Entdeckung Amerikas, zum Faro a Colón verbrachte.

Hinter dem **El-Conde-Tor** ⑪, am **Unabhängigkeitspark**, beginnt das moderne Santo Domingo. Sehenswert in diesem Teil der Stadt ist der Museums- und Kulturkomplex rund um die ★**Plaza de la Cultura**, wo früher die Residenz des grausamen Diktators Rafael Trujillo

Foto: Michael Friedel

war, der das Land 30 Jahre lang regierte, bis zu seiner Ermordung 1961. Untergebracht sind hier u. a. das ★**Museum des Dominikaners** ⑫, die **Nationalbibliothek** ⑬, das **Museum für Naturgeschichte** ⑭, die **Galerie Moderner Kunst** ⑮ und das **Nationaltheater** ⑯.

Im Westen der Stadt liegen der ★**Nationalzoo**, der **Botanische Garten**, die Höhlenseen und Karstgrotten des ★**Parque de los Tres Ojos** und das ★**National-Aquarium** mit einem Glastunnel zur Haibeobachtung.

Wer Trubel sucht: Abends ist am **Malecón** ⑰, der palmengesäumten Hauptstraße am Meer, am meisten los.

Von dem gigantischen Leuchtturm ★**Faro a Colón**, einem 240 m langen Gebäude in Kreuzform, 1992 zur 500-Jahr-Feier zu Ehren von Kolumbus eingeweiht und eine viel besuchte Touristenattraktion, zeichnen (falls nicht gerade Stromausfall herrscht) die Strahlen der 149 Scheinwerfer nachts ein riesiges Kreuz in den Himmel, das man selbst von der Nachbarinsel Puerto Rico aus sehen kann.

7

Dominikanische Republik

≫ **Stadtplan S. 144-145, Info S. 159**

Foto: Christian Heeb

INSELRUNDFAHRT

★La Romana

Jahrhunderte lang war die heutige Stadt ★**La Romana** nur ein Dörflein. Juan de Esquivel, ein spanischer Eroberer, erkundete die Region bereits 1502 auf der Suche nach Gold. Nach dieser Zeit passierte nicht mehr viel, bis dann der Zuckerboom auch nach La Romana Geld spülte. Der Ort wuchs zur Stadt heran, ein Hafen wurde gebaut, die US-Firma Gulf and Western errichtete 1930 die größte Zuckerraffinerie des Landes. Die Stadtmitte markiert die Grünanlage **Parque Duarte**. Rund um den Park gibt es buntbemalte Holzhäuser, die einen etwas morbiden Charme ausstrahlen. Nach einem Spaziergang durch die Straßen und der Besichtigung des vielfältigen Warenangebots des **Mercado Modelo** bietet sich der Parque Duarte

Oben: Polospieler im Casa de Campo, dem Luxusresort bei La Romana (Südküste). Rechts: Flanieren wie anno dazumal im Künstlerdorf Altos de Chavón.

als Ort für eine Pause an. Die alten **Hafenanlagen** kann man ebenfalls gut zu Fuß erreichen. Dazu folgt man vom Parque Duarte der Calle Dr. González hinunter zur stark befahrenen Avenida Libertad. Der Hafenbereich liegt unweit vom nicht zu übersehenden **Obelisken**. Dort ist es nicht mehr so gepflegt wie rund um den Park. Von hier starten die Ausflugsboote zur **Isla Catalina** (siehe unten). Einen Besuch wert ist der **Wochenmarkt** in der Oberstadt mit seinen Imbiss-Ständen am Samstagmorgen.

★Isla Catalina

Ein jährlich von Zehntausenden Besuchern angesteuertes Ausflugsziel ist die ★**Isla Catalina**, die direkt vor La Romana liegt. Hier sind vorzügliche Strände und Korallenriffe zu genießen. Auf eigene Faust kann man die einer Reederei gehörende Insel nicht erreichen, man muss sich einer organisierten Tour anschließen. Dafür sind Schnorchelausrüstung, Drinks, Barbecue und Abholung vom Hotel im Preis inbegriffen.

★Casa de Campo

★**Casa de Campo**, die mit Abstand exklusivste Ferienanlage der ganzen Insel, ist eine Schöpfung von Charles Bluhdorn, dem ehemaligen Chef der Gulf and Western Industries. Der Name, der übersetzt eigentlich nur „Landhaus" bedeutet, untertreibt etwas: Casa de Campo erstreckt sich über ein rund 2800 ha großes Areal; das heißt, es würden ungefähr 3500 Fußballfelder darauf passen. Das Ziel war, eine erstklassige Anlage in totaler Abgeschiedenheit für die Zerstreuung der gestressten internationalen Finanzelite zu errichten. So entstanden individuell gestaltete Ferienhäuser, fast tausend Villen, von denen einige sogar Hauspersonal haben.

Zum Zeitvertreib der Oberen Zehntausend stehen drei 18-Loch-**Golfplätze**, darunter der weltberühmte, von Pete Dye entworfene „The Teeth of the Dog", außerdem 13 Tennisplätze, 20 Swimmingpools, **Reitstall** mit Parcours, vier Polofelder, Fitnesscenter, Squashfelder, Tontaubenschießanlage und eine eigene **Marina** zur Verfügung. Neun Restaurants und sieben Bars buhlen um betuchte Gäste, die diese gut bewachte Ferienwelt sogar mit ihrem Privatjet anfliegen können, denn das Luxus-Resort besitzt einen eigenen **Flughafen**. Innerhalb des Anwesens kann man mit kleinen Elektroautos von einem Highlight zum nächsten fahren.

Zur Anlage gehört der palmenbestandene Sandstrand ★**Playa Minitas**, Boote verkehren zu Korallenriffen und weiteren Stränden. Neugierige Besucher können das Resort gegen Eintrittsgebühr besichtigen.

★★Altos de Chavón

Etwa 8 km von La Romana entfernt, an einem Hang, hoch über dem Río Chavón, liegt das Künstlerdorf ★★**Altos de Chavón**. Daher auch der Name, der „Anhöhen von Chavón" bedeutet. Altos de Chavón ist ein 1977 künstlich

Foto: Christian Heeb

geschaffenes Dorf, das in einer weitläufigen Parkanlage angelegt wurde. Der geistige Vater des Ganzen ist wie in Casa de Campo Charles Bluhdorn. Er ließ dieses Dorf nach dem Vorbild einer mediterranen Stadt des 16. Jh. errichten. Zum Teil wurden die Steine aus dem Ausland herangeschafft und speziell behandelt, um einen Patina-Effekt zu erzielen. Schmiedeeiserne Laternen werfen ein diffuses Licht.

In dem Dorf leben und arbeiten dominikanische und ausländische Künstler und Kunststudenten. Sie bieten ihre Kunstwerke in Galerien und Souvenirshops an. Glücklich kann sich schätzen, wer als Bildhauer, Maler oder Kunstgewerbler eines der vielen alljährlichen Stipendien für einen Aufenthalt in Altos de Chavón beziehen darf.

Das Dorfzentrum bildet ein andalusisch anmutender Platz, der, um den mediterranen Charakter zu unterstreichen, „**Piazza**" heißt. Von hier führen markierte Wege zu allen Sehenswürdigkeiten. Bemerkenswert ist das **Theater**, das stolze 5000 Plätze aufweist. Hier

Foto: Rainer Hackenberg

finden gelegentlich Konzerte statt; so traten schon Show-Größen wie Julio Iglesias und Frank Sinatra auf.

Das **Archäologische Museum** (tgl. 9.30-16.30 Uhr) ist der Kultur der Urbevölkerung, den Taínos gewidmet. Fundstücke, Schaubilder und Erklärungen in Englisch und Spanisch informieren über die Lebenswelt der Ureinwohner. Man erfährt z. B., wie sie Farben und Pfeilgifte herstellten, ihre Ballspiele regelten und wie ihre Kultgegenstände und Werkzeuge aussahen.

Von Restaurantterrassen bietet sich ein schöner Blick auf den **Río Chavón**, der sich tief unten im Tal durch das dichte Grün des Dschungels schlängelt. Ein Bummel durch die Anlage versetzt den Besucher in eine andere Welt, der Kontrast könnte kaum größer sein: hier das am Reißbrett geschaffene „mediterrane" Dorf, draußen die dominikanische Dritte-Welt-Realität.

Oben: Der Rio-Limón-Wasserfall auf der Halbinsel Samaná. Rechts: Playa Punta Cana – für Merengue-Rhythmen ist gesorgt.

Halbinsel ★Samaná

Die Halbinsel ★**Samaná** im Osten wurde zwar längst von Touristen entdeckt, ist aber noch immer Heimat von Bauern und Fischern. **Santa Barbara de Samaná**, einst ein Fischerdorf, wurde im Zug der Entwicklung zum Kreuzfahrthafen zu einem von Betonbauten geprägten Städtchen. Am Meer entschädigen jedoch Haine aus Kokospalmen, und im Dickicht der Wälder wilde Mangos und Bananen. Landeinwärts stürzt aus 49 m Höhe der **Rio Limón-Wasserfall** herab.

Von der Samaná-Bucht kann man mit der Fähre zu einem Resorthotel auf dem hübschen, viel besuchten Inselchen ★★**Cayo Levantado** übersetzen. Der ★★**Los Haïtises-Nationalpark** an der Mangrovenküste gegenüber bietet eine Tropfsteinhöhle mit **Felsgravuren** der Tainos.

Region ★★Punta Cana

Wer von Higüey nach ★**Punta Cana** fährt, erlebt ein sich stark veränderndes

Foto: Paul Spierenburg

Bild der Landschaft. Es variiert zwischen staubiger Kargheit und tropischem Grün. Man streift kleine Dörfer, Holzhütten mit winzigen Gärtchen liegen verstreut in der Landschaft.

Der Name *Punta Cana* bezeichnete ursprünglich nur die äußerste Ostspitze der Insel. Heute steht er jedoch für die gesamte **„Kokosnussküste"** mit ihren sich über 50 km erstreckenden fantastischen ★**Sandstränden** von Punta Cana, Playa Bávaro und Playa del Macao – feinster weißer Sand, Meeresrauschen, endlos erscheinende Palmenwälder und kristallklares, türkises, warmes Wasser.

Zweifelsohne ist dies eine der schönsten Strandzonen der gesamten Karibik – und eines der Lieblingsurlaubsziele der Clintons. Zur Spring-Break-Zeit verjüngt sich das Publikum, denn dann vergnügen sich hier lautstark nordamerikanische Studenten.

1987 wies die Statistik gerade mal ein paar Tausend Gäste aus Deutschland auf, bis zum Jahr 2000 schnellte die Zahl dann auf rund 450 000 deutsche Touris-

ten hoch. Um die gestiegene Nachfrage bedienen zu können, wurde die holprige Provinz-Landepiste zum internationalen Flughafen *Punta Cana* ausgebaut. Seitdem können hier auch die Jets aus Europa landen und die Urlauber direkt an den Stränden abliefern.

Spanische Hotelketten erkannten den Trend als erste und ließen erstklassige Resorts in der schon fast kitschig schönen Strandzone von Punta Cana bauen. Sie errichteten Hotelkomplexe, die sich erfreulich angenehm in das Landschaftsbild einfügen, also keine Hochhäuser, sondern gelungene Anlagen in üppigen Palmenwäldern.

Neben den Hotelanlagen gibt es jedoch keine gewachsenen Orte; bis zur nächsten Stadt, Higüey, sind es rund 50 Kilometer (40 Minuten Fahrt).

Der gesamte Küstenabschnitt ist ein Paradies für Taucher, denn an dem vorgelagerten, etwa 30 km langen **Korallenriff** sind im Lauf der Geschichte etliche Schiffe gesunken, und zahlreiche **Tauchbasen** bieten Ausflüge zu den **Wracks** an.

DOMINIKANISCHE REPUBLIK

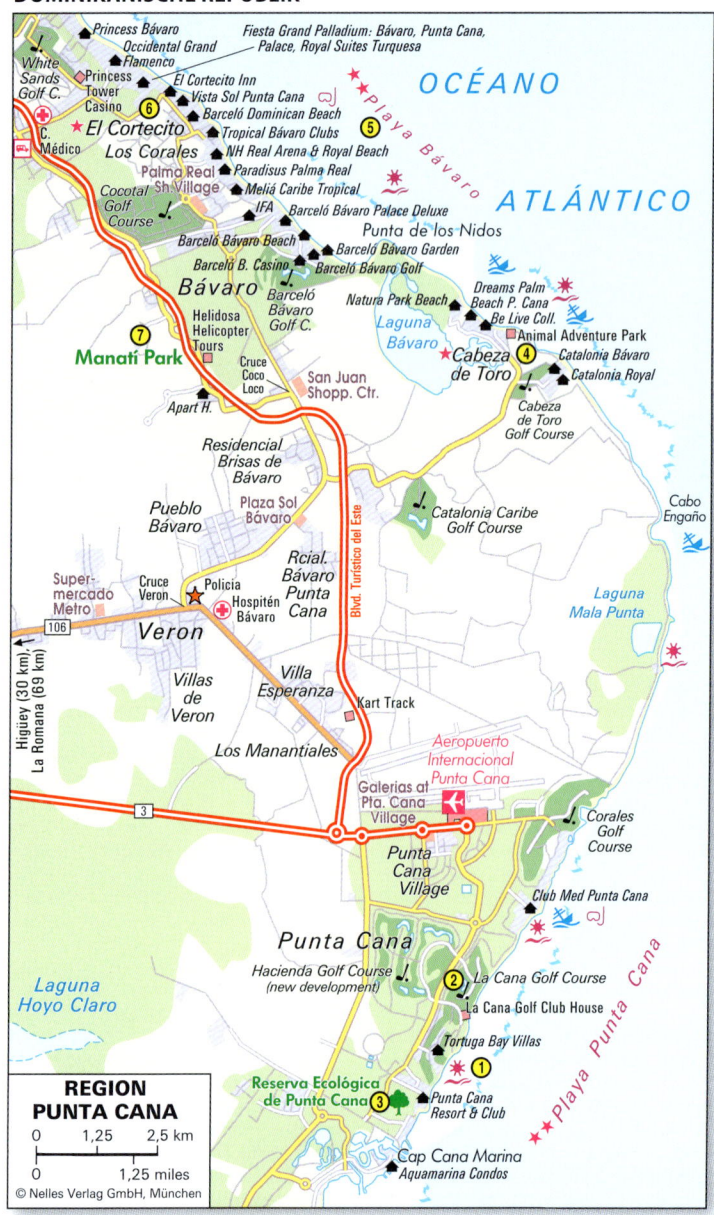

Princess Bávaro
Occidental Grand
Flamenco
White Sands Golf C.
Princess Tower Casino
El Cortecito Inn
Vista Sol Punta Cana
Barceló Dominican Beach
Tropical Beach Clubs
NH Real Arena & Royal Beach
Paradisus Palma Real
Meliá Caribe Tropical
IFA
Barceló Bávaro Palace Deluxe

Fiesta Grand Palladium: Bávaro, Punta Cana, Palace, Royal Suites Turquesa

6 El Cortecito
Los Corales
Palma Real Sh. Village
Cocotal Golf Course

OCÉANO
Playa Bávaro
ATLÁNTICO

C. Médico

Punta de los Nidos
Barceló Bávaro Beach
Barceló Bávaro Garden
Barceló B. Casino
Barceló Bávaro Golf

Bávaro
Helidosa Helicopter Tours
7 Manatí Park
Barceló Bávaro Golf C.

Natura Park Beach
Dreams Palm Beach P. Cana
Be Live Coll.
Animal Adventure Park
4 Catalania Bávaro
Catalonia Royal

Cabeza de Toro

Cruce Coco Loco
San Juan Shopp. Ctr.
Apart H.

Cabeza de Toro Golf Course

Cabo Engaño

Residencial Brisas de Bávaro

Catalonia Caribe Golf Course

Pueblo Bávaro
Plaza Sol Bávaro

Rcial. Bávaro Punta Cana

Laguna Mala Punta

Supermercado Metro
Cruce Veron
Policia
Hospitén Bávaro

Veron

Blvd. Turístico del Este

Higüey (30 km), La Romana (69 km)
106

Villas de Veron
Villa Esperanza
Kart Track

Los Manantiales

Aeropuerto Internacional Punta Cana

3

Galerias at Pta. Cana Village

Corales Golf Course

Punta Cana Village

Club Med Punta Cana

Punta Cana

Laguna Hoyo Claro

Hacienda Golf Course (new development)

2 La Cana Golf Course
La Cana Golf Club House

1 Tortuga Bay Villas

Reserva Ecológica de Punta Cana
3 Punta Cana Resort & Club

Playa Punta Cana

REGION PUNTA CANA

0   1,25   2,5 km

0   1,25 miles

© Nelles Verlag GmbH, München

Cap Cana Marina
Aquamarina Condos

★Playa Punta Cana

Der weiße, feinsandige, durch Riffe geschützte Strandabschnitt ★**Playa Punta Cana** ① ist relativ klein und liegt nahe der Ostspitze. Hier herrscht kein Trubel, es gibt nur wenige Hotelkomplexe, u. a. das *Punta Cana Beach Resort* und die Anlage des *Club Med*. Dazwischen erstreckt sich der **La Cana Golf Course** ②.

In der Nähe des *Punta Cana Beach Resort* kann man sich in der **Reserva Ecológica de Punta Cana** ③ den lohnenden, geführten Exkursionen anschließen. Der Park bietet zahlreichen Tier- und Pflanzenarten der Region einen geschützten Lebensraum.

Kleine Pfade schlängeln sich durch den **Indigenous Eyes Park** – üppiger tropischer Wald mit elf Frischwasser-Lagunen. In den **Experimental Gardens** kann man einheimische Obst- und Gemüsesorten kennenlernen und auch probieren. Die **Iguana Farm** kümmert sich um die Aufzucht des Nashorn-Leguans und um die Wiederbesiedlung der Region mit dieser endemischen Leguan-Art. Außerdem gibt es einen **Streichelzoo**, und das **Visitor Center** stellt Karten, Fotos und Insekten aus. Auch **Pferdeausritte** durch den Nationalpark und entlang der Küste werden organisiert.

★★Playa Bávaro

Einige Kilometer weiter nördlich von Punta Cana folgen die Badestrände von ★**Cabeza de Toro** ④ und das Tourismuszentrum ★**Playa Bávaro** ⑤ mit dem relativ dicht bebauten Strandabschnitt von ★**El Cortecito** ⑥.

Die Strände sind zwar etwas abgelegen – bis Higüey sind es über 50 km –, aber für Abwechslung ist dennoch gesorgt. Neben erstklassigen Hotelanlagen mit ein paar tausend Betten findet man alle wichtigen touristischen Einrichtungen: Banken, Supermarkt (u. a. preisgünstige Zigarren!), Souvenir-

shops, Massagesalons, Casino, Arztpraxen, Autovermietungen, großzügige Pool-Landschaften und natürlich ein reichhaltiges Angebot an Wassersportmöglichkeiten, Golf, Tennis und Reiten. Für das leibliche Wohl sorgen hoteleigene und externe Restaurants und Bars. Die Hotels liegen alle eingebettet in die Natur. Kein Betonbunker überragt die Palmen oder verschandelt die Landschaft.

Um das Angebot an Luxus-Golfresorts für die international wachsende Gemeinde der Golftouristen zu erweitern, plant die Hotelgruppe *White Sands Golf & Beach Resorts* hier den Bau eines 125 Zimmer großen Boutique-Hotels mit einem eigenen 18-Loch-Golfplatz, Clubhaus, Hubschrauber-Landeplatz, Tennisplätzen, Villen- und Apartmentviertel sowie einer Einkaufszone ganz im Stil eines italienischen Dorfes.

Abwechslung verspricht der **Manatí Park** ⑦ in der Nähe des Hotels *Fiesta Bávaro* (Tel. 809-221-9444). Der Ökopark dient in erster Linie dem Erhalt und der Nachzucht verschiedener Tiere wie Kolibris, Tukane, Flamingos, Leguane, Schildkröten und zahlreicher Fischarten. Auch ein **Botanischer Garten** sowie ein nachgebildetes **Dorf** der dominikanischen Ureinwohner, der **Taínos**, kann hier besucht werden. In der Kritik steht der Park wegen der angebotenen **Delfinshow**. Tierschützer bemängeln immer wieder die nicht artgerechte Haltung der Tiere, die sich in den engen Becken kaum ausreichend bewegen können.

Nach dem Relaxen am Strand bietet sich ein Abstecher ins Nachtleben an, das sich hauptsächlich in den hoteleigenen Bars und Diskos abspielt. Wer mag, kann sein Glück in einem der **Spielcasinos** versuchen – etwa im *Ríu Palace*, *Barceló Bávaro*, *Paradisus* oder *Catalonia* –, allerdings sollte man Keno-Spiele meiden.

Große Teile des Areals sind bewacht, und dominikanischen Händlern ist vielerorts der Zutritt verboten.

7

Dominikanische Republik

Foto: Michael Friedel

Foto: Christian Heeb

★Playa del Macao

Die **★Playa del Macao** ist der nördlichste Punkt der Region Punta Cana. Eine Piste schlängelt sich von der Playa Bávaro, entlang dem Meer durch Palmenwald bis zu diesem schönen, 2,5 km langen Strandabschnitt nahe dem Fischerdorf El Macao.

Auch hier ist die Küste von Palmen gesäumt, das leuchtend smaragdgrüne Meer ist aber nicht ganz so ruhig wie bei Punta Cana, mit Strömungen ist zu rechnen. Mehrere Hotelanlagen der spanischen Ríu-Kette sind bereits entstanden, so das schicke *Palace Macao* mit mehr als 700 Zimmern. An der Playa del Macao liegt auch *Coco's*, eine sehr rustikale *Cabañas*-Anlage, die preiswerteste Unterkunft der ganzen Gegend. Sie befindet sich etliche Kilometer von den Hotel-Komplexen entfernt – wenn

Oben: Im Tourist Bazar des Bernsteinmuseums in Puerto Plata gibt es edlen Schmuck (hier: Larimar). Oben rechts: Kunstfertig sind die Holzhäuser verziert. Rechts: Die Fortaleza San Felipe, Puerto Plata.

es eine Steigerung von Einsamkeit gibt, dann hier.

Wer von Playa Bávaro per Jeep durch Palmenwälder 20 km nach Nordwesten bis zum Fischerdorf **El Macao** gekommen ist, sollte – noch weiter nordwestlich – den schönen, einsamen Strand am **Boca de Maimon** besuchen.

Von El Macao führt eine Teerstraße 11 km weit ins Landesinnere, vorbei an Dörfern und Weiden, bis zur Kreuzung in **La Cruz del Isleño**. Dort biegt man links ab, die Ausschilderung weist dann den Weg zurück zu den Hotels und Stränden von Playa Bávaro.

Nach Santiago und an die Nordküste

Die Straße von Santo Domingo nach Santiago durchquert zwei Gebirge, die **Cordillera Central** und die **Cordillera Septentrional** und dazwischen das **Cibao-Tal**, das von Kleinbauern bewirtschaftet wird. **Costanza** und **Jarabacoa** sind Hochlandstädte, die sich wachsender Beliebtheit bei den Dominikanern erfreuen. Bei Costanza befinden sich die **Aguas Blancas**, zwei hübsche Wasserfälle in einer Gegend mit guten Gelegenheiten zum Schwimmen und Wandern. Der **Jimenoa-Wasserfall** stürzt ca. 30 m in die Tiefe, er liegt bei **El Salto**. Jarabacoa ist traditionellerweise der Ausgangspunkt für Besteigungen des 3098 m hohen ★**Pico Duarte**, Bergführer findet man direkt in der Stadt.

La Vega ist die größte Stadt im Cibao-Tal. Vor der Stadt liegen die Ruinen von **Vega Real**, einer längst verlassenen Siedlung aus der Kolumbus-Zeit.

Santiago, mit 550 000 Einwohnern die zweitgrößte Stadt des Landes, ist weniger turbulent als die Hauptstadt. Hierher kommen nicht viele Touristen, und damit auch weniger Schlepper. Statt dessen findet man hier prachtvolle alte Gebäude, außerdem das **Museo del Tabaco**, in dem die Herstellung von Zigarren demonstriert wird, und das **Museo de Arte Folklórico** mit Volkskunst und Handwerk.

Von Santiago bis zur haïtianischen Grenze fährt man bis **Monte Cristi** durch Trockensavannen. Nordöstlich dieser Stadt befindet sich der **Parque Nacional Monte Cristi**, ein wahres Vogelparadies.

Puerto Plata

Puerto Plata ist die Hauptstadt der gleichnamigen Provinz und mit über 130 000 Einwohnern die größte Stadt an der tropisch warmen Nordküste, etwa 20 km südöstlich liegt der internationale Flughafen *Gregorio Luperón*. Der historische Ortskern hat durchaus seinen Reiz, den ihm auch die vielen kolonialen Holzhäuser und eine trutzige Festung verleihen.

Puerto Plata wurde von Nicolás de Ovando 1502 gegründet, zehn Jahre nachdem Kolumbus und seine Männer zum ersten Mal den Fuß auf die Insel gesetzt hatten. Nur ein Jahrhundert nach der Entdeckung war Puerto Plata als Versteck für Schmuggler und Piraten so verrufen, dass der spanische König be-

Foto: Christian Heeb

fahl, den Hafen und die Siedlung komplett zu zerstören.

Mitte des 18. Jh. wurde Puerto Plata wieder besiedelt – durch Einwanderer von den Kanarischen Inseln. Der Hafen wurde nun zum Warenumschlagplatz für Zucker, Rum, Tabak und edle Hölzer. Ein gewisser Wohlstand konnte sich entwickeln. Mitte der 1970er Jahre begann der nächste Investitionsschub: Der Tourismus wurde massiv gefördert.

An Sehenswürdigkeiten sei zunächst die ★**Fortaleza San Felipe** ① genannt. Bereits 1541 hatten die Spanier mit ihrem Bau an strategisch günstiger Stelle begonnen. Später diente die Festung auch als Gefängnis. Ein kleines **Militärmuseum** ist hier untergebracht. Wer die Fortaleza besichtigt, genießt einen schönen Blick aufs Meer. Der nahe **Leuchtturm** wurde im Jahr 1879 erbaut.

Unterhalb der Festung am Meer steht ein **Gedenkstein** mit den Namen der 189 meist deutschen Todesopfer, die hier 1996 beim Absturz eines Birgenair-Urlauberjets ums Leben kamen.

7

Dominikanische Republik

Es sind nur wenige Minuten Fußmarsch von der San Felipe-Festung bis zum Stadtkern, dem **Parque Central** ②. Dies ist ein lebhafter Platz mitten in der Altstadt. Ein paar Cafés laden dazu ein, dem Treiben aus leichter Distanz zuzuschauen, auch das Restaurant *Plaza Los Mésones* ist ein beliebter Treffpunkt. In der Mitte des Platzes erhebt sich ein kunstvoller Pavillon, die ★**Glorieta Victoriana**, der 1872 errichtet wurde. Hier treffen sich die Alten und die Schuhputzer, die Zeitungsverkäufer und die Touristen, der Bettler und der *Fríofríoman*, der traditionelle Eisverkäufer mit seinem kleinen Karren.

Wie in Santo Domingo beherrscht auch hier eine Kirche die Südseite des Zentralplatzes; **San Felipe** ③ ist allerdings nur wenige Jahrzehnte alt und zeigt Stilelemente des Art déco. Älteres findet man in den Seitenstraßen des Platzes; dort locken einige schöne **Holzhäuser**.

Im Zentrum befindet sich das bekannte **Bernsteinmuseum**, das ★**Museo del Ámbar Dominicano** ④. Bernstein kommt auf Hispaniola häufig vor, in Farben von goldgelb bis dunkelbraun. Aber wer hätte gedacht, dass es Bernstein auch in Blau gibt? Im oberen Stockwerk des Museums sind wertvolle Exponate ausgestellt, deren Glanzstück eine in Bernstein konservierte Eidechse ist. In der unteren Etage gibt es den **Tourist Bazar**, in dem man Bücher, Sou-

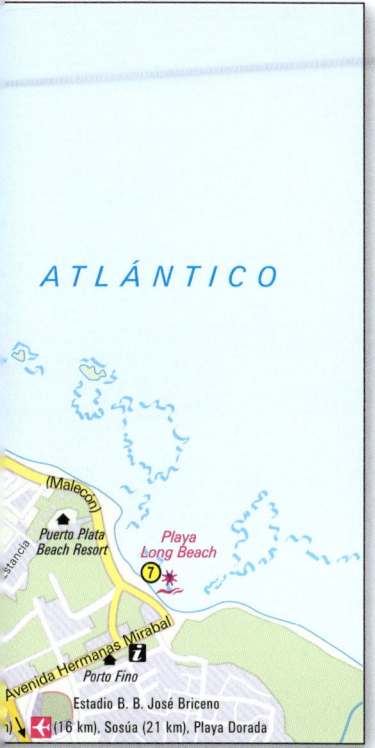

ATLÁNTICO

(Malecón)

Puerto Plata
Beach Resort

Playa
Long Beach

⑦

Avenida Hermanas Mirabal

Porto Fino

Estadio B. B. José Briceno

(16 km), Sosúa (21 km), Playa Dorada

nur schwach befahren wird. Am Long Beach warten einige Lokale und das älteste Hotel der Stadt, „*Beach*", auf Gäste. Er windet sich etliche Kilometer entlang der Küste und geht weiter im Osten in die weite Playa Dorada über.

Von nahezu jedem Punkt der Stadt ist der ★**Pico Isabel de Torres** zu sehen. Auf der Spitze des 793 m hohen Bergs breitet sich eine überdimensionale **Christusfigur** ihre Arme aus, ein Anblick den man von Rio de Janeiro kennt. Eine **Gondelbahn** (*Teleférico*), die einzige in der Karibik, bringt Besucher rasch nach oben – zu Fuß dauert es zwei Stunden. Über die artenreiche Bergflora informiert auf dem Gipfel ein kleiner **Botanischer Garten**.

Wer sehen will, wie das „Gold der Karibik", der Rum, hergestellt wird, sollte die Rumbrennerei **Brugal** besuchen. Zu finden ist sie etwas außerhalb in der Avenida Luís Ginebra, jeder Taxifahrer kennt den Weg. Nach einer Führung mit hochprozentigen Kostproben können Souvenirs und natürlich Rum in Flaschen erworben werden.

Santuario del Banco de la Plata

Das Korallenriff „Silberbank" liegt 140 km nördlich von Puerto Plata im Atlantik. Ihr Name **Banco de la Plata** soll daher rühren, dass früher reich beladene spanische Schiffe zu Dutzenden hier aufliefen. Hier versammeln sich alljährlich Tausende **Buckelwale**, um sich zu vermehren. So sind jedes Frühjahr an der Silberbank und vor der Halbinsel Samaná Walkühe mit Nachwuchs anzutreffen. Mehrere Veranstalter bieten *Whale Watching* an.

Playa Dorada, ★Sosúa, ★Cabarete

Playa Dorada ist ein modernes Urlaubsgebiet östlich von Puerto Plata, das erst seit etwas mehr als zwei Jahrzehnten existiert. Mit inzwischen mehr als 75 Hotelanlagen gehört es zu den aufstrebenden touristischen Zielen der

7

Dominikanische Republik

venirs und Bernsteinartikel erwerben kann. Die Sammlung ist in einer herrlichen alten **Kolonialvilla** in der Calle Duarte untergebracht.

Etwas außerhalb des Zentrums an der Calle El Morro liegt die **Markthalle** ⑤ (*Mercado Municipal*). In ihr geht es ziemlich rustikal zu, neben Obst, Gemüse und Fleisch liegen Gebrauchsgegenstände aus – ein Markt für Einheimische und interessierte Ausländer.

Von der Fortaleza San Felipe führt der **Malecón** ⑥, die Uferpromenade (Avenida Gregorio Luperón), 3 km am Meer entlang zum Stadtstrand **Long Beach** ⑦. Der Malecón von Puerto Plata hat kein Flair, aber man kann hier entspannt flanieren, weil diese Avenida

Foto: Udo Rein

Karibik. Naturbelassener Sandstrand findet sich im **Playa Grande**-Gebiet, östlich von Playa Dorada.

★**Sosúa**, 16 km östlich von Puerto Plata hat zwei Gesichter: neben dem lauten Stadtteil **El Batey** existiert über der Bucht das stillere **Los Charamicos**, eine Gründung deutscher Juden, die ab 1939, auf der Flucht aus Hitler-Deutschland, auf Einladung von Generalissimo Trujillo, hier niederließen und u. a. Bäckereien und Metzgereien gründeten.

Die Strände zwischen Puerto Plata und Sosúa sind meist leer. An der **Playa Sosúa** dagegen bieten fliegende Händler Souvenirs oder landestypische Snacks wie Huhn, Austern oder Früchte an. Hier gibt es kleine Hotels, gute Restaurants und Straßencafés.

Die Strände von ★**Cabarete**, einst ein Geheimtipp, ziehen heute viele Kite- und Windsurfer an. Hier gibt es Strandbars und Diskotheken, Hotels und Touristenrummel.

Oben: Präkolumbische Felsritzungen nahe dem Lago Enriquillo.

Der Südwesten

Dieser einzigartige Landesteil ist etwas für Abenteuerlustige. Stellenweise Trockengebiet und manchmal recht kahl, ist er vom Tourismus so gut wie unberührt und bietet Einblicke in das dominikanische Leben und seine Kultur. In **San Cristóbal** wurde der Diktator Rafael Leonidas Trujillo geboren. Hier steht sein Landhaus **Casa las Coabas** sowie das **Castillo del Cerro**, eines seiner Anwesen. Zuckerrohrfelder, kaktusübersätes Bergland und ärmliche Fischerdörfer mit stillen Stränden liegen auf dem Weg zum ★**Jaragua-Nationalpark** (mit mehr als 130 unterschiedlichen Vogelarten) bzw. zur **Isla Beata**.

In **Barahona**, einer Hafenstadt an der Neiba-Bucht, wurde 1996 ein internationaler Flughafen eröffnet. Die ★**Isla Cabritos**, ebenfalls ein Nationalpark, befindet sich inmitten des **Lago Enriquillo**, eines Salzsees, der 42 m unter dem Meeresspiegel liegt. Dort kann man Alligatoren, Leguane und Vögel beobachten.

DOMINIKANISCHE REPUBLIK
(☎ 001 809)

ℹ Dominikanisches Fremdenverkehrsamt, Hochstr. 54, D-60313 Frankfurt, Tel. 069 / 91 39 78 78, Fax 069 / 283-430. Weitere Informationen finden Sie im Nelles Guide zur Dominikanischen Republik, ISBN 3-88618-010-7.

ANREISE: Nonstop-Verbindungen ab Deutschland bedienen Passagierjets von Condor und Air Berlin; Martinair ab Amsterdam; Swiss ab Köln und Zürich. Zielflughäfen sind La Romana, Santo Domingo, Samaná, Puerto Plata und Punta Cana.

TAXIS: Vor Fahrtantritt immer den Preis aushandeln. Busse von Metro und Caribe Tours sind mit Klima-Anlage und TV ausgestattet, zuverlässig und preisgünstig; Reservierung ist ratsam. Noch billiger sind *Motochonchos*, Moped-Rikschas für bis zu vier Personen.

Internationale Autoverleiher wie Avis, Budget oder Hertz sowie örtliche Firmen halten Mietwagen bereit.

ZOLL, FORMALITÄTEN UND GELDWECHSEL: Bürger der EU und Schweizer benötigen einen noch mindestens drei Monate gültigen Reisepass; am Flughafen bekommen Sie eine *tourist card* für US \$10. Bei Abreise ist eine *departure tax* von US \$10 zu zahlen.

Landeswährung ist der **Dominican Peso**. (1 Euro ≈ 50 Dominikanische Peso; aktueller Kurs: xe.com).

STROM: 110 V, 60 Hz, amerikanische Flachstecker; Adapter erforderlich.

SANTO DOMINGO

🍴 **Vesuvio I**, Avenida George Washington 521, Santo Domingo, Tel. 221-1954, www.vesuvio.com.do.
Pat'e Palo, gilt als die älteste Taverne der Neuen Welt, Plaza España, Zona Colonial, Tel. 687-8089, www.patepalo.com.

🍸 Szenebars im schicken Ausgehviertel Naco wie das **Trio Café**, Abraham Lincoln, Ecke Lope de Vega, Tel. 412-0964, sind lohnende Ziele für alle Nachtschwärmer.

Santo Domingo bietet in der Dominikanischen Republik die größte Auswahl an Diskotheken.

In der schnell wechselnden Szene zählen die Clubs **Hard Rock Café** am Columbus-Platz, El Conde 103, (Blue Mall, 4. Stock, Av. Winston Churchill 80, 12-24 Uhr, Mo geschl., Tel 686-7771, www.hardrock.com) und **Nowhere Bar** (Calle Hostos 205, Hip-Hop, Tel. 877-6258) zu den angesagten Treffpunkten eines jungen Publikums.

PUERTO PLATA / PLAYA DORADA

🍴 **Los Charros y Los Pinches Chaparros**, familienfreundliches Barbecue-Restaurant mit regionaler und mexikanischer Küche, tgl. 11-22 Uhr, Reservierung empfohlen, Confresi Beach 5, Puerto Plata, Tel. 970-3332.
Los Tres Cocos, zeitgemäße internationale Küche mit freundlichem Service, Las Rocas Confresi, Puerto Plata, Tel. 970-7627.

🍸 In Playa Dorada sind die Nightspots Teil der Beachresorts, z. B. **Crazy Moon** (Paradise Beach Club & Casino, Tel. 320-3663) oder **Mangú** (Jack Tar Village, Tel. 320-3800).

LA ROMANA

🍴 **La Piazetta**, elegantes, romantisches Gourmetrestaurant, teuer; Casa de Campo, Altos de Chavón, Tel. 523-8698.
La Casita, familienfreundlich und preiswert, mediterrane Küche, Calle Francisco Richia 57, Tel. 556-5932.

SAMANÁ / LAS GALERAS

🍴 **Antorcha Restaurant & Bar**, beliebtes Terrassenrestaurant, tgl. 9-23.30 Uhr, Plaza Pueblo Prinzipe, Av. La Marina 1, Samaná.

BOCA CHICA

🍴 **Neptuno's**, Fisch- und Fleischgerichte in romantischer Atmosphäre, unter deutscher Leitung; am Ostende des Ortes, Tel. 523-4703, www.neptunos.com.do.

7

Dominikanische Republik

Foto: Claudia Dewald (iStockphoto)

HAÏTI

PORT-AU-PRINCE
JACMEL

HAÏTI

Landeskunde

2010 war für Haïti ein Katastrophenjahr: Das schwerste **Erdbeben** seit Menschengedenken erschütterte im Januar das verstädterte Gebiet um die Hauptstadt **Port-au-Prince** im Süden und forderte dort Hunderttausende Todesopfer; der ganze Norden blieb aber verschont. Mitte September löste ein schwächeres Beben erneut Panik unter der Bevölkerung aus. Im Oktober brach die Cholera aus, im November nahm Hurrikan Tomas Kurs auf Haïti.

Ausländer, die sich seither hierher trauen, kommen meist, um humanitäre Hilfe zu leisten. Oder es sind erfahrene Traveller, die Exotik suchen – bereit, auf Luxus zu verzichten und Risiken einzugehen. In Port-au-Prince, nahe dem Beben-Epizentrum von 2010, muss man aber schon sehr hartgesotten sein, will man angesichts von Zerstörung und Armut in Urlaubsstimmung kommen. Im abgeschotteten Kreuzfahrthafen und Strandresort **Labadie** im Norden jedoch ist die Urlaubswelt heil geblieben, man freut sich dort mehr denn je über

Links: Diese Familie aus Port-au-Prince wurde durch das schwere Erdbeben 2010 obdachlos und lebt nun in einem provisorischen Zeltcamp.

kaufkräftige, spendable Kreuzfahrer.

Auf Haïti sind die Menschen stärker mit ihren afrikanischen Wurzeln verbunden als die Bewohner anderer Inseln; der Einfluss Nordamerikas ist weit weniger augenfällig, Sprache und Landeskultur weitgehend französisch inspiriert. Neunzig Prozent der Bevölkerung haben Wurzeln in Schwarzafrika, und der Großteil der übrigen zehn Prozent sind Kreolen, stolze Nachkommen ehemaliger Sklaven und weißer Kolonialherren.

Haïti nimmt das westliche Drittel, die „DomRep" den Rest der Insel **Hispaniola** ein, die nach dem benachbarten Kuba die zweitgrößte Insel der Karibik ist. Das gebirgige Haïti ist bekannt für seine lebendige Kunst, die afro-karibische Mystik und die französisch beeinflusste Küche.

Geschichte

Christoph Kolumbus ankerte in der Nähe der heutigen Stadt Mole St. Nicolas und entdeckte Hispaniola auf seiner ersten Reise am 5. Dezember 1492. Erste Versuche der Kolonialisierung schlugen zwar fehl, aber schließlich gelang es den Spaniern doch, die Insel zu erobern. Nachdem sie bei der Goldsuche Hunderttausende der einheimischen Arawak-Indianer versklavt, niedergemetzelt oder deportiert hatten,

» Karte S. 162-163, Info S. 171

161

Passe du Vent
(Windward Passage)

Golfe de la Gonâve

Cap du Môle

Môle-Saint-Nicolas

Pointe la Plateforme

Pointe-des-Lataniers

Pointe Ouest

ÎLE DE LA GONÂVE

Cap Rose

Jérémie

Anse-du-Clerc

Dame Marie

Chambellan

Anse-d'Hainault

Patate

Parque N. Macaya

Pic de Macaya 2347

Cap des Irois

Tiburon

Marcelline

Les Anglais

Forteresse des Platons

Le Prêtre

Les Coteaux

Port Salut

L' Acul

Pointe l' Abacou

GRANDE CAYEMITE

La Bastille

Pestel

Baie des Baradères

Petite-Trou-des-Nippes

Grande-Rivière-de-Nippes

Baradères

Mirago

Fond-des-Nègres

Saint-Louis-du-Sud

Vieux Bourg

2

94

Les Cayes

Laborieu

Baie des Cayes

ÎLE À VACHE

Canal

ÎLE DE LA TORTUE

t-de-Paix
Cayonne
Saint-Louis-du-Nord
1183
Le Borgne
★Labadie
★Cormier
Cabo del Morro
Monte Cristi
La Boutique
Labadie
CAP-HAÏTIEN
Parque Nacional
Monte Cristi
Limbé
Pepillo
Salcedo
Fort Liberté
Gros-Morne
Milot
Palais Sans
Souci
Copey
121
Plaisance
★★La Citadelle
Pic La
Ferrière
910
Trou-du-Nord
Quanaminthe
Dajabón
Gonaïves
Ennery
Saint-Raphaël
Vallières
Mont
Organisé
Loma de
Cabrera
Stgo.
de la Cruz
18
Baie de
Gonaïves
L'Estère
Saint-Michel-
de-l'Attalaye
Pignon
Restauración
HAITI
1210
Laville
Petite-Rivière-
de-l'Artibonite
Bassin Zim
Hinche
Pedro
Santana
Amani-Y
Saint-Marc
Desarmes
1580
Thomassique
DOMINICAN
Los Rinconcitos
Las Matas
de Farfán
Montrouis
L. de
Péligre
Ouanga-
Kaliko
Kyona
LES ARCADINS
Mirebalais
Croix Fer
Comendador
Arcahaie
Cabaret
Honde Valle
El Cercado
REPUBLIC
Baie de
Port-au-Prince
Étang
Saumâtre
P. N.
Sierra de Neiba
2279
PORT-AU-
PRINCE
Boutillier
Las Lajas
La Descubierta
CARREFOUR
DELMAS
★Pétion-Ville
Fort
Parisien
★Taino Beach,
Sun Beach
Petit
Goâve
Grand
Goâve
Dufort
Kenscoff
Fort Jacques,
Fort Alexandre
Malpasse/
Mal Passo
Lago
Enriquillo
Parque Nac.
Isla Cabritos
48
Relais de
l'Empereur
204
Épicentre of
Earthquake
on January 12,
2010
Furcy
Duvergé
Puerto
Escondido
Bassin Bleu
(Waterfalls)
Pic La Selle
2674
102
Parque
Nacional
Sierra de
Baoruco
La Vallée
Marigot
Belle-Anse
Thiote
SIERRA DE BAORUCO
Bainet
Jacmel
Baie de
Jacmel
Cycadier Cove,
Congo,
Raymond-
les-Bains

HAITI	
0	20 km
0	10 miles

© Nelles Verlag GmbH, München

verschleppten sie afrikanische Sklaven hierher, die auf den sonnengepeinigten Plantagen dieser fruchtbaren Insel zur Zwangsarbeit gezwungen wurden. 1697 musste Spanien den Westteil Hispaniolas an die Franzosen abtreten, die weiterhin Sklaven hierherbrachten.

Die Ideale von Freiheit, Gleichheit und Brüderlichkeit der Französischen Revolution waren zwar offenbar nicht für die Kolonien in Übersee gedacht, aber die schwarzen Leibeigenen auf Haïti begriffen durchaus den Sinn dieser Worte und begannen ihren eigenen Freiheitskampf gegen die weiße Oberschicht.

Toussaint Louverture (1743-1803) war als Enkel eines afrikanischen Häuptlings ein Sklave königlicher Abstammung und wurde zu einem Anführer der Aufständischen. Er befehligte eine schwarze Miliz und schlug die französischen Truppen, die zur Unterdrückung der Revolte auf die Insel gesandt wurden. Zuerst auf der Seite der Spanier, schloss er sich 1794 den Franzosen an, nachdem er die Sklaven befreit hatte. Später jagte er die Briten von der Insel. Zunächst hatte er auch die Zustimmung Frankreichs. Als Louverture 1801 aber daran ging, die Sklaverei abzuschaffen und eine eigene Verfassung zu schreiben, entsandte Napoleon eine Armee, um die widerspenstige Kolonie zur Räson zu bringen. Während die Einwohner Haïtis zunächst Widerstand leisteten, war Louverture bereit, über einen Waffenstillstand zu verhandeln. Auf dem Weg ins französische Hauptquartier wurde er entführt und nach Frankreich verschleppt, wo er starb. Andere haïtianische Führer – Jean-Jaques Dessalines, Henri Christophe und Alexandre Pétion – nahmen seinen Platz ein.

Am 1. Januar 1804 erklärte Haïti seine Unabhängigkeit und wurde damit die erste schwarze Republik Amerikas und die zweite Nation dort, die nach den USA das Joch des europäischen Kolonialismus abschüttelte. Dessalines, der Nachfolger von Louverture, wurde erster Kaiser Haïtis, aber nach seiner Ermordung wurde das Land 1806 geteilt: Henri Christophe, der das Vorbild für Eugene O'Neills *Emperor Jones* war, regierte die Schwarzen im Norden und nannte sich Kaiser Henri I. Er versklavte erneut Schwarze, während Pétion die Mulattenrepublik im Süden mit mehr Güte regierte.

Haïti war 1822-44 mit dem Osten (heute Dominikanische Republik) vereinigt. Es wurde im Lauf der Zeit von 22 Diktatoren regiert, meist herrschte Gewalt und Anarchie. Die Ermordung von Präsident Guillaume Sam führte 1915 zur Besetzung durch die USA, die bis 1934 andauerte; die Wirtschaft wurde noch bis nach dem II. Weltkrieg von den USA kontrolliert. Diese hievten 1957 François *„Papa Doc"* Duvalier an die Macht. Dieser Diktator terrorisierte das Land mit Hilfe seiner *Tontons-Macoutes*-Schlägerkommandos, und die Bevölkerung verelendete noch weiter. Nach seinem Tod 1971 trat sein Sohn Jean-Claude *„Baby Doc"* Duvalier seine Nachfolge an und regierte 15 Jahre lang, bis er wegen heftiger Unruhen 1986 ins Pariser Exil gehen musste.

Failed State?

In den folgenden Jahren regierten verschiedene Präsidenten, die immer wieder durch Putsche des Militärs vertrieben wurden, bis 1990 der Befreiungstheologe J. B. Aristide aus freien Wahlen als Präsident hervorging. 1991 wurde auch er durch einen Militärputsch ins Exil getrieben, jedoch 1994 von den USA per Invasion wieder eingesetzt. 2000 verließen die US-Interventionstruppen das Land. 2004 wurde Aristide gestürzt und wegen der Unruhen UN-Truppen auf Haïti stationiert. Seit 2006 ist René Preval gewählter Präsident Haïtis – im Ausland wird er als Realpolitiker und Hoffnungsträger wahrgenommen. Mehr als 7000 UNO-

Rechts: Die Flagge Haïtis – einmal anders..

8

Haïti

Blauhelme und 2000 Polizeikräfte sind in Haïti stationiert – das Land gilt heute als *failed state*, als gescheiterter Staat.

Das früher einmal wunderschöne Land, das im 18. Jh. die reichste französische Kolonie war, ist, da es Frankreich ab 1825 mit 60 Millionen Gold-Franc „entschädigen" musste, heute einer der ärmsten Staaten der Welt. Das Pro-Kopf-Einkommen beträgt weniger als $680 im Jahr; 50 % der Einwohner sind Analphabeten.Wegen der bergigen Natur – die steilen Berge erreichen bis zu 2438 m Höhe –, wegen Entwaldung, Raubbau und Bodenerosion, wegen Bevölkerungswachstum und Erbteilung reicht das bestellbare Ackerland für die Kleinbauern heute nicht mehr aus. Dennoch leben 80 Prozent der Haïtianer in weit verstreuten Bauerndörfern, jedoch sind die Gewinne aus Kaffee-, Mango-, Zucker-, Reis-, Mais- und Hirseanbau äußerst dürftig. Hoffnungen, angesichts extrem niedriger Löhne arbeitsintensive Industrie anlocken zu können, wurden durch politische Umstürze zunichte gemacht. Überbevölkerung, Arbeits-

losigkeit (50 %), Analphabetentum, Krankheiten und hohe Kindersterblichkeit sind die schwierigen Bedingungen, unter denen die Bevölkerung Haïtis leidet – die 95 % Schwarzen mehr als die 4,9 % Mulatten und die 0,1 % Weißen.

9,8 Millionen Menschen versuchen in einem Land zu überleben, das sie trotz der großen Fruchtbarkeit nicht alle zu ernähren vermag: Wer kann, wandert aus. Besuchern bricht die drückende Armut in den Dörfern und Städten ebenso das Herz wie die rücksichtslose Zerstörung des Regenwaldes. Aber trotz der herrschenden Armut trifft man in Haïti oft auf eine frappierende Freundlichkeit und eine ganz eigene Atmosphäre; diese findet auch in der Musik und der naiven Malerei Ausdruck.

Im August/September 2008 verwüstete eine Serie tropischer Stürme – Fay, Gustav, Hanna und Ike – weite Teile Haïtis. Doch dies war nur ein Vorgeschmack auf die größte Katastrophe: das Erdbeben von 2010, mit 300 000 Toten, ebenso vielen Verletzten und ungefähr einer Million Obdachlosen.

» Karte S. 162-163, Info S. 171

Seit geraumer Zeit wird von Reisen nach Haïti, falls es sich nicht um eine Kreuzfahrt nach Labadie handelt, abgeraten, da die Risiken schwer kalkulierbar sind (aktuelle Infos: www.auswaertiges-amt.de). Vor einer Individualreise sollte man sich frühzeitig tropenmedizinisch zu Impfungen beraten lassen und im Land nie Leitungswasser trinken; die hygienischen Verhältnisse sind bedenklich. Bei Besichtigungen und Einkäufen sollte man immer auf die Unterstützung eines einheimischen Führers zurückgreifen, der die Sicherheitslage besser einschätzen und auf die Händler, Bettler und Kinderscharen einwirken kann, die sich sofort um ausländische Besucher drängen.

Port-au-Prince

Hauptstadt und größtes urbanes Zentrum von Haïti ist **Port-au-Prince**. Fast 1,3 Mio. Menschen leben in der vom Beben 2010 gezeichneten Stadt am **Golfe de la Gonave**.

Pompöse Regierungsgebäude sind die einzigen modernen Elemente, der übrige Teil von Port-au-Prince gleicht einer Stadt der Dritten Welt, vor allem das berüchtigte Slumviertel Cité Soleil. Fantasievolle Häuser im viktorianischen Stil bilden den architektonischen Kontrast zu den Hütten und Zelten, in denen die meisten Bewohner der Stadt leben. Nur eine kleine Minderheit wohnt in besseren Vororten.

Ein paar Häuserblocks vom Meer entfernt liegt der ausgebrannte **Marché de Fer** (Eisenmarkt), eine ehemals sehenswerte Markthalle, die sich über zwei Häuserblocks erstreckte. Ihr Besuch war ein Erlebnis, aber der geschäftige, farbenfrohe und laute Ort war nie etwas für Leute mit schwachen Nerven. Wagemutige konnten in dem Labyrinth der Verkaufsstände ausgezeichnetes Kunsthandwerk und schöne naive Gemälde finden.

Die meisten Sehenswürdigkeiten in Port-au-Prince wurden beim Erdbeben 2010 beschädigt. Sie liegen innerhalb eines Nord-Süd-Streifens, zehn Häuserblocks vom Hafen entfernt. Am nächsten zum Iron Market steht die Ruine der **Cathédrale de Notre-Dame**, eine vor dem Beben imposante Anlage mit einer Hauptkirche und Kapellen unterschiedlicher Größe.

In Schutt und Asche liegt die völlig zerstörte **Cathédrale de la Ste. Trinité**, eine Episkopalkirche die als die „Sixtinische Kapelle der Karibik" bezeichnet wurde. Insgesamt 100 Kirchen und 254 Schulen fielen dem Beben in Port-au-Prince zu Opfer.

Das **Musée d'Art Haïtien du College St. Pierre** wird derzeit restauriert. Vor dem Beben war es führend in Bezug auf Gemäldeausstellungen. Im Jahr 1944 gründete es DeWitt Peters, ein Amerikaner, als Atelier für einheimische Künstler. Später beherbergte es einen Teil der besten naiven Kunst der Welt. Das Museum ist noch intakt, aber in einem baufälligen Zustand; und seine Sammlung ist gefährdet; betroffen sind Werke der „klassischen" haïtianischen Künstler Philome Obin, Hector Hippolyte, Castera Bazille und ihrer Schüler.

Der **Place des Héros de l'Indépendance**, auch als **Champ de Mars** bekannt, ist ein großer Park. Im Park und in der näheren Umgebung liegen einige berühmte Sehenswürdigkeiten. Bemerkenswert sind die schönen Statuen der frühen Helden Haïtis und die berühmte Skulptur des **Marron Inconnu**, des unbekannten Sklaven, der seinen Kopf nach hinten geneigt hält und zur Erinnerung an die Unabhängigkeit seines Landes auf einer Meerschnecke bläst.

Das **Musée du Pantheon National Haïtien** ist das Nationalmuseum (nur leicht beschädigt). Es beherbergt eine Sammlung historischer Objekte, Trachten und Dokumente. Das wohl bemer-

Rechts: Der Präsidentenpalast in Port-au-Prince wurde durch das Erdbeben von 2010 schwer beschädigt.

≫ Karte S. 162-163, Info S. 171

Foto: Adam Korzekwa (iStockphoto)

kenswerteste Ausstellungsstück ist der Anker der *Santa Maria* von Kolumbus.

Gegenüber steht der beim Beben schwerst beschädigte **Präsidentenpalast**, ein Kolonialstilbau von 1912.

Im Osten von Port-au-Prince liegt ★**Pétion-Ville**, vor dem Beben der vornehmste Vorort. Die kleine Siedlung mit Hotels, Restaurants, Boutiquen und Nachtlokalen thront auf einem Hügel 609 m über dem belebten Stadtzentrum. In der Nähe liegt **Boutillier**, wo die **Jane Barbancourt Destillerie** Rum herstellt, darunter Sorten, die mit Kaffee, Früchten oder Blumen aromatisiert sind. Die Umgebung des schlossartigen Gebäudes – mit Aussicht über die steilen Hänge und Schluchten – ist der geeignete Ort für eine Pause.

Hinter **Pétion-Ville** – und 1219 m höher – liegt **Kenscoff**. Die Fahrt führt durch eine Landschaft mit üppigen Blumen am Wegesrand. Der **Markt** der Stadt, jeden Dienstag und Freitag voll geschäftigem Leben, ist kleiner und gemütlicher als der große, täglich stattfindende Markt in der Hauptstadt.

Eine unbefestigte Seitenstraße führt weiter zu zwei Ruinen, **Fort Jacques** und **Fort Alexandre**, die besichtigt werden können. Auf der Hauptstraße kommt man nach **Furcy**, das 300 m höher als Kenscoff liegt. Die Straße endet am **La Selle**, mit 2674 m der höchste Berg Haïtis, nahe der Grenze zur Dominikanischen Republik.

Strände

Haïti besitzt reizvolle Badestrände (an vielen Eintrittsgebühr). Einige sind weniger als eine Stunde von Port-au-Prince entfernt. Im Arcahaie-Gebiet, nördlich von Port-au-Prince, gibt es mehrere Strände mit kleinen Anlagen, darunter **Kaliko**, **Kyona**, **Ouanga Bay**, **Mai-Kai** und **Amani-Y**. ★**Taino Beach** und **Sun Beach** liegen südwestlich der Stadt im **Grand Goave**, **Raymond les Bains**, **Congo** und **Cycadier Cove** liegen bei Jacmel im Süden.

★**Cormier Plage** und ★**Labadie** (s. unten) liegen weitab der Hauptstadt im Norden, in der Nähe von Cap-Haïtien.

» **Karte S. 162-163, Info S. 171**

167

Foto: Kenneth Wiedemann (iStockphoto)

Jacmel

Die Hafenstadt **Jacmel**, zwei Stunden südlich von Port-au-Prince, wurde erlitt bei dem Erdbeben 2010 schwere Schäden; auch viele Gebäude aus der französischen Kolonialzeit sind seither baufällig. „Sichere Zonen" gibt es zwar derzeit kaum im Süden Haïtis, doch da die Stadt kleiner, ruhiger und mit weniger sozialen Problemen konfrontiert ist als Port-au-Prince, bietet sie eine angenehmere Atmosphäre.

AN DER NORDKÜSTE

An der Nordküste, fünf Stunden Autofahrt von der Hauptstadt, liegt **Cap-Haïtien**, aus der Kolonialzeit stammende, etwas heruntergekommene Stadt.

Nördlich davon locken zwei der erstaunlichsten historischen Bauten der

Oben und rechts: Die Royal Caribbean Cruise Line legt im abgeschotteten Labadie an, um ihren Passagieren einen sicheren Landgang und Bademöglichkeit zu bieten.

Karibik Besucher an; beide stehen seit 1982 auf der Welterbeliste der UNESCO. Das **Sans Souci Palais** beim Dorf **Milot** ließ Kaiser Henri Christophe (*Henri I.*) 1810 erbauen, nach dem Vorbild von Schloss *Sanssouci* bei Potsdam. 1842 bei einem Erdbeben zerstört, mutet der frühere Palast heute wie ein feudaler Traum in Ruinen an.

Dagegen wirkt ★★**La Citadelle**, 875 m über dem Meer auf dem **Pic La Ferrière** gelegen und gut erhalten, noch immer imposant. Der Bau dieser Festung dauerte ab 1806 13 Jahre. Sie wurde für Henri Christophe, den „Negerkaiser", von 20 000 Sklaven erbaut und als „Achtes Weltwunder" bezeichnet. Mit bis zu 4 m dicken Mauern und einem Waffenlager mit 400 Kanonen, stellt sie die weltweit größte Ansammlung von Artillerie des 18. Jahrhunderts dar. La Citadelle erinnert an eine mittelalterliche Burg; sie sollte eine französische Invasion abwehren – die nie stattfand. Henri Christophe reservierte 40 Zimmer für sich. Die Wiedereinführung der Sklaverei für dieses Bauvorhaben und

Foto: Kenneth Wiedemann (iStockphoto)

sein feudaler Machthunger provozierten eine Revolte seiner Palastwache. Er erschoss sich am 8.10.1820 mit einer silbernen Kugel.

Der 11 km lange Zugangsweg bergauf beginnt in **Milot**, wo sich auch Führer anbieten. Der erste Teil des Weges kann meist mit Geländewagen zurückgelegt werden, der letzte nur zu Fuß oder zu Pferd. Die **Panoramaaussicht** belohnt für den Aufstieg.

★Labadie

Die Halbinsel **★Labadie** (*Labadee*) bietet wunderschöne **Strände** und einen Naturhafen; die *Royal Caribbean Cruise Line* (RCCL) aus USA hat hier ein luxuriöses **Beach Resort** für Passagiere auf Landgang seiner Luxuskreuzfahrtschiffe aus Florida eingerichtet. Dieser Urlaubskomplex ist aus Sicherheitsgründen großräumig umzäunt und bewacht. Attraktionen wie eine steile Zipline für Mutige und ein Pier, an dem zwei Passagierschiffe zugleich anlegen können, wurden jüngst hinzugefügt.

Das nahe, hübsch gelegene, nicht zugangsbeschränkte **Einheimischendorf Labadie** ist nur per Boot zu erreichen.

Kunst und Voodoo

Haïtianische Kunst ist weltbekannt. Ansprechende Gemälde sind schon für $50 zu haben; das mögen dann zwar keine erstklassigen Kunstwerke sein, aber handgemachte farbenfrohe Souvenirs aus einem schwer geprüften Land.

Gesprochen wird auf Haïti Französisch und französisches Kreolisch; die Körpersprache der Einheimischen kann ihren afrikanischen Ursprung jedoch nicht verleugnen. Offiziell sind die meisten Haïtianer römisch-katholisch, aber etwa 75 % der Bevölkerung sind Anhänger des **Voodoo-Kults**. Voodoo, auf Französisch *Vaudou* (benannt nach der aus der Ewe-Sprache abgeleiteten Bezeichnung für „Schutzgeist") ist aus uralten religiösen Ritualen aus Dahomey, dem heutigen Benin in Westafrika und aus dem Kongo-Becken, durch Skla-

Foto: Volkmar E. Janicke

Sport

Zum Tauchen sind die **Arcadins** am besten geeignet, ein Inseltrio im häufig von Delfinen besuchten **Golfe de la Gonâve**, das Teil eines Nationalparks unter der Schirmherrschaft des *World Wildlife Fund for Nature* ist. Vorsicht: In jüngster Zeit wurden Fälle von Piraterie bekannt. Etwa 10 bzw. 20 km davon entfernt befinden sich die Strandhotels von **Kyona** bzw. **Kaliko** (rund 70 km nordwestlich von Port-au-Prince), die versuchen, einen normalen Hotelbetrieb aufrecht zu erhalten. Neben Tauchtrips werden Schnorchelausflüge zu den Riffen, Reitausflüge und Wanderungen durch die tropische Bergwelt angeboten.

Nachtleben

Zu Hemingways Zeiten konkurrierte das schillernde Nachtleben von Port-au-Prince mit dem Havannas. In den 1970er begann der Niedergang des Tourismus; die dubiose Sicherheitslage und die Ausbreitung von AIDS ruinierten den Ruf der Kapitale als leichtlebige Party-Hauptstadt.

Vor dem Beben boten einige Top-Hotels Unterhaltung, vor allem im gehobenen Viertel **Pétion-Ville** spielte sich das Nachtleben ab. Diskos, Clubs und die wenigen einfachen Casinos der Hauptstadt sind teils wieder geöffnet, aber ihr Glamour, für den sie einst berühmt waren, ist Geschichte. Die Haïtianer gehen wegen der Kriminalität ohnehin nachts nicht mehr gerne auf die Straße; in Port-au-Prince sollte man das Viertel zwischen Champs de Mars und Hafen aus Sicherheitsgründen meiden.

Eine Ausnahmeerscheinung ist das nostalgische ★**Hotel Oloffson** aus dem 19. Jh. in der Ave Christophe Nr. 60 (Port au Prince): Der Besitzer Richard Morse ist ein bekannter Musiker, der hier oft donnerstagabends mit seiner Band RAM auftritt; Hotelbar und Veranda sind bei Journalisten sehr beliebt.

ven nach Haïti gelangt, wo christliche Elemente hinzukamen. Der *houngan* (Priester) oder die *mambo* (Priesterin) führen Riten mit Magie, Musik und Tanz durch, um die *loas* (Götter) zu bitten, in die Körper und Seelen der Gläubigen hinabzusteigen. Diese religiösen Zeremonien sind allerdings nicht als Touristenattraktion gedacht.

Küche

Musik und Kunst Haïtis erinnern an Afrika, die Küche eher an Frankreich, mit karibischer Eigenart. Pfeffersteak, Weißbrot und Kuchen gibt es in fast allen besseren Restaurants. Einheimische Gerichte sind beispielsweise Fisch und Meeresfrüchte, *lambi* (Meeresschnecke) oder *grillot* (gebratenes Schwein), *poulet creole* (scharf gewürztes Hähnchen) oder *tassó* (marinierter Truthahn). Die Gerichte werden mit *poua*, haïtianischen roten Bohnen serviert.

Oben: Viele Familien auf Haïti müssen sich kümmerlich durchschlagen.

HAÏTI (☎ 00 509)

Tourist Office Haïti, Rue Théodule Ribot 10, F-750017 Paris, Frankreich, Tel. (+33) 14763 4778, ambhaitiparis@orange.fr, www. haititourisme.gouv.ht, Mo-Do 10-13 u. 14-17, Fr 10-16 Uhr.

Das schwere Erdbeben vom Januar 2010 hat auch den Tourismus auf Haïti und seine Infrastruktur erschüttert und um Jahre zurückgeworfen. Man muss ohnehin ziemlich hartgesotten sein, um trotz der erdrückenden Armut und der noch sichtbaren Spuren des Bebens in Urlaubsstimmung zu kommen, obwohl sich Haïti allmählich zu erholen beginnt.

ANREISE: Als einzige europäische Fluglinie bedient Air France von Paris – über Gouadeloupe – Port-au-Prince. American Airlines fliegt von New York, Orlando und Miami. Royal-Caribbean-Kreuzfahrtschiffe legen im Hafen von Labadie an.

ÖRTLICHE TRANSPORTMITTEL: Mietwagen sind erhältlich, aber da das verwirrende Straßennetz schlecht beschildert ist, sollte man sich besser per Taxi oder per Sammeltaxi (*publiques* genannt) fortbewegen. Natürlich kann man auch ein Taxi mit Führer mieten, der sich beim Einkaufen oder bei Besichtigungen als sehr nützlich erweisen kann.

Tap-taps sind grell-bunt bemalte, stets voll besetzte Lastautos mit Holzsitzen, die sowohl Passagiere als auch Fracht transportieren. Sie geben zwar ein malerisches Fotomotiv ab, lassen aber jede Fahrt zur Tortur werden.

WÄHRUNG/ ZOLL / FORMALITÄTEN: Besuchervisa werden bei Ankunft erteilt; benötigt werden: zwei Passfotos, ein gültiger Pass, Rück- oder Weiterflugticket.
Bei der Einreise werden 10 US-Dollar *Grenzsteuer* fällig, beim Abflug eine Flughafensteuer von 25 US-Dollar. Die **Gourde** (HTG) ist die offizielle Landeswährung (1 Euro ≈ 50 HTG; aktueller Kurs: xe.com). Die Banken und Wechselstuben sind günstiger als die *cambistes* des Schwarzmarkts. Traveller-Schecks und Kreditkarten werden nur von den größeren Hotels akzeptiert.

Eine Gelbfieberimpfung ist nur bei Einreise aus Gelbfiebergebieten vorgeschrieben.
Gesundheitsrisiken sind u. a. Cholera und Malaria, deshalb vor der Reise ein Tropeninstitut konsultieren.

STROM: 110 V, 60 Hz. Amerikanische Steckdosen, Adapter nötig.

INTERNET: In allen größeren Städten gibt es Internetcafés.

Chez Gérard, französische Gerichte, Kreditkarten werden akzeptiert, teuer; 17 Rue Pinchinat, Pétion-Ville, Tel. 257-1949.
Le Quartier Latin, Gourmetrestaurant und Nachtclub mit Salsa und Merengue live, teuer, Rue Goulard 10, Place Boyer, Pétion-Ville, Tel. 3460-3326 und 3445-3325.
Kaliko Beach Club, Route Nacional 1, KM 61, Cap des Arcolines, Tel. 2298-4609 oder 2940-4609.

Das lebhafteste Fest der Insel, der **Carnaval**, findet an den drei Tagen vor Aschermittwoch statt.
Der **Unabhängigkeitstag** am 1. und 2. Januar ist der Höhepunkt einer Reihe von Feiertagen, die am 5. Dezember mit dem **Discovery Day** beginnen und sich über die Weihnachts- und Neujahrstage ziehen.
Am 16. Juli findet die mystische **Wallfahrt** zu Ehren Marias in **Ville Bonheur**, in den Bergen nordöstlich von Port-au-Prince statt.
In **Pestel** wird im März das **See-Festival** gefeiert.
In **Jacmel** wird am Maifeiertag eine besondere Folklore-Show veranstaltet.
Feiertage sind u. a. der Geburtstag von Henri Christophe (8. Oktober) und der Todestag von Jean-Jacques Dessalines (17. Oktober).

Das wichtigste Museum, das *Musee d'Art Haïtien*, ist zerstört. Im unterirdischen, historisch ausgerichteten kleinen **Musee du Panthéon National Haïtien** in Port-au-Prince bieten geschichtskundige Guides Führungen an.
Anerkannte Galerien in Port-au-Prince sind unter anderem: **George Nader** (50 Rue Gregoire, Pétion-Ville) und **Galerie Monnin** (19 Rigaud, Pétion-Ville).

8

Haïti

Reggae im Bob-Marley-Look

Foto: Christian Heeb

JAMAIKA

MONTEGO BAY
OCHO RÍOS
PORT ANTONIO
KINGSTON
MANDEVILLE
NEGRIL

JAMAIKA

Landeskunde

Jamaika, die drittgrößte Karibische Insel, hat eine ganz eigene Atmosphäre. Kolumbus nannte sie angeblich die „schönste Insel, die meine Augen jemals erblickt haben". Tatsächlich erwartet überwältigende tropische Schönheit den Besucher. Sonnenbeschienene Strände fallen sanft zum Meer hin ab. Die üppige Vegetation, darunter Bananenstauden, Kokospalmen und Mangobäume, liefert neben exotischen Früchten auch interessante, die jamaikanische Küche bereichernde Gewürze. Über den Häusern und Hütten breiten immergrüne Obstbäume ihre Blätter aus und tragen Tropenfrüchte wie *sweetsop* (Zimtapfel), *soursop* (Sauersack bzw. Stachelannone) oder *ortanique* – eine hiesige Kreuzung zwischen Orange, Tangerine und dem Wort *unique* (einzigartig). Der *Otaheiti*-Apfel stammt wie die Brotfrucht aus dem Südpazifik. Piment (Nelkenpfeffer) wächst üppig und wird zum Kochen von *jerk*-Soßen, insbesondere von *jerk pork* verwendet, einer Spezialität von Jamaika. Zudem gedeihen auch Basili-

kum, Zitronengras und Kaffernlimette.

Der höchste Punkt Jamaikas ist der Blue Mountain Peak. 2256 m hoch, wird er häufig von dem nebligen Dunst umhüllt, der dem Blue Mountain Range ihren Namen gab und liegt nur 16 km Luftlinie von Kingston entfernt. Die quirlige Hauptstadt **Kingston** ist eine der interessantesten Großstädte der Karibik, allerdings nicht ungefährlich, denn in ihren Vororten konzentriert sich die Drogenkriminalität.

Seit 2015 wird der Besitz kleiner Mengen von Marihuana nur noch als Ordnungswidrigkeit geahndet.

Geschichte

Die ersten spanischen Siedler kultivierten die fruchtbare Landschaft und brachten Pferde, Rinder und Schweine hierher. Außerdem führten sie viele der heute hier wachsenden Blumenarten ein. Sie versklavten die stolzen Arawak-Indianer, aber viele Eingeborene beginnen lieber Selbstmord, als Leibeigene zu werden. Brutalität der spanischen Sklavenhalter und eingeschleppte Krankheiten dezimierten die Zahl der Arawaks weiter. Spuren ihrer Existenz findet man heute nur noch in einigen Höhlen mit Felsmalereien und im **Arawak-Museum** in Kingston.

Im Jahr 1605 fiel es den Engländern, die die Fruchtbarkeit der Insel und

Links: Barkeeper in Jake's Hotel am Treasure Beach (Südküste).

» **Karte S. 178-179, Info S. 190-191**

175

9

Jamaika

Foto: Christian Heeb

die günstige strategische Lage Jamaikas nutzen wollten, nicht besonders schwer, den knapp 1000 spanischen Bewohnern das Land zu entreißen. Unterstützt wurden sie von Piraten, die ihre Kaperfahrten nun im Auftrag der britischen Krone machten. Diese Söldner erhielten ihren Anteil an den Schatztransporten der spanischen Schiffe. Beute wie Frauen und Wein standen ihnen allein zu, und außerdem erhielten sie eine Entschädigung, wenn sie ein Auge, ein Ohr, einen Arm oder ein Bein verloren. *Henry Morgan* war der berühmteste Pirat Jamaikas. Nach blutigen Schlachten gegen die Spanier wurde er Gouverneur von Jamaika, Großgrundbesitzer und schließlich Nationalheld. Eine posthume Aufwertung erfuhr *Sam Sharpe*, der einen Sklavenaufstand anführte, gehängt wurde und nach dem heute der Hauptplatz im Herzen von Montego Bay benannt ist.

Oben: Viele Häuser sind einfach – aus Brettern und Wellblech – aber oft fröhlich bunt (hier in Buff Bay).
Rechts: Am Strand der Runaway Bay (Nordküste).

Marcus Garvey (1887-1940), ein Held Jamaikas, war ein früher Verfechter der Sache der Schwarzen. Seine provokativen Schriften brachten ihn in den 1920er Jahren in ein US-Gefängnis. Ein jamaikanisches Gefängnis hingegen musste der berühmteste *Rastafari* Bob Marley (1945-81), der legendäre Reggae-Superstar, wegen Drogenkonsums einige Zeit von betrachten.

Die Sklaverei auf Jamaika nahm im 17. und 18. Jh. dramatisch zu, als der Zuckerrohranbau intensiviert wurde. Es gab eine Zeit, da kontrollierten 20 000 Briten, vor allem Beamte, Plantagenbesitzer und deren Familien, 300 000 schwarze afrikanische Sklaven. Jeder Jamaikaner ist sich der Vergangenheit seiner Heimat bewusst, die ihre Unabhängigkeit erst 1962 über den Britischen Commonwealth erlangte.

Obwohl die Arbeitslosigkeit allmählich abnimmt, gibt es weiterhin Inflation. Jamaika ist generell ein eher hochpreisiges Urlaubsland, beispielsweise mit für europäische Verhältnisse oft erstaunlich hohen, sehr gewagten Ein-

176

trittsgebühren. Die Regierung fördert zwar den Tourismus als eine der Haupteinnahmequellen; für arme Jamalkaner verkörpern die Touristen jedoch einen unerreichbaren Lebensstandard, und obwohl wohl keine wirkliche Gefahr besteht, haben Besucher vor allem in Touristenzentren wie Montego Bay, Ocho Ríos oder Negril bereits weniger erfreuliche Erfahrungen mit Jamaikanern machen müssen.

Oft will jemand einem unbedingt etwas verkaufen, ein T-Shirt, das Flechten der Haare, eine Muschelkette oder etwas Illegales wie Marihuana oder andere Drogen; meist genügt ein „Nein", und man kann seinen Weg fortsetzen. Deshalb sind die nicht so überlaufenen Gegenden gegenüber den Touristenhochburgen zu bevorzugen. Wo sie nicht vom Tourismus leben, entpuppen sich die Jamaikaner als nette, gastfreundliche und charmante Menschen.

Foto: Christian Heeb

9

Jamaika

Anything goes

Die Antwort *no problem* („kein Problem") hört man ständig im englischsprachigen Jamaika. Nur die subtilste Betonung und Körpersprache des Sprechers verraten die genaue Bedeutung im Zusammenhang mit der gestellten Frage. Diese Bedeutung kann von *no problem* bis zu *not a chance* („keine Chance") reichen. Eine andere Möglichkeit ist *soon come* („bald"), was *gerade in Arbeit*, *Fertigstellung erwartet* heißen kann. Wie auch an jenem Tag, als jemand zwei Stunden auf sein Fischgericht an den Docks von Port Royal wartete, weil er nicht wusste, dass der Koch erst noch den Fisch fangen mußte. Wenn so etwas passiert, kann man nicht viel tun; man lehnt sich am besten zurück, trinkt ein *Red Stripe*-Bier, schaut den Fischerbooten zu, und bald ist man so entspannt, dass es wirklich *kein Problem* mehr ist.

Jamaikas Ruf als ein Ort, wo „alles möglich ist" (*anything goes*), lässt sich bis in die Zeit Kapitän Morgans zurückverfolgen, als Port Royal, Piraten-schlupfwinkel des 17. Jh. (heute ein ruhiges Fischerdorf) als die sündhafteste Stadt der Erde bekannt war. Ein Erdbeben beendete 1692 die überragende Bedeutung der Hafenstadt. Von Zeit zu Zeit hinterließen immer wieder Naturkatastrophen in Gestalt diverser Hurrikane ihre zerstörerischen Spuren im Land, ohne jedoch den Lebensmut der Menschen brechen zu können.

Die Bevölkerung zählt 2,9 Millionen Menschen und setzt sich aus Afrika-nischstämmigen, Europäern, Indern und einigen ethnischen Minderheiten zusammen. Die Jamaikaner erfuhren wegen Hurrikanen und Erdbeben des öfteren, was es bedeutet, ganz neu anzufangen. Zu ihrer positiven Lebenseinstellung gehört auch der feste Wille, sich nicht unterkriegen zu lassen und eine tolerante Haltung anderen gegenüber an den Tag zu legen. Das Leben war für die Menschen hier nie einfach. Viele entschlossen sich, auszuwandern und andernorts ihr Glück zu versuchen – doch sehen sie „ihre Insel" in der Karibik immer noch als Heimat an.

Damali Beach
Half Moon Golf Club
Rose Hall Golf Club
Sir Donald Sangster International Airport
★★Rose Hall Great House
Falmouth
Discovery Bay
Montego Bay
Hopewell
182
Montego Bay
Martha Brae 60
Rio Bueno
Columbus Point
Cousins Cove
Lucea
Kew
Johns Hall
Wakefield
Clarks Town
Brown's Town
Green Island
Tryall Golf Club
Dolphin Head 545
Rockland's Feeding Station
Nogo
Windsor Caves
North Negril Pt.
Montpelier
Maroon Town
Albert Town
Alexandria
Glasgow
Pennycooke
Roaring River Park
Bethel Town
Cambridge
★COCKPIT
Mt. Denham 986
Cave Valley
★Negril
Delve Bridge
Grange Hill
Catadupa
COUNTRY
Oxford
Christiana
South Negril Pt.
Little London
Elderslie
Devon
High Mountain Coffee Factory
Negril Lighthouse
St. Johns Pt.
Savanna-la-Mar
Ferris Cross
Leamington
YS Falls
Maggotty
Appleton
Maidstone
Williamsfield
Th
★Bluefields
Ys
Mandeville
Bluefields Bay
White House
Middle-quarters
La-covia
Santa Cruz
Wilton
Gutters
Marlborough
Newport
Auchindown
2
Black River
Park
Malvern
Nain
Pratville
Luana Pt.
Parottee Pt.
Billy Bay
Southfield
Alligator Pond
Rest
★Treasure Beach
Great Pedro Bluff
★Lover's Leap
Alligator Pond Bay
Long Bay

C A R I B B E A N   S E A

CARIBBEAN SEA

★Dunn's River Falls
Dolphin Cove
n's
★
Ocho Rios
★Harmony Hall
1
Oracabessa Galina Pt.
Turtle River & Gardens
★Prospect Plantation ★Firefly
Port Maria
Islington
Don Christophers Pt.
Annotto Bay
neague
Pembroke Hall
George
Guys
3
Annotto Bay
Richmond
4
Buff Bay
warton
Clonmel
★NAVY I. Folly Pt.
★Frenchman's Cove
★Blue Lagoon
Lluidas Vale
Linstead
Glengoffe
3
Castleton
Sommerset Falls
Chepstowe
★Port Antonio
★Winnifred Beach
★Boston Bay
Palm
Holywell Nat. Park
★★Blue and John Crow
Nonsuch Caves & Athenry Gardens
Bog Walk
Sligoville
Section
Whitefield Hall Hostel
Blue Mtn. Peak
2256
BLUE MTS.
R. Grande
JOHN CROW MTS.
Kensington
★Manchioneal
tons
1
Stony Hill
Mountains Nat. Park
•1174
Reach Falls
Spanish Town
Port-more.
12
Mavis Bank
KINGSTON
Cedar Valley
Hillside
Hayfield
Bath
Holland Bay
Pen
Old Harbour
T1
Salt Island Ln.
Port Royal
Norman Manley International Airport
Seaforth
Port Morant
Hordley
Old Harbour Bay
Fort Clarence
Fort Charles
HELLSHIRE HILLS
Hellshire Beach
4
Yallahs
40
Morant Bay
Dalvey
Morant Pt.
★Rocky Pt.
Portland Bight
Wreck Pt.
Mahoe Garden
on
Portland Point

JAMAICA

JAMAIKA		
0	10	20 km
0		10 miles
© Nelles Verlag GmbH, München		

9

Jamaika

Foto: Jamaica Tourist Board

Jamaika entdecken

Kolumbus entdeckte Jamaika 1494 auf seiner zweiten Fahrt in die Neue Welt. 1503 kenterte sein Schiff vor der Küste, und er verbrachte mit seiner Mannschaft ein Jahr auf der Insel; der historische Landepunkt ist der Columbus Point in der Discovery Bay an der Nordküste. An dem 104 km langen Küstenabschnitt zwischen Montego Bay und Ocho Ríos reihen sich zahlreiche große Hotels aneinander.

Negril im Südwesten mit seinem schönen langen Strand war früher ein Hippie-Dorado; doch längst gibt es dort auch luxuriöse Resorts – allerdings darf dort kein Hotel höher als die Palmenwipfel gebaut werden.

Port Antonio, 96 km östlich von Ocho Ríos, verbindet die Anziehungskraft des Hinterlandes mit einer Anzahl von kleineren, luxuriösen Anlagen.

Oben: Karibische Lebensfreude. Rechts: Nähen eines Fächers auf dem Fort-Kunsthandwerksmarkt in Montego Bay.

Kingston, 96 km südöstlich von Ocho Ríos, ist mit rund 950 000 Einwohnern eine brodelnde Großstadt mit exklusiven Wohn- und Geschäftsvierteln aber auch vielen Elendsquartieren, den so genannten *shanty towns*, die man – wenn überhaupt – nur in Begleitung von Einheimischen betreten sollte.

Jamaika lebt von seiner Vielfalt. Sonnenfans, Rucksacktouristen und Cluburlauber fühlen sich hier wohl und haben die Wahl zwischen „all-inclusive" Anlagen – ein Konzept, das in Jamaika entstand –, kleinen Gästehäusern, Luxusvillen. Die Palette reicht vom Palmenstrand bis zum Gipfel in den Blue Mountain Peaks, vom dröhnenden Reggae hinter halbverfallenen Schaufensterfassaden in Kingston bis zu vornehmer tropischer Eleganz in den stylischen Hotelanlagen der Luxusklasse; von den frischen süßen Tropenfrüchten, die für kleines Geld an der Straßenecke verkauft werden, bis zu importierten Getränken und Speisen in den teuersten Gourmetrestaurants; vom Ausruhen in der Sonne bis zum Ausgehen und

Herumfahren zusammen mit den Einheimischen – Jamaika bietet eine große Randbreite unterschiedlichster Urlaubserlebenswelten.

★Montego Bay

★**Montego Bay**, mit ca. 83 400 Einwohnern die fünftgrößte Stadt Jamaikas, ist das Hauptreiseziel der meisten Touristen. Hier gibt es mehr Hotelzimmer als in jedem anderen Teil der Insel, mehr Restaurants und die größte Bandbreite für die Freizeitgestaltung. Wassersportarten wie Segeln, Tauchen, Schnorcheln werden ebenso angeboten wie Golf in den Clubs von **Ironshore**, **Rose Hall**, **Half Moon** oder **Tryall**. Tennis und Reitausflüge zu restaurierten Herrenhäusern der Zuckerplantagen, den so genannten *Great Houses*, runden das touristische Angebot ab. Außerdem sind Vogelbeobachtungen an der **Rockland's Feeding Station**, entspannte **Floßfahrten** auf dem **Great River** oder der **Martha Brae** in der Nähe von **Falmouth** möglich. Und natürlich warten einige gute, aber vergleichsweise stark frequentierte Strände auf Badegäste.

★**Doctor's Cave Beach** ist der bekannteste Strand, da er mitten in der Stadt an der **Gloucester Avenue** liegt. Vielen gefällt der nahe ★**Cornwall Beach** noch besser, da er tiefen, weichen Sand und eine Strandbar unter den weiten, ausladenden Zweigen eines alten Baumes hat. ★**Damali Beach**, ein wesentlich ruhigerer Strand, liegt nur wenig außerhalb der Stadt in Richtung Osten, neben dem 2005 wiedereröffneten Holiday Inn SunSpree Resort. Der Badestrand war durch einen Hurrikan verwüstet, aber dennoch bleibt dies ein ruhiger Streifen entlang der von Riffen geschützten Küste. Man kann hier gut schnorcheln und mit Booten hinausfahren, außerdem gibt es Wassersportarten wie Parasailing.

Die meisten Touristen besichtigen das ★★**Rose Hall Great House** (täg-

Foto: Loretta Hostettler (iStockphoto)

lich 9-18 Uhr geöffnet, 20 US-$ Eintritt) an der Straße nach Falmouth, unweit von Damali Beach. Die Führer erzählen gerne die Geschichte von Annie Palmer, die früher einmal hier gewohnt hat und die „weiße Hexe" von Rose Hall genannt wird, weil sie drei Ehemänner umgebracht und beerdigt haben soll.

Montego Bay (*„Mo'Bay"*) gilt zwar als einer der schönsten Badeorte Amerikas, aber damit ist nur eines von zwei Gesichtern dieses Touristenmekkas bezeichnet. Das andere sind die Slums, die sich von der Stadtmitte um den **Sharpe Square** – wo man historische Gebäude wie **The Cage**, ein ehemaliges Gefängnis, und die **St. James Parish Church** (aus der Mitte des 18. Jh.) findet – die Hänge des **North Gully** hinaufziehen. Fremde sollten diesen Bereich meiden.

Einheimische lernt man am einfachsten beim *Reggae Sumfest* im August kennen, in Catherine Hall bei Montego Bay. Fans aus Nah und Fern bejubeln dort die Stars der Reggae-Szene.

Hotels und Reisebüros in Montego Bay organisieren Ausflüge ins südwest-

Jamaika 9

» **Karte S. 178-179, Stadtplan S. 182, Info S. 190-191**

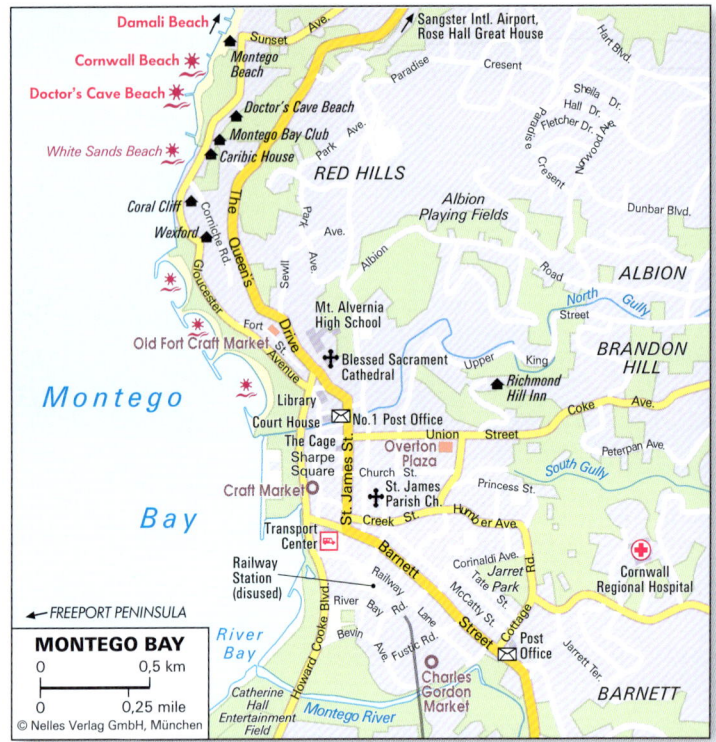

Damali Beach
Cornwall Beach
Doctor's Cave Beach
White Sands Beach
Sunset Ave.
Montego Beach
Doctor's Cave Beach
Montego Bay Club
Caribic House
Coral Cliff
Wexford

Sangster Intl. Airport, Rose Hall Great House
Cresent
Paradise

RED HILLS

Albion Playing Fields

Dunbar Blvd.

ALBION

Old Fort Craft Market
Mt. Alvernia High School
Blessed Sacrament Cathedral

BRANDON HILL

Richmond Hill Inn

Montego
Library
Court House
The Cage
Sharpe Square
Craft Market

No.1 Post Office
Overton Plaza
Church St.
St. James Parish Ch.
Union Street

Coke Ave.
Peterpan Ave.
South Gully

Bay
Transport Center
Railway Station (disused)

Princess St.
Creek St.
Barnett

Corinaldi Ave.
Jarret Tate Park
McCatty St.

Cornwall Regional Hospital

← FREEPORT PENINSULA

River Bay
Bevin Ave.
River Bay Rd.
Railway Lane
Fustic Rd.

Post Office

BARNETT

MONTEGO BAY

0   0,5 km
0   0,25 mile
© Nelles Verlag GmbH, München

Catherine Hall Entertainment Field
Charles Gordon Market
Montego River

---

lich gelegene ★**Cockpit Country**. Diese unwegsame, von Höhlen durchsetzte. beeindruckende **Kegelkarstlandschaft** wurde bekannt, weil sich hier während der spanischen Eroberung entlaufene Sklaven (span. *Cimarrons*; engl. *Maroons*) niederließen, deren Nachfahren heute noch im Cockpit Country leben.

An die **Rum-Tour** in der seit 1749 am Südrand des Cockpit Country produzierenden Rumfabrik der **Appleton Estate** (www.appletonrumtour.com) schließt sich eine Rumprobe an. Die bis zu 21 Jahre in Eichenfässern gereiften Spirituosen aus jamaikanischem Rohr-

zucker haben bei Kennern einen sehr guten Ruf. Appleton, der wohl älteste Rumerzeuger der Welt, bezieht seinen süßen Rohstoff aus 45 km^2 eigenen Zuckerrohrfelder.

Ocho Ríos

Ocho Ríos an der Nordküste ist bei Touristen sehr beliebt, jedoch die am wenigsten „jamaikanische" Stadt (9600 Einwohner). Hier legen viele **Kreuzfahrtschiffe** an, und ganze Scharen fliegender Händler und Taxifahrer versuchen schon an der Pier, mit den gutbetuchten Touristen ins Geschäft zu kommen.

In dieser Gegend gibt es einiges anzuschauen: Jamaikas mit Abstand

Rechts: Ein Wasserfall, der sich besteigen lässt – die Dunn's River Falls.

 » Stadtplan S. 182, Info S. 171

Foto: Reinhard Schmid (Schapowalow)

berühmteste Attraktion sind die ★★**Dunn's River Falls**, ein Wasserfall, der in einer Höhe von 183 m auf den Hügeln über der Stadt entspringt, in mehreren Kaskaden über malerische Steinterrassen sprudelt und schließlich ins Meer fließt.

Unweit der Dunn's River Falls wurde bei St. Ann im Jahr 2001 ein Freigehege für Delfine eröffnet – **Dolphin Cove**. Besucher können mit den Tieren individuell oder in Gruppen schwimmen, sie streicheln und füttern (Tel. 974-5335, www.dolphincovejamaica.com).

Zu dem Hügel **Mystic Mountain** schwebt man per **Sessellift** über den Regenwald hinweg hinauf, und wer mag, kann dann mit einem **Bob** auf Schienen hinunterrasen oder im Hoch-

seilgarten die **Zipline** ausprobieren.

Eine schöne Ausflugsfahrt folgt der ca. 6,5 km langen ★**Fern Gully-Straße**, die Ochos Ríos mit der Südseite der Insel verbindet. Riesige **Baumfarne**, denen das ehemalige Flusstal seinen Namen verdankt, überragen auf schlanken Stängeln die üppige Vegetation, welche die schmale Straße säumt. Es regnet hier oft, aber selbst bei schönem Wetter kann man in dem sehr dichten Blättertunnel des Fern Gully den Himmel nicht sehen.

Mehr Baum- und Blumenarten sieht man auf Touren durch die Plantagen. Besucher werden gegen Gebühr in offenen Fahrzeugen herumgefahren, während ein Führer die Flora Jamaikas, darunter Bananen, Kaffee, Piment,

Foto: Alamy (mauritius images)

Zuckerrohr, Kokosnüsse, Ananas und andere Tropenfrüchte erklärt. Dafür bieten sich die **Prospect Plantation**, die **Turtle River Falls and Gardens** (www.turtleriverfallsandgardens.com) oder die **Sun Valley Plantation** an.

★**Harmony Hall**, nur 4 km östlich des Stadtzentrums von Ochos Ríos, beherbergt eine **Galerie** – eine der besten Jamaikas (www.harmonyhall.com, 10-18 Uhr tägl.). Das Herrenhaus der früheren Pimentfarm ist mit Türmchen, Holzverzierungen und einem kleinen **Restaurant** ausgestattet. Nicht nur wegen der schmackhaft zubereiteten Gerichte der regionalen Küche lohnt Harmony Hall einen Besuch.

In **Oracabessa** besaß Ian Fleming (1908-1964) ein Haus namens *Golden Eye*, indem er 13 seiner James-Bond-Romane schrieb. Das Areal mit Meerblick an einem abgeschiedenen Platz

Oben: In seinem Haus Golden Eye verfasste Ian Fleming die Bond-Romane. Rechts: Jamaica Rafting auf dem Rio Grande, das Bambusboot lenkt Rafter Michael Dennis.

an der Nordküste nutzt heute das aus kleinen Villen bestehende luxuriöse **Hotel Golden Eye** (www.goldeneye.com). Viele Szenen des ersten Bond-Films *Dr. No* mit Sean Connery und Ursula Andress (in ihrem legendären weißen Bikini) sind 1962 hier und in der Umgebung entstanden; der **James Bond Beach** mit der „Moon Raker Bar" erinnert daran.

Nicht weit von Flemings Anwesen steht der ehemalige Wohnsitz des mit Fleming befreundeten Dramatikers, Schriftstellers, Schauspielers und Komponisten Sir Noël Coward (1899-1973; u.a.: *Palmen, Pomp und Paukenschlag*). Seine kleine weiße Ferienvilla ★**Firefly** von 1956 (Mo-Do u. Sa 9-17 Uhr) ist zu besichtigen und noch im selben Zustand wie 1973, als Coward starb. Der Besitz, der im 17. Jh. dem berüchtigten Piraten und späteren Vizegouverneur Jamaikas Henry Morgan gehörte, liegt auf einem Hügel hoch über dem Meer, mit bester **Aussicht** auf die Küste. Die 10-km-Anfahrt von Oracabessa auf kurvenreicher Straße führt durch kleine Dörfer.

Foto: Christian Heeb

★Port Antonio

Dieser östlichste Ort an der Nordküste war zur Zeit des Bananenbooms einmal ein geschäftiger Exporthafen der United Fruit Company. Heute ist **★Port Antonio**, dank eines prominenten Einwohners in den 1940er-Jahren, ein ruhiger, exklusiver Touristenort: Der US-Schauspieler Errol Flynn (1909-59) bezog in diesem Landkreis nämlich sein letztes Haus, und seine Witwe Patrice Wymore Flynn wohnte bis zu ihrem Tod im März 2014 auf Jamaika. Flynns Beitrag zur örtlichen Wirtschaft war die Einführung einer beliebten Touristenattraktion: **Floßfahrten** – *Jamaica Rafting* genannt – auf dem **Río Grande**. Flynn beobachtete, wie die Bananen von den Bergen auf schmalen Bambusflößen zum Markt gebracht wurden und dachte, dass es Spaß machen müsste, auf einem solchen Floß den Río Grande zu befahren.

Heute gibt es über hundert Flößer mit eigenem Bambus-Raft, die mit Gästen die 2,5 Stunden-Fahrt durch den Regenwald auf dem normalerweise ungefährlichen Fluss machen.

★Navy Island wurde ebenfalls durch Erol Flynn bekannt; der Filmstar kaufte sie einst als exklusive Anlegestelle für seine Jacht und lud auch Freunde aus Hollywood dorthin ein. Die kleine Insel liegt vor den beiden Hafenbuchten von Port Antonio (Fährverbindung vom West Street Harbor).

In der Nähe liegt die **★Blue Lagoon**, eine sagenhafte Süßwasserquelle, die in einem ungefähr 60 m tiefen Loch im Meeresgrund entspringt. Ausrüstungen zum Schnorcheln und Tauchen können bei den Kapitänen der **Ausflugsboote** gemietet werden.

Westlich der Stadt liegen die kleinen **Somerset Falls**. Gegen Gebühr kann man auf einem Bambusfloß übersetzen.

Auf der anderen Seite der Stadt liegen die **Nonsuch Caves** und die **Athenry Gardens**.

Weiter an der Küste entlang kommt man zur **★Boston Bay**, einem der besten Strände Jamaikas. Hier entstand das *jerk*-Kochen, die Art des langsamen Gril-

Foto: narvikk (iStockphoto)

lens von mariniertem Fleisch und Fisch, die heute auf der ganzen Insel beliebt ist. Metzger bereiten unter freiem Himmel Schweine-, Hühner- und Hummerteile vor und legen sie in einer scharfen Pfeffermarinade ein. Anschließend werden sie stundenlang über dem rauchigen Feuer gekocht.

Weitere Strand-Highlights sind der kleine ★**Frenchman's Cove** und der noch unverbaute ★**Winnifred Beach**.

35 km von Port Antônio entfernt, in der Nähe des Küstendorfes Manchioneal, an der Ostküste Richtung Kingston, liegen die **Reach Falls**. Man fährt durch Zuckerrohrfelder und Bananenplantagen und steigt dann vorsichtig hinunter zum Wasserfall. Obwohl man hier wunderbar schwimmen und wandern kann, kommen nur wenige Touristen in dieses kleine Naturparadies.

Im Fischerdorf **Manchioneal**, vom Hurrikan Sandy 2012 hart getroffen, gibt es Fischimbisse am Strand.

Oben: Devon House in Kingston. Rechts: Kaffeeanbau in den Blue Mountains.

Kingston

Kingston, die Hauptstadt, hat rund 950 000 Einwohner und ist die größte englischsprachige Stadt südlich von Miami. Die Stadt ist groß, heiß und erst teilweise saniert, hat aber auch schöne Seiten. Die sozialen Gegensätze sind hart; als Tourist sollte man nie nachts herumwandern und Ghettoviertel meiden. So sollte man in die Slums von **Trench Town** und **Western Kingston** nie ohne Begleitung eines Jamaikaners gehen. Bob Marleys Karriere begann im Problemviertel Trench Town, mit den Musikern Peter Tosh und Bunny Wailer und ihrer Band *The Wailers*.

Die besten Strände Kingstons liegen außerhalb. **Hellshire Beach** ist ein langer Sandstreifen im Westen, wo sich v. a. Einheimische aufhalten. An kleinen Verkaufsständen gibt es Fisch und Meeresfrüchte. Gelegentlich gibt es Reggaemusik live im **Fort Clarence**.

Haus und Studio Bob Marleys in Kingston wurden nach seinem Tod zu Museen. Das Plattenstudio **Tuff Gong** (heute am Marcus Garvay Drive) kann besichtigt werden (www.tuffgong. com). Das ehemalige Domizil wurde zum ★**Bob Marley Museum** (www. bobmarley-foundation.com/museum, Mo-Sa 9-17 Uhr geöffnet). Erinnerungen, Presseausschnitte und Konzertposter sind zu sehen, und man kann immer gute Musik hören.

In der Nähe befindet sich die **National Gallery of Art** (geöffnet Mo-Fr 10-17 Uhr) mit Werken der berühmtesten Künstler Jamaikas.

Mit der Port Royal Ferry kommt man durch den großen Naturhafen **Kingston Harbour** nach **Port Royal** am Ende der Landzunge Palisadoes. Port Royal war zur Zeit des Freibeuters Henry Morgan ein freizügiger Piratentreff („Sodom der neuen Welt") und eine der reichsten Hafenstädte, doch seit dem Erdbeben von 1692 ist es halb im Meer versunken und nur noch ein Fischerort. Das dortige ★**Fort Charles** legten die Briten 1655 an. Auch das **Old Naval Hospital** von 1819 ist noch erhalten. Nahe **Morgan's Harbor** servieren Lokale wie **Gloria's** (Queen Street) gute jamaikanische Gerichte.

Von Morgan's Harbor lässt sich eine Bootstour zu den ★**Port Royal Cays** machen, kleinen Koralleninseln, wo man schwimmen, am Strand relaxen oder durch **Korallenriffe** schnorcheln kann; sehr gut geht das auf **Lime Cay**.

Im **Kingston Crafts Market** am Pier 1 findet sich eine riesige Auswahl an T-Shirts, Strohwaren, Holzschnitzereien, Schmuck etc.

Weitere Sehenswürdigkeiten sind das **Naturgeschichtsmuseum** des **Institute of Jamaica** (Mo-Fr 9-16 Uhr), und v. a. das ★**Devon House** von 1881 (www.devonhousejamaica.com), die restaurierte Villa des ersten schwarzen Millionärs Jamaikas, die heute ein Museum ist. Im Kutschenhaus finden sich Restaurants wie das bekannte **Grog Shoppe** und das **Things Jamaican**-Geschäft mit hochwertigen Souvenirs.

Der botanische Garten **Hope Gar-**

Foto: Creative i [Dreamstime]

dens besitzt auch einen kleinen Zoo. In der **University of West Indies** kann man am Wochenende Reggae Musik live hören. Theaterfans seien das 1907 erbaute **Ward Theatre** und das 1960 gegründete **Little Theatre** empfohlen.

★★Blue Mountains

Viele Häuser und kleine Dörfer liegen an den Berghängen der nahen Blue Mountains, meist durch dichte Wälder verdeckt, was 1720 die Sklavenanführerin Granny Nanny in ihrer Rebellenfestung (Moore Town) im Kampf gegen die Briten geschickt zu nutzen wusste.

In Höhen zwischen 900 und 1700 m, wachsen in der Kühle relativ langsam, was das Aroma verbessert, die Arabica-Bohnen für den weltberühmten **Blue-Mountain-Coffee** heran, der für bis zu 100 US$ pro Kilo in den USA und, günstiger, in den Souvenirgeschäften Jamaikas verkauft wird. Das staatliche *Coffee Industry Board* (CIB) soll für die Einhaltung der Qualitätsstandards sorgen (fünf Qualitätsstufen, je nach Größe

9

Jamaika

Foto: Jamaica Tourist Board

und Farbe, von *No. 1* bis *Triage*). Die CIB hat mehrere Kaffeeröstereien auf der Insel autorisiert, den Kaffee abzupacken – unter anderem in der großen Rösterei in **Mavis Bank**, außerhalb von Kingston. Wenn man sich auf die Suche macht, kann man hochwertige Kaffeebohnen direkt bei kleinen Farmern eventuell billiger erwerben. Unabhängig von der CIB produziert noch der Familienbetrieb ★**Old Tavern Coffee Estate**, 1,5 km südwestlich des kleinen Dorfs **Section**, exzellenten Blue-Mountain-Kaffee in völliger Eigenregie, mit möglichst wenig Chemie (Tel. 924-2785, Anmeldung nötig).

Im **Holywell Recreation Park**, nördlich von Kingston an der B1, gibt es einfache Hütten zum Übernachten, Wanderwege, Aussichtspunkte, Vogelbeobachtungs- und Badeplätze.

Wanderern ist eine Tour im nahen ★★**Blue Mountains - John Crow Nati-** onal **Park** (UNESCO-Welterbe) zu empfehlen, etwa zum 2256 m hohen Gipfel des **Blue Mountain**. Man übernachtet im **Whitfield Hall** oder in einfachen Unterkünften des Jamaican Conservation & Developement Trust (Kingston, Tel. 920-8279, www.jcdt.org.jm). Man sollte schon um 1 Uhr morgens mit einem Führer losgehen. Der Weg ist steil und teils steinig; wenn man gut ausgerüstet ist (Taschenlampe nötig), stellt er kein Problem dar. Man kann auch Mulis oder Räder (Blue Mountain Bike Tours, www. bmtoursja.com) mieten. Nach 11 km erreicht man den Gipfel, mit dem richtigen Timing kurz vor Sonnenaufgang. An klaren Tagen sieht man Kingston, die Südküste und Port Antonio im Norden.

★Mandeville und die Südküste

In dieses Gebiet fahren mehr Jamaikaner, die Urlaub machen wollen, als Ausländer. Deshalb sind die Preise niedriger als an der beliebten Nordküste. ★**Mandeville** liegt 620 m hoch, ist britisch geprägt und als Alterssitz beliebt.

Oben: Die Blue Mountains sind ein hervorragendes Wandergebiet. Rechts: Abenddämmerung im Restaurant Jade Sprat, Treasure Beach.

Foto: Christian Heeb

Es ist eine ruhige Stadt, die Temperaturen sind niedriger als in den Küstenstädten, und der Ort ist nicht sehr touristisch. Interessant ist das **Marshall's Pen**, ein 250 Jahre altes Haus mit Antiquitäten und einer schönen Büchersammlung über die Geschichte Jamaikas. Auf 120 ha Land kann man wandern, reiten und Vögel beobachten (nur mit Voranmeldung).

Nicht weit von der Stadt liegt die **High Mountain Coffee Factory**, wo man bei einer Besichtigungstour Blue Mountain-Kaffee kaufen kann.

Fährt man in Richtung Südküste, wo einige der besten und nicht überfüllten Strände liegen, kommt man durch die **Bamboo Avenue**, mit dicken Bambusstämmen am Straßenrand.

Die Straßen an der Südküste sind schlecht, erschließen aber besuchenswerte Orte jenseits des Massentourismus. ★**Treasure Beach** besteht aus vier **Sandbuchten** mit Fischerdörfern; es gibt kleine Hotels und Restaurants. 15 km östlich liegt ★**Lover's Leap**, ein steiles Kliff 500 m über dem Meer.

Auf dem **Black River**, dem längsten und größten Fluss Jamaikas, kann man **Bootsfahrten** zu den **Krokodilen** unternehmen.

In **Middlequarters** bieten Straßenverkäufer Durchfahrenden kleine Portionen scharfer Schrimps an, außerdem auch geröstete Süßkartoffeln und Cashew-Nüsse aus der Umgebung. 19 km nördlich vom Ort Black River liegen eine Arawak-Höhle und der schönste Wasserfall Jamaikas: die **YS Falls**. Dort bekommt man auch einen Einblick in die eher untouristische Seite Jamaika.

Auf halber Strecke zwischen Black River und Negril liegt ★**Bluefields**. Niedrige Klippen, dichter Wald und schmale Buchten mit bunten Fischerbooten zeichnen diesen Küstenabschnitt aus. Im Ort bieten viele Geschäfte Kunsthandwerk an.

12 km nordöstlich von Savanna, im Landesinneren, locken das **Roaring River Park** mit Höhlen und Karstquelle, und das ★**Blue Hole**, ein herrliches „Naturschwimmbecken" mit betörend blauem Wasser.

9

Jamaika

»» **Karte S. 178-179, Info S. 190-191**   189

Foto: Robert Harding (mauritius images)

★Negril

★**Negril** (4700 Einwohner) besitzt mehrere Strandresorts. Es zieht vor allem jüngere Leute und Paare an, die den schönen, weißen ★**Strand** (allein der Hauptstrand ist 5 km lang) und die lockere, unkomplizierte Lebensart schätzen. Geht man die Serpentinen zum 1894 erbauten **Negril Lighthouse** hinauf, kann man die Küste von oben betrachten. Hier, auf den Kliffs im Süden, liegen preiswertere Gästehäuser und Bungalow-Hotels, die noch von Einheimischen betrieben werden, im Norden dagegen die schicken, teureren Resorts, die teils von internationalen Hotelketten betrieben werden. In ★**Rick's Café** an der West End Road wird es ab 17 Uhr voll, denn dieses Bar-Restaurant ist wegen der romantischen **Sonnenuntergänge** äußerst beliebt. Zudem beweisen Klippenspringer hier ihren Mut. Eine weitere Attraktion ist der **Crafts Market**.

Oben: Am Strand von Negril.

JAMAIKA (☎ 001 876)

Jamaica Tourist Board, 64 Knutsford Boulevard, JM-Kingston 5, Tel. 929-9200, Fax 929-9375, www.visitjamaica.com.
VERTRETUNG IN DEUTSCHLAND: Jamaica Tourist Board, c/o Fastforward-Marketing, Schwarzbachstr. 32, D-40822 Mettmann bei Düsseldorf, Tel. (02104) 832-974, Fax 912-673, www.visitjamaica.com.

ANREISE: Zu den internat. Flughäfen in Kingston und Montego Bay fliegt British Airways u. Jamaica Air ab London, Condor und Lufthansa nonstop ab Frankfurt; LTU/Air Berlin ab Düsseldorf nach Montego Bay.
Am Sangster Int. Airport, Montego Bay, sind mehrere Mietwagenfirmen vertreten, wie z.B. Island Car Rentals, Tel. 929-5875, www.islandcarrentals.com oder Avis, Tel. 929-8021, Fax 929-4998, www.avis.com.jm.
Jamaikas **Kreuzfahrthäfen: Ocho Rios** (wird z.B. von Schiffen der Carnival Cruises angelaufen), **Montego Bay** (wird u.a. von der Aida angelaufen), **Falmouth** (der jüngste Passagierhafen Jamaikas, östlich von Montego Bay; seit 2011 in Betrieb; wurde für die „Oasis of the Seas" gebaut, das größte Kreuzfahrtschiff der Welt). Nur kleinere Kreuzfahrtschiffe steuern Port Antonio an.
ÖRTLICHE TRANSPORTMITTEL: Lizenzierte Taxis erkennt man an den rot-weißen Nummernschildern und dem Kürzel „PP" im Kennzeichen. Als Alternative bieten sich die Minibusse von JUTA (Jamaican Union of Travellers) an. An den Flughäfen sind div. Mietwagenfirmen vertreten; Vollkasko-Versicherung sehr ratsam.

FORMALITÄTEN / WÄHRUNG: Für einen Aufenthalt bis zu 3 Monaten genügt für Touristen aus Deutschland, Österreich und der Schweiz ein mindestens noch sechs Monate gültiger Reisepass, ein Rück- oder Weiterflugticket und eine Bestätigung des Hotels / der Unterkunft (mind. für die erste Nacht, danach kann auch individuell vor Ort gesucht werden). Eine Immigration Card muss bei der Einreise ausgefüllt und bis zur Ausreise aufbewahrt werden.
Landeswährung ist der **Jamaica Dollar** (J$, „Jay"), der weder ein- noch ausgeführt werden darf. Inoffizielle Zweitwährung ist der **US-Dol-**

lar. 1 Euro ≈ 130 J$ (tagesaktueller Kurs: siehe xe.com). Die Flughafensteuer (1800 J$) ist meist schon im Flugticketpreis enthalten.

STROM: 110 Volt, amerikanische Steckdosen, Adapter notwendig.

TAGESZEITUNGEN sind u. a. der *Jamaica Gleaner*, www.jamaica-gleaner.com, und der *Jamaica Observer*, www.jamaicaobserver.com

 Ambulanz und Feuerwehr: 110, Polizei: 119

MONTEGO BAY

LUXUS: **Jimmy Buffet's Margaritaville**, Meeresfrüchte; Gloucester Ave., Tel. 952-4777, www.margaritaville.com.

Richmond Hill Inn, Terrassen-Restaurant auf einem Hügel, Tel. 952-3859, www.richmond-hill-inn.com.

Sugar Mill Restaurant, ausgezeichnete Küche und romantisches Flair an einer alten Wassermühle; im Half Moon Beach Club, 12,8 km östl. von Montego Bay, Tel. 953-2314, www.halfmoon. rockresorts.com.

EINFACH: Bevins & Barnett Street, jeden Abend Straßenmarkt von 16-2 Uhr morgens; Zuckerrohr, Kokosnuss, geröstete Erdnüsse, Huhn – an Ort und Stelle zubereitet.

Typisch jamaikanisches „Jerk-Food" gibt es vielerorts in eher einfachen Lokalen am Straßenrand.

OCHO RÍOS

LUXUS: **The Ruins at the Falls**, an einem malerischen Wasserfall; Tel. 974-8888, www.ruinsjamaica.com.

EINFACH: Ochos Ríos Village Jerk Centre, gegrillte Fisch- und Fleischgerichte, preiswert; Da Costa Drive, Tel. 974-2549. **Scotchies**, typisches Jerk-Food, Drax Hall, Tel. 794-9457.

PORT ANTONIO

LUXUS: Trident, elegant, teuer und auch gut; Tel. 993-7000, www.tridentcastle.com.

Milles Fleurs, Gourmetrestaurant im Hotel „Mockingbird Hill" bei Port Antonio, das eine gelungene Mischung aus karibischer und europäischer Küche bietet, fast alle Zutaten stammen aus lokalem, biologischem Anbau, Tel. 993-7134, www. hotelmockingbirdhill.com.

MITTEL: De Montevins Lodge, jamaikanische Küche „wie bei Mutter", Voranmeldung erforderlich, Tel. 993-2604.

KINGSTON

LUXUS: Blue Mountain Inn, formell, Blick auf Wasserfall; Gordon Town, im Devon House, Tel. 927-1700.

MITTEL: Grog Shoppe, Pub, westliche und jamaikanische Speisen, schöner Biergarten, abends oft gute Live-Musik, tgl. geöffnet, i Hope Rode 26, Tel. 906-7165, www.grogshoppejm.com.

EINFACH: The Hot Pot, Spezialität: Garlic Chicken, jamaikan. Fischgerichte; Altamont Crescent 2, nahe Pegasus-Hotel, Tel. 929-3906.

NEGRIL

MITTEL: Rick's Cafe, oft gute Live-Musik; West End Road, Tel. 957-0380. www.rickscafejamaica.com.

The Jungle Night Club and Sports Bar ist ein beliebter Treffpunkt zum Party-Feiern für Urlauber und Einheimische, wurde 2004 zum „The Best Night Club in the Caribbean" gewählt und ist bis heute angesagt; Norman Manley Blvd., Beach Road, Tel. 957-4005

LIVE-KONZERTE: Das **Reggae Sumfest** findet jedes Jahr (mehrtägig) im Juli bei Montego Bay statt, größtes Reggaefestival der Welt mit über 50 000 Besuchern pro Jahr, www. reggaesumfest.com. Im beliebten Strandhotel **Negril Escape**, am Westende von Negril, finden regelmäßig Live-Konzerte zugkräftiger Reggae-Musiker und -Bands statt.

ÖKOTOURISMUS: Jamaica Reliable Adventures, Wanderungen durch die Natur in den Bluefield Mountains im Westen Jamaikas und Vogelbeobachtung; www.jamaicabirding.com.

Chukka Caribbean Adventures bietet Zip-Lining, Reiten, Kajaking, Quad-Biking in Montego Bay, Negril, Ocho Rios und in Falmouth an. Tel. 979-8500, www.chukka.com

9

Jamaika

Ein Grunzerschwarm mit vielen Blaustreifengrunzern an einem Korallenriff

CAYMAN ISLANDS

GRAND CAYMAN
CAYMAN BRAC
LITTLE CAYMAN

CAYMAN ISLANDS

Geschichte

Die Cayman Islands werden auch als „Schweiz der Karibik" bezeichnet. Tatsächlich profitieren die Kaimaninseln von der Finanzwirtschaft und dem Bankgeheimnis – als Steueroase ein Dorado für Hedgefonds. Die Inseln sind als Britisches Überseegebiet politisch stabil und weisen einen der höchsten Lebensstandards in der Karibik auf.

Das Trio der winzigen Koralleninseln liegt etwa 288 km nordwestlich von Jamaika und 768 km südlich von Miami. Kolumbus entdeckte die Inseln auf seiner vierten Reise im Mai 1503, als er durch einen Sturm vom Kurs abkam und „zwei sehr kleine Inseln erblickte", wie sein Sohn Fernando in seinem Tagebuch notierte. Nach George S.S. Hirsts Buch *Notes on the History of the Cayman Islands* entdeckte Kolumbus in der Tat die beiden kleineren Cayman Islands – Cayman Brac und Little Cayman. Nach Kolumbus kam Sir Francis Drake, Freibeuter Ihrer Majestät, der die Inseln *Caymanas* nannte – wie behauptet wird, wegen der Krokodile, die er massenhaft

in den Mangrovensümpfen der Eilande entdeckte.

1586 legte mit Henry Morgan noch ein berühmter Pirat an. Die ersten Siedler sollen Deserteure der englischen Armee gewesen sein, die sich 1668 von ihrem Stützpunkt in Jamaika nach Little Cayman und Cayman Brac absetzten. Ab 1734, als die ersten historisch verbürgten Siedler ankamen, zogen die Caymans hundert Jahre lang Waliser, Schotten, Iren und Engländer an, deren Sitten und Gebräuche die Insel prägten.

Hier gab es nie die großen, mit Sklaven bewirtschafteten Plantagen wie auf dem nahen Jamaika. Die Sklavenbefreiung erfolgte bereits 1835 durch eine Proklamation des Gouverneurs von Jamaika. Die Jahrhunderte brachten eine bunt gemischte, harmonisch miteinander lebende Bevölkerung hervor. Die frühen Einwanderer schufen eine friedliche, gottesfürchtige Siedlung, eine Oase der Ruhe am westlichen Rand der Karibik. Kriminalität gibt es kaum – die Strafen für Delikte, auch für Drogenkonsum, sind für Einwohner und Touristen gleichermaßen drakonisch.

Früher fuhren fast alle Männer der Cayman Islands zur See; sie gehören zu den zuverlässigsten Seeleuten der Welt. Jahrelang waren sie in der Welt unterwegs; ihre Heuer schickten sie nach Hause, und so konnten die hübschen Häuser auf den Inseln gebaut werden.

Links: Der Kunsthandwerkermarkt am George Town Harbour bietet originelle Souvenirs.

Cayman Islands 10

» Karte S. 196-197, Info S. 203

Die Männer brachten Kultur und Weltläufigkeit mit nach Hause.

Auf den Inseln gab es kaum je Unabhängigkeitsbestrebungen. Die Bewohner scheinen mit ihrem Kolonialstatus zufrieden zu sein. Viele der ersten Siedler waren Engländer, und bis heute sind die Menschen hier fast britischer als die Briten in Großbritannien. Sie unterscheiden genau zwischen politischer und wirtschaftlicher Unabhängigkeit. Es ist offensichtlich, dass die Inseln eine wirtschaftliche Unabhängigkeit erreicht haben, die in den Augen mancher durch politische Eigenständigkeit gefährdet wäre.

Für die Steuerfreiheit der Cayman Islands ist der Legende nach das „Wrack der zehn Segel" verantwortlich. Eine Flotte jamaikanischer Händler, die nach England segelte, erlitt in der Nähe des östlichen Endes von Grand Cayman 1788 Schiffbruch. Das Führungsschiff *Cordelia* lief auf ein Riff. Damit begann eine tragische Verkettung von Irrtümern. Die *Cordelia* feuerte ein Warnsignal ab, um die anderen neun Schiffe vor der Felsbarriere zu warnen. Das Signal wurde aber missverstanden, und alle Schiffe zerschellten an dem Riff. Die Inselbewohner bewiesen Heldenmut und retteten alle Passagiere. Zur Belohnung befreite König Georg I. 1788 die Inseln von der Steuer. Dieses Privileg gilt bis heute.

Der Ruf der Inseln als Steuer- und

SEA

Old Robin Pt. Anchors Pt. Spotter Bay Rogers Wreck Pt.
Man Bay Tortuga Club
Old Man Bay Colliers Colliers Pt.
SALINA Colliers Pond
COLLIERS CAY.
★ Queen Elizabeth Botanic Park Bell Tower Gun Bay
LONG Blakes Gun Bluff
BRIDGE Gorling Bluff L.
East Pt. **East End**
Ironshore Pt. Blow Holes
Bay Pt. White Sand B.

GRAND CAYMAN

(UNITED KINGDOM)

Bankenparadies reicht bis in die 1960er-Jahre zurück. 1962, als Jamaika die Unabhängigkeit erlangte, konnten die Cayman Islands, die zuvor von Jamaika verwaltet worden waren, ihren Kurs selbst bestimmen. Die Inseln sprachen sich dafür aus, eine britische Kolonie zu bleiben. Das britische Kolonialsystem erforderte eine eigene Regierung für die Innenpolitik, eine Neuerung, die neue Herausforderungen mit sich brachte.

Ein wichtiger erster Schritt in Richtung Finanzierung des Landes musste unternommen werden. Es gab keine Rohstoffe, fast alles musste eingeführt werden. 1965 wurde Vassel Johnson, ein langjähriger Regierungsangestell-ter, vom britischen Gouverneur zum Finanzminister ernannt. Die erste Priorität galt der Bekämpfung der Malaria übertragenden Moskitos durch die Trockenlegung von Sümpfen. Damit begann auch die erfolgreiche Entwicklung des Fremdenverkehrs.

Aber man suchte nach einem zuverlässigen zweiten Standbein – neben dem Tourismus. Johnson kam auf die Idee, die Inseln zu einem Finanzzentrum zu machen. Da keine Steuern an Großbritannien bezahlt werden müssen, bezahlen die Einwohner auch keine auf den Inseln. Die einzige Personensteuer ist eine jährliche Erhebung von $10. Verschiedene andere kleine Steuern wurden 1971 abgeschafft, weil sich niemand fand, der sie eintreiben wollte.

1966 wurden die ersten Gesetze verabschiedet, die die Inseln zu einem Finanzzentrum bzw. zu einem Steuerparadies machten. Innerhalb von wenigen Jahren verfügte die Kolonie über eine eigene Währung, eine Fluggesellschaft sowie einen Flughafen und verbesserte Kommunikationsmöglichkeiten. Banken, Finanzgesellschaften und Versicherungen wird Vertraulichkeit zugesagt, und sie können fast völlig frei und außerhalb des nationalen Währungssystems operieren. Als Ausgleich erhält die Regierung jährlich eine Lizenzgebühr. Die Bankengesetze verhalfen auch dem Tourismus zu einem Boom: Viele Geschäftsleute, die auf den Inseln kommen, machen auch gleich Urlaub. Heute gibt es in Grand Cayman, der Hauptinsel und Hauptstadt, über 270 Banken, 19 000 einheimische Gesellschaften sind im internationalen Geschäft tätig.

Die meisten Urlauber werden aber nicht von den Banken, sondern von den hervorragenden Tauchmöglichkeiten, den paradiesischen Stränden, den Angelmöglichkeiten und den freundlichen Bewohnern angezogen.

Einen harten Schlag versetzte den Inseln im September 2004 der zerstörerische Hurrikan Ivan, der 80 % der Gebäude auf den Inseln beschädigte.

10

Cayman Islands

» **Karte S. 196-197, Info S. 203**

GRAND CAYMAN

Die meisten Touristen kommen in **Grand Cayman**, der größten und am weitesten entwickelten der drei Inseln, an. Sie landen auf der Piste des **Owen Roberts International Airport**, einem der modernsten Flughäfen der Karibik. Die Kreuzfahrtschiffe ankern normalerweise im **George Town Harbor**. Das ganze Jahr über kommen ungefähr drei Schiffe pro Woche in die Stadt, die in den letzten Jahren zu einem führenden Kreuzfahrtziel in der Karibik wurde.

Die Insel ist 35 km lang und 6-13 km breit. Sie hat in etwa die Form eines waagerecht gehaltenen Angelhakens. Die Insel hat mehr als 52 000 Einwohner, ungefähr 90 % der Gesamtbevölkerung des Landes. Der Großteil der Bewohner wohnt auf der westlichen Hälfte der Insel, die sich von **George Town** bis zum ★**Seven Mile Beach** erstreckt, wo auch die meisten Geschäfte ansässig sind. George Town ist die Hauptstadt, dort befinden sich der Regierungssitz und das wirtschaftliche Zentrum der Kolonie – und der weltweit fünftgrößte Finanzplatz. Man darf allerdings nicht überrascht sein, wenn man kaum eine der 270 Banken in der Stadt zu Gesicht bekommt. Die Mehrheit sind Gesellschaften, die nur im steuerfreien Offshore-Banking engagiert und keine Service-Banken sind.

Die ganze Stadt kann an einem Nachmittag besichtigt werden. Sie ist klein, sauber und bescheiden. Zu den Sehenswürdigkeiten zählen der **Glockenturm** für König George V, die **Legislative Assembly** in der Forth Street, das **Courts Building**, das **Government Administration Building**, das die Einheimischen „Glass House" nennen, und das **General Post Office**. Die Höhe der Gebäude ist auf fünf Stockwerke beschränkt. Hier gibt es vor allem Restaurants, Geschäfte und Banken. Das **Cayman Islands Na-**

Rechts: Gelegenheit zum Shopping in George Town, Grand Cayman.

tional Museum (Tel. 949-8368, Mo-Fr 9-17 Uhr) an der **Uferpromenade**, im Herzen von George Town, beherbergt sehr unterschiedliche Ausstellungsstücke. Sie reichen von einem Gemälde über die Entdeckung der Neuen Welt durch Kolumbus bis zur modernsten Technologie zum Heben eines Schatzes. Ebenfalls in der North Church Street befindet sich **McKee's Museum**, in dem Schätze ausgestellt sind, die der Schatzsucher *Art McKee* gefunden hat. Es gibt alte Münzen zu kaufen, die aus Wracks aus dem 16. und 17. Jh. stammen.

Die Stadt ist ein Lieblingsort für Besucher, die zollfrei einkaufen wollen – seien es Schweizer Uhren, englisches Porzellan und Kristall, Porzellan, französisches Parfüm und Schmuck, darunter auch schwarze Korallen.

Wenn man von George Town in Richtung Norden entlang der **West Bay Road** fährt, sieht man Dutzende von Hotels und Eigentumswohnungen. Die meisten liegen entlang des berühmten ★**Seven Mile Beach**, der in Wirklichkeit „nur" 5,5 Meilen lang ist.

Am Northwest Point, nördlich von West Bay, liegt die ★**Cayman Turtle Farm** (Tel. 949-3894, www.turtle.ky). Sie ist weltweit die einzige Schildkröten-Farm dieser Art. Einst gab es unzählige Schildkröten im Meer, heute sind leider nur noch wenige übrig geblieben. Die Farm wurde 1968 von einem privaten Unternehmer errichtet und gehört heute der Regierung. Sie sorgt zum einen dafür, dass der örtliche Markt mit Schildkrötenfleisch versorgt wird und ergänzt das Meer außerdem mit brütenden und einjährigen Schildkröten. Die Schildkrötensteaks und die Zutaten der Schildkrötensuppe, die in den Restaurants serviert werden, kommen von hier.

Schildkröten gibt es von 170 g bis 272 kg. Das erste Weibchen, das in dem Gehege aufgewachsen war, kroch Mitte 1975 auf einen Strand und legte ihre ersten Eier. Im nächsten Jahr legten 29 Schildkröten 186 Eier, und die Brutrate

lag bei über 88 %. Heute gibt es hier 60 000 Schildkröten, und die meisten leben in 40 Gehegen, die einen Durchmesser zwischen 9 und 21 m haben.

Das Wasser tauscht sich in den großen Gehegen alle 30 Minuten, in den kleinen alle 5 Minuten aus. Eine Zeitlang waren Produkte aus der Cayman Turtle Farm vom Einfuhrverbot von Schildkrötenprodukten in den USA ausgenommen. Inzwischen wurde diese Ausnahmeregelung aufgehoben.

Östlich der Turtle Farm kann man in dem Dorf **Hell** Postkarten und Briefmarken in dem winzigen Postamt kaufen. Sie werden dann mit dem Stempel *Hell, Grand Cayman* versehen. Die großen schwarzen Felsnasen veranlassten nämlich einen früheren Regierungskommissar, das Gebiet als *hell* (Hölle) zu bezeichnen, indem er äußerte: „So sieht es wohl in der Hölle aus." Eine Auffahrt führt zu einem Aussichtspunkt über den Kalksteinfeldern, wo man spektakuläre Fotos machen kann.

Fährt man von George Town in Richtung Süden, kommt man durch viele kleine Dörfer, die noch im typischen Cayman-Stil gebaut sind. Wenige Meilen außerhalb der Stadt liegt der **Piney Forest** von Grand Cayman mit ausladenden australischen Pinien. Der nächste Halt ist ★**Bodden Town**, die frühere Hauptstadt der Cayman Islands. Es ist ein malerisches Dorf, wo auch die **Pirate's Caves** liegen, ein kleines unterirdisches Höhlensystem, in dem im 18. Jh. die Piraten Schutz gesucht haben mögen. Der Norden ist ruhig und wegen der schönen, abgeschiedenen Strände beliebt. Im Sommer sieht man manchmal Cayman-Papageien mit roten Köpfen im Unterholz entlang der Straße. Die Straße verbindet **Old Man Bay** mit dem am wenigsten entwickelten Gebiet der Insel, **East End**. Queen Elizabeth II. durchschnitt im Februar 1983 das Band und eröffnete die Straße offiziell. Ein Schild bezeichnet die Straße seitdem als **Queen's Highway**. In der Nähe der Küste liegen die Reste des Wracks der *M.V. Ridgefield*, eines 7500-Tonnen-Nachschubschiffes aus dem Zweiten Weltkrieg, das während

10

Cayman Islands

der fehlgeschlagenen Schweinebucht-Invasion im nahegelegenen Kuba auf ein Riff lief und sank.

Naturfreunde und Gartenliebhaber zieht es in den 25 ha großen ★**Queen Elizabeth II Botanic Park** (Tel. 947-3558, www.botanic-park.ky) in den Wäldern bei North Side. Der Park ist täglich geöffnet und bietet Leguanen, Spechten, Papageien und Echsen eine Rückzugsmöglichkeit.

Die Hauptattraktionen von Grand Cayman liegen jedoch unter Wasser: Die Inselbewohner sind sich über den Wert der **Riffe** und des Unterwasserlebens im klaren, schon 1978 verabschiedete die Regierung strikte Gesetze zum Schutze der Unterwasserwelt. So ist das Entfernen jeglicher Art von Korallen oder Schwämmen in allen Gewässern der Cayman Islands verboten.

Urlauber müssen allerdings nicht unbedingt selbst ins kühle Nass eintauchen, wenn sie die Unterwasserwelt von Cayman entdecken wollen. Es gibt verschiedene **U-Boote**, die regelmäßig mit Passagieren auf Tauchfahrt gehen.

Die *Atlantis XI* (Tel. 949-7700) bietet Platz für 28 Personen und geht auf 12-18 m Tauchtiefe entlang den faszinierenden Riffen. Die 65 Meter langen U-Boote der *Deep Explorer*-Flotte tauchen mit je zwei Passagieren sogar bis in 243 m Tiefe entlang des Felssockels der Insel.

Grand Cayman ist nicht nur für seine Riffe bekannt (die Insel liegt auf einem Gesteinssockel, der fast senkrecht in die Tiefen des Ozeans abfällt): es gibt mehrere gut erhaltene **Schiffswracks**, die in seichtem Gewässer in mittleren Tiefen liegen und von Fischen und kleinen Kreaturen bewohnt sind. Viele bekannte Filme wurden in diesen Wracks gedreht. In Küstennähe kann man hervorragend, auch ohne Boot, tauchen und schnorcheln.

Kreuzfahrtpassagiere, die im Hafen von George Town ankommen, könnte einfach über Bord springen um in der Nähe von wunderschönen Riffen zu landen, an denen man tauchen und schnorcheln kann. ★**Soto's Reef** ist nahe der Küste, beim **Lobster Pot** und **Bob Soto's Scuba Centre**. Korallen liegen weniger als 1,80 m unter der Oberfläche – ideale Bedingungen für Schnorchler. Viele Tunnel und Korallenkammern können von Tauchern erforscht werden. Die Reste der 114 m langen *Balboa* liegen auf dem Hafengrund verstreut, nur 180 m vom Pier und locken viele Taucher an. Die Stelle ist besonders bei Anfängern, Fotografen und Wracktauchern beliebt.

Eine vielbesuchte Tauchstelle am Ufer ist ★**Waldo's Reef**, das gleich beim **Coconut Harbor Resort** liegt. Es ist besonders wegen der dort lebenden Muränen bekannt. Weitere zahme Fische, darunter Zackenbarsche und Barracudas, leben hier.

In der Nähe des wunderschönen ★**Seven Mile Beach** aus hellem Korallensand liegt eines der beliebtesten Tauchziele auf Grand Cayman, die *Oro Verde*, die 1980 versenkt wurde. Das 56 m lange Schiff ruht in nur 15 m Tiefe – ideal für Tauchanfänger. 2011 ließ man ein weiteres als Taucherattraktion zum Meeresboden sinken: das 76 m lange U-Boot-Rettungsschiff *USS Kittiwake*. Vor dem Mariott Hotel lockt ein künstliches **Riff** Schnorchler an.

In der Nähe der Nordküste liegen gute Tauchreviere: ★**Tarpon Alley** ist ein aufregender Ort, an dem über 100 riesige Tarpune in einem schmalen Canyon schwimmen. Taucher können durch den Canyon schwimmen und dabei die Fische fast berühren. Unterwasserfotografen können hier hervorragende Aufnahmen machen. In der Nähe liegt ★★**Stingray City** (www.absolutedives.com), das als das außergewöhnlich seichte Tauchgewässer in der Karibik gepriesen wird. Die Tauchtiefen reichen von 3,5-5,5 m. Hier kommen bis zu 20 zahme **Stachelrochen** zusammen. Lan-

Rechts: Stingray City – das Füttern der Stachelrochen ist eine große Attraktion.

Foto: Cayman Islands Tourism

ge ankerten hier Fischer, um ihren Fang zu reinigen. Die Fischreste lockten die Stachelrochen an, und heute können Taucher hautnahe Bekanntschaft mit den inzwischen zutraulichen Meerestieren schließen.

CAYMAN BRAC UND LITTLE CAYMAN

Die Inseln Cayman Brac und Little Cayman liegen 143 km bzw. 118 km nordöstlich von Grand Cayman. Da sie sich sehr ähneln, wirken sie wie Zwillingsinseln. **Cayman Brac** ist die größere Insel, 19 km lang und etwas über 2 km breit. Der Westteil ist flach und liegt auf Meereshöhe, der Osten steigt bis auf 43 m hohe Kliffs an, die in die Karibik abfallen. *Brac* ist ein gälisches Wort für Kliff. Das heutige Cayman Brac ähnelt dem Grand Cayman vor 20 Jahren. Es leben etwa 1700 Menschen auf der Insel entlang der Nordküste in kleinen Siedlungen mit klangvollen Namen wie **Stake Bay**, **Watering Place**, **Cotton Tree**, **Spot Bay** und **Halfway Ground**. Der

Lebensrhythmus auf der Insel ist etwas langsamer, die Einwohner sind gastfreundlicher als auf Grand Cayman. Die Insel hat einen altmodisch karibischen Charme; es gibt dort zwei der nettesten kleinen Hotels der Karibik sowie zwei noch jungfräuliche Riffe.

Die Besucher kommen nach Brac, um zu tauchen, Vögel zu beobachten, Höhlen zu erforschen, um zu angeln, zu schnorcheln oder einfach auszuruhen. Brac liegt auf der wichtigsten Flugstrecke für Zugvögel und ist eine Zuflucht für eine Vielzahl seltener Vogelarten wie die grünen, blauen und roten Papageien von Cayman. Unter der Insel liegt ein Höhlensystem mit vielen unerforschten Höhlen. Die Legende sagt, dass berühmte Piratenschätze in diesen Kliffs vergraben liegen. Es gibt fast 50 Tauchplätze um die Insel herum, und jedes Jahr werden neue entdeckt.

Eine der bekannteren Stellen an der South Side ist **The Hobbit**, die nach der Geschichte von J. R. R. Tolkien benannt wurde. Es gibt dort seltsam geformte Schwämme. Einige haben die Form ei-

10

Cayman Islands

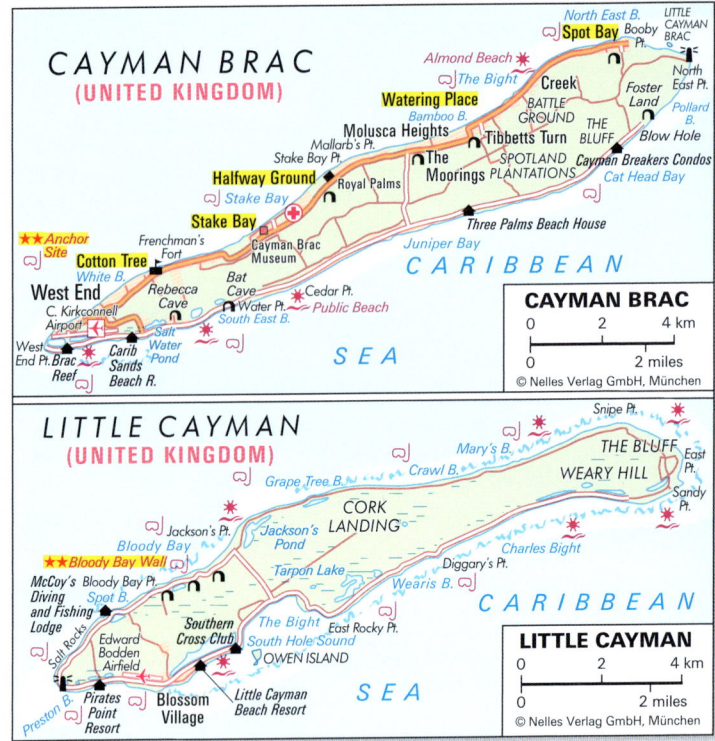

nes Fasses mit einem Durchmesser von 1,2 m.

★★Anchor Site ist eine Tauchstelle an einer Mauer, die in einer Tiefe von 20 m beginnt und senkrecht auf eine Tiefe von 300 m abfällt.

Jean-Michel Cousteau versenkte 1996 den ausgemusterten russischen Zerstörer 356 – umbenannt in *MV Capt. Keith Tibbets* – an der Nordwestküste von Cayman Brac. Inzwischen ist das Wrack ein beliebtes Tauchrevier und Heimat zahlreicher Meeresbewohner.

Little Cayman ist einer der letzten fast unberührten Orte in der Karibik. Über 98 % der Insel sind unbewohnt und nicht entwickelt. Sie ist 13 km lang und nicht einmal 3 km breit. Der Flughafen ist eine Graspiste. Die meisten Straßen sind unbefestigte Wege. Auf der Insel befindet sich einer der größten Steingärten in der Karibik für Ruderfüßer wie Pelikane und Kormorane. Ein großer Salzteich wird von einer kleinen Art Tarpune bewohnt, und Little Cayman wird als eines der besten Gebiete der Welt für Bonefish-Angeln angesehen. Es gibt drei kleine Hotels für Taucher und Angler, und das Tauchen hier ist fast märchenhaft schön. Die winzige Insel bietet mit die besten Rifftauchmöglichkeiten in der gesamten Karibik. An einer Stelle an der **★★Bloody Bay Wall** beginnt die Riffaußenseite in einer Tiefe von 5 m und fällt senkrecht bis auf 365 m. *Soto Trader* ist das Wrack eines 36 m langen Transportschiffes. Es sank im April 1975.

CAYMAN ISLANDS (☎ 001 345)

Cayman Islands Tourism, 6 Arlington Street, London SW1A 1RE, Tel. (0044) 20/7491-7771, Fax 20/7409-7771, www.caymanislands.co.uk www.caymanislands.ky und www.divecayman.ky; **Cayman Islands Department of Tourism**, The Pavillion, Cricket Square, P.O. Box 67, George Town, Grand Cayman, Tel. 949-0623, Fax 949-4053.

ANREISE: Mit British Airways via London-Heathrow nach Grand Cayman oder mit Lufthansa bis Miami. Von dort mit Cayman Airways (www.caymanairways.com) nach Grand Cayman, Little Cayman oder Cayman Brac. Island Air fliegt mehrmals täglich zwischen Grand Cayman und den kleinen Schwesterinseln.
Der Hafen von Grand Cayman wird von zahlreichen Reedereien im Rahmen von Kreuzfahrten angelaufen; u.a. von Carnival Cruise Lines (www.carnival.com), Norwegian Cruise Lines (www.ncl.com), Celebrity (www.celebrity.com) Holland-America (www.hollandamerica.com) und Royal Caribbean Cruises (www.royalcaribbean.com). Passagierschiffe verkehren zwischen den Caymans und Nordamerika, Mexiko und Europa.
ÖRTLICHE VERKEHRSMITTEL: Öffentliche Busse. Mietwagen, Motorräder, Mopeds etc. gibt es bei Avis, Budget, Coconut Car Rentals, Dollar, First Choice u. a.
Fahrräder und Scooter können bei Cayman Cycle Rentals, Coconut Place, George Town, Tel. 945-4021 gemietet werden.

FORMALITÄTEN UND WÄHRUNG: Deutsche, Österreicher und Schweizer benötigen einen mindestens noch 6 Monate gültigen Reisepass sowie ein Ticket zur Rück- oder Weiterreise.
1 Euro ≈ 0,90 **Cayman Islands Dollar** (*CI$; KYD*); 1 Kaiman-Dollar = 1,25 US$ (tagesaktueller Kurs: xe.com). Alle Läden und Restaurants akzeptieren US-Dollar und das Britische Pfund, die meisten auch Kreditkarten und US-$-Traveller-Schecks.
Die Ausreise-Gebühr von US-$ 25 ist in den meisten Flugtickets bereits enthalten.

STROM: 110 V, 60 Hz, amerikanische Flachstecker, Adapter notwendig.

Wie Grand Cayman bietet auch Cayman Brac seit einigen Jahren Restaurants außerhalb der Hotelanlagen.

GRAND CAYMAN

LUXUS: **Lobster Pot**, Meeresfrüchte, karibische und internationale Spezialitäten, Mo-Fr 11.30-14.30 Uhr und 17-22 Uhr; North Church Street, Tel. 949-2736, www.lobsterpot.ky.
Ristorante Pappagallo, Meeresfrüchte und norditalienische Küche mit tagesfrischer Pasta, mit Palmwedeln gedeckte Dächer, tgl. 18-22.30 Uhr geöffnet, in einem Vogelschutzgebiet gelegen; Tel. 949-1119, www.pappagallo.ky.
The Wharf, großes Strandrestaurant mit Veranda, Dinner tägl. 18-22 Uhr, gegen 21 Uhr Tarpon-Fütterung, unter österreichischer Leitung; West Bay Road, am Stadtrand von George Town, Richtung Seven Mile Beach, Tel. 949-2231, www.wharf.ky.
MITTEL: Besonders bei Einheimischen beliebt ist der Sunday Brunch im **Westin Casuarina Resort**, 11-14 Uhr, Tel. 945-3800, www.westingrandcayman.com.
Decker's Grill & Lounge, rings um einen als Bar dienenden ehemaligen Doppeldeckerbus angelegtes Bistro-Restaurant, moderate Preise, abends Happy Hour mit Live-Musik; Tel. 945-6600, Fax 949-6601, www.deckers.ky.
EINFACH: **Crow's Nest**, innovative Küche mit typischen Cayman-Gerichten wie Roasted Coconut, gegrillter Schwertfisch und Jamaican Chicken Curry, tgl. geöffnet, South Sound Road, Tel. 949-9366. Weitere Tipps: www.caymangoodtaste.com.

Legendz Bar, kurzweilige Tanzparties zu live gespieltem Rock 'n' Roll; im Einkaufszentrum The Falls, Seven Mile Beach, Tel. 943-3287, www.legendz.ky.
Jazz gibt es jeden Montagabend in der **Bed Restaurant & Lounge**, einem beliebten Spätlokal unweit von Harquil Bypass, Tel. 949-7199.

TAUCHEN: **Dive'n Stuff**, Tauchkurse und Tauchausrüstung auf den Cayman Islands; Tel. 916-2490, www.dnsdiving.net.

Cayman Islands

10

Foto: Tobias Hauser

KUBA

NORDKÜSTE

HAVANNA

WESTEN

ZENTRUM

SÜDKÜSTE

SÜDOSTEN

KUBA

Auf Kuba, der größten und facettenreichsten Antillen-Insel, hatten schon seit 4000 v. Chr. Indokubaner gelebt. Doch 1511 vereinnahmte Spanien das 1492 von Kolumbus entdeckte Land und gründete sieben Städte, darunter Havanna, Trinidad und Santiago. Erfolglos wehrte sich die indigene Bevölkerung gegen Landnahme und Zwangsarbeit, viele wurden getötet oder starben an eingeschleppten Krankheiten. Die Kolonisten betrieben Ackerbau und Viehzucht; als Arbeitskräfte setzte man dann Sklaven aus Afrika ein.

Die spanischen Festlandskolonien warfen unermessliche Schätze ab, doch Kuba war anfangs wenig lukrativ. Im 18. Jh. erlangte Tabak eine gewisse Bedeutung. Havanna indes war ab dem 16. Jh. Spaniens Drehscheibe des Transatlantik-Handels: Im Hafen sammelten sich Schiffe mit Gold und Silber aus den geplünderten Kolonien und traten zum Schutz vor Piraten die Atlantikpassage im Konvoi an. Korsaren mit Kaperbriefen aus England, den Niederlanden oder Frankreich sorgten dennoch dafür, Spanien Kolonien abzunehmen. Seit Haïtis Befreiung 1804 erlangten viele Länder Amerikas ihre Unabhängigkeit

Links: Flirt im Barrio Chino, Centro Habana.

– Kuba blieb vorerst dem Kolonialherrn treu. Kubanische Grundbesitzer verdienten ab dem 18. Jh. enorm an der Zuckerproduktion – bis weit ins 19. Jh. auf dem Rücken von Sklaven.

Kubas Befreiungskampf begann 1868 – 40 Jahre erbitterter Guerillakrieg folgten. Der Sieg nahte 1898; da mischten sich die USA in den Zwist ein, um die Insel selbst zu erobern. Erst 1902 wurde Kuba unabhängig, doch ergriffen Geschäftsleute aus den USA ihre Chance und machten oft gemeinsame Sache mit kubanischen Grundbesitzern. Die Zuckerindustrie boomte, dann wurde Kuba ab 1919, seit der Prohibition in den USA, beliebtes Tourismusziel von Amerikanern: Unter tropischer Sonne lockten Alkohol, Glücksspiel und Prostitution. Soziale Ungerechtigkeit und der feste Griff der USA auf die Insel – Kubas Präsidenten waren Marionetten der USA – schürten inneren Widerstand. Der Sturm auf die Moncada-Kaserne in Santiago 1953 unter Führung des Juristen Fidel Castro misslang. Aber die Revolutionäre kehrten 1956 aus ihrem mexikanischen Exil zurück und sammelten Mitstreiter von ihrem Versteck in der Sierra Maestra aus. In der Silvesternacht 1958 floh Präsident Fulgencio Batista, am 1.1.1959 zogen die Revolutionäre in Havanna ein.

Die Revolutionsregierung unter Fidel Castro brachte der unterprivilegierten

11

Kuba

Bevölkerung enorme Vorteile: Wohnungen, kostenloses Schulwesen und Krankenversorgung. Viele Grundbesitzer, Geschäftsleute und Fachkräfte verließen die Insel, Großgrundbesitz wurde enteignet und an Kleinbauern verteilt, Banken und Großfirmen verstaatlicht. Die USA bestraften Kuba 1961 mit einer Wirtschaftsblockade. Dafür fand die Insel Freunde im sozialistischen Lager: Für Öl aus den UdSSR lieferte Kuba Zucker (später für Öl aus Venezuela Ärzte). Der Zusammenbruch der Sowjetunion beendete 1991 die Kooperation und stürzte Kuba in eine anhaltende Wirtschaftskrise. Nachdem 2008 der pragmatischere Raúl Castro die Amtsgeschäfte seines älteren Bruders Fidel übernahm. 2012

ließ er die Ausreisebestimmungen für Kubaner lockern und den Sozialismus vorsichtig reformieren. 2015 lockerten die USA ihre Sanktionen. Es herrscht zwar kein Hunger, aber abgesehen von Reis und Bohnen mangelt es an Dingen des täglichen Lebens und an Meinungsfreiheit. Die marode Landwirtschaft soll sich künftig „gesund schrumpfen" und der Tourismus weiter wachsen. 1 Mio. Kubaner leben im Exil, v. a. im nahen Florida; viele Auslandskubaner unterstützen ihre Verwandten in der Heimat.

Die Kubaner sind oft gut ausgebildet und angesichts der Mangelsituation clevere Überlebenskünstler, haben Sonne im Herzen und können ihre Gäste mit Musik und Charme bezaubern.

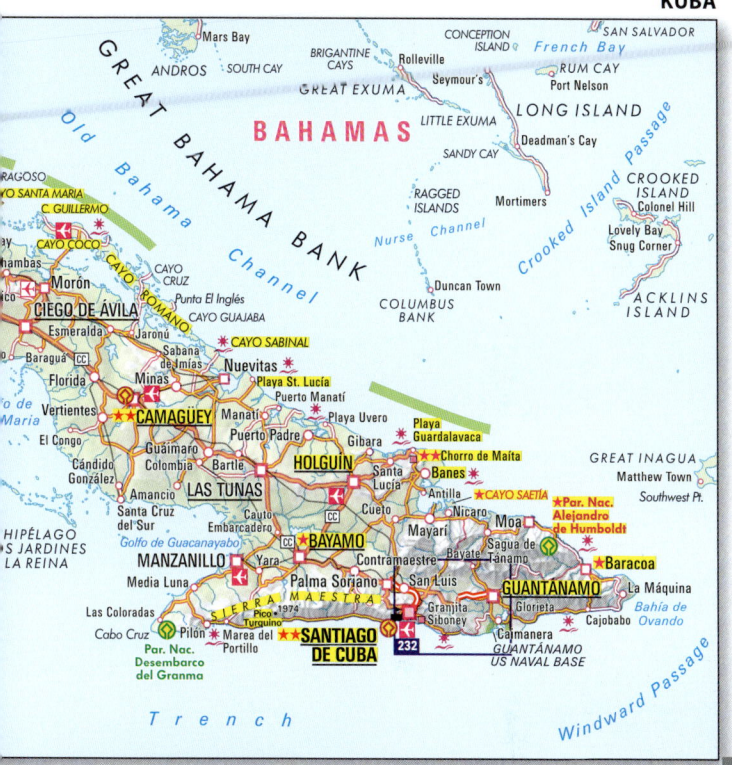

DIE NORDKÜSTE

★Varadero ist Kubas bedeutendstes Strandziel. Hotels, Restaurants, Diskos, Nachtclubs, Golfplatz – eingebettet in die tropische Natur der 20 km langen, sandgesäumten Landzunge **Hicacos**.

Ostwärts der Touristenhochburg döst über 200 km die einsame Inselwelt des **Archipiélago de Sabana** vor sich hin, an ihrem Ende der **Cayo Santa María**, ein stilles Refugium für Strandurlauber. Der Touristenkomplex der **Jardines del Rey** auf den Inseln **Cayo Guillermo** und **Cayo Coco** soll via Cayo Romano bald Anschluss zu den Stränden von **Cayo Sabinal** erhalten. Unweit liegen die weißen Strände von **Santa Lucía** und, in der Provinz Holguín, die um **Guardalavaca**, wie **Playa Pesquera** oder, **Esmeralda** – alle mit gutem Wassersportangebot. In der kleinen **Bahía de Bariay** nahebei soll Kolumbus 1492 Kuba erstmals betreten haben. Oder war es dort, wo sich weit am Ostende der Insel das reizende Städtchen **★Baracoa** entwickelte? Relikte der Ureinwohner zeigt das Museum **★★Chorro de Maíta** nahe **Banes**.

★Cayo Saetía bei Nicaro wird sporadisch von Touristen besucht, ein abgeschiedenes Naturparadies: Auf der flachen Insel mit verschwiegenen Sandbuchten zwischen Fels und Mangroven leben afrikanische Wildtiere, u.a. Zebras (ein Hotel; **Jeepsafari** möglich).

» Karte S. 208-209, Info S. 240-241   209

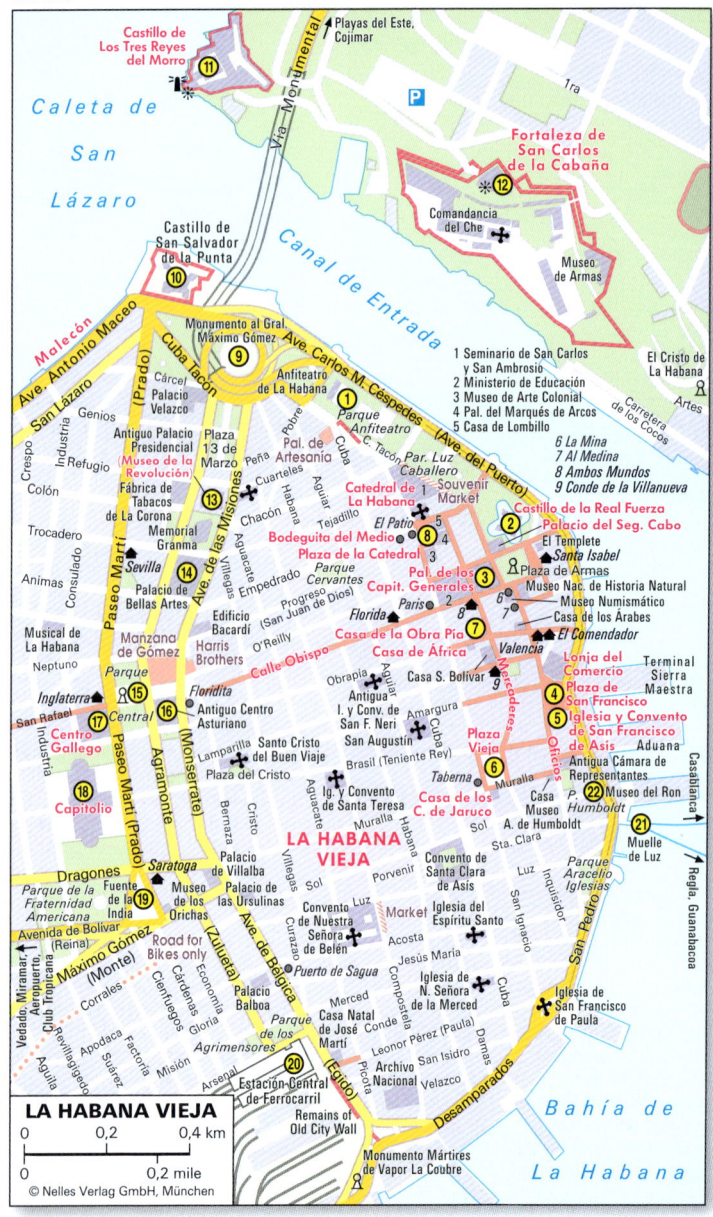

Castillo de
Los Tres Reyes
del Morro ⑪

Caleta de

San

Lázaro

Castillo de
San Salvador
de la Punta
⑩

Malecón

Ave. Antonio Maceo

Cuba Tacón

(López)

(Prado)

Monumento al Gral.
Máximo Gómez ⑨

Canal de Entrada

Playas del Este,
Cojímar

Vía Monumental

P

Fortaleza de
San Carlos
de la Cabaña

⑫

Comandancia
del Che ✠

Museo
de Armas

1ra

El Cristo de
La Habana

Carretera
de los Cocos

Artes

Anfiteatro
de La Habana

Ave. Carlos M. Céspedes

Cárcel
Palacio
Velazco

Antiguo Palacio
Presidencial
**Museo de la
Revolución**

Fábrica de
Tabacos
de La Corona

Memorial
Granma

▲ Sevilla

Palacio de
Bellas Artes

Musical de
La Habana

Manzana
de Gómez

Harris
Brothers

Edificio
Bacardí

Parque

Floridita

Antiguo Centro
Asturiano

San Rafael

▲ Inglaterra

Central

Centro
Gallego

⑱

Capitolio

Paseo Martí (Prado)

Agramonte

Dragones

Parque de la
Fraternidad
Americana

Fuente
de la
India

Saratoga

Museo
de los
Orichas

Palacio
de Villalba

Palacio de
las Ursulinas

Ave. de Bélgica

Izquierda (Monte)

Máximo Gómez (Monte)

Avenida de Bolívar (Reina)

Road for
Bikes only

Palacio
Balboa

Parque
de los
Agrimensores

Estación Central
de Ferrocarril ⑳

San Lázaro   Genios
Crespo   San Rafael   Industria
Refugio
Colón
Trocadero
Ánimas
Consulado
Neptuno
Virtudes

Musical de
La Habana

Plaza
13 de
Marzo

Peña Pobre
Cuarteles
Chacón

Aguiar

Cuba

Tejadillo

Empedrado

Villegas

Progreso
(San Juan de Dios)

O'Reilly

Obrapía

Lamparilla

Cristo   Bernaza

Villegas

Sol

Curazao

Porvenir

Economía
Cárdenas
Cienfuegos

Corrales
Apodaca
Gloria
Misión
Arsenal

Factoría
Suárez
Revillagigedo
Aguila

Parque
Anfiteatro ①

Par. Luz
Caballero

Souvenir
Market

**Catedral de
La Habana** ✠

El Patio
Bodeguita del Medio
Plaza de la Catedral

*Parque
Cervantes*

**Pal. de los
Capit. Generales** ③

París ⑦

Florida

Casa de la Obra Pía
Casa de África

Calle Obispo

Casa S. Bolívar

Antigua
I. y Conv. de
San F. Neri

Santo Cristo
del Buen Viaje

Plaza
del Cristo

Ig. y Convento
de Santa Teresa

**Casa de los
C. de Jaruco**

Convento de
Santa Clara
de Asís

Convento
de Nuestra
Señora de Belén

Market

Merced
Casa Natal
de José
Martí

Archivo
Nacional

Remains of
Old City Wall

Ave. de las Misiones

Monserrate

Aguacate

Compostela   Habana

Cuba

Damas

Leonor Pérez (Paula)

San Isidro   Velazco

Picota

Egido

1 Seminario de San Carlos
  y San Ambrosio
2 Ministerio de Educación
3 Museo de Arte Colonial
4 Pal. del Marqués de Arcos
5 Casa de Lombillo

6 La Mina
7 Al Medina
8 Ambos Mundos
9 Conde de la Villanueva

Castillo de la Real Fuerza
Palacio del Seg. Cabo
El Templete
✠ Santa Isabel
Plaza de Armas
Museo Nac. de Historia Natural
Museo Numismático
Casa de los Árabes
El Comendador

Valencia

**Lonja del
Comercio**
**Plaza de
San Francisco** ④
**Iglesia y Convento
de San Francisco
de Asís** ⑤

Antigua Cámara de
Representantes
Aduana

Casa
Museo
A. de Humboldt

Taberna ⑥

**Plaza
Vieja**

Iglesia del
Espíritu Santo

Iglesia de
N. Señora
de la Merced

Iglesia de
San Francisco
de Paula

⑳ Puerto de Sagua

② ②

Museo del Ron ㉒
Humboldt

㉑
Muelle
de Luz

Parque
Aracelio
Iglesias

Regla, Guanabacoa

Casablanca

Terminal
Sierra
Maestra

San Pedro

Oficios   Mercaderes

**LA HABANA
VIEJA**

Monumento Mártires
de Vapor La Coubre

Bahía de

La Habana

LA HABANA VIEJA

0   0,2   0,4 km

0   0,2 mile

© Nelles Verlag GmbH, München

★★Havanna

★★**Havanna** zieht sich malerisch am Meeresufer entlang und ist die größte und interessanteste Stadt Kubas. Die 2,2-Millionen-Metropole hat kein gutes öffentliches Verkehrsnetz; schlendern Sie besser zu Fuß durch die belebtesten Teile der Stadt und nehmen Sie für längere Strecken ein Taxi.

★★**La Habana Vieja**, die Altstadt, ist Weltkulturerbe und repräsentiert die wechselvolle koloniale Stadtgeschichte seit der Gründung im 16. Jh. Westwärts der Altstadt liegt dicht bebautes Wohngebiet, dann folgt der bis in die 1950er-Jahre amerikanisch geprägte Stadtteil **Vedado**. Hochhäuser und Villen im Grünen, Geschäfte, Büros und viele Hotels ordnen sich ins rechtwinklige Straßennetz ein, rings um die zentrale 23. Straße, **La Rampa**. Weiter westwärts ist das grüne Villenviertel ★**Miramar** eleganter Standort für Behörden und Botschaften. Nach Süden breiten sich Wohnviertel aus und ziehen sich in weitem Bogen um Havannas große natürliche Hafenbucht. An deren Nordausgang thronen eindrucksvolle Festungen. Am Stadtrand im Osten liegen die beliebten Strände **Playas del Este** und der kleine Fischerort **Cojímar**, wo Ernest Hemingway seine Jacht „Pilar" liegen hatte. Er selbst wohnte viele Jahre in seinem gemütlichen Landhaus Finca Vigía im Süden der Stadt.

★★Habana vieja

Nahe der **Avenida del Puerto** an der Westseite der schmalen Hafenzufahrt halten Touristenbusse entlang kleiner, schattiger Parks: ein idealer Ausgangspunkt, um die Altstadt ★★**Habana Vieja** kennen zu lernen.

Zwischen **Parque Anfiteatro** ① und dem Touristen-Einkaufszentrum **Palacio de Artesanía** (im ehemaligen **Palacio Pedroso**, gebaut 1780) übersieht man leicht die Ruinen der einstigen Stadtmauer im **Parque Arqueológico**.

Schatten spendet gegenüber der graue Barockbau des heute als Priesterseminar genutzten Jesuitenkollegs von 1724: **Seminario de San Carlos y San Ambrosio**. Es steht Rücken an Rücken mit Havannas Kathedrale (s. S. 216). An der Straßenecke **Calle Empedrado** und Calle Tacón lassen sich Besucher gern in die bequemen Restaurantstühle im Freien fallen.

Richtung Süden umgibt eine kleine Grünfläche die eleganteste und älteste Festung Havannas: ★**Castillo de la Real Fuerza** ② (gebaut 1558-77). Zwei ihrer vier Bastionen ragten früher ins Hafenwasser hinein; heute ist sie ganz von einem Graben umgeben. Auf der Kuppel des Ausgucks steht Havannas bronzenes Wahrzeichen, die **Giraldilla**, eine „Wetterfahne" in Frauengestalt: Inés de Bobadilla schaut sehnsüchtig in die Ferne, das Kreuz des Calatrava-Ordens in der Linken, dem ihr Gatte, Gouverneur Hernán de Soto, angehörte. Sie erwartete ihn von seinem Florida-Eroberungszug zurück, wohin er 1539 aufgebrochen war. Er hatte sie als Gouverneurin – die einzige in Kubas Geschichte – zurückgelassen und kehrte nie heim. Über die Zugbrücke kommt man ins Innere des restaurierten Castillo zu dem modernen Keramikmuseum, **Museo de la Cerámica**, darüber ein Restaurant und ein Souvenirgeschäft. Bastionen und Ausguck bieten großartige Ausblicke.

Rund um die Plaza de Armas

Das klassizistische Säulentempelchen **El Templete** von 1828 erinnert an die Stadtgründung am 16. November 1519: die erste Messe und Ratssitzung fanden unter einer Ceiba statt; den heutigen Baum umrunden viele Besucher dreimal – das verheißt Glück.

Der Stadtpalast von 1784 südlich daneben, **Palacio de los Condes de Santovenia**, ist heute das Luxushotel **Santa Isabel**. Von seinen Arkaden überblickt man die **Plaza de Armas** mit dem

» **Stadtplan S. 210, Info S. 240-241**

Kuba **11**

Denkmal von Manuel de Céspedes.

An diesem ältesten Platz Havannas errichtete man im 18. Jh. repräsentative zivile Bauwerke im Barockstil. Aus dem Postgebäude von 1772 wurde 1854 das Haus des Vizegouverneurs: **★Palacio del Segundo Cabo**, es beherbergt heute das Kubanische Buchinstitut und zwei Buchhandlungen. Überaus prächtig ist der **★Palacio de los Capitanes Generales** ③, Sitz der spanischen Gouverneure (Generalkapitäne) in den Jahren 1791-1898. In dem monumentalen Gebäude mit seinem weiten Innenhof residierten 1898-1902 die amerikanische Interimsregierung und bis 1920 die kubanischen Präsidenten; bis 1967 war es Rathaus.

Der Palast dient heute als **Museo de la Ciudad de La Habana** (Stadtmuseum), hier sieht man z. B. die Original-Giraldilla, Relikte von Grabstätten alter Friedhöfe oder Darstellungen der ersten Stadtkirche, die an dieser Stelle lag.

In der **Orfebrería** (**Calle Obispo** Nr. 113) lässt man in einem Museum der Gold- und Silberschmiedekunst dieses alte Handwerk des kolonialen Havanna wieder aufleben. Im historischen Gebäudekomplex nebenan ruht man sich bei schwungvoller Musik aus: **La Mina** vereint auf zwei Etagen mehrere überteuerte Restaurants, Bars und Gartencafés.

★Calle Oficios

Im Viertel südlich der historischen Plaza, entlang den beiden Straßen **★Calle Oficios** („Gewerbestraße") und Calle Mercaderes („Händlerstraße"), kann man als Fußgänger herumschlendern: Wo es vom 16. bis 19. Jh. die wichtigsten Geschäfte gab, werden seit 20 Jahren die Häuser mit bewundernswerter Sorgfalt restauriert.

Wandert man die Calle Oficios süd-

Rechts: Plaza de San Francisco in Habana Vieja; einst geschäftiger Handelsplatz, heute Standplatz für Pferdedroschken.

wärts, findet man in Nr. 8 das **Museo Numismático**, das Kubas umfangreichste Münzsammlung dort zur Schau stellt, wo zwischen dem 17. Jh. und 1858 die Bischöfe residierten. Benachbart lag das **Colegio de San Ambrosio**, wo heute die arabische Kultur in Kuba gepflegt wird: mit dem Restaurant **Al Medina** und in Nr. 16 mit Ausstellungen der **Casa de los Árabes**. Im Eckhaus schräg gegenüber, im **Museo de Automóvil**, sind Prachtexemplare von Oldtimern ausgestellt.

Ein Schmuckstück städtischen Kolonialbaus ist das **Hostal Valencia** am Anfang des nächsten Straßenblocks, ideal für alle, die das Flair von Alt-Havanna genießen möchten; das gilt auch für das wenige Schritte Richtung Hafen errichtete **Hostal El Comendador**.

★Plaza San Francisco

Bald öffnet sich die Calle Oficios zur **★Plaza de San Francisco** ④, die einst das Zentrum von Warenumschlag und Handel war. Auf der Nordseite schauen die Fenster der schmuckvollen Fassade der **★Lonja del Comercio** (errichtet 1909) auf den Platz. Die „Handels-Börse" beherbergt seit ihrer Renovierung 1996 zahlreiche Büros und die Cafeteria **El Mercurio**. An der **Avenida de San Pedro**, der Straße am Hafen entlang, warten Kutschen auf Touristen.

Gegenüber setzen der **Terminal Sierra Maestra** und das anschließende Zollhaus, **Aduana**, Havannas älteste Hafentradition fort, nur dass am heutigen modernen Terminal keine Frachter, sondern Kreuzfahrtschiffe festmachen.

In den Stadtpalästen des 18. und 19. Jh. um die Plaza de San Francisco wohnten früher reiche Kaufleute, heute geht man hier arbeiten, einkaufen oder gepflegt essen. Das Franziskanerkloster spielte seit dem 16. Jh. eine wichtige Rolle bei der Missionierung Amerikas. Ein Neubau der Kirche und die riesige Klosteranlage **★Iglesia y Convento de San Francisco de Asís** ⑤ waren 1731

Foto: Roland F. Jung

fertig gestellt. Die spanische Regierung enteignete den Orden 1841. Das gewaltige Bauwerk war dann Lagerhaus und Post, heute ist er Grundschule, Konservatorium, Galerie und Museum für religiöse Kunst. Den Glockenturm der barocken Basilika kann man besteigen, er bietet gute Aussicht auf Alt-Havanna. Den Ostteil der Kirche zerstörte 1846 ein Wirbelsturm, daher schließt hier eine schräg eingezogene Wand das Kirchenschiff ab; im Inneren werden die fehlenden Teile durch perspektivische Malerei vorgetäuscht. Die Kirche dient häufig als Konzertsaal.

Südlich des Klosters und der der ehemaligen Repräsentantenkammer **Antigua Cámara de Representantes** überrascht die kleine Grünfläche **Parque Humboldt**. Im Eckhaus gegenüber (Calle Oficios 254) verwahrte der deutsche Naturwissenschaftler Alexander von Humboldt Anfang des 19. Jh. zeitweilig seine Geräte und Sammlungen, heute ist es als **Casa Museo Alexander von Humboldt** viel besuchter kultureller Treffpunkt.

★Plaza Vieja

Die **Calle Muralla** führt westwärts zur ★**Plaza Vieja** ⑥. Bis 1908 ein Marktplatz, ziert heute ein Marmorbrunnen das gepflasterte Rechteck. Die Anwohner des Viertels treffen sich an der **Bar Plaza Vieja** (Muralla/ Ecke Mercaderes, einem Haus aus dem 18. Jh. Die ★**Casa de los Condes de Jaruco**, ein prächtiger Stadtpalast von 1737 im Eckhaus Calle Muralla/ San Ignacio, ist voller Galerien und Kunstgewerbeläden. Berühmt sind seine halbrunden **Buntglasfenster** im Obergeschoss.

Öffentlich zugänglich sind an der Westseite der Plaza **Casa de las Hermanas Cárdenas** (1854, Galerie), an der Ostseite **Casa de Juan Rico de Mata** (1752, Fototeca de Cuba). Das **Edificio Gomez Víla** nebenan fällt wegen seiner acht Stockwerke auf; die **Bar** auf dem Dach und die **Camera Obscura** (Mo-Sa 10-17 Uhr) mit interessanten Einblicken in das Leben Havannas sollte man nicht versäumen. Schön restauriert wurde das **Café Taberna** gegenüber.

11

Kuba

» **Stadtplan S. 210, Info S. 240-241**

Foto: Martin Thomas

★Calle Mercaderes

An der gepflasterten ★**Calle Mercaderes** pflegt das kleine **Hotel Conde de Villanueva** die Tradition des Grafen von Villanueva, der sich für den Verkauf kubanischer Zigarren einsetzte: Hier ist Rauchen erwünscht! Frische Luft gibt es gegenüber im **Parque Rumiñahui** (mit einer Skulptur dieses südamerikanischen Häuptlings), Parque Guayasamín heißt er auch, nach dem Fidel-Castro-Freund und ecuadorianischen Maler Oswaldo Guayasamín (1919-1999). Sein Atelier ist in der Calle Obrapía Nr. 115 zu besichtigen.

Viele historische Stadtvillen sind als Museen oder Clubhäuser öffentlich zugänglich, z. B. an der Ecke C. Lamparilla das Feuerwehrmuseum **Museo de los Bomberos** oder das Freundschaftshaus **Casa Simón Bolívar** (Calle Mercaderes Nr. 158). Im **Parque Simón Bolívar**

Oben: Ein saniertes Altstadtpalais. Rechts: Was macht den Mojito nur so unwiderstehlich – der grüne Minzezweig vielleicht?

steht die Statue des Freiheitskämpfers. In die seit dem 17. Jh. mehrmals umgebaute ★**Casa de la Obra Pía** ⑦ („Haus der guten Werke"), sollte man sich das über zwei Stockwerke reichende barocke Eingangsportal (C. Obrapía Nr. 158/ Ecke Mercaderes) anschauen. Gegenüber (C. Obrapía Nr. 157) zeigen Objekte in der ★**Casa de África** die kulturellen Beziehungen Kubas zu Afrika, u. a. die wissenschaftliche Sammlung des kubanischen Ethnologen Fernando Ortiz (1881-1969).

In der Calle Mercaderes zwischen Calle Obrapía und Calle Obispo folgt bunte Vielfalt: Da kann man z. B. in der **Casa del Habano** (Nr. 120) Zigarren kaufen, im **Taller Experimental Papel Artesanal** beim Papierschöpfen zusehen, gegenüber im **Torre de Marfil** chinesisch essen, beim Nachbarn **El Navegante** alle gängigen kubanischen See- oder Landkarten erwerben oder bei **Wagner** die schönsten Blumengebinde der Stadt aussuchen.

Während in Nr. 111 das **Museo de Asia** mit östlicher Kultur vertraut macht,

Foto: Tobias Hauser

wirbt auf der Westseite der Straße das Puerto-Rico-Freundschaftshaus mit Vorträgen. Dann ruht man sich ein Weilchen inmitten von Jugendstil-Dekor in der Cafeteria **Columnata Egipciana** aus (*Casa de los Infusiones*), bei Livemusik und Tee, Kaffee, Bier, Cocktails, Snacks – es sei denn, man liebt es süß: Nebenan ist die **Ambrosia Dulcería**. An der Kurzwarenhandlung **La Muñecita Azul**, trifft man wieder auf die Calle Obispo.

Hemingway und die ★Calle Obispo

An der Ecke, im **Hotel Ambos Mundos**, darf man – gegen Eintritt – Zimmer 511 besichtigen, das Ernest Hemingway Anfang der 1930er-Jahre bei seinen Havanna-Besuchen bewohnte.

★**Calle Obispo**, Alt-Havannas belebteste Fußgängerstraße mit buntem Angebot an Geschäften, Bars und Cafés, dazwischen Büros, Banken und Wohnungen, bevölkern Kubaner und Touristen gleich gern. Sie war im 18. Jh. Bischof (spanisch *obispo*) Pedro Augustín Morells Lieblingsstraße und verband im 19. Jh. das alte Zentrum am Hafen mit dem neuen außerhalb der Stadtmauer am Parque Central. Auch das feine koloniale **Hotel Florida** (Ecke Calle Cuba) hat hier seinen Platz.

Eine von Hemingways beiden Lieblingskneipen, **Floridita**, liegt am westlichen Ende, er ging 700 m zu Fuß von seinem Hotel. Seine andere Leib- und Magenschänke liegt auf dem Weg zur Kathedrale: Dabei passiert man damals wie heute die kostbar eingerichtete historische Apotheke **Farmacia Taquechel** neben Hotel Ambos Mundos. Das moderne Erziehungsministerium gegenüber, **Ministerio de Educación**, gab es zu Hemingways Zeiten noch nicht. Nordwärts biegt man in die **Calle Ignacio** ein, die hinter der Kreuzung mit **Calle O'Reilly** zur Fußgängerzone wird.

Kathedralplatz

Laute Musik, Imbissstände und Mini-Galerien weisen den Weg zur ★**Plaza de la Catedral** ⑧. Das älteste Gebäude am Platz ist die schlichte zweistöckige

Kuba 11

Foto: Andreas M. Gross

Casa del Conde de Bayona von 1720, in der das **Museo de Arte Colonial** untergebracht ist. Von hier überblickt man gut das Ensemble der Plaza: rechts, im Osten, die Arkaden des **Palacio del Marqués de Arcos** von 1741 (im Inneren ein moderner Vielzweckbau, den man auch von der rückwärtigen Straßenseite aus betreten kann), nördlich davon die **Casa de Lombillo** von 1746.

Auf der Westseite des Platzes war das Eckhaus an der Chorro-Gasse 1840 ein öffentliches Badehaus – heute hat es sich in ein Souvenirgeschäft verwandelt. Daneben ist die **Casa de los Marquéses de Aguas Claras** (aus dem 18. Jahrhundert) seit 1963 bekannt als Restaurant **El Patio**.

Die geschwungene Barockfassade der ★**Catedral de La Habana** begrenzen zwei ungleiche Glockentürme. Gebaut als Jesuitenkirche, wurde sie 1772 zur Stadtkirche, da der spanische König

Oben: Die stolze Barockfassade von Havannas Kathedrale. Rechts: Salsa-Tanzen in der Casa de la Musica.

1767 den Orden aus dem Land wies. Als Bischofskirche erhielt sie 1788 den Namen Catedral de la Inmaculada Concepción. Bis 1898 bewunderte man hier das Monument mit Christoph Kolumbus' sterblichen Überresten, die heute in der Kathedrale von Sevilla liegen. Schätze sind die 1755 geweihte Kapelle **Nuestra Señora de Loreto** und Kopien von Bildern berühmter europäischer Maler, die Jean Baptiste Vermay schuf.

Hemingway brauchte damals nur noch ein paar Schritte westwärts zur ★**Bodeguita del Medio**, Calle Empedrado Nr. 207, zu gehen, um endlich zu seinem *Mojito* zu kommen. Viele Touristen tun es ihm heute gleich.

Die Festungen

Von der Avenida del Puerto blickt man auf gewaltige Festungen, die einst die Hafeneinfahrt bewachten. Hinter der **Statue des Generals Máximo Gómez** ⑨ und der Hafentunnelzufahrt steht seit dem 17. Jh. die Festung **Castillo de San Salvador de La Punta**

Foto: Christian Heeb

⑩, und ihr gegenüber das ★**Castillo de Los Tres Reyes del Morro** ⑪. Dies wurde 1589-1630 mühselig in den Kalkfelsen hineingeschlagen. Sein Fall 1762 führte zu kurzfristiger englischer Herrschaft über Kuba.

Die Spanier kehrten 1763 zurück, stellten El Morro wieder her und bauten die Festung ★★**Fortaleza de San Carlos de La Cabaña** ⑫ mit einem 700 m langen Verteidigungswall. Jeden Abend findet hier die Zeremonie ★**El Cañonazo de las nueve** statt: Punkt 21 Uhr feuern Kanoniere in kolonialspanischen Uniformen eine Salve ab, das Signal zum Schließen der Stadttore.

Am Stadtwall entlang

Der Verlauf von Havannas einstiger, 5 km langer Stadtmauer ist noch an den breiten Avenidas (Straßenzügen) um das Zentrum zu erkennen. Sie sind ideal für eine Rundfahrt: Wie ein Panorama ziehen die Altstadt, der Hafen, Festungen und angejahrte Prachtbauten vorbei.

An der Calle Agramonte und der parallel laufenden Avenida de las Misiones ahnt man die Trasse der einstigen Stadtmauer. Wo südlich des Parks **Plaza 13 de Marzo** Ruinen der Bastion **Baluarte de Ángel** liegen, steht man vor dem alten Präsidentenpalast **Antiguo Palacio Presidencial** ⑬. Die Prachtgemächer kubanischer Präsidenten von 1920 bis 1958 stehen in krassem Gegensatz zu den Dokumenten des Volkswiderstands im ★**Museo de la Revolución**. Einschusslöcher in den Marmorwänden des Foyers erinnern an das fehlgeschlagene Attentat auf Diktator Fulgencio Batista vom 13.3.1957. Auf drei Etagen wird in luxuriösen Räumen über die kubanische Revolution berichtet. Im südlich anschließenden Park ist die berühmte **Jacht Granma** aufgebockt.

Im **Palacio de Bellas Artes** ⑭ (erbaut 1956, elegant renoviert) ist kubanische Kunst von der Kolonialzeit bis ins 21. Jh. zu besichtigen, auch kulturelle Veranstaltungen finden hier statt.

Viele große Komforthotels, oft mit kolonialem Ambiente, stehen in der

11

Kuba

Golfo de México

Estrecho de la Florida

1 Ministerio del Interior
2 Teatro Nacional

HAVANNA

0   0,5   1 km

0   0,5 mile

© Nelles Verlag GmbH, München

Nähe des **Parque Central** ⑮, auch das renommierte Kolonialhotel **Inglaterra** (seit 1843). Der Park mit **Martí-Statue** schart viele üppig dekorierte Bauten um sich, wie die Luxus-Einkaufspassage **Manzana de Gómez** von 1910 oder das prächtige **Kunstmuseum** im **Antiguo Centro Asturiano** ⑯ von 1928.

Westlich des Parks prangt das verschwenderisch ausgestattete ★**Centro Gallego** ⑰ von 1915 – das **Gran Teatro de La Habana** und das renommierte **Ballet Nacional de Cuba** sind hier zu Hause.

Gigantisch mutet das ★**Capitolio** ⑱ mit 200-Meter-Front und 94 m hoher Kuppel an. Ab 1929 von Senat und Repräsentantenkammer genutzt, wurde

der Koloss 1960 zum **Palacio de Ciencias**, u. a. für das Wissenschaftsministerium.

An der Statue **Fuente de la India** ⑲ von 1837 – eine Indianerin aus Carrara-Marmor mit dem Stadtwappen – zweigt nach Westen die **Avenida de Bolívar / Salvador Allende** ab, eine koloniale Paradestraße. Ecke Prado / Dragones erbaute man das Kolonialhotel **Saratoga** neu. Auffällig ist der zweitürmige Bahnhof von 1912, **Estación Central de Ferrocarril** ⑳. Ein längeres Stück **Stadtmauer** ist weiter südlich erhalten. Gegenüber dem Bahnhof lohnt ein Stopp am **Casa Natal de José Martí**, dem winzigen Geburtshaus des Freiheitshelden (1853-1895, gefallen im

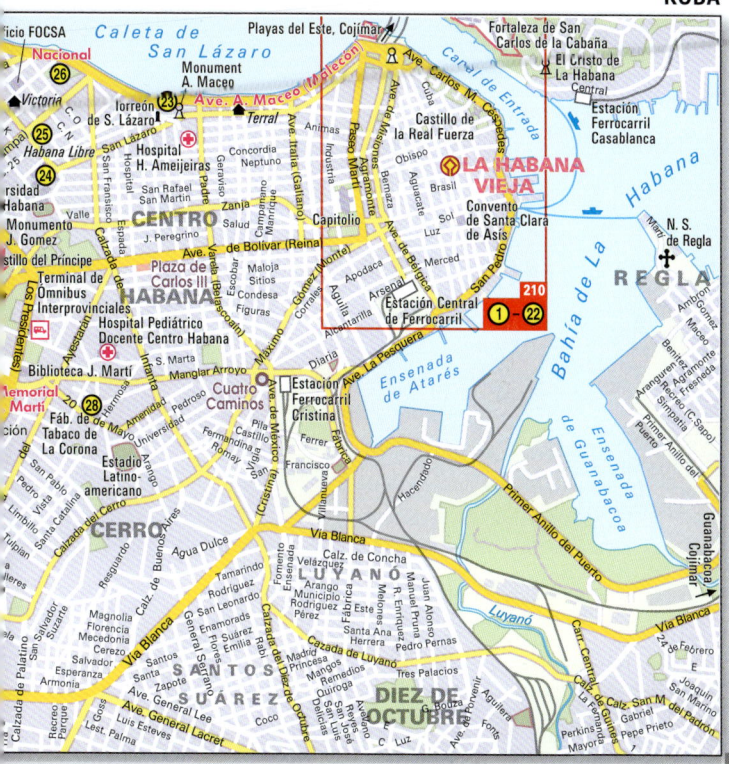

Unabhängigkeitskrieg gegen Spanien).

Lagerhäuser versperren die Sicht auf die Hafenbucht, während man am **Archivo Nacional** vorbeifährt und Einblicke in unrestaurierte Straßenzüge Alt-Havannas erhält.

Bei der Barockkirche **San Francisco de Paula** gestattet die grüne Promenade **Alameda de Paula** einen weiten Hafenblick. Eine der **Fähren** am Anleger **Muelle de Luz** ㉑ führt nach Casablanca und zur 20 m hohen Carraramarmor-Statue **El Cristo de La Habana.**

Ecke Ave. del Puerto/ Calle Sol darf man im **Havana-Club-Rummuseum** ㉒, **angesiedelt** in der eleganten **Casa del Conde de la Mortera**, diverse Rumsorten testen.

Auf dem Malécon nach Westen

Entlang der Küstenpromenade ★**Malecón** ㉓ spielen Kinder, man geht spazieren, angelt oder trifft sich zwanglos, besonders auch nachts – die 7 km lange, großzügige Straße ist schon seit 100 Jahren mehr als nur ein Verkehrsweg.

Westlich der Altstadt sieht man vom Malecón aus den dicht besiedelten Stadtteil **Centro Habana**, Wohnhäuser meist mit dekorativen Balkonen und Säulenvorbauten. Auffällig ist das moderne Hochhaus des **Hospital Hermanos Ameijeiras**. Das stark bebaute Hinterland steigt ein wenig an, am oberen Hang breitet sich seit 1904 die **Universidad de La Habana** ㉔ aus.

» **Stadtplan S. 218-219, Info S. 240-241**

11
Kuba

Foto: Tobias Hauser

Auf der Westseite des Hügels schossen während des Baubooms der vorrevolutionären 1950er-Jahre Hochhäuser aus dem Boden, herausragend: das **Hotel Habana Libre** ㉕, das ehemalige Hilton. Seine Eröffnung fiel fast mit der Revolution zusammen, so benutzte die neue Regierung 1959 das alles überragende Gebäude gleich als Kommandozentrale. Es liegt an der Flanierstraße **Calle 23** (im Volksmund **La Rampa**) des Stadtviertels **Vedado**, die am Malecón endet. Oberhalb einer Felswand erhebt sich das elegante ★**Hotel Nacional** ㉖, ein 5-Sterne-Prachtbau von 1930, gekrönt von zwei Türmchen.

Südöstlich von La Rampa liegt die **Plaza de la Revolución** ㉗. Der riesige Aufmarschplatz zwischen der 139 m hohen Marmorsäule des ★**Memorial José Martí** und dem **Ministerio del Interior** sowie zwischen **Teatro Nacional** und

Oben: Im ehemaligen Regierungspalast Capitolio ist das Wissenschaftsministerium untergebracht. Rechts: Tabakfelder prägen im Westen Kubas die Landschaft.

Biblioteca Nacional José Martí nimmt Hunderttausende Menschen an Großkundgebungen auf; am 1. Mai oder 26. Juli hielt hier einst Fidel Castro seine berühmten langen Reden. Krönen Sie Ihren Stadtrundgang mit einem Ausblick vom Martí-Monument. Besser bekommen Sie die großartige Millionenstadt zwischen Meer und Hügeln nirgends vor Augen geführt.

Montecristo, *Cohiba*, *Romeo y Julieta*: In der Ave. 20 de Mayo kann man zuschauen, wie die weltberühmten Zigarren in der **Fábrica de Tabaco de La Corona** ㉘ von Hand gefertigt werden.

Das einladende Vedado mit seinen charmanten Großstadtvillen, repräsentativen Büros, Parks und Alleen überwiegend aus der vorrevolutionären Zeit wird westlich des Río Almendares noch überboten vom eleganten **Miramar**: breite Avenuen, üppige Gartenanlagen, und darin versteckt Villen, Schulen, Firmensitze, Wohnhäuser, feine Restaurants – alles im Grünen.

Pilgerziel für Freunde des liebenswertesten Musikers vom „Buena Vista

Social Club" ist das **Museo Compay Segundo** ㉙ in Calle 22/ 103); hier lebte der weltweit gefeierte Kubaner bis zu seinem Tode im Jahr 2003.

Wenige Kilometer südlich des feinen Viertels finden die rauschenden Shows des **Cabaret Tropicana** ㉚ statt.

DER WESTEN

In der Provinz **Pinar del Río** liegen Kubas berühmteste Tabakanbaugebiete. Zur Provinzhauptstadt gleichen Namens führt eine 180 km lange Autobahn ab Havanna. Etwa parallel dazu erhebt sich die steile, bis 699 m hohe **Cordillera de Guaniguanico**, in der sich zauberhafte Landschaften verbergen.

Ihren östlichen Teil, die **Sierra del Rosario**, erreicht man nach gut einer Stunde von Havanna. Ihre besondere Bergflora und -fauna machte sie zu Kubas erstem UNESCO-Biosphärenreservat. Das Siedlungsprojekt ★**Complejo Turístico Las Terrazas** erhielt seinen Namen von den in den 1970er-Jahren terrassenförmig aufgeforsteten Kiefernwäldern. Die natürliche Vegetation steht hier unter besonderem Schutz; der Tourismus bringt neue Erwerbsquellen. Die moderne Siedlung auf ca. 400 m Höhe liegt oberhalb eines künstlichen Sees. Gäste sind willkommen in den Läden und Werkstätten für Keramik, Papierherstellung, Malerei und Holzschnitzerei. Die Bewohner errichteten ihre Häuser z. T. in Eigenregie nach den Plänen des kubanischen Architekten Mario Girona. Am See kann man einen Drink und die schöne Aussicht genießen und auch Boote mieten. Wanderwege verschiedener Schwierigkeit, teils auch Reitwege, führen zu Wasserfällen, Berggipfeln (z. B. **Loma de Salón**, 544 m), Badeplätzen (einer, **San Juan**, ist eine seit dem 19. Jh. bekannte Heilquelle), Ruinen ehemaliger Kaffeeplantagen (*cafetales*), Restaurants im Grünen oder auf eine Hochseiltour durch Baumwipfel.

Der schönste Teil des Berglands erstreckt sich nördlich der Provinzhaupt-

Foto: Tobias Hauser

stadt **Pinar del Río**, die ★**Sierra de los Órganos**. Die Landschaft nahe dem Ort **Viñales** ist geprägt von bis zu 100 m hohen bewachsenen Kalksteinkegeln, *mogotes*, die als faszinierende Formen aus dem roten, ebenen Boden aufragen. Im fruchtbaren Tal ★★**Valle de Viñales**, UNESCO-Welterbe, gedeihen Tabak, Mais und Yucca, besondere Gestelle und Hütten dienen zum Trocknen der Tabakblätter. Eine Mogote-Wand ist mit riesigen prähistorischen Tieren bunt bemalt: **Mural de la Prehistoria**. Aufregend sind die hiesigen Kalkhöhlen: Durch die ★**Cueva del Indio** führt eine geheimnisvolle Bootstour, während Kubas größtes Höhlensystem **Gran Caverna de Santo Tomás** nur mit Höhlenforschern betreten werden darf.

Wie anders der äußerste Westzipfel Kubas, die **Península de Guanahacabibes**: ein fast menschenleerer Nationalpark. Doch Piraten fanden einst an dieser windigen Ecke der **Straße von Yucatán** stets sicheren Unterschlupf, zumal zuverlässig Süßwasser aus den Kalksteinquellen rann. In der Bucht vor

11

Kuba

Foto: Gerald Nowak

der südlichen Halbinsel gehen Taucher vom einsamen Strand **María La Gorda** auf traumhafte Tauchgänge.

Knapp 100 Seemeilen östlich war auch die Insel der Jugend, ★**Isla de la Juventud**, einst als Isla de los Pinos ein beliebtes Piratenversteck. Unter Präsident Batista war sie berüchtigt für ihr Gefängnis *Presidio Modelo*, wo auch Fidel Castro einige Jahre verbrachte. *La Isla* ist bekannt für ihre Zitrusplantagen und unter Tauchern für das Hotel Colony: Am **Cabo Frances** gibt es hervorragende Tauchgründe. Kreuzfahrtschiffe bieten ihren Gästen hier gelegentlich einen unvergesslichen Robinson-Tag.

Die Isla de la Juventud ist die größte Insel im **Archipiélago de los Canarreos**. An dessen Ostrand zieht sich die Sandinsel **Cayo Largo del Sur** hin, ein Urlaubsquartier mit mehreren Hotels

Oben: Schwämme und Hornkorallen prägen die Unterwasserfauna. Rechts: Dieses Herrenhaus in Manaca-Iznaga dokumentiert den einstigen, auf Sklavenarbeit basierenden Wohlstand der Zuckerbarone im Valle de los Ingenios (heute Restaurant).

in wunderbarer Karibik-Einsamkeit. Nur mit dem Flugzeug kommt man dorthin.

Vielgestaltig ist Kubas Mitte: Aus undurchdringlichem Sumpfland, kleinen Waldgebirgen, extensiven Rinderweiden und Zuckerrohrplantagen setzt sich die Landschaft zusammen, während tausende einsame Inseln vor Nord- und Südküste liegen. Krönung dieses Landesteils sind seine prächtigen Kolonialstädtchen, drei von ihnen gehören zum UNESCO-Welterbe.

Eine flache Kalkebene in Form eines Schuhs (*zapata*) bildet die riesige Sumpflandschaft **Ciénaga de Zapata**, Zur Kolonialzeit versteckten sich hier entflohene Sklaven, *cimarrones*, heute ist sie ein Dorado für Naturfreunde und Vogelkenner. Berühmt ist der Sumpf für seine Krokodile. Man kann sie gefahrlos auf einer Farm besichtigen und nahebei den nur per Boot zu erreichenden Touristenkomplex **Guamá**.

Tief schneidet sich die **Bahía de Cochinos** (Schweinebucht) in die Südküste ein. Wo heute Strandurlauber und Taucher in **Playa Larga** und **Playa Girón** ungestört Ferien machen, wehrten Kubas Revolutionäre 1961 unter Fidel Castro einen Angriff von Amerikanern und Exilkubanern siegreich ab. Dokumentiert wird dies u. a. im Museo de la Intervención von Playa Girón. Die damalige Kommandozentrale lag auf dem Gelände einer Zuckerfabrik. Diese, genannt **Central Australia**, wird außerdem auch gerne wegen ihrer nostalgischen, liebevoll gepflegten, zur Fabrik gehörenden **Eisenbahn** besucht.

Entlang der östlich anschließenden, eher felsigen Küste, im Schutz tief ins Land greifender Buchten konnten zwei prächtige Kolonialstädte entstehen: **Cienfuegos** (s. S. 223) und **Trinidad** (s. S. 228). Von ihren Häfen exportierte man u. a. den Zucker aus dem Hinterland. Handel machte sie reich, das forderte aber auch Piratenüberfälle heraus. Auch von Trinidad aus dampft eine Nostalgie-Eisenbahn durch die UNESCO-Welterbe-Zuckerrohrlandschaft ★★**Valle de los Ingenios** (s. S. *227*).

Klein und undurchdringlich und nur wenig über 1000 m hoch ist das Bergland zwischen Cienfuegos und Trinidad, die **Sierra de Guamuhaya**, auch als **Sierra del Escambray** bekannt. Sie war bis in die 1960er ein Rückzugsgebiet von Widersachern der kubanischen Revolution – heute ist sie wegen ihrer Wanderwege, Badestellen und Wasserfälle beliebtes Ausflugsziel von Wanderern und Naturfreunden (s. S. 226).

Sicherer fühlten sich die kolonialen Siedler daher in Orten auf dem Inselrücken, wie **Santa Clara** (heute berühmte Verehrungsstätte für den Revolutionär Che Guevara: Ihm gelang hier 1958 der Überfall auf einen Militärtransport, was den Sieg der Revolutionäre entscheidend förderte) oder **Sancti Spíritus** mit einigen bildhübschen Kolonialbauten.

★★**Camagüey** ist ein Stadtjuwel, das zum UNESCO-Weltkulturerbe zählt. Einst Hauptstadt von Kubas Zentralprovinz, zeigt Camagüey heute noch seine prächtigen Kirchen und umfangreichen Klöstern vor, zudem ist der Altstadtkern voll reizender, kopfsteingepflasterter Gassen und Plätze. Viel besucht ist das großzügige **Geburtshaus** von **Ignacio Agramonte**, einem der Anführer gegen die Spanier im 19. Jh., oder das makellos restaurierte Ensemble um den Platz ★★**Plaza San Juan de Dios**, wo man vom Kirchturm des ehemaligen Klosters ★**Hospital San Juan de Dios** von 1728 einen prächtigen Blick auf die alte Stadt und die hügelige Umgebung hat.

Weiter ostwärts liegen im Küstenstreifen zwischen dem **Golfo de Ana María** und dem **Golfo de Guacanayabo** kaum Orte. Davor erstreckt sich 200 km lang Kubas einsamster Inselbogen: Der **Archipiélago de los Jardines de la Reina** ist menschenleer bis auf ein paar Fischer. Aber seine Unterwasserlandschaften zählen zu den großartigsten der Karibik, Ein Tauchboot tourt zu

Foto: Dr. Ambros Brucker (PhotoPress)

sagenhaften Plätzen, ganz selten traut sich mal eine Segeljacht hierher. Hotels sucht man hier vergeblich.

★Cienfuegos

Eine Augenweide ist es, sich der kolonialen Hafenstadt ★**Cienfuegos** (144 000 Einwohner) vom Wasser zu nähern. Die weite Bucht war bis ins 18. Jh. ideal für Piraten. An der engen Einfahrt errichteten die Spanier 1745 die imposante Festung **Castillo de Jagua**. Die Wirtschaft kam in Schwung, besonders unter Generalkapitän José Cienfuegos im frühen 19. Jh., als die Zuckererzeugung boomte.

Das heutige Zentrum **Pueblo Nuevo** liegt auf erhöhtem Ufer; schöne **Kolonialbauten** aus dem späten 19. Jh. machen einen Stadtbummel reizvoll. Wie ein Rückgrat zieht sich mehrere Kilometer von Nord nach Süd die **Calle 37**, auch ★**Prado** genannt, durch die Stadt. Auf der Höhe des Pueblo Nuevo, zwischen der 46. und 62. Avenida, glänzt besonders die Westseite des Prado

Kuba 11

» **Karte S. 208-209, Info S. 240-241**   223

mit gepflegten Kolonialgebäuden und schmucken Jugendstilhäusern. An der höchsten Stelle der Prachtstraße fällt die **Biblioteca Provincial** ① ins Auge.

★Parque Martí

Die Fußgängerzone **Avenida 54** (mit ihrem früheren Namen **San Fernando**, meist aber **★Bulevar** genannt), ist wie gemacht zum Bummeln mit ihrem Mix aus moderner Baukunst, Jugendstil- und Kolonialbauten: Post, Apotheke, Buchhandlungen, Souvenirläden, Geschäfte, in den Nebenstraßen Kaufhäuser und Banken. An der Ecke Bulevar / Calle 31 erstrahlt das aufwendig renovierte fünfstöckige Kolonialhotel **La Unión** in neuem Glanz.

Der **★Parque Martí** ② ist der große zentrale Platz der Stadt, mit Palmen, blühenden Bäumen, Blumenrabatten, Denkmälern, Nostalgielaternen, Bänken und dem Triumphbogen zur Erinnerung an die Unabhängigkeit 1902.

Die beiden ungleich hohen, schlanken Türme der klassizistischen **Catedral de la Purísima Concepción** von 1868 ziehen die Blicke auf sich. Bunte Glasfenster erhellen ihr geräumiges Schiff. Das Prunkstück am Platz ist das klassizistisch inspirierte **★Teatro Tomás Terry** ③ von 1889, gestiftet von dem venezolanischen Zuckermillionär Tomás Terry. Versenkte man die Bühne, entstand ein riesiger Ballsaal. Der schöne Raum mit dem eindrucksvollen Deckenfresko ist zu besichtigen.

Einer der Arkadenbauten im nordwestlichen Block an der Plaza beherbergt die **Galería de Arte Universal**. Ein Schmuckstück der Westseite des Platzes ist das Stadtpalais des Kaufmanns José Ferrer Cedés, **★Palacio Ferrer** ④ von 1918, jetzt ein **Kulturzentrum**. Ein zierlicher *Mirador* auf sechs Säulen schmückt das Dach.

An der Südseite des Platzes steht das **Museo Provincial**, das u.a. archäologische Ausstellungsstücke und kostbares Mobiliar des 19. Jh. zeigt. Im **Antiguo**

Ayuntamiento, dem mit einer auffälligen Kuppel verzierten alten Rathaus, residiert die Provinzverwaltung.

★Museo Naval Nacional

Ein Spaziergang nordwärts führt auf die Halbinsel **Cayo Loco** zur Marinebasis. In ihren historischen Gebäuden ist das sehr schöne ★**Museo Naval Nacional** ⑤ entstanden. Die Ausstellungen befassen sich u.a. mit dem Thema „Kuba und das Meer": von den vermuteten Einwanderungsströmen der Indokubaner oder den atlantischen Fahrtrouten europäischer Schiffe und von den Leuchttürmen rund um die Insel bis hin zu präparierten Meerestieren und Kunst mit dem Motto „Meer".

Aduana – das Zollhaus

Wandert man vom Antiguo Ayuntamiento die Calle 29 nach Süden hinunter zur Bucht, stößt man kurz vor ihrem Ende auf einen schattigen, kleinen **Park** mit einer kurzen Königspalmenallee und zwei Feigenbäumen mit gewaltigen Luftwurzeln. Nördlich des Parks erfüllt wie zur Kolonialzeit das Zollhaus **Aduana** ⑥ seinen Zweck; Richtung Süden schaut man auf die Hafenbucht **Ensenada Marsillán**.

Zwei Blocks westlich, nahe dem südlichen Ende der Calle 25, erreicht man den Ankerplatz von Kreuzfahrtschiffen und die Abfahrtsstelle der Personenfähren zum **Castillo de Jagua**. Für Touristen fahren dorthin außerdem Boote von der Marina auf Punta Gorda ab (s. u.).

★Punta Gorda

Der breite Prado führt von Pueblo Nuevo gut 2 km geradewegs nach Süden bis zur Avenida 0 auf der kleinen Halbinsel ★**Punta Gorda**. Südwärts fal-

Rechts: Triumphbogen und Palacio Ferrer am Parque Martí, Cienfuegos.

Foto: Visualife (Dreamstime)

len einige herausgeputzte Kolonialvillen ins Auge, so das Hotel **Palacio Azul** ⑦, blau mit orange leuchtender Kuppel (Ecke Avenida 12), oder der schneeweiße Bau des **Jachtclubs**. Hier, am Ufer der Bucht, liegen zwei Sportboothäfen.

Noch weiter im Süden der Halbinsel fällt das kastenförmige **Hotel Jagua** auf. Das „moderne" Hotel von 1959 stiehlt durch seine schiere Größe dem orientalisch anmutenden Prachtpalast ★★**Palacio del Valle** ⑧ dahinter fast die Schau. Der Spanier Acicilo del Valle wandelte 1912 dieses Landhaus in ein maurisches Schlösschen mit vielen dekorativen Spielereien um. Heute ist es mit Restaurant, Café und Souvenirgeschäft ein Magnet für Cienfuegos-Touristen (geöffnet 10-22 Uhr). Eine schöne Aussicht genießt man von der **Bar** auf der **Dachterrasse**.

Das Südende von Punta Gorda („Dicke Spitze") ist schmal – gerade breit genug für einige stattliche alte Villen und die Gartenbar **La Punta** ⑨ an der Landspitze, mit schönem Panoramablick über die Bucht.

11

Kuba

Foto: Martina Miethig

SIERRA DEL ESCAMBRAY

Von Cienfuegos ostwärts ist die ferne, dunkle Flanke der **Sierra de Guamuhaya**, oft **Sierra del Escambray** genannt, gut zu sehen. Wie Sägezähne *(sierra)* ragen ihre spitzen Gipfel bis über 1000 m auf und mit dem **Pico de San Juan** (1140 m) ist das kleine, bewaldete Bergland schon das zweithöchste Gebirge Kubas.

★Jardín Botánico de Cienfuegos

Das Landschaft zwischen der Bucht von Cienfuegos und der Sierra ist reizvoll und sehr wellig. Sie wird meist als Viehweide und weiter nördlich als Anbaugebiet für Zuckerrohr genutzt. Auf dem einstigen Gelände einer solchen Pflanzung liegt der Botanische Garten **★Jardín Botánico de Cienfuegos**. Er war einst der Landbesitz *Limones* des

Oben: Der orientalisch anmutende Prachtbau Palacio del Valle von 1912 in Cienfuegos ist ein Besuchermagnet.

amerikanischen Zuckermillionärs Edwin Atkins, einer der ersten nordamerikanischen Unternehmer, die sich im 19. Jh. in Kuba niederließen. Seine frühere Zuckerfabrik Soledad 1 km westlich trägt heute dem Namen **Pepito Tey**. Atkins hatte ursprünglich vor, auf der anfangs 4 ha großen Versuchspflanzung die Ertragssteigerung des Zuckerrohranbaus zu erforschen. Aber schon bald nach der Anlage der Kulturen 1901 wandte er sein Interesse auch anderen Pflanzen zu, besonders Bäumen und Büschen aus allen tropischen Gebieten der Welt. 1919 übergab er die Leitung des Parks an die amerikanische Universität Harvard, die sich allerdings 1961 von ihren Aufgaben zurückzog.

Heute ist die Academia de Ciencias de Cuba für die Betreuung des Parks zuständig. Außerhalb des Parkgeländes, am Weg nach Pepito Tey, befinden sich das Forschungsinstitut und die Bibliothek. In dem inzwischen auf knapp 1 km² erweiterten Park wachsen über 2000 verschiedene Pflanzenarten, vor allem Gehölze, von denen 70% nach

Kuba eingeführt wurden. Viele Besucher, Kubaner wie Touristen, gehen dort einfach gern spazieren und haben Freude an den großartigen Anlagen und schattigen Baumbeständen. Natürlich finden auch fachliche Führungen statt, dann wird auf die ca. 280 Palmen-, 65 Feigen- oder 23 Bambusarten intensiver eingegangen.

Auf der Fahrt entlang der Küste von Cienfuegos nach Trinidad genießt man herrliche Aussicht auf Meer und Gebirge zugleich; hübsch ist ein Abstecher zur märchenhaften Bucht beim 1997 errichteten **Hotel Villa Guajimico**.

Im Bergland

Die abwechslungsreiche Natur der Sierra de Guamuhaya verlockt zu einem Ausflug in die schöne Waldlandschaft, man wandert auf malerischen Pfaden zu Wasserfällen, erlebt dabei unverfälschte Natur und hat vielleicht sogar das Glück, einen *Tocororo*, Kubas Nationalvogel, zu sehen oder zu hören. Längere Wanderungen führen durch das Mittelgebirge mit seinen kleinen Bergbauernhöfen. Das Waldgebiet **Topes de Collantes** im Zentrum lässt sich von Cienfuegos oder Trinidad aus in einer Tagestour besuchen; Hier befindet sich eine Ferienanlage mit einem Kurhotel. Auch Pferde kann man mieten; Beliebt sind Ausritte auf überschaubaren Naturpfaden am Gebirgsfuß.

★★Valle de los Ingenios

Auch das Land östlich der Berge ist seit langem vom Zuckerrohranbau geprägt. Täglich rattert ein Dampfzug mit Touristen durchs ★★**Valle de los Ingenios** (Tal der Zuckermühlen, UNESCO-Welterbe). Einen Überblick über die grüne Kulturlandschaft mit ihren klein parzellierten Feldern vor eindrucksvoller Gebirgskulisse bietet der 1845 erbaute **Torre de Iznaga** im Dorf Manaca-Iznaga, 13 km östlich von Trinidad. Von diesem Turm wurden die Arbeiter der großen Zuckerplantage im Auge behalten, aus Furcht vor Sklavenaufständen. Ab Mitte des 19. Jh,, nach Mechanisierung

11

Kuba

》 Karte S. 227, Info S. 240-241

Foto: Roxana González (Dreamstime)

stehen den Platz, das jüngste ist die Stadtkirche. Die schlichte fünfachsige Fassade und die sichtbaren Dachverstrebungen mögen die von 1817 bis 1892 erbaute **Parroquial Mayor de la Santísima Trinidad** gegenüber den umstehenden Palästen zwar etwas plump erscheinen lassen – doch dies ist das größte Gotteshaus Kubas, ausgestattet mit einer exzellenten Akustik. Der dunkle **„Christus von Veracruz"**, auf der linken Seite des Marmoraltars, wird als Schutzpatron der Stadt verehrt.

Elegant wirkt das Stadtpalais zur Linken der Kirche, ★**Palacio Brunet**. 1740 entstand sein Erdgeschoss mit Arkadenbögen, später kam ein mit umlaufendem Balkon verziertes Stockwerk dazu. Im Inneren dokumentiert das **Museo Romántico** mit kostbarem Mobiliar, Porzellan, Gemälden und Gebrauchsgegenständen das Leben in einem reichen Haus aus der Zeit um 1830.

An der Nordwestseite des Platzes birgt der ★**Palacio Padrón** (18. Jh.) in seinen großen Repräsentationsräumen das **Museo Arqueología Guamuhaya y Ciencias Naturales**. Funde aus Kubas Frühgeschichte, über die präkolumbische Indiozeit bis zur Kolonialära sind hier ausgestellt, ebenso Tier- und Pflanzenpräparate aus der Region.

Im Süden der Plaza kann man in der zweigeschossigen **Casa Ortiz** im Lokal einkehren, auch eine Galerie gibt es hier, während auf der Ostseite die ★**Casa Sánchez Iznaga** mit ihrem zierlichen Säulenvorbau das **Museo de la Arquitectura Colonial** beherbergt.

Wer sich nicht schon von Souvenirhändlern hat ablenken lassen, hat oben an der Treppengasse neben der Kirche die malerisch begrünte **Casa de la Música** ② entdeckt, wo oft Bands live spielen (mit CD-Geschäft, Bar Escalinata).

Rundgang durch das Zentrum

Die Gasse **Jesús Menéndez** ist tagsüber eine Souvenirgasse mit fliegenden Händlern, die lokale Handarbeiten ver-

und Sklavenbefreiung, wurden jedoch die einst über 50 kleinen Zuckermühlen immer unrentabler.

★★Trinidad

★★**Trinidad** (74 000 Einw.) ist Kubas Perle des Städtetourismus und steht zu Recht auf der UNESCO-Welterbeliste. Anheimelnd ist die koloniale Innenstadt mit ihren gepflasterten Sträßchen. Sie ist rund 500 Jahre alt und erscheint gar nicht „gelackt"; man spürt die Hingabe, mit der nach und nach die historischen Gebäude aus ihrem hundertjährigen Dornröschenschlaf geholt werden.

Rund um die Plaza Mayor

Im Zentrum an der ★**Plaza Mayor** ① trifft man sich. Die Mitte ist liebevoll mit filigranen Schmiedegittern umzäunt und mit klassizistischen Urnen verziert, einige der wichtigsten Bauwerke um-

Oben: Straßenmusiker im kolonialen Ambiente Trinidads.

Cerro de la Vigía (0,7 km) 16

15 La Ayala

Military Hospital

Rubén Martínez

Plaza Tres Cruces

Iriñoro

Armenteros

Juan M. Márquez

Villena

(Real del Jigüe)

Ríta

Montelier

Rivas Guinart

José

Mendoza

17 Ermita de la Popa (Ruins)

La Canchánchara

7

8 Convento San Francisco de Asís (Museo Lucha Contra Bandidos)

Vía Real

Piro Guinart

Fernando H. Echerri

Bolívar

Juan Manuel Márquez

Palacio Brunet (Museo Romántico)

Palacio Padrón (M. Arqueología)

Simón

Parroquial Mayor

2 Casa de la Música

Villegas

Enrique

6 C. Templo de Yemayá

Rubén Martínez Villena

1 Plaza Mayor
Casa S. Iznaga (Museo de la Arquitectura Colonial)

3 Las Ruinas de Segarte

Callejón Caldos

Casa Humboldt

4 Casa Borrell

Eddy Chivás

Enrique Hart

9

Palacio Cantero (Museo Histórico Municipal)

E. Valdez Muñoz

5 Casa de la Trova

Menéndez

E. Valdez Muñoz

Abel Santamaría

10 Palacio Iznaga

Casa de la Cultura

Rosario

(Cadena)

Patricio

Jesús

Lumumba

Julio Antonio Mella

Colón

Agustín

José Mendoza

Bena

Fajardo

Restoy

Las Cuevas (0,5 km) 14

M. Solano

Gustavo

Izquierdo

✉

Ermita de Santa Ana (Ruins) ✝

Fábrica de Tabacos

Bena

Lino Pérez

13 Plaza de Santa Ana

Colón

Antonio

Maceo

Jesús

Agustín

Centro Turístico Santa Ana (Carcel Real)

Camilo

Cienfuegos

Abel Frank Hidalgo Gato

José Marti

▲ La Ronda

Asamblea Municipal

Parque Céspedes

Chanchánquira

11 (Plaza Carillo)

Iberostar Grand Hotel

Lino Pérez

Menéndez

Julio Antonio Mella

Santamaría

Antonia Guiteras

Miguel Calzada

San Francisco de Paula ✝

12 Casa Fischer

Francisco

Camilo Cienfuegos

Codahia

Frank H. Gato

Antonio

P. M. Fritz

Manuel Fajardo

Maceo

← Railway Station (0,5 km)

↙ Airport (1,3 km), Casilda (4,2 km)

Kuba 11

TRINIDAD

0   0,1 km

0   0,1 mile

© Nelles Verlag GmbH, München

kaufen. Vor ihnen zurückziehen kann man sich in den schattigen Hof der Bar **Las Ruinas de Segarte** ③ (Ecke Callejón Galdós), wo oft zu Livemusik Salsa getanzt wird.

Architekturinteressierte machen einen Abstecher zur schmucken **Casa Borrell** ④ (Calle Galdós), dem Sitz der Restaurierungskommission.

Umrundet man den Block, kehrt man zurück zur "Souvenirgasse" und trifft an der Plaza de Segarte auf die bunt gestrichene ★**Casa de la Trova** ⑤, beliebt bei allen Fans kubanischer Live-Musik. Andenkenhändler säumen auch die schmale **Calle Lumumba** (Cañada) entlang der Casa de la Trova.

Souvenirverkäufer flankieren ebenfalls die rechts abzweigende **Calle Rubén Martínez Villena** (Real) bis zur Plaza Mayor. Alle diese Gässchen sind mit Kopfsteinen gepflastert und jedes Haus ist ein kleines Schmuckstück. In der **Casa Templo de Yemayá** ⑥ in der Calle Rubén Mártinez Villena erklärt der **Santería-Priester** Israel Bravo Vega in seinem Privathaus – mit einem riesigen, der Göttin Yemaya gewidmeten Altar – die kubanische Afro-Religion und den Aberglauben (bei Bedarf auch spirituelle Beratung oder "Reinigungs"-Zeremonie, tgl. ca. 8-16 Uhr, kein Eintritt, aber Spende erwünscht).

Hübsche Bauten mit fein gedrechselten Fenstergittern findet man in der Calle Rubén Martínez Villena, ebenso die Restaurants **El Jigüe** und **Vía Reale** sowie die **Taberna Canchánchara** ⑦: Hier kann man, meist bei flotter Livemusik, das Traditionsgetränk *Canchánchara* aus Rum, Limonensirup und Wasser probieren.

Das Nordende der Altstadt markiert der Platz **Tres Cruces**. Für den Rückweg zur Plaza Mayor nimmt man die **Calle Fernando Hernández Echerrí** (Cristo) zum ehemaligen Kloster **Convento San**

Rechts: Die Altstadtgasse F. H. Echerrí (Cristo) führt zu Trinidads Wahrzeichen, dem Glockenturm des Convento San Francisco de Asís.

Francisco de Asís ⑧: Das **Museo L.C.B.** darin zeigt den Kampf gegen die Konterrevolutionäre *(Lucha Contra Bandidos)*, der in den Escambray-Bergen noch bis 1965 dauerte. Das Besondere am Konvent ist aber sein ★**Glockenturm** – das fotogene Wahrzeichen der Stadt. Von diesem Ausguck liegt einem Trinidad zu Füßen: Über rote Ziegeldächer, mit vielen hohen Bäumen dazwischen, schaut man im Norden auf die dunklen Hänge der Montañas de Trinidad, im Süden erkennt man die Hotels am blauen karibischen Meer.

Zwei Schmuckstücke des historischen Trinidad liegen südwestlich der Plaza Mayor, in der **Calle Simón Bolívar** (Desengaño): ★**Palacio Cantero** ⑨ ist eine eindrucksvolle Stadtresidenz eines „Zuckerbarons" von 1827, im spanisch-maurischen Stil, mit restaurierten Wandmalereien, Mobiliar, einer Original-Küche und einem zwei Stockwerke über das Haus hinausragenden **Aussichtsturm**. In den Räumen rund um den großen quadratischen **Innenhof** sind die Ausstellungen des **Museo Histórico Municipal** untergebracht: In dieser authentischen Umgebung unterrichtet es sehr wirklichkeitsnah über Besitzerfamilie und Stadtgeschichte.

Schräg gegenüber erblickt man das größte Palais der Stadt, den ★**Palacio Iznaga** ⑩, erbaut um 1820 von einer der ältesten und einst mächtigsten Familien Trinidads.

Im Umkreis des Zentrums

Der denkmalgeschützte Stadtkern geht fast nahtlos in die umliegenden Viertel über. Rund um die *Plaza Carillo*, offiziell **Parque Céspedes** ⑪, ist es ebenso gemütlich. Hier glänzt auch das stilvoll renovierte Fünf-Sterne-Kolonialhotel **Iberostar Gran Hotel Trinidad** (Martí Nr. 262).

Am Platz stehen auch das alte Rathaus **Asamblea Municipal** und die Kirche **San Francisco de Paula** (1830), aber Einheimische und Touristen zieht

es eher in die Geschäfte, Kneipen, Restaurants sowie das Kunst- und Kulturzentrum **Casa Fischer** ⑫ (1841) in den Straßen Lino Pérez (San Procopio) und José Martí (Jesús María).

Die Straße Lino Pérez bildet die Ostgrenze des historischen Viertels und verläuft nordostwärts bis zur **Plaza de Santa Ana** ⑬. Das ehemalige königliche Gefängnis **Carcel Real** von 1844 wurde zum modernen Vielzweckbau mit Restaurants und Läden, während die Ruinen der **Ermita de Santa Ana** (1812) noch auf Restaurierung warten.

Das **Hotel Las Cuevas** ⑭ liegt oberhalb auf einem Kalksteinhügel und ist vielfach unterhöhlt; in der ★**Höhlendisko La Ayala** ⑮ westlich abseits der Hotelbungalows tanzt man Salsa, Merengue und was sonst gerade angesagt ist, in einer großen illuminierten Naturgrotte – ein Muss!

Von hier steigt man zum Hausberg von Trinidad hinauf, dem ★**Cerro de la Vigía** ⑯, oben ein Radiomast. Aus 180 m Höhe hat man ein grandioses **Panorama**: Sierra del Escambray, Valle de Ingenios, Trinidad, Hafen Casilda, Halbinsel Ancón und das weite Meer.

Beim Rückweg Richtung Stadtzentrum passiert man die **Ermita de la Popa** ⑰, ein stark renovierungsbedürftiges Kirchengebäude, das im 18. Jahrhundert zusammen mit einem Krankenhaus gebaut wurde. Die schöne dreigliedrige Fassade schaut auf die Stadt und ist von dort unten betrachtet eine auffällige Landmarke.

DER OSTEN

Die **Sierra Maestra** gilt als eine Art Nationalheiligtum Kubas: In dieser Gebirgswildnis bereitete ein Grüppchen Revolutionäre unter Fidel Castros Führung 1956-1958 den Sturz der Batista-Regierung vor. Die Bergbewohner sind stolz darauf, daran mitgewirkt zu haben. Zwei Provinzen haben teil am Gebirge: **Santiago de Cuba** im Osten, in deren gleichnamiger Hauptstadt Fidel Castro am 1.1.1959 den Sieg der Revolution verkündete, und **Granma** im Westen. Mit der Jacht „Granma" landeten Fidel

Kuba **11**

RUND UM
SANTIAGO DE CUBA

0   10   20 km

0   10 miles
© Nelles Verlag GmbH, München

Castro und seine Mitstreiter 1956 am Südende des Golfo de Guacanayabo; seit 1976 trägt die Provinz den Namen dieses legendären Schiffs.

Der Süden Kubas bietet grandiose Natur: Die Sierra mit dem **Pico Turquino** (1974 m) ist das höchste und mit über 200 km auch das längste Gebirge des Landes. Die Gipfelregion erhält viel Regen und ist bewaldet; die Südseite grenzt mit ihren Steilhängen direkt ans türkisfarbene karibische Meer.

★**Bayamo** gehört zu den sieben ersten kubanischen Städten. Granmas Hauptstadt (220 000 Einwohner) ist berühmt für seine Freiheitsliebe: Genügend weit vom Schuss der spanischen Beamten blühte zur Kolonialzeit der Schmuggel. Kubas erster Unabhängigkeitsheld Carlos Manuel de Céspedes wurde hier geboren. Mutige Bürger stimmten hier die kubanische Nationalhymne schon zur Kolonialzeit öffentlich an; natürlich agierten hier auch einige der Revolutionshelden. Das schöne Ensemble des Stadtzentrums liegt malerisch an einem hohen Flussufer.

Die östlichen Hügel der Sierra Maestra umgeben majestätisch die Großstadt Santiago. Jenseits der Gebirgskette liegt der weltbekannte US-Militärstützpunkt in der Bucht von **Guantánamo**.

Der äußerste OstenKubas ist zumeist gebirgig. Seltene Pflanzen und Tiere sind die Spezialität des ★**Parque Nacional Alejandro de Humboldt**. Ein kleines Juwel ist die zauberhaft zwischen steilen Bergen und Buchten gelegene erste Hauptstadt Kubas, ★**Baracoa**, auch hier landete einst Kolumbus.

RUND UM SANTIAGO DE CUBA

Wie eine gewaltige Mauer zeigt sich die 200 km lange Gebirgskette der **Sierra Maestra**, in ihrem westlichen und undurchdringlichsten Teil mit Kubas höchstem Gipfel **Pico Turquino**. Der Berg ist nur 1974 m hoch und erscheint relativ niedrig im Vergleich zu den höchsten Erhebungen der benachbarten Großen Antilleninseln Hispaniola im Osten und Jamaika im Süden (3175 m bzw. 2292 m). Aber man muss seine

Höhe im Verhältnis zum untermeerischen Caymangraben sehen, der unmittelbar vor dem südlichen Rand der Sierra Maestra in die Tiefe geht: Die Steilwand dieses Tiefseegrabens fällt hier auf über 7000 m ab – ein Unterschied von über 9000 m auf einer Distanz von 50 km! Solch ein enormes Gefälle erreicht nur annähernd der westlich anschließende Yucatángraben mit Tiefen von über 5000 m.

Die Landschaft der östlichen Sierra Maestra, die die eindrucksvolle Umrahmung von ★★**Santiago de Cuba** abgibt, ist recht dramatisch, aber längst nicht so einsam wie der westliche Teil der langgestreckten Kette. Während hier im Osten eine Autobahn die Bergkette kreuzt, ist der Rest des Gebirges fast nur zu Fuß, zu Pferde oder mit Maultieren von Norden nach Süden bis zur Küstenstraße zu queren.

★El Cobre

Ein gewisse Ahnung von der großartigen grünen Berglandschaft der Sierra Maestra bekommt man beim Ausflug zur katholischen Nationalheiligen in ★**El Cobre**. Seit dem 16. Jahrhundert war den Spaniern dieser 20 km westlich von Santiago gelegene Fundort für Kupfererz bekannt. Die heutigen Besucher kommen aber nicht wegen des Kupfers, sondern wegen der in Kuba am höchsten verehrten Barmherzigen Jungfrau ★**Virgen de la Caridad del Cobre**, der Nationalheiligen seit 1916. Die gelbgold gekleidete Heiligenfigur beteten schon die afrikanischen Sklaven an, die in den Minen arbeiten mussten. Für sie war sie jedoch die Fruchtbarkeitsgöttin Ochún.

Papst Johannes Paul II. besuchte die weithin sichtbare Pilgerkirche **Basílica del Cobre** 1998. Der jetzige Bau stammt aus den 1920er-Jahren. Ihr offensichtlicher Reichtum ist erkennbar an den gestifteten bunten Fenstern, der üppigen blau-weiß-goldenen Ausmalung und einer Flut von Votivgaben. Außerhalb der Messen betritt man die Kirche am hinteren Fingang, wo die Heiligenfigur dann dem Besucher zugekehrt ist. Eine Unzahl von Votivgeschenken ist in Vitrinen ausgestellt, im Safe verwahrt dagegen wird die Nobelpreismedaille, die Ernest Hemingway der Nationalheiligen stiftete.

★Gran Piedra

Ein grandioser Ausblick vom östlich von Santiago gelegenen Teil der Sierra Maestra bietet sich von der Kuppe der ★**Gran Piedra** (Großer Stein). Da eine asphaltierte Serpentinenstraße bis zum Hotel **Villa La Gran Piedra** hinaufführt, ist der letzte Aufstieg (über Treppen) bis zum Gipfel auf 1214 m nicht allzu anspruchsvoll. Die Aussicht ist fantastisch: Im Westen breitet sich Santiago aus; im Süden, über das grüne Vorgebirge hinweg, glänzt das Karibische Meer; im Osten schimmert die Lagune von Baconao und im Norden überschaut man das fruchtbare Valle Central und die Vorberge der Sierra del Cristal. Ihre Nordhänge erreichen Kubas Nordküste in der Umgebung von Mayarí.

Etwa 2 km östlich der Gran Piedra gelangt man zur früheren Kaffee-Hazienda *(cafetal)* und dem heutigen Museum ★**Museo La Cafetal Isabelica**. Es illustriert das Leben, wie es auf Dutzenden von *cafetales* in diesem Teil des Berglands ablief und gehört zum UNESCO-Welterbe. Besonders den östlichen Teil Kubas besiedelten nach dem Sklavenaufstand von 1792 im damals französischen Haïti geflohene Franzosen – Haïti ist von Kuba nur durch die 80 km breite Windwardpassage getrennt. Ihnen verdankt Kuba nicht nur die im 19. Jh. eröffneten Kaffeeplantagen, sondern auch französische Lebensart.

★Castillo del Morro

Kaum ein Santiago-Besucher, der das an der Ostseite der Mündung der Bahía de Santiago gelegene spanische Fort

Kuba 11

Foto: Rainer Hackenberg (PhotoPress)

des 16. Jh. und UNESCO-Weltkulturerbe ★Castillo del Morro auslässt! Viele Eilige driften nach einem raschen Foto der äußeren Mauern zum Restaurant El Morro nebenan. Man muss Zeit mitbringen, um den komplizierten Festungsbau mit Türmchen, Treppen, Kerkern, Schlafsälen, Magazinen, Souvenirshops, einer Kapelle und dem „Piraterie"-Museum zu durchstreifen. Die Aussicht vom Kastell reicht weit über die Küste und aufs Gebirge, und in der Bucht von Santiago erkennt man die wegen ihres Flairs und ihrer Fischlokale beliebte Insel Cayo Granma.

Die Küstenstraße nach Baconao

Für einen Wochenendausflug gehen die Santigüeros meist ostwärts, Richtung Baconao. Auf dem Weg dorthin

gibt es Historisches, Kunst und Belehrendes zu besichtigen; wenige kurze Sandstrände unterbrechen die meist felsige Küste.

An die Revolutionsgeschichte erinnert das Zentrum der Verschwörung des 26. Juli 1953, die Granjita Siboney, an der Hauptstraße nach Baconao, 13 km ab Santiago. Kurz hinter dieser einstigen Farm biegt man zum viel besuchten Hausstrand der Santigüeros in der freundlichen Bucht von Siboney ab.

Während die Hauptstraße sich durch das hügelige Vorgebirge schlängelt, liegen Ferienunterkünfte isoliert an kleinen, von Felsen umrahmten Sandstränden: Bucanero, nahe der Playa Juragua oder Costa Morena an der Playa Sigua. In Hauptstraßenähe flankieren Museen, Geschäfte, Galerien und Restaurants das Naherholungsgebiet Gran Parque Natural Baconao. Seine bekannteste Anlage ist Valle de la Prehistoria, wo man zwischen Saurierskulpturen spazieren gehen kann.

2 km weiter hat man für nur eine Eintrittskarte gleich einen ganzen Muse-

Oben: Das Castillo del Morro bietet komplexe Festungs-Architektur und herrliche Ausblicke auf die Bucht von Santiago de Cuba und die Insel Cayo Granma.

umskomplex zur Verfügung: **Conjunto de Museos y Exposiciones La Punta**. Die Hauptstraße umrundet das Jagdgebiet El Indio und erreicht die Küste hinter **Verraco** mit Hotelanlagen überwiegend für Kubaner. Die Bucht mit der **Playa Cazonal** bietet dem Touristenresort **Carisol-Los Corales** einen einladenden weißen Sandstrand; den nutzen auch Tagesgäste sehr gerne – ein schöner Ausflug mit karibischem Flair.

Der kleine Ort **Baconao** lädt zu Boots- und Angelfahrten auf der **Laguna** ein.

Bahía de Guantánamo

Oft genannt, aber selten besucht wird ★**Guantánamo**. Die *Guajira Guantanamera*, das weltbekannte kubanische Lied nach Worten von Nationaldichter José Martí mit seiner eingängigen Melodie, könnte einen vielleicht neugierig machen auf die östlichste Provinz Kubas und ihre gleichnamige Hauptstadt. Der andere Grund ihrer Bekanntheit ist ein 116 km² großes Stück Land am Ausgang der tief eingeschnittenen Karibikbucht **Bahía de Guantánamo**. Für ihre seit 1898 bestehende **Marinebasis** pachteten es die USA 1901; Laufzeit 99 Jahre. 1934 erneuerten Kuba und Amerika den Vertrag, der nur in beiderseitigem Einvernehmen gelöst werden darf, so dass die Kubaner noch bis 2033 diesen „Dolch im Fleisch Kubas" (Fidel Castro) erdulden müssen, da die Amerikaner nicht willens sind, freiwillig zu weichen.

Den Ohrwurm *Guantanamera* spielt zwar jede noch so kleine Band in Kuba, doch die paar Quadratmeilen amerikanisches Pachtland für ein paar Tausend Marinesoldaten und – seit dem Afghanistankrieg – hunderte Taliban-Gefangene sind keine Touristenattraktion. Die amerikanische **Base Naval** kann von Touristen nicht betreten werden. Auch der 320 m hohe Aussichtshügel **Mirador de Malones** nordöstlich der Bucht ist seit einiger Zeit für Besucher tabu.

★★Santiago de Cuba

In ★★**Santiago de Cuba** (ca. 506 000 Einwohner) ist man der Karibik näher als in Havanna: Hier spielt die heißere Musik, hier feiert man den Karneval intensiver, dunkle Haut ist häufiger und rebellischer Geist ein wesentlicher Charakterzug. Schmal sind Santiagos Altstadtstraßen, gelegentlich steil. Von den Hügeln bieten sich weite Ausblicke auf Häusermeer und Hafen und die Berge der Sierra Maestra, die die Stadt wie eine grüne Kulisse umrahmen.

Ein Hügel am südöstlichen Stadtrand ist nicht nur Aussichtspunkt und Parkanlage, sondern auch eine Art nationaler Gedenkstätte: **Loma de San Juan**. Am 1. Juli 1898 wurden hier die kolonialspanischen Soldaten mit Hilfe amerikanischer Truppen geschlagen, und damit war das Ende der Kolonialzeit eingeläutet. Oft ist dieser Hügel die erste Station bei einer Stadtrundfahrt. Anschließend bewundert man das angenehm begrünte Villenviertel von **Vista Allegre**. Stolz wird auch die **Plaza de la Revolución** an der Avenida de las Américas gezeigt, mit einer Skulptur des Freiheitskämpfers Antonio Maceo (1845-1896) hoch zu Ross sowie einer modernen künstlerischen Komposition aus starren Stahlspitzen: Symbol für Kubas unverbrüchliches Streben nach Unabhängigkeit. Folgt man der großzügigen Avenida nach Süden, kommt man zum Zentrum Santiagos und hat das postmoderne Hochhaus des **Hotel Meliá Santiago de Cuba** ① als herausragenden Orientierungspunkt.

Ein kurzer Blick in die Geschichte: Stadtgründer Diego Velázquez konnte 1515 nicht ahnen, wie rasch das 900 km entfernte Havanna Santiago den Rang als Hauptstadt ablaufen sollte. Dennoch wuchs auch die Stadt im Südosten; sie wurde berüchtigter Einfuhrhafen für afrikanische Sklaven, die das Erz von El Cobre fördern mussten – wichtig für Kanonen sowie Geräte in Zuckersiedereien. Schmuggelhandel belebte das

Kuba 11

»» **Karte S. 232, Info S. 240-241**

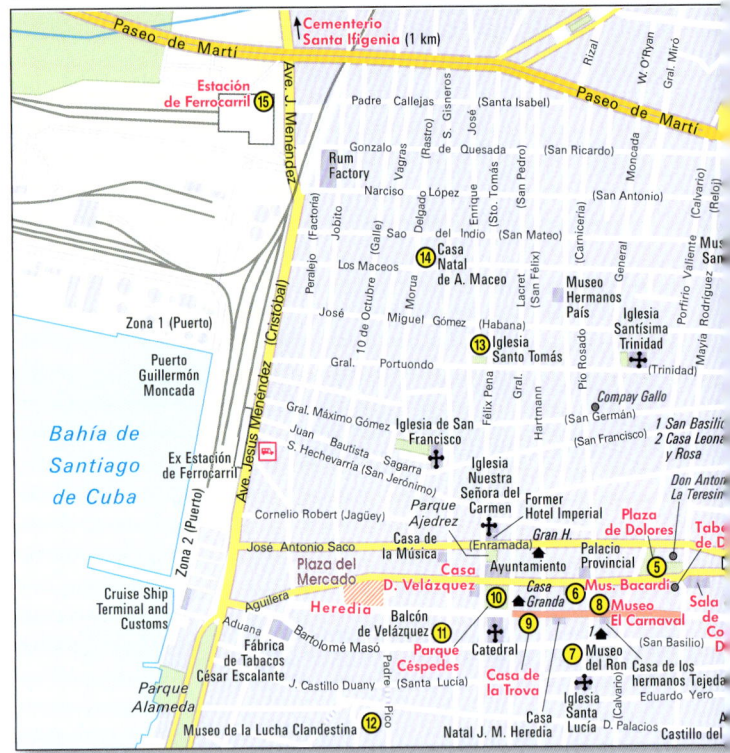

Geschäft. Der Reichtum lockte im 17. Jahrhundert französische und englische Piraten an; um sich vor ihnen zu schützen, bauten die Spanier an der engen Buchteinfahrt die gewaltige Festung Morro.

Als der Sklavenaufstand in der französischen Kolonie Haïti im Jahr 1792 die dortigen Pflanzer vertrieb, flüchteten zunächst viele nach Santiago und gaben der Stadt französisches Flair.

★Moncada-Kaserne

Kubas Osten war immer wieder Auslöser politischer Umwälzungen: Hier nahmen der Unabhängigkeitskrieg und die kubanische Revolution ihren Aus-

gang. Kein Ort in Kuba, in dem nicht irgendwo ein Hinweis auf den 26.7.1953 zu finden ist: der Tag, an dem eine Gruppe junger Revolutionäre unter dem damals 26-jährigen Rechtsanwalt Fidel Castro die ★**Moncada-Kaserne** ② **(Cuartel Moncada)** in Santiago de Cuba zu stürmen versuchte und scheiterte. Das ehemalige Kasernengebäude liegt auf einem Hügel und bietet eine eigenartige Mischung aus strengem Wachpersonal, vielen Touristen und uniformierten Kinderscharen: Es dient jetzt als Schule, ein kleiner Teil ist Museum (**Museo 26 de Julio**, Eingang: Avenida Moncada / Gral. Portuondo). Unermüdliche Museumsführer beschreiben ihren Gästen die Vorgänge am und um den 26.7.1953

≫ **Stadtplan S. 236-237, Info S. 240-241**

und können dabei auf einige Gebäude in der Nähe hinweisen: den **Justizpalast** schräg gegenüber oder den anschließenden großen Platz **Parque Histórico Abel Santamaría** ③ mit **Museum**. Darin befindet sich der kleine Raum, wo Fidel Castro seine Verteidigungsrede hielt, mit dem berühmten Satz „Die Geschichte wird mich freisprechen".

Plaza de Marte

Westlich des großen Platzes hat man gute Sicht auf das nördliche Zentrum und den Hafen. Von der Ostseite des Parque mit riesigem **Gedenkbrunnen** für Abel Santamaría (dem zweiten An-führer der Revolutionäre von 1953) folgt man der **Avenida de los Libertadores**, die mit Helden der Nation geschmückt ist, bis zur Hauptstraße **Avenida Victoriano Garzón** und dem kleinen Park mit **Coppelia-Eiscafé**. Nach Westen, Richtung Zentrum, hat man nach zwei Straßenblocks die **Plaza de Marte** ④ erreicht; an ihrer Nordostecke steht das **Hotel Rex**, das bei der Erstürmung der Moncada-Kaserne eine wichtige Rolle spielte; in Zimmer 34 wohnte Revolutionär Abel Santamaría. Auf der vom Verkehr umbrandeten Plaza de Marte, wo zur Kolonialzeit Soldaten exerzierten oder Gefangene erschossen wurden, spendet heute ein kleiner **Park** Schatten. Gut besucht ist der kleine Hinterhof an der Ostseite: Im **Patio Los Dos Abuelos** (Pérez Carbó Nr. 5) ertönt **Son** live von 22-3 Uhr, tagsüber ist dies ein **Café**.

★Plaza de Dolores

An der Westseite der Plaza de Marte beginnt der betriebsamste Teil der **Enramada** (Av. José Antonio Saco), der Hauptgeschäftsstraße zum Hafen hinunter. Im ersten Block informiert das Naturkundemuseum **Museo Nacional de Historia Natural Tomás Romay** über kubatypische Flora und Fauna, Vorgeschichte und Geologie, insbesondere die Erdbebenzone um Santiago.

Wechselt man auf die südliche Parallelstraße **Aguilera**, erreicht man nach zwei Blocks den schattigen, schmalen Platz ★**Plaza de Dolores** ⑤, bekannt für den akustisch exzellenten Konzertsaal ★**Sala de Conciertos Dolores**. Hier erklingt oft klassische Musik, so beim *Festival de Coros* Anfang Dezember. Gegenüber liegt ein beliebter, uriger Treffpunkt: In der ★**Taberna de Dolores** im alten Lagerhaus genießt man deftige Speisen und kühles Bier.

★★Museo Emilio Bacardí Moreau

Einen Block weiter auf der Aguilera beeindrucken zwei Prachtbauten: das Regierungsgebäude **Palacio Provincial** auf der Nord- und das strahlend weiße, palastartige ★★**Museo Emilio Bacardí Moreau** ⑥ auf der Südseite. Untrennbar ist der Name Bacardí mit dem weißen kubanischen Rum verbunden. Das Millionärsehepaar Emilio Bacardí (1844-1922) und Elvira Cape Lombard (1862-1933) liebte Reisen und Kunst. Ausgezeichnete kulturhistorische Objekte Kubas sind ausgestellt, das Obergeschoss enthält die Kunstsammlung und der Keller (Eingang von der Aguilera) „Mitbringsel" von ihren Weltreisen. Die **Callejón José Bofill** auf der Südseite des

Rechts: Altmeister Inoudi Paisán unterrichtet Bläser in Santiago.

Erdgeschosses erinnert an den ersten Museumsdirektor und ist ein typisches Gässchen des alten Santiago.

Museo de Ron

Geht man die Straße **Pío Rosado** (am Haupteingang zum Bacardí-Museum) hinunter, steht man an der Straße **Bartolomé Masó** vor der glanzvollen Villa des ehemaligen Bacardí-Aktionärs Mariano Gómez. Statt der edlen Einrichtung des reichen MG (Initialen am schmiedeeisernen Eingangstor) ist nun das informative **Museo del Ron** ⑦ in den Räumen, dazu eine gut bestückte **Bar**.

★Calle Heredia

Zwischen den Straßen Aguilera und Masó verläuft Santiagos Touristenmeile: ★**Calle Heredia**, gesäumt von Souvenirhändlern und schönen alten Bauten. Der romantische Dichter José María Heredia wurde hier 1803 geboren (**Museo Casa Natal J. M. Heredia**, Nr. 260). In der Straße finden sich Galerien, Bibliothek, Buchläden, Privatquartiere, das ehemalige Wohnhaus der Maler-Brüder Tejeda, **Casa de los hermanos Tejeda** (Nr. 304), und das ★**Museo El Carnaval** ⑧ (Nr. 303). Hierher kommen viele Besucher erst gegen 16 Uhr, um sich die täglichen **Vorführungen** bekannter Karnevalsgruppen Santiagos anzusehen, im Museum erfährt man viel über die Karnevals-Kultur in Santiago.

Die Calle Heredia führt – vorbei am berühmten Musiklokal ★**Casa de la Trova** ⑨ (Nr. 206), in dem Meister des kubanischen Son wie der berühmte Compay Segundo (1907-2003) und Eliades Ochoa spielten, direkt auf den Hauptplatz der Stadt zu.

Rund um den ★Parque Céspedes

Vier bemerkenswerte Bauwerke umgeben den ehemaligen Paradeplatz Plaza de Armas, den heutigen ★**Parque Céspedes** ⑩: Im Süden errichtete man

Foto: Bernd F. Gruschwitz

die **Catedral de Nuestra Señora de la Asunción** auf einer künstlichen Anhöhe (mit Läden im Untergeschoss). Die Fassade ist von 1922, der Bau aus dem 19. Jh., aber hier stand schon kurz nach 1520 die Bischofskirche, in der Diego Velázquez und mehrere Bischöfe ihre letzte Ruhe fanden. Die Ostseite des Platzes nimmt das eindrucksvolle **Hotel Casa Granda** ein: Von der **Terrasse** sieht man das Treiben im Park; von der Dachbar überschaut man die Stadt.

Das **Ayuntamiento** (Rathaus) im Norden des Platzes wirkt fast modern; ein Erdbeben zerstörte es 1932, der Wiederaufbau geschah in den 1940er-Jahren nach alten Vorbildern. Von seinem Balkon rief am 1.1.1959 Fidel Castro den Erfolg der Revolution aus.

An der Nordwestecke (Eingang Félix Pena) steht das Kleinod des Platzes: die ★**Casa Diego Velázquez**, Wohnhaus des ersten Gouverneurs und ältestes Haus der Stadt (ca. 1530). Im Untergeschoss befanden sich im 16. Jh. die Handelsbörse sowie Gold- und Silberschmiede, der Schmelzofen ist noch

zu sehen; im Obergeschoss residierte der Gouverneur. Seit 1970 dient das prachtvolle, maurisch beeinflusste Bauwerk als **Museo Ambiente Histórico Cubano** und zeigt kostbare Interieurs vergangener Stilepochen.

Wer jetzt eine Pause braucht, sitzt gut im Schatten unter vielen Einheimischen in der schlicht-verspielten Café-Ecke des **Parque Ajedrez**, gegenüber dem verfallenden **Hotel Imperial** im Zuckerbäckerstil (Félix Pena / Enramada).

Dann sollte man sich westlich der Kathedrale vom **Balcón de Velázquez** ⑪ den grandiosen **Blick** auf die Hafengegend mit der Sierra Maestra im Hintergrund gönnen. Bei schlechtem Wetter ist vielleicht eher ein Blick auf das Stadtmodell, die nahe **Maqueta de la Ciudad**, angesagt.

Auf dem Tivoli

Einen noch großartigeren Überblick erhält man vom **Tivoli**, dem südwestlich anschließenden Hügel: die Straße Bartolomé Masó einen Block abwärts, dann nach links in die **Calle Padre Pico**, die in **Treppen** übergeht. Oben biegt man rechts ab; gegenüber einem kleinen Park steht eine frühere Polizeiwache im Kolonialstil, die als Museum des Untergrundkampfs gegen Batista dient: das **Museo de la Lucha Clandestina** ⑫. Schon die **Aussicht** vom Balkon im 1. Stock ist den Eintritt wert!

Nördlich der Innenstadt

Auch das Viertel nördlich der Innenstadt gehört zur Altstadt, das zeigen vier seit dem 18. Jh. hier bestehende Kirchen. Einen Block vom Parque Ajedrez auf der Félix Pena erreicht man die **Iglesia Nuestra Señora del Carmen**, zwei Blocks nördlich und zwei nach Westen die ehemalige Klosterkirche **Iglesia de San Francisco**, weitere zwei Blocks nördlich, auf der Félix Pena, die **Iglesia Santo Tomás** ⑬ mit ihrem baumbestandenen Vorplatz. Die Straße südlich daran vorbei heißt offiziell General Portuondo (im Volksmund aber *Trinidad*) und führt fünf Blocks weiter östlich zur **Iglesia Santísima Trinidad**. Viele historische Häuser stehen unter Denkmalschutz, u.a. das Geburtshaus (**Casa Natal**) von **Moncada** (General Moncada 106), das des Revolutionärs **Frank País** (General Banderas 206) oder das der Gebrüder **Maceo** ⑭ (Los Maceos 207).

Die Straße Los Maceos endet an der Hafenstraße **Avenida Jesús Menéndez**. Eine Überraschung ist der Bahnhof, ★**Estación de Ferrocarril** ⑮: Gegenüber so vielen nüchtern bis schäbig aussehenden Bauten in Hafennähe ist das bunte, postmoderne Bahnhofsgebäude geradezu ein Lichtblick.

1000 m nordwestlich davon stehen am Friedhof ★**Cementerio Santa Ifigenia** lokale Guides bereit, um Besucher zu den prunkvollen Gräbern und Monumenten verstorbener Berühmtheiten Kubas wie José Martí oder Compay Segundo zu führen – ein fesselnder Spaziergang durch die kubanische Geschichte der letzten 200 Jahre.

KUBA (☎ 0053)

🛈 Kubanisches Fremdenverkehrsamt, Kaiserstraße 8, 60311 Frankfurt, Tel. 030/4471-8120, Fax 296664, www.cubatravel.cu, www.cuba web.cu, www.autenticacuba.com.

👉 **FORMALITÄTEN / ZOLL / WÄHRUNG**:
Einreise: Beim Aufenthalt bis zu 30 Tagen als Tourist sind ein noch mindestens 6 Monate gültiger Reisepass, eine Touristenkarte (bei Botschaften u. Konsulaten erhältlich, Pauschalreisende erhalten sie von ihrem Veranstalter) und eine Auslandskrankenversicherung für die Aufenthaltsdauer in Kuba nötig. Individualreisende müssen eine Hotelbuchung für mindestens eine Nacht haben.

Ausreise: Ausreisegebühr 25 CUC, falls vom Reiseveranstalter nicht schon entrichtet. Die Touristenkarte wird einbehalten. Für in Kuba gekaufte Wertgegenstände (z. B. mehr als 23 lose Zigarren), Kunsthandwerk etc. muss man eine Quittung vorlegen, Zigarrenkisten müssen das offizielle Hologramm besitzen. **Landeswährung** ist der **Kubanische Peso (CUP)**; 1 € ≈ ca. 24 CUP. Touristen zahlen (bis zur angekündigten Reformierung des Dualsystems) mit **Peso convertible (CUC)**; 1 € ≈ 1,10 CUC. 1 CUC = 24 CUP (fix). Tagesaktuelle Kurse: www.oanda.com. Man tauscht Euro kommissionsfrei, US-Dollar kosten 10% extra. In Touristenzentren wie Varadero, Cayo Coco u.a. werden auch Euronoten akzeptiert. Ausländer können CUP u.a. auf Märkten oder in Geschäften für Kubaner ausgeben. Große Hotels akzeptieren Kreditkarten; gängig sind Visa und Mastercard (demnächst wahrscheinlich auch die bislang nicht akzeptierten, von US-Banken ausgestellte Karten). Geldwechsel in Wechselstuben, Banken und Hotels.

👉 **FOTO / STROMSPANNUNG**: Fotografierverbot für Militäranlagen und in Museen. Stromspannung 110 Volt, Flachsteckeradapter sind erforderlich; fast alle Hotels verfügen zudem auch über 220 Volt.

👉 **ÖRTLICHE VERKEHRSMITTEL**: Für Ausländer sind **Touristentaxis** (Turistaxi) vorgesehen, zahlbar in CUC; über Fernbusse und Mietwagen informiert ausführlich die Website des Fremdenverkehrsamts.

NOTRUF: Örtlich z. T. unterschiedlich, **Polizei** 116, Havanna: 867 77 77, **Feuerwehr** 115, Havanna: 81 11 15.

HAVANNA (☎ 07)

 ALTSTADT-RESTAURANTS:
La Bodeguita del Medio, Hemingways Lieblingskneipe, mit echt kubanischer Atmosphäre und gutem Essen, aber stark von Touristen besucht, Calle Empedrado 207 e/ San Ignacio y Cuba, Tel. 757-1375.
El Patio, stilvoll die Säle des alten Stadtpalasts, lässig die Außenterrasse direkt auf dem Kathedralplatz, kubanische Spezialitäten, überwiegend Touristen, Plaza de la Catedral, Tel. 867-035.
Restaurante Bar El Floridita, kubanische und internationale Kost, in schlichtem Stil renoviert, berühmte Hemingway-Bar, Calle Obispo 557 esq/ Monserrate, Tel. 867-1299, www.floridita-cuba.com.
Puerto de Sagua, Spezialität: Fisch und Meeresfrüchte; Egido (Ave. de Bélgica) 603 esq/ Acosta, Tel. 861-1010.
La Zaragozana, spanische Spezialitäten in historischem Altstadt-Gebäude, Calle Monserrate e/ Obispo y Obrapía, Tel. 867-1040.
Gute Restaurants in allen Hotels der oberen Kategorie.
CAFETERIAS, CAFÈS: **El Mercurio**, internationales Flair in und vor der Alten Börse, Lunch und Kleinigkeiten, Plaza de San Francisco de Asís, Tel. 860-6188. **Columnata Egipciana** (ehem. Casa de las Infusiones), leckere Kleinigkeiten, viele Teesorten, bei Live-Musik und künstlerischem Ambiente, Calle Mercaderes e/ Obispo y Obrapía, Tel. 862-0216. **Café Literario**, schlichtes Café für Bücherfreunde, auch Kleinigkeiten zu essen, Calle O'Reilly 4 esq/ Tacón (im Palacio del Segundo Cabo).
Café París, 24 Std. geöffnet, Live-Musik; Calle San Ignacio 22 / C. Obispo, Tel. 862-0466.

 El Floridita, **La Bodeguita del Medio**; Dachterrassen z. B. der Hotels **Ambos Mundos**, **Deauville**. **Bar El Globo** unter den Arkaden des Hotels Santa Isabel mit schönem Blick auf die Plaza de Armas.

Cabaret Tropicana, Shows 21-02 Uhr; Marianao, Tel. 267-1717 u. 267-1010, www.cabaret-tropicana.com

CIENFUEGOS (☎ 0432)

Palacio del Valle, das edle Ambiente des Prachtpalastes des italienischen Architekten Alfredo Colli ist eine Kaffeepause wert, Tel. 245-1226.

La Punta, einfache Gartenbar am Ende v. Punta Gorda mit Blick auf die Bucht.

TRINIDAD (☎ 0419)

El Jigüe, koloniales Ambiente in historischem Gebäude, kubanische Spezialitäten, Rubén Martínez 69, Ecke Piro Guinart, Tel. 194-136.
El Mesón del Regidor, Internationale Küche und Erfrischungen in kleinem Privathotel, Calle Desengaño 242 (gegenüber Museo Municipal), Tel. 996-456.

La Canchánchara, viel Musik zum süffigen Drink aus Rum, Honig und Zitronensaft, Rubén Martínez e/ Ciro Redondo y Piro Guinart.

SANTIAGO DE CUBA (☎ 022)

Taberna de Dolores, Biergarten in historischem Innenhof, deftige kreolische und spanische Speisen, Aguilera 468 esq/ Reloj, Tel. 623-913.
Restaurante Don Antonio, angenehme Atmosphäre drinnen und draußen, kreolische Küche, Plaza de Dolores, Tel. 652-307.
El Zunzún, eins der luxuriösesten Restaurants, gepflegtes Ambiente in 1940-er Villa im feinen Vista Alegre, exquisite kubanische Küche, Avenida Manduley esq./ 7, Tel. 641-528.
El Morro, neben dem gleichnamigen Castillo, mit grandiosem Meerblick, solide Touristenmenüs, kubanische Küche, Carretera Morro Km 8,5, Tel. 691-576 .

Casa de la Trova 'Pepe Sánchez', kubanische Gruppen und Solisten – ein Muss, Heredia 208 e/ San Pedro y San Félix, Tel. 652-689. Mitte März Trova-Festival.
Tropicana Santiago, Cabaret-Show Do-So 22-4 Uhr, inkl. Abendessen; Autop. Nacional Km 1½, Tel. 642-579.

Kuba **11**

REISEVORBEREITUNGEN

Klima

Mehr noch als von schönen Stränden werden die Urlauber vom milden Klima der Karibik angezogen. Mit Ausnahme der Bermudas – mit subtropischem Meeresklima, deutlich kälteren Wintern und einer gelegentlich steifen Brise – herrscht auf den in diesem Führer beschriebenen Inseln das ganze Jahr über strahlender Sonnenschein, und der angenehme Passatwind ist in der gesamten Karibik allgegenwärtig. Das Wetter auf den Inseln des karibischen Raumes ist meist präzise vorhersagbar und stabil. Die heißeste Jahreszeit ist der Sommer, doch auch im Winter ist es noch angenehm warm, und die Luftfeuchtigkeit ist das ganze Jahr über sehr hoch. Die Temperaturen liegen meist zwischen 20 und 30 °C und werden durch das Karibische Meer und die Äquatornähe nahezu garantiert. Aufgrund dieser geografischen Lage sind auch die Klimaunterschiede zwischen Sommer und Winter äußerst gering. Nur in den höheren Bergregionen auf Jamaika, Kuba und in der Dominikanischen Republik sinken die Temperaturen etwas weiter ab. In der gesamten Karibik sind die Tage im Sommer wie im Winter nahezu gleich lang; auch variiert der mittägliche Sonnenstand in beiden Jahreszeiten wenig. Dasselbe gilt für die Durchschnittstemperatur. Inseln und Inselregionen in niedriger Höhe über dem Meeresspiegel sind in der Regel sehr trocken, während in höhergelegenen Gebieten größere Niederschlagsmengen zu verzeichnen sind. Der Sommer gilt als die regenreichste Jahreszeit, in der praktisch täglich mit einem Schauer zu rechnen ist. Tagelanges Regenwetter kennt man hier allerdings kaum – mit Ausnahme der Hurrikan-Zeit von Juni bis Oktober.

Nach einem Hurrikan lässt die Sonne meist nicht lange auf sich warten. Nehmen Sie auf jeden Fall stets eine Kopfbedeckung als Sonnenschutz mit; selbst einen leichten Pullover können Sie jedoch im Hotel zurücklassen, wenn Sie nicht gerade eine Besteigung des 2255 m hohen Blue-Mountain-Gipfels auf Jamaika planen – im Winter kann man dort einen Pullover brauchen.

Trotz der geringen Temperaturunterschiede im Sommer und Winter sind bei Reisen in die Karibik in beiden Jahreszeiten erhebliche Preisunterschiede festzustellen, die 40 % und noch mehr betragen können. Obwohl Reisebüros damit werben, dass temperaturmäßig praktisch kein Unterschied zwischen Sommer und Winter besteht, kann sich die höhere Luftfeuchtigkeit im Sommer ganz erheblich auf das persönliche Wohlbefinden auswirken.

Einreise / Ausreise

Die Einreiseformalitäten sind von Insel zu Insel verschieden, ein noch 6 Monate gültiger **Reisepass** ist aber immer nötig. Meist wird zudem ein Ticket für die Weiterreise oder ein Rückflugticket verlangt. Selbst bei einem reinen Umsteigestopp in den USA mit Endziel Karibik sind die US-Einreisevorschriften zu beachten (d. h. maschinenlesbarer Reisepass und ESTA), die im übrigen auch für die Einreise nach Puerto Rico gelten!

Will man ein Auto oder ein Moped mieten, sollte man den Internationalen Führerschein mitbringen.

In den meisten Ländern wird eine am Flughafen in Landeswährung zahlbare Ausreisegebühr erhoben. Das übrige einheimische Geld gibt man am besten in den duty-free Shops am Flughafen aus. Man kann es jedoch auch zurücktauschen; Voraussetzung hierfür ist, dass man die Quittung, die man beim Einwechseln des Geldes erhielt, vorweisen kann.

Lassen Sie Ihren Rückflug sicherheitshalber 24 bis 48 Stunden vor Abreise bestätigen, und erkundigen Sie sich bei Ihrer Fluggesellschaft nach den aktuellen Ausreisegebühren.

Währung und Geldwechsel

Währung und Wechselkurse sind in den Ländern der Karibik unterschiedlich (siehe gelbe Infoseiten nach jedem Reisekapitel und www.oanda.com).

Neben Bargeld empfiehlt sich die Mitnahme einer Kreditkarte. Banken wechseln in der Regel günstiger als Hotels.

Zahlt man mit US-Dollars (die fast überall gern genommen werden) statt in der jeweiligen Landeswährung, kommt man vor allem bei kleineren Käufen meist schlechter weg.

US-Dollars sind auf einigen Inseln das offizielle Zahlungsmittel. Auf manchen Inseln ist die Landeswährung dem US-Dollar gleichgestellt. Der Bahama- und der Bermuda-Dollar entsprechen dem US-Dollar. In Puerto Rico ist der US$ das offizielle Zahlungsmittel, ebenso auf den Turks & Caicos. Auf Kuba wird der Euro als Zahlungsmittel u. a. in Varadero, auf Cayo Largo und Jardines del Rey akzeptiert.

Im Hotel und am Flughafen kann man in der Regel rund um die Uhr Geld wechseln. Gängige Kreditkarten wie Visa, Mastercard, American Express und Diner's Club werden oft, aber nicht überall akzeptiert; man kann jedoch damit meistens – mancherorts auch mit Maestro-EC-Karte – direkt an Bankautomaten Geld abheben.

Kleidung

Selten benötigt man mehr als Shorts und ein T-Shirt, doch gibt es natürlich auch vornehme Hotels, in denen eine derart legere Kleidung den Ansprüchen nicht gerecht wird. Fast überall kommt man jedoch mit Freizeitkleidung aus.

Wie auf manchen Kreuzfahrtschiffen, auf denen immer noch Kleidervorschriften gelten, verlangen manche Urlaubsorte, Hotels, Restaurants und Nachtclubs von ihren Gästen am Abend ebenfalls eine formellere Kleidung; so besteht für Herren Sakkozwang (ohne Krawattenpflicht), bei Damen sind lange Hosen oder Kleider erwünscht. Nur ganz selten sind die Kleidervorschriften sogar noch strenger.

Kühle, luftige Kleidung aus leichten Naturmaterialien, Shorts, T-Shirts, Sandalen und Turnschuhe sind für einen Urlaub in der Karibik am besten geeignet. Badezeug und etwas zum Überziehen wird tagsüber fast überall geduldet, ist jedoch an vom Strand weiter entfernten Orten und am Abend weniger gern gesehen. An manchen Strandabschnitten der Karibik benötigt man nicht einmal Badezeug; erkundigen Sie sich nach den FKK-Stränden, falls Sie Interesse haben.

Ist ein Aufenthalt in den Bergen oder im Hochland Bestandteil Ihrer Reise, sollten Sie auf jeden Fall eine leichte Regenjacke mitnehmen; wer in klimatisierten Räumen leicht friert, tut gut daran, einen Pullover einzupacken.

Eine Kopfbedeckung zum Schutz vor der Sonne ist unbedingt erforderlich, ebenso ein Insektenschutzmittel.

Strengere Kleidervorschriften herrschen allerdings auf den spanischen Inseln. Hier tragen die Männer bei der Arbeit noch eine Krawatte, und die typische Touristenkleidung ist in den Straßen von San Juan und Santo Domingo nur selten zu sehen. Auch auf den Bermudas geht es formeller zu. Im Winter benötigen Touristen zudem auch etwas wärmere Kleidung.

Mit dem Flugzeug anreisenden Karibiktouristen wird dringend empfohlen, Kleidung für einen Tag, Toilettenartikel etc. ins Handgepäck zu packen, für den Fall, dass ihr Gepäck erst später am Bestimmungsort eintrifft, da man sich nicht darauf verlassen kann, dass die benötigten Dinge – je nachdem, wo man um welche Zeit ankommt – vor Ort erhältlich sind.

Fluggesellschaften

Immer mehr Fluggesellschaften unterzeichnen internationale Verträge für

KREUZFAHRTHÄFEN

0   250   500 km

0   250 miles

© Nelles Verlag GmbH, München

Karibikrouten, während andere Airlines aus diesem „Spiel" wieder ausscheiden. Einige Inseln verfügen über ihre eigenen Fluglinien, die in der jeweiligen Region in der Regel marktbeherrschend sind. Weiter gibt es Hunderte von Chartergesellschaften und kleine Fluglinien, die auf den lokalen Routen verkehren. Das Angebot ist verwirrend – umso mehr, als die Flugpläne von „karibischer" Zeit ausgehen; das bedeutet, dass sie, gelinde ausgedrückt, äußerst flexibel sein können. Weitere Variable des Flugpreises sind die speziellen Routen, wobei man bei den stark frequentierten Strecken zwischen dem Nordosten der USA und den Bahamas, Jamaika und Puerto Rico häufig eine

ganze Menge sparen kann, ebenso bei den „Special Promotions", die von Fluggesellschaften oder Hotels gesponsert werden. Die nachstehenden Fluggesellschaften fliegen derzeit die Karibik an:

Bermuda: **American Airlines / American Eagle** (www.aa.com), **Continental** (www.continental.com), **Delta** (www.delta.com), **JetBlue Airways** (www.jetblue.com), **Northwest Airlines** (www.nwa.com), **United Airlines** (www.united.com), **USAirways** (www.usairways.com), **USA 3000** (www.usa3000.com), **Air Canada** (www.aircanada.com) und **British Airways** (www.ba.com).

Bahamas: **Bahamasair** (www.bahamasair.com), **Twin Air** (www.flytwinair.com), **US Airways** (www.usairways.

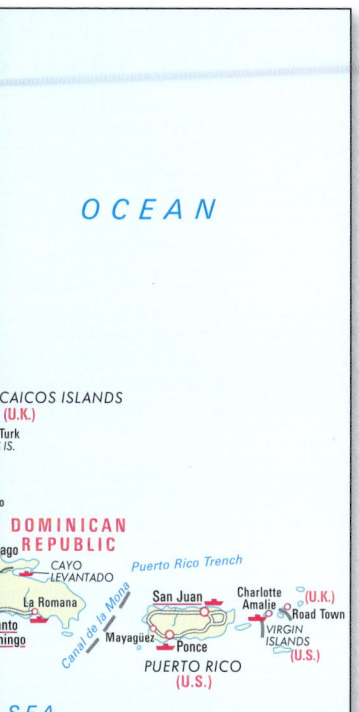

tinental Airlines (www.continental. com), **JetBlue Airways** (www.jetblue. com), **Northwest** (www.nwa. com), **Spirit Airlines** (www.spiritair. com), **US Airways** (www.usairways. com), **Air Canada** (www.aircanada. com), **Air France** (www.airfrance. com), **Iberia** (www. iberia.com), **British Airways** (www. ba.com)

Dominikanische Republik: **Airberlin** (www.airberlin.com), **American Airlines / American Eagle** (www.aa.com), **Condor** (www.condor.com), **Continental Airlines** (www.continental.com), **JetBlue Airways** (www.jetblue.com), **US Airways** (www.usairways.com), **Delta** (www. delta.com), **Air Transat** (www.airtransat. com), **Iberia** (www. iberia.com) **Air Europa** (www.air-europa.com), **Air France** (www.airfrance. com) und **Lufthansa** (www.lufthansa. com). Ferner: **Air Century** (www.air-century. com). **Air Taxi** (Herrera Airport, Santo Domingo, Tel. 809/227-8333 oder 809/567-1555). **Caribar** (Herrara Airport, Santo Domingo, Tel. 809/542-6688, La Romana-Casa de Campo Airport, La Romana, Tel. 809/980-9906) sowie **Takeoff Destination Service** (Tel. 809/552-1333, www.takeoffweb.com).

Haïti: **Air France** (www.airfrance. com), **Air Caribes** (www.aircaribes.com)

Jamaika: **Air Canada** (www.aircana-da.com), **Air Jamaica** (www.airjamaica. com), **American Airlines / American Eagle** (www.aa.com), **British Airways** (www.ba.com), **Copa** (www.copaair. com), **Northwest Airlines** (www.nwa. com), **US Airways** (www.usairways. com) und **Condor** (www.condor.com)

Cayman Islands: **Cayman Airways** (www.caymanairways.com), **American Airlines / American Eagle** (www. aa.com), **Northwest Airlines** (www. nwa.com), **US Airways** (www.usair-ways.com) **Delta** (www.delta.com), **Continental Airlines** (www.continen-tal.com), **Air Canada** (www.aircanada. com), **British Airways** (www.ba. com) und **Air Jamaica** (www.airjamaica.com)

Kuba: **Aero Caribbean** (www.fly-

com), **Delta** (www.delta.com), **American Airlines / American Eagle** (www. aa.com), **Air Canada** (www.aircanada. com), **British Airways** (www. ba.com) sowie Flugboote der **Chalk's Ocean Airways** (www.flychalks.com)

Turks & Caicos: **American Airlines/ American Eagle** (www.aa.com), **US Airways** (www.usairways.com), **Delta** (www.delta.com), **Air Canada** (www. aircanada.com), **British Airways** (www. ba.com), **Bahamasair** (www.bahama-sair.com), **Air Jamaica Express** (www. airjamaica.com), **Spirit Airlines** (www. spiritair.com) und **Air Turks & Caicos** (www.airturksandcaicos.com)

Puerto Rico: **American Airlines / American Eagle** (www.aa.com), **Con-**

aero-caribbean.com), **Airberlin** (www.airberlin.com), **Condor** (www.condor.com), **LTU** (www.airberlin.com), **Martinair** (www.martinair.com), **Air France** (www.airfrance.com), **Iberia** (www.iberia.com), **Cubana de Aviacíon** (www.cubana.cu) und **British Airways** (www.ba.com).

PRAKTISCHE TIPPS

Autofahren in der Karibik

Auf einigen Inseln mit britischer Vergangenheit – so auf den Bahamas, Jamaika, Cayman Islands, Turks und Caicos – herrscht nach britischem Muster Linksverkehr. Auf Puerto Rico, in Haïti, der Dominikanischen Republik und Kuba herrscht Rechtsverkehr.

In der Karibik gibt es zwar auch gute Hauptverkehrsstraßen, die meisten sind jedoch schlecht, eng und kurvig. Häufig müssen Autos vorsichtig in der Straßenmitte fahren, da sich Menschen ebenso wie Vieh am Straßenrand fortbewegen. Auf manchen Inseln muss man bei der Anmietung eines Wagens eine vorübergehende lokale Fahrerlaubnis erwerben.

Etikette

Vergessen Sie auf Ihrer Reise nie, dass für die Einheimischen, anders als für Touristen, das Leben auf den Inseln Alltag und kein Urlaub ist. Die unterschiedlichen ethnischen, sozialen, religiösen und wirtschaftlichen Bedingungen, die in der Karibik aufeinander treffen, verursachen häufig Spannungen, von denen Ihnen als Tourist einige vielleicht verborgen bleiben, während andere wiederum ganz offen zutage treten.

Die meisten Einheimischen sind Touristen gegenüber hilfsbereit und freundlich; eine Minderheit betrachtet den internationalen Tourismus jedoch als Fortsetzung des Kolonialismus. Denken Sie daran, dass Sie nur Gast in einem Land sind, in dem die Gebräuche von denen in Europa abweichen. Pünktlichkeit ist in der Karibik Ansichtssache. Alles geht langsamer, Verspätungen bei Terminen und Verabredungen sind normal etc. Regen Sie sich also nicht weiter auf. Nehmen Sie sich die Zeit, höflich zu sein, und fragen Sie vorher, ob Sie fotografieren dürfen.

Feste und Feiertage

Feste und Feiertage sind ein wichtiger Bestandteil des sozialen Netzes und der Gesellschaft der Karibik. Außerdem sind die bunten, fröhlichen Bilder äußerst werbewirksam. Ein Verzeichnis der Feste und Feiertage erhält man bei den jeweiligen Touristen-Informationsbüros.

Nachstehend ein kurzer Überblick über die wichtigsten Feste auf den Bermudas, Bahamas und den Großen Antillen. Bei einigen verschiebt sich das Datum jedes Jahr.

Januar: 1.: Der Neujahrstag wird auf allen Inseln gefeiert. 1.-2.: Haïti: Independence Day-Forefathers' Day; zweitägiges Fest mit Paraden und Feuerwerk. 5.: Maroon Festival auf Jamaika; dieses Fest findet zu Ehren der geflohenen Sklaven statt und reicht bis ins 17. Jh. zurück. 8.: Grand Bahama Grand Prix; Autorennen. 10.: Supreme Court Opening, Bahamas; mit in Roben gekleideten Richtern und Polizeiband. 18.: San Sebastian Festival; Musikparade in Old San Juan, Puerto Rico. 21.: Windsurfing Regatta auf den Bahamas. Mitte Januar bis Anfang Februar: Karneval in Varadero, Kuba; mit Straßentänzen und Paraden.

Februar: Den ganzen Monat lang Karneval in den Dörfern Puerto Ricos. 4.: San Blas Marathon, Puerto Rico. 6.: Das Miami-Montego Bay Yacht Race geht in MoBay zu Ende. 15.: Sanchez Carnival, Puerto Rico; mit Parade, Königin und Beerdigung der Sardine. 16.: Kaffee-Ernte-Festival, Puerto Rico. 19.: Tour of Americas; Weltklasse-Radrennen, Puerto Rico. 22.: Ponce Carnival, Puerto Rico;

mit Paraden, Floßfahrten und Straßenparties. 24.: Grand Bahama 5000; Straßenrennen Freeport, Grand Bahama. 27.: Independence Day, Dominikanische Republik; Karneval.

März: Feria Dulce Sueño; *paso fino*-Pferderennen in Quayama, Puerto Rico. 16.: Fish Festival, Cabo Rojo, Puerto Rico. Zuckerrohr-Festival, Vega Alta, Puerto Rico. University Singers Concert, Jamaika. 18.: Hemingway Championship Fishing Tournament, Bahamas. 22.: Regional Crafts Fair, Ponce, Puerto Rico. 23.: Copa Velasco Regatta; 100 Yachten auf der ersten Teilstrecke des Caribbean Ocean Racing Triangle, Puerto Rico. 30.: Western Hemisphere Spring Championship Yacht Race, Bahamas.

April: 1.: Championship Billfish Tournament, Bahamas. 4.: Supreme Court Opening, Bahamas. 6.: Grand Turk Tennis Tournament, Turks & Caicos. 8.: Palm Sunday, Puerto Rico. 12.: MoBay Yacht Club Easter Regatta; Hafenrennen, Jamaika. 13.: Carnival Week; Reggae-Straßentänze, Bands, Jamaika. 14.: Rugby Festival, Freeport, Grand Bahama. 15.: National Dance Theatre, Easter Sunrise Concert, Jamaika. 16.: St. Elizabeth Horticultural Show, Jamaika. 21.: Cricket matches, Bahamas. 27.: Batabano, Caymans; Straßentänze, Steel Bands, Kostümwettbewerb. 28.: Horticultural Society Show, Jamaika; die größte Blumenshow der Karibik. 30.: Brachanal, Cayman Brac.

Mai: 18.: International Hot Air Balloon Festival, Jamaika. 19.: Negril Carnival; Straßenrennen, Kostümparaden, Reggaekonzert, Wassersport, Jamaika. 20.: Treasure Cay Championship Fishing Challenge, Bahamas. 21.: Virgin de Pozo Marathon, Sabana Grande, Puerto Rico. 23.-26.: Negril Carnival, Jamaika; Floßfahrten, Mento, Polizeiband, Jonkanoo-Tanz. 24.: Bermuda Day, Bermuda; Paraden, Rennen. 25.: South Caicos Regatta, Turks & Caicos. 25.: Weaving Festival, Isabella, Puerto Rico. Pineapple Festival, Lajas, Puerto Rico.

Juni: Den ganzen Monat: Jonkanoo Festival, Bahamas; mit Straßentänzen, Limbo, Rennen. 7.: Bomba y Plena Festival, Ponce, Puerto Rico; afrikanische Musik und Tänze. 9.: Casals Festival, Puerto Rico; Symphonien. 11.: Queen's Birthday, Caymans; Bands, Paraden. Cat Cay Fishing Tourney, Bahamas. 15.: Queen's Birthday, Turks & Caicos. 23.: Aibonito Flower Festival, Puerto Rico. 24.: San Juan Bautista Day, Puerto Rico; Namenstag des Inselpatrons. 25.: All-Jamaica Open; Tennisturnier.

Juli: 1.: Billfish Tournament, Turks & Caicos. 5.: Commonwealth Trade Fair, Bahamas. 8.-16.: Manchester Golf Week, Jamaika. Movements Dance Company, Jamaika. 10.: Independence Day, Bahamas; eine Woche dauernde Festveranstaltungen, Paraden. 15.: Barranquitas Artisans Fair, Puerto Rico. 16.-21.: Reggae Sumfest, Catherine Hall, Montego Bay, Jamaika; zugkräftiges Reggae-Festival. 19.: National Dance Theatre Company, Jamaika; weltberühmt. 20.: Festival de Loiza Aldea; religiöses Fest, Puerto Rico. Vieques Folk Festival, Puerto Rico; Kostüme, Floßfahrten. 26.: National Rebellion Day, Kuba. Ende Juli: Merengue Week, Dominik. Republik.

August: 4.-6.: Royal Jamaican Yacht Club Regatta, Jamaika. 6.: Independence Day Festival, Jamaika; Straßenparties, Veranstaltungen im Stadion. 14.: Fox Hill Day, Bahamas; Emanzipationsfeiern. 31.: Annual Billfish Tournament auf Puerto Rico.

September: 17.-21.: Montego Bay Marlin Tournament, Jamaika. 27.: Inter-American Festival of the Arts auf Puerto Rico.

Oktober: 1.-6.: Ocho Ríos Marlin Tournament, Jamaika. 12.: Columbus Day, Puerto Rico. 15.-20.: Port Antonio Marlin Tournament, Jamaika. 27.: Pirate Week, Caymans. 27.-28.: Woman 90; Handelsmesse, Jamaika. 28.: Crystal Springs Jazz Festival, Jamaika.

November: 1.: Allerheiligen, Haïti. 10.: Kelly Cup Regatta, Puerto Rico. 17.: Jayuya Indian Festival; Kunsthandwerk und Tänze, Puerto Rico.

12 Reise-Informationen

Dezember: 1.: Old San Juan's White Christmas Festival, Puerto Rico. 1.-2.: Women's International Polo Tournament, Jamaika. 2.: Bacardi Arts Festival, Puerto Rico. Granma Festival, Kuba; Feier der Rückkehr Fidel Castros nach Kuba Ende der 50er Jahre. 14.: New York Life Champions, Senior Pro Golfers Association Tour, Dorado, Puerto Rico. 15.: Navidades; Weihnachtsfeiern auf der ganzen Insel, Puero Rico. 24.: Christmas Eve. 25.: Christmas; Hatillo Mask Festival, Puerto Rico. 26.: Boxing Day, Junkanoo-Parade, Bahamas. 30.: Annual Criollisimo; Folklore-Ballett, Puerto Rico.

Fotografieren

Bringen Sie Speichermedien, Filme und Batterien am besten von zu Hause mit, da sie hier sehr teuer und nicht überall erhältlich sind. Auf manchen Karibikinseln lassen sich die Einheimischen nur ungern ablichten – stets zuvor die Erlaubnis einholen!

Führer

Für Gruppenreisen mit festem Programm engagiert man am besten einen mehrsprachigen Fremdenführer. Lokale Guides gibt es im Überfluss; es sind meist junge, auf eigene Rechnung arbeitende Einheimische oder Taxifahrer, die am Flughafen oder vor den Touristenzentren auf Kunden warten. Den Preis für eine Führung sollten Sie immer im voraus aushandeln.

Auf Jamaika nimmt man am besten jemanden im Wagen mit und lässt sich bei Fahrten über Land etwas über die Gegend erzählen. Am Straßenrand winkende Jamaikaner sind per Anhalter unterwegs. Nehmen Sie auch jemanden mit, wenn Sie sich verfahren haben oder etwas Bestimmtes anschauen möchten. Die lokalen Touristen-Informationsbüros vermitteln gelegentlich auch mehrsprachige Führer.

Fragen Sie beim Touristen-Informationsbüro nach einer Veranstalterliste für Touren mit Führer, die verschiedenen Interessen Rechnung tragen und unterschiedliche Routen berücksichtigen.

Geschäftszeiten

In der gesamten Karibik sind die Geschäftszeiten äußerst unterschiedlich. Als Faustregel gilt, dass Geschäfte Montag mit Freitag von 8 bis 18 Uhr und an Samstagen zumindest bis 12 Uhr geöffnet haben. Banken sind Montag bis Freitag von 9 bis 12 Uhr, nachmittags jedoch nur an bestimmten Tagen geöffnet.

Museen und Sehenswürdigkeiten sind in der Regel von 9 Uhr bis 15 Uhr geöffnet. Die Kunsthandwerk-Touristenmärkte sind jeden Tag geöffnet; Markttag ist meist am Freitag und Samstag.

Kreuzfahrten und Schiffsverbindungen

In den vergangenen Jahren ist die Nachfrage nach Kreuzfahrten in der Karibik stark angestiegen, in Deutschlands gibt es etliche Reisebüros, die sich auf Segeltörns oder Kreuzfahrten in dieser Region spezialisiert haben.

Pauschalreisen (Flug und Kreuzfahrt) vermitteln zum Beispiel:

Cunard / NAC, Neue Rabenstr. 3, 20354 Hamburg, Tel. 00800/18084180, www. cunard.com, www.seaborn.com.

Seetours International, Seilerstraße 23, 60313 Frankfurt/M., Tel. 069/13330;

Intermaris Kreuzfahrten GmbH, Thomas-Wimmer-Ring 9, 80539 München, Tel. 089/292792 und 2604021; Hapag-Lloyd Seetouristik (Cruises) GmbH, Ballindamm 25, 20095 Hambug, Tel. 040/30014600, www.hlkf.de/Kreuzfahrten. Royal Caribbean Cruise Line, Am Hauptbahnhof 10, 60329 Frankfurt/M., Tel. 069/9200710, www. rccl.com.

Fort Lauderdale und Miami in Florida sind die Heimathäfen der meisten amerikanischen Kreuzfahrtschiffe, welche die Inseln der Karibik anlaufen. Diese

Schiffe werden überwiegend von US-Touristen frequentiert, und dementsprechend ist auch die Atmosphäre an Bord ganz auf nordamerikanischen Geschmack zugeschnitten. Allein von Florida legen mittlerweile 16 brandneue oder von Grund auf renovierte Schiffe ab. Die Tendenz geht dabei immer mehr zu preiswerten, kürzeren Kreuzfahrten durch die Karibik.

Für Urlauber mit sehr viel Zeit, Geschmack an abenteuerlichem Reisen und dem Bedürfnis, sich eine Reiseroute ganz individuell zusammenzustellen, ist die Reise auf einem Frachtschiff eine reizvolle Alternative, denn viele dieser Schiffe, die von europäischen Häfen aus die Karibik anlaufen (und auch zurückfahren) besitzen Passagierkabinen. Neben bedeutend geringerem Komfort müssen Sie auch mit längerer Reisezeit (10-20 Tage) und spürbarem Seegang rechnen. Dafür kann die Atmosphäre an Bord sehr viel gemütlicher und persönlicher sein, und Sie laufen auch Häfen oder Inseln an, die Sie sonst niemals zu sehen bekämen.

Auch innerhalb der Karibik besteht die Möglichkeit, mit Bananenfrachtern, Post- oder Güterschiffen von Hafen zu Hafen zu schippern. Für Langzeit-Urlauber kann eine Fahrt auf einem Frachter zum unvergesslichen Erlebnis werden.

Information: Frachtschiff-Touristik, Kapitän Peter Zylmann, D-24404 Maasholm, Tel. 04642/96550, www.zylmann.de. Hamburg Süd Reiseagentur, Ost-West-Str. 59-61, D-20457 Hamburg, Tel. 04073705-150, www.hamburgsued-frachtschiffreisen.de

Kriminalität / Sicherheit

Die Karibik hat mit steigender Kriminalität zu kämpfen. Benutzen Sie daher Ihren gesunden Menschenverstand, lassen Sie Ihren Schmuck und Ihre goldene Uhr zuhause und lassen sie ihre Wertsachen, ihr Smartphone oder eine wertvolle Kamera nicht unbeaufsichtigt am Strand liegen.

Vorhandene Zimmersafes nutzen; Wertsachen kann man auch – gegen Unterschrift! – im Safe der Rezeption deponieren. Beim Verlassen des Hotels wichtige Dokumente wie Flugticket, Reisepass, Führerschein etc.) nur als Fotokopie mitführen und die Originale im Hotelsafe deponieren.

Armenviertel wenn überhaupt nur in Begleitung Ortskundiger besuchen. Auf Märkten, Busbahnhöfen, bei Busfahrten, in Diskos etc. besonders auf Geldbörse und Wertsachen achten.

Vermeiden Sie bei Streitigkeiten zu angriffslustiges Auftreten – Ihr Gegenüber könnte bewaffnet sein. Bei einem bewaffneten Raubüberfall keine Gegenwehr leisten In den Städten Jamaikas ist die Kriminalitätsrate besonders hoch.

Medizinische Versorgung

Es können gelegentlich gesundheitliche Probleme auftreten, die auf die Klimaveränderung, unsauberes Trinkwasser, ungewohnte Speisen, auf zuviel Sonne, übermäßigen Rumkonsum oder Mückenstiche zurückgeführt werden könnten. In größeren Urlaubsorten und Hotels haben eine Krankenschwester oder ein Arzt Bereitschaftsdienst. Je weiter abseits man wohnt, umso schwieriger ist die Gewährleistung der medizinischen Versorgung.

Bei der Verwicklung in einen Unfall kann über folgende **Notrufnummern** Hilfe geholt werden:

Bahamas: 322-2221 (Ambulanz), 322-4444 (Polizei).

Bermudas: 911.

Caymans: 98600 (Ambulanz), 94222 (Polizei).

Kuba: 204-2811 (Ambulanz), 820-116 (Polizei).

Dominikanische Republik: 711.

Haïti: 50281.

Jamaika: 110.

Puerto Rico: 343-2222 (Ambulanz), 343-2550 (Polizei).

Post / Telefon

Postservice und -gebühren sind in jedem Land verschieden, und Postsendungen haben in der gesamten Karibik eine lange Laufzeit. Schicken Sie Ihre Briefe daher stets per Luftpost, die jedoch ebenfalls ziemlich lange unterwegs ist.

Die Auslandsvorwahlen der in diesem Führer beschriebenen Länder stehen am Beginn der Infoseiten, jeweils am Ende des betreffenden Reisekapitels. Kuba kann von den USA aus nicht direkt angewählt werden; dies ist jedoch von anderen Ländern der Karibik, von Kanada und Europa aus möglich.

Strom

Die Netzspannung der in diesem Führer beschriebenen Länder ist (mit lokalen Abweichungen) meist dieselbe wie in den USA – 110 V / 60 Hz Wechselstrom. Für europäische Geräte benötigt man einen Adapter; erkundigen Sie sich vor Reiseantritt nach den jeweiligen besonderen Anforderungen des Zielgebiets bzw. des Hotels.

Trinkgeld

Trinkgeld wird überall erwartet (ausgenommen in Kuba, wo es verboten ist). Häufig enthält Ihre Hotelrechnung oder die Rechnung, die Sie im Restaurant erhalten, einen Betrag für den Service. Geben Sie dem Gepäckträger am Flughafen, dem Hotelpagen und Türsteher einen Dollar Trinkgeld pro Gepäckstück, Taxifahrern 15 % bis 20 % des Fahrpreises, den Zimmermädchen ein bis zwei Dollar pro Tag, und wenn Sie sich rasieren lassen oder zum Friseur gehen 15 bis 20 % des Rechnungsbetrages.

Kreuzfahrt-Veranstalter geben in der Regel ihre eigenen Trinkgeld-Richtlinien heraus.

Zollvorschriften

Rückreise / Mitbringsel: Bundesbürger/innen dürfen bei der Rückkehr aus Nicht-EU-Ländern zollfreie Güter im Wert von bis zu 430 Euro (Flug und Schiff) einführen. Kinder unter 15 Jahre dürfen Mitbringsel im Höchstwert von maximal 175 Euro einführen.

AUTOREN

Steve Cohen (Teile von „Dominikanische Republik"), ist ein Autor und Fotograf, der sich auf Reisen und Abenteuer spezialisiert hat.

Janet Groene („Geschichte und Kultur", „Bahamas", „Puerto Rico") erforschte 20 Jahre lang die Karibik, auch mit dem eigenen Boot.

Elke Frey ist als Autorin zahlreicher Reiseführer auf Kuba, Europa und Südasien spezialisiert und hat für diesen Band das Kapitel „Kuba" verfasst.

Robin Daniel Frommer ist als Fotograf und Reisejournalist in der Karibik tätig. Er aktualisierte diesen Reiseführer, verfasste die Einstimmung sowie auch das Kapitel „Musik von den Inseln".

Birgit Müller-Wöbcke hat als renommierte Reisebuchautorin mit langjähriger Karibik-Erfahrung das Feature „Kreuzfahrt" verfasst.

Ute Vladimir („Karibische Küche") lebt in Florida und bereist von dort immer wieder die Karibik.

Claire Walter („Haïti") ist Autorin diverser Reisepublikationen.

Laurie Werner („Bermuda") lebt in New York und ist Mitglied der *Society of American Travel Writers*.

Deborah Williams („Turks & Caicos", „Cayman Islands") ist Redakteurin und Karibik-Spezialistin.

ÜBERSETZER

G. Bank, S. Braun, J. u. H. Obermann, B. Müller, P. Trautwein

12

Reise-Informationen

REGISTER

REGISTER

HOTELVERZEICHNIS

$$$ über 350 $
$$ 180-350 $
$ bis 180 $

Auf allen Inseln der Großen Antillen, auf den Bahamas und Bermudas reichen die Unterkunftsmöglichkeiten vom Luxushotel bis zur bescheidenen Herberge. Einen Spitzenplatz nimmt eine der teuersten Hotelunterkünfte der Karibik ein (pro Übernachtung mehr als 1000 US$): eine Suite im Carnival Crystal Palace Resort an der Cable Beach von Nassau. Mancherorts – beispielsweise an den Berghängen auf Jamaika – kann, wer mag, auch unter freiem Sternenhimmel kostenlos im Schlafsack übernachten. Dazwischen liegt die ganze Palette der modernen Standardhotels, darunter auch einige, die weltweit zu den bestgeführten Häusern gehören, und die so genannten „all inclusives", ein Konzept, das zuerst auf Jamaika verwirklicht wurde und nun in der gesamten Karibik zu finden ist. Gästen, die sich „à la carte" nicht leisten können, wird in diesen Hotels das gesamte Hotelangebot zum Festpreis offeriert – inklusive Verpflegung, Drinks, Schwimmen, Segeln, Discobesuch etc.

Im gesamten karibischen Raum findet man fantastische Hotels mit hohem Standard, mit allen Anlagen für Sportbegeisterte und zur Unterhaltung, aber auch bescheidene Unterkünfte im Landhausstil. Apartments, Ferienwohnungen und Villen – von der spartanischsten Unterkunft bis zur Luxusvilla mit Personal und Pool – kann man ebenfalls mieten.

Besondere Erwähnung verdienen die vielen Landgasthäuser und kleinen Hotels, die es überall auf den Inseln der Karibik gibt. Sie besitzen viel Charme, Charakter und oft originelle Besitzer – häufig Empfangschef, Fahrer und Koch in einer Person. Gemeinsam ist diesen Unterkünften nur, dass ihre Kapazität in der Regel unter 50 Betten liegt; ansonsten kann es sich um superexklusive Hotels oder um traditionelle Frühstückspensionen handeln. Auch wenn immer mehr große Hotelketten Fuß fassen, rekrutieren sich aufgrund der traditionellen Familienbetriebsstruktur über 65 % der Mitglieder der Caribbean Hotel Association als kleine Hotels. Die Paradores auf Puerto Rico sind Gästehäuser, die Gelegenheit bieten, neben den bekannten Küstenorten auch das Landesinnere zu entdecken. Man findet sie überall auf der Insel und insbesondere in

Gegenden, die Touristen mit den unterschiedlichsten Interessen anziehen. Die Preise sind vernünftig. Besonders erwähnenswert ist das gemütliche Astra Country Inn in Mandeville auf Jamaika (Tel. 00876-962-3725), weitab von den Strandresorts. Es wird von der jamaikanischen Familie McIntyre betrieben. Hier werden die Mahlzeiten – Obst und Gemüse kommen aus dem eigenen Garten – im luftigen, mit Ventilatoren gekühlten Speisesaal des Hotels, von dem man einen herrlichen Bergblick hat.

Bei anderen kleinen Unterkünften auf den Inseln der Karibik handelt es sich oft um Villen mit eigenem Swimmingpool und Tennisplatz, mit Dienstboten, Video-Bibliotheken und Satellitenfernsehen. Einige dieser Häuser besitzen historische Bande – etwa ehemalige Zuckerfabriken, Herrenhäuser von Plantagenbesitzern oder Regierungsgebäude aus der Kolonialzeit; andere wurden durch historische Persönlichkeiten berühmt: Das Hotel Oloffson auf Haïti inspirierte Graham Greene zu The Comedians. Hier haben auch Truman Capote, Robert Kennedy und Mick Jagger logiert.

Die meisten Unterkünfte auf den Inseln der Karibik verfügen über einen Swimmingpool; meist ist auch ein Meeresstrand oder ein Wasserfall in der Nähe. Annehmlichkeiten wie Klimaanlagen, die zwar zur standardmäßigen Ausstattung mancher Hotels gehören, sind in anderen Unterkünften aufgrund der angenehmen Brise oder der Deckenventilatoren überflüssig. Seien Sie nicht überrascht, wenn Sie in solchen Zimmern eine Moskitospirale (mosquito coil) oder ein Moskitonetz über dem Bett vorfinden. Fernsehen gibt es in der Karibik überall, das Satellitenfernsehen hat sich durchgesetzt. Die Telefonanlagen sind abseits der Touristenzentren meist sehr einfach.

Der Zimmerpreis hängt von der Jahreszeit ab. Die Hochsaison beginnt am 15. Dezember. und endet am 15. April. Am billigsten ist es in den Monaten Juni, Juli und August, wenn es heißer ist und es gelegentlich auch regnet. Zu dieser Zeit kann man eine Menge sparen, und sie hat noch einen weiteren großen Vorteil: weniger Touristen. Wenn Sie beide Vorteile nutzen wollen – weniger andere Touristen und niedrigere Hotelkosten – lassen Sie die heißen, feuchten Sommermonate aus und buchen Sie Ihre Karibikreise für Mai oder November. In dieser Zeit ist das Wetter fast wie in der Hochsaison, der Touristenstrom ist erträglich, und die Übernachtungspreise sind günstig. Am 16. April beginnt die Nebensaison.

3 BERMUDAS

BERMUDAS (☎ 001 441)

😊😊😊 **The Reefs**, elegante, renommierte Bungalow-Anlage mit 67 Zimmern, von viel Grün umgeben; 56 South Road, Southampton, Tel. 238-0222, Fax 238-8372, reefsbda@ibl.bm, www.thereefs.com.

Newstead Belmont Hills Bermuda Resort, Luxusresort mit Studios und Suiten zwischen 41,8 und 230 m², 18-Loch-Golfanlage und Spa, ab Hamilton besteht Mo-Sa 7-22.45 Uhr (und nur bei ruhiger See) ein hoteleigener Fährdienst; Harbour Road 27, Paget, Tel. 236-6060, Fax 236-2296, www.newsteadbelmonthills.com.

Rosewood Tucker's Point Resort, 5-Sterne-Hotel mit 88 luxuriös ausgestatteten Apartments, Tauchbasis, Spa, Fitness-Zentrum, mehreren Swimmingpools, Golf- und Tennisanlagen an Bermudas längstem Privatstrand, 2009 eröffnet; Tucker's Point Drive 60, Hamilton Parish, Tel. 298-4000, www.tuckerspoint.com.

Elbow Beach Bermuda, lebhafte Ferienanlage, mit hoteleigenem hellem Sandstrand und Pool für Kinder; South Shore Road 60, Paget, Tel. 236-3535, www.elbowbeachbermuda.com.

Grotto Bay Beach & Tennis Club, größeres Hotel mit Privatstrand, Pool und Park mit 500 000 Jahre alten Höhlen; 11 Blue Hole Hill, Hamilton Parish, Tel. 293-8333, Fax 293-2306, gro@bspl.bm, www.grottobay.com.

Cambridge Beaches, Bermudas älteste Bungalow-Anlage wird von den Fluten der Mangrove Bay und der Long Bay malerisch umschlossen; 30 King's Point, Sandys, Tel. 234-0331, Fax 234-5602, www.cambridgebeaches.com.

Pink Beach Club & Cottages, einst Bermudas renommierteste Bungalow-Anlage, auch heute noch zu empfehlen; 91 Zimmer, eigener Strand; South Shore Road 116, Tucker's Town, Tel. 293-1666, Fax 293-8935, kostenfreie Anrufe aus Europa: 00800-525-48-000, info@pinkbeach.com, www.pinkbeach.com.

Fairmont Southampton, mit 600 Zimmern größtes Hotel in Bermuda, 7 Restaurants und Bars, eigener 18-Loch Par 3 Golfplatz, 11 Tennisplätze, Privatstrand; Southampton Parish, Tel. 238-8000, Fax 238-8968, southampton@fairmont.com, www.fairmont.com/southampton-bermuda.

Fairmont Hamilton Princess Hotel, traditionelles Firstclasshotel mit 415 Zimmern in der Hauptstadt Hamilton, wenige Schritte von der „Front Street" entfernt; Pittsbay Road, Hamilton, Tel. 295-3000, Fax 295-1914, hamilton@fairmont.com, www.fairmont.com/hamilton-bermuda.

😊😊 **Rosedon**, Hotel in kolonialem Baustil, 47 Zimmer inmitten eines parkartigen Gartens, hier fühlt man sich wie der Hausgast einer einheimischen Familie; Pembroke Parish, Tel. 295-1640, Fax 295-5904, reservstios@rosedon.com, www.rosedon.com.

4 BAHAMAS

BAHAMAS (☎ 001 242)

New Providence / Paradise Island

😊😊😊 **Atlantis**, monströses Hotel mit eigenem Themenpark, 2349 Zimmer, 20 Restaurants, Casino, Tennis, Tauchen, Boote und hoteleigener Strand, mit begehbaren Untersee-Tunnels lässt sich ein Haifischbecken „trockenen Fußes" durchqueren (Vorläufer des „The Palm" in Dubai.); Paradise Island, Nassau, Tel. 363-6068, Fax 363-6008, reservations@atlantis.com, www.atlantis.com.

Meliã Nassau Beach (Meliã at Baha Mar), 694 Zimmer und 32 Suiten, 2014 modernisierte Restaurants und Pools mit Wasserfällen, Nassau West Bay Street, Cable Beach, Tel. 327-6000, www.melia.com.

Sandals Royal Bahamian, Resort nur für Paare, 405 Zimmer, 25 Garten-Villen, 10 Restaurants, Fitness, Tennis, 7 Pools; Nassau, Tel. 327-6400, Fax 327-6961, www.sandals.com/main/bahamian/ma-home.

Graycliff, piekfeines historisches Hotel in der Innenstadt mit 18 Zimmern, sehr förmlicher Bedienung im englischen Stil und einem berühmten Spitzen-Restaurant; West Hill Street, Nassau, Tel. 302-9150, Fax 326-6188, www.graycliff.com.

2015 werden hier eröffnet: Baha Mar Casino u. Hotel, SLS Lux, Grand Hyatt, Rosewood at Baha Mar; www.bahamar.com

😊😊 **Nassau Palm Hotel**, 183 Gästezimmer teils mit Balkon, das Hotel überblickt den Hafen von Nassau und liegt unweit des „Junkanoo Beach" und in geringer Gehdistanz zum „Straw Market"; zwei große Swimmingpools, Lobby-Bar und ein Fitness-Center runden das Angebot ab; West Bay Street, Tel. 356-0000, Fax 323-1408, info@nassau-hotel.com, www.nassau-hotel.com.

Ⓢ **Best Western Plus Bay View Suites**, die für Familien mit Kindern gut geeignete Anlage ist von Gärten mit tropischer Pflanzenfülle umgeben und besteht aus Hotel und verschiedenen Bungalows, 3 Pools und einem Tennisplatz; unweit des „Ocean Club Golf Course" und 10 Minuten vom „Cabbage Beach", Bay View Drive, Paradise Island, Nassau, Tel. 363-2555, Fax 363-2370, info@ bwbayviewsuites.com, www.bwbayviewsuites.com.

Marley Resort & Spa, Boutique-Resort und SPA mit 16 Apartments, die nach Reggae-Songs von Bob Marley benannt sind: Bob und Rita Marley und ihre Kinder lebten hier 16 Jahre, bevor das Strandhaus 2004 für Gäste geöffnet und 2007 erweitert wurde, Mindestaufenthalt 4 Nächte; West Bay Street, Cable Beach, Nassau, Tel. 702-2800, buchbar bei DerTour.

Grand Bahama / Freeport

ⒼⓈⓈ **Grand Lucayan**, 1350 Zimmer, am Strand gelegen, 14 Restaurants und Bars, Fitness- und Beauty-Center, Kinderbetreuung, außerdem zwei 18-Loch-Golfplätze; Lucaya, Tel. 716-8108, Fax 350-5060, buchbar bei www.hotels.com.

Pelican Bay, 186 großzügige Zimmer mit Kitchenette, in Strandnähe, Tauchen; Lucaya, Tel. 373-9550, Fax 373-9551, www.pelicanbayhotel.com.

ⓈⓈ **Coral Beach Hotel**, 10 Zimmer, Bootstouren, Fischen, Golf, Tauchen; Royal Palm Way, Freeport, Tel. 373-2468, www.coralbeachonline.com.

Out Islands

GREAT ABACO: ⓈⓈ **Abaco Inn**, Bar, Speiseraum, Pool, Privatstrand, Tauchbasis; Hope Town, Elbow Cay, Bahamas, Tel. 366-0133, Fax 366-0133, www.abacoinn.com.

Coco Bay Cottages, 2-Personen-Bungalows mit Küche, Wohn- und Schlafraum, Mindestaufenthalt: 4 Nächte; Green Turtle Cay, Tel. 365-5464 und (561) 202-8149, www.cocobaycottages.com.

Hope Town Hideaways, Hope Town, am Hafen, strandnah, Tel. 366-0224, Fax 366-0434, www.hopetown.com.

GREEN TURTLE CAY: ⓈⓈ **Green Turtle Club**, an der gleichnamigen Bucht, Tel. 365-4271, Fax 365-4272, info@greenturtleclub.com, www.greenturtleclub.com

CAT ISLAND: ⓈⓈⓈ **Fernandez Bay Village**, 12 kleine Häuser, direkt am privaten Strand, Terrassenrestaurant, Ausrüstung für alle Wassersportarten und für's Fischen; Fernandez Bay, Tel. 342-3043, Fax 342-3051, www.fernandezbayvillage.com.

ANDROS: ⓈⓈ **Green Windows Inn**, Fishing Lodge, 12 Zimmer, nur 5 Min. vom Strand; Nicholl's Town, Tel. 329-2194.

ELEUTHERA: ⓈⓈⓈ **The Cove Eleuthera**, mehrfach preisgekröntes Beach-Resort, Gregory Town, Tel. 335-5143, Fax 335-5338, www.thecoveeleuthera.com.

ⓈⓈ **Unique Village**, das Haus verfügt über 15 Gästezimmer und Villas sowie über ein Restaurant; Palmetto Point, Tel. 332-1830, Fax 332-1838, www.uniquevillage.com.

DIE EXUMAS: ⓈⓈ **Coconut Cove**, Anlage mit 11 Räumen, direkt am Strand; George Town, Little Exuma, Tel. 336-2659, Fax 336-2658, www.thebeachfrontclub.com.

LONG ISLAND: ⓈⓈⓈ **Cape Santa Maria Beach Resort**, ruhige Anlage mit 21 Zimmern, herrlichem Strand, besten Bedingungen zum Segeln, Tauchen und Fischen; an der nördlichen Spitze von Long Island, Galliot Cay Off Seymours, Tel. 598-3366, www.capesantamaria.com.

5 TURKS & CAICOS

TURKS & CAICOS (☎ 001 649)

Die meisten Hotels dieser Inseln sind kleine, privat geführte Häuser mit individuellem Charme.

Providenciales

ⓈⓈⓈ **Grace Bay Club**, neue Anlage unter Schweizer Leitung mit 59 Suiten im Stil eines eleganten spanischen Stranddorfs, alle Wassersportarten, Pool, Tennis, 18-Loch-Golfplatz gegenüber, Kinder müssen 12 Jahre alt sein; Tel. 946-5050, Fax 946-5758, www.gracebayclub.com.

Club Med Turquoise, Anlage der französischen

Club-Gesellschaft (298 Zimmer) an einem der schönsten Stränden von Grace Bay, mit einem besonders engagiert geführten Tauchzentrum, im Inklusivpreis sind alle weiteren Sportarten sowie Mahlzeiten enthalten, nur Erwachsene; Tel. 946-5500, Fax 946-5457, www.clubmed.de.

Gansevoort Turks & Caicos Resort, Beach- und Boutique-Hotel mit 91 Zimmern, darunter 32 Suiten und vier stylische Penthouses; Bistrot, Bar, Grill, eine trendige Lounge und ein Pool stehen den Gästen offen; Grace Bay, Tel. 941-7555 und Fax (001 309) 210-9091, www.gansevoortturksandcaicos.com.

Villa Renaissance, Boutique-Hotel mit 28 großzügig bemessenen Suiten mit Balkon und 8 Cottages mit Blick auf Ozean, Garten und Pool; sowohl für Familien mit kleinen Kindern, als auch für Flitterwöchner und Paare geeignet, W-LAN und Kabelfernsehen, seit Sept. 2014 neues Management; Ventura Court 2, Grace Bay, Tel. 941-5300, Fax 941-5340, www.villarenaissance.com.

Ⓢ **Sibonné Beach Hotel**, eine bei Tauchern beliebte Anlage mit 30 Zimmern, die um einen Innenhof mit Bougainvilleen gruppiert sind; Grace Bay, Tel. 946-5547, Fax 946-5770, www.sibonne.com.

Turtle Cove Inn, Budgethotel und Tauchbasis mit 30 Zimmern, Pool und 2 Tennisplätzen, WLan gratis; Tel. 946-4203, Fax 946-4141, www.turtlecoveinn.com.

North Caicos

Fast alle Hotels hier sind Familienbetriebe.

ⓈⓈ **Pelican Beach Hotel**, das Hotel verfügt über 14 großräumige Zimmer und 2 Suiten und liegt in idyllischer Abgeschiedenheit an einem 9,6 km langen weißen Puderzuckerstrand; ideal zum Schnorcheln und Tauchen, Mitte August bis Mitte Oktober geschlossen; Whitby, Tel. 946-7112, www.pelicanbeach.tc.

Hollywood Beach Suites, 4 Suiten mit Küche und DVD-Player (VHS), direkt am weißen Puderzuckerstrand, geführte Inselexkursionen und Kajak-Touren zu unbewohnten Nachbarinseln; Hollywood Beach Drive, Whitby, Tel. 231-1020, Fax (001 702) 973-6659, www.hollywoodbeachsuites.com.

Ⓢ **Whitby Plaza Suites**, einfache und preiswerte Unterkunft mit 5 Gästezimmern und Ferienhäusern; Whitby, Tel./Fax 946-7301, northcaicos@yahoo.com, www.tcimall.tc/joannesbnb/index.htm.

Bottle Creek Lodge, die familiäre Lodge einer US-Familie bietet 3 Bungalows mit Küchenzeile, Bar und Restaurant, angeboten wird außerdem die Ausrüstung für Sportarten wie Windsurfing, Kajak- und Schnorchelexkursionen sowie Radausflüge; Belmont, Tel. 946-7080, www.bottlecreeklodge.com.

Middle Caicos

Die größte Insel der Turks & Caicos ist bislang kaum erschlossen; Touristen stehen nur wenige Pensionen zur Verfügung.

ⓈⓈ **Blue Horizon Resort**, die Bungalows werden nur für ganze Wochen vermietet; Mudgeon Harbour Beach, Tel. 946-6141, Fax 946-6139, www.bhresort.com.

Pine Cay

ⓈⓈⓈ Auf diesem nur 324 Hektar großen Eiland in Privatbesitz liegt der exklusive **Meridian Club**, dessen 12 Wohneinheiten hauptsächlich bei gutbetuchten Amerikanern beliebt sind, die auf der clubeigenen Landebahn einfliegen; neben einem perfekten Strand gehören Tennisplätze, Fahrrad-, Windsurf- und Bootsverleih zum Angebot, Doppelzimmer ab $ 485 pro Nacht inkl. Mahlzeiten; Tel. 946-7758, Fax 941-7010, www.meridianclub.com.

South Caicos

Ⓢ **South Caicos Ocean & Beach Resort**, das Hotel bietet durch seine Lage einen spektakulären Panoramablick über das gesamte Eiland und somit ideale Voraussetzungen zur Walbeobachtung (Jan. bis März) oder zum Verfolgen der South Caicos Regatta (Mai); ausgestattet mit Pool und Jacuzzi, Restaurant, Café, Besprechungsraum und Lounge; auf Tucker Hill, Tel. 946-3219, Fax 946-3508, www.oceanandbeachresort.com.

Mae's Bed & Breakfast, drei Zimmer u. Wäscheservice, Tel. 946-3207.

Salt Cay

ⓈⓈ **Castaway**, 4 Suiten mit bester Sicht auf Grand Turk und Cotton Cay, Bad und Küche, Walbeobachtung (Jan.-März), zwischen November und Januar treffen Zugvögel in großer Zahl auf Salt Cay ein; North Beach, Tel. 946-6977, www.castawayon-saltcay.com.

🅢 **Purple Conch Cottage**, nahe der für bis zu sechs Jachten geeigneten Anlegestelle „Deane's Dock" und der Restaurants „Island Thyme" und „Coral Cafe" gelegen, 2 Gästezimmer mit Küchenzeile für bis zu 6 Personen, Kinder unter 10 Jahren (höchstens 2) übernachten ohne Aufpreis im Zimmer der Eltern; North Beach, Tel. 888-319-5862, www.purpleconch.com.

Mount Pleasant Guest House, 7 Zimmer, preisgünstig, Tel. 946-6927, www.mountpleasantguesthouse.com.

Grand Turk

Grand Turk (Hauptinsel der Turks & Caicos) besitzt einige der ältesten Hotels der Inseln.

🅢🅢 **Grand Turk Inn**, 4-Sterne-Unterkunft in ehemaligem Methodisten-Pfarrhaus mit 5 Suiten, alle mit Klimaanlage, Küche, Kabel-TV, DVD-Player, W-LAN und Safe ausgestattet; Front Street, Tel. 946-2827, Fax 946-1066, www.grandturkinn.com.

Osprey Beach Hotel, 27 Zimmer mit Meeresblick und Küche, 10 weitere im angegliederten Guesthouse „Atrium" sind um einen Innenhof gruppiert, Kinder unter 16 Jahren übernachten im Zimmer der Eltern kostenlos, Tauchgänge werden vermittelt und „Beachside-Marriages" ausgerichtet; Duke Street 1, Tel. 946-2666, Fax 946-2817, www.ospreybeachhotel.com.

Salt Raker Inn, waschechtes Landgasthaus mit 9 Zimmern und einem üppig blühenden Garten, Restaurant und Gartenbar, nur einen kurzen Spaziergang vom Stadtzentrum entfernt, in der unmittelbaren Umgebung: Fahrrad- und Bootsverleih, Tauch- und Wassersport-Möglichkeiten; Duke Street, Tel. 946-2260, Fax 946-2263, www.saltrakerinn.com

🅢 **Manta House**, 3 Beach-Bungalows mit Küche und 3 Single-Suites im Guesthouse, allen Gästen steht das relaxte Strandrestaurant „Sandbar" offen, auch barfuß und ohne Hemd, Hausspezialität ist fangfrischer Fisch, Gruppen-Tauchgänge werden angeboten; Duke Street, Tel. 243-2666; www.grandturk-mantahouse.com.

Seabreeze Guesthouse, 1 Apartment mit 3 Schlafzimmern, Küche, Balkon und Meeresblick im ersten Stock, im Erdgeschoss befindet sich ein gemütlicher Gemeinschaftsraum mit Kabel-TV, DVD und Telefon; Wäscherei- und Zimmerservice auf Anfrage, Restaurants und Tauchbasis in der unmittelbaren Umgebung; Duke Street, Tel./Fax 946-1594, www.seabreeze.tc.

Turk's Head Mansion, Haus aus dem Jahr 1850, 8 Suiten mit Dusche, Restaurant; Duke Street, Tel. 231-2849, www.turksheadmansion.com.

6 PUERTO RICO

PUERTO RICO (☎ 001 787)

Neben Hotelunterkünften besteht auf Puerto Rico außerdem die Möglichkeit, in *Paradores* zu übernachten. Das sind einfache Landherbergen mit typisch puertoricanischer Küche, die auch in den *Mesones Gastronómicos* zu finden ist.

🅢🅢🅢 **Ritz Carlton Reserve Dorado Beach**, luxuriöse Ferienanlage (eröffnet 2012) mit allen erdenklichen Service-Angeboten auf einem schönen, weiten Strandgelände, 1,2 Mio. Dollar Aqua-Park, Golf, Tennis etc., elegantes Gourmetlokal Mi Casa; Dorado (30 Min westl von San Juan), www.ritzcarlton.com. Zimmerpreise ab $1600/Nacht.

Sheraton Puerto Rico Convention Center Hotel & Casino, 481 Zimmer und 22 Suiten im Herzen des Konferenzzentrumviertels von San Juan; direkt beim Jachthafen und in Sichtweite des Kreuzfahrtterminals, zehn (Fahr-) Minuten vom Internationalen Flughafen und fünf Minuten von der historischen Altstadt von San Juan entfernt; Convention Center Boulevard 200, San Juan, Tel. 993-3500, Fax 993-3505, www.starwoodhotels.com.

Gran Meliá Resort Puerto Rico, luxuriöses 5-Sterne-Resort mit 18-Loch-Golfkurs von Designer-Legende Tom Kite; 486 Suiten und mehr als einem halben Dutzend unterschiedlicher Restaurants; Coco Beach Blvd. 200, Río Grande, Tel. 809-1770, Fax 809-1785, www.gran-melia-puerto-rico.com.

El San Juan Resort & Casino, Ferienanlage direkt am Strand, Restaurants, Pool, Tennis, Clubraum mit Live-Music, Casino, 646 Apartments; Fort San Jeronimo, Pta. de Tierra, San Juan, Tel. 791-1000, www.hiltoncaribbean.com.

Horned Dorset Primavera Suites, Mitglied von „Relais & Chateau", höchster Komfort, ganz im Wes-

ten Puerto Ricos; Apartado 1132, Rincón, Tel. (800) 633-1857, Fax 823-5580, www.horneddorset.com.
Sheraton Old San Juan Hotel & Casino, Video, Tennis, Pools, Health Center, Restaurants, größtes Casino in der Karibik, Clubräume, Shows; Isla Verde, San Juan, Tel. 721-5100, Fax 721-1111, www.sheratonoldsanjuan.com.
Mayagüez Resort & Casino, Strand, Pool, Tennis in idyllischer Gartenanlage, ausgezeichnete Küche, Golf, Casino, Fitness; Rt. 2, Mayagüez, Tel. 832-3030, Fax 265-3020, www.mayaguezresort.com.
Ponce Hilton & Casino, 153 Zi. an der La Guancha Beach, Casino, Restaurants und alle Annehmlichkeiten, Golfplatz; Caribe Ave. 1150, Tel. 259-7676, Fax. 259-7674, www.hiltoncaribbean.com.

🐑🐑 **Copamarina Beach**, 106 Zimmer mit Meerblick, ruhig und attraktiv, gutes Restaurant, Wassersport; an der Südwestküste, Guánica, Tel. 821-0505, Fax 821-0070, reservations@copamarina.com, www.copamarina.com.
Caribe Playa Beach Resort, das Strandmotel verfügt über 32 Zimmer und ein Restaurant; Patillas, Tel. 839-6339, Fax (001 212) 918-9131, www.caribeplaya.com.
El Conquistador Resort & Golden Door Spa, nahe des Nationalparks El Yunque gelegenes, spektakuläres Kliff- und Strandresort mit Spielbank und 900 gut ausgestatteten Apartments in fünf architektonisch ganz unterschiedlich gestalteten „Villas", Hotelgäste können innerhalb von nur 8 Minuten mit hoteleigenen Katamaranen zur Palomino Insel übersetzen, Kinder und Jugendliche dürfen im nahen Coqui Wasserpark nach Herzenslust toben und plantschen; El Conquistador Avenue 1000, Fajardo, Tel. 863-1000, www.elconresort.com.

🐑 **En Canario by the Lagoon**, 44 Zimmer mit Bad und Klimaanlage ausgestattet, WLan gratis; 1317 Ashford Ave., San Juan. Tel. 722-5058, Fax 723-8590, www.canariohotels.com/lagoon.htm.
Condado Plaza, Strand, Pool, Fitness Center, Casino, Tennis, Wassersport, Restaurants; 999 Ashford, Condado, San Juan, Tel. 721-1000, Fax 722-7955, www.condadoplaza.com.
PARADORES: **Hacienda Gripiñas**, Rte. 527, Km 2,5, Jayuya, Tel. 721-2884, 828-1717, Fax 828-1719, www.haciendagripinas.tripod.com.
Die Puerto Rico Hotel Association unterhält zu den Unterkünften der Insel ein alphabetisch geordnetes Nachschlagewerk im Internet: www.prhta.org.

Vieques Island

🐑🐑🐑 **W Retreat & Spa**, Strandresort mit 157 luxuriös ausgestatteten Apartments und exzellentem Restaurant; State Road 200, Km 3,2, Tel. 741-4100, Fax 741-4210, www.starwoodhotels.com.

7 DOMINIKANISCHE REPUBLIK

DOMINIKANISCHE REPUBLIK
(☎ 001 809)

Santo Domingo

🐑🐑🐑 **Renaissance Jaragua Resort & Casino**, nahe beim historischen Zentrum, 300 erstklassige Gästezimmer; 367 Avenida George Washington, Tel. 221-2222, Fax 686-0528, www.mariott.com.
JW Marriott, im Juli 2014 über dem Einkaufszentrum Blue Mall eröffnetes Luxus- und Businesshotel mit 122 Zimmern und 28 Suiten, 15 Stockwerke und Parklevel, 93 Av. Winston Churchill, Ensache Piantini, Tel. 807-1717.
Sheraton, 245 Zimmer und Suiten, 365 Sv. George Washington, Tel. 221-6666, Fax 221-1673, www.starwoodhotels.com.

🐑🐑 **Hostal Nicolás de Ovando**, 3 Herrenhäuser zu einem Boutique-Hotel verbunden, darunter der ehemalige Gouverneurssitz, Calle Las Damas, Tel. 685-9955, Fax 686-6890, www.accorhotels.com.
Palácio, Boutique-Hotel unter deutscher Leitung, zentrale Altstadtlage, vormals Residenz des früheren Präsidenten Buenventura Báez Méndez; 106 Calle Duarte, Tel. 682-4730, Fax 687-5535, www.hotel-palacio.com.
Hotel Francés, Boutique-Hotel, 19 Zimmer in bester Altstadtlage, Patio mit Restaurant, Calle Las Mercedes / Ecke Arz. Merino, Ciudad Colonial, Tel. 685-9331, Fax 685-1289, www.hotel-frances-santo-domingo.com.

Puerto Plata

🐑🐑🐑 **Casa Colonial Beach & Spa**, Luxushotel mit 50 Suiten, designed von Sarah Garcia, 2 Restaurants, darunter das vielfach pämierte *Lucia*, Tel. 320-3232, www.casacolonialhotel.com.

🍵 **Porto Fino Guest House**, alteingesessenes Gästehaus mit Pool, 20 Zimmer, Ave. Hermanas Mirabal 12, Tel 586-2858, Fax 586-5050.

Aparta-Hotel Lomar, relativ teuer, aber mit Pool und Meerblick, 18 Zimmer, Ave. Circunvalación, Tel. 320-8555, .

Hotel Castilla, Hotel nahe dem Zentralpark, 9 Zimmer, Calle José del Carmen Ariza 34, Tel. 809-586-7267.

🍵 **Hotel Condado**, einfaches, aber gepflegtes Haus mit Pool, 25 Zimmer, Av. Manolo Tavárez Justo 45, Tel. 586-3255.

Sosúa

🍵 **Sosúa by the Sea**, kleines Boutique-Strandhotel mit Tauchbasis; Calle Bruno Philips, Playa Chiquita, Sosúa, Tel. 571-3222, Fax 571-3020, www.sosuabythesea.com.

Cabarete

🍵 **Cabarete Beach Houses at Nanny Estates**, Apartments mit Patio oder Balkon zur See, 15 Min. vom Strand, Tel. 571-0744, Fax 571-0655, www.cabaretebeachhouses.com.

Punta Cana

🍵🍵🍵 **Eden Roc**, Luxusanlage aus 34 freistehenden Villen die an die Jack Nicklaus Golfcourses *The Mountain* und *Punta Espada* grenzt, Boulevard Principal Cap Cana, Tel. 695-5555, Fax 469-7470, www.edenroccapcana.com.

Punta Cana Resort & Club, lebhafte Anlage mit mehreren Hotels und 80 m langem Strand, Pauschalangebote, kein All-Inclusive, nach Hurricane 2004 von Grund auf renoviert; Tel. 959-2262, Fax 687-3951, www.puntacana.com.

Club Méditerranée, auf Familien mit Kindern ausgerichtet, großes Sportangebot, am Rand des Urwalds; Higüey, Tel. 686-5500, Fax 959-5287, Tel. (D) 01803-001904, www.clubmed.com.

La Romana

🍵🍵🍵 **Casa de Campo**, ein Resort so groß wie der Kleinstaat Monaco, auf über 3000 Hektar Land finden neben einem weltweit bekannten Polo-Gelände außerdem auch 3 Golf- und 13 Tennisplätze, 14 Pools und eine private Landebahn Platz, lateinamerikanisches Flair, künstlich aufgeschutteter Strand, exklusivste Hotelanlage des Landes, 279 Apartments; Tel. 200-1304, www.casadecampo.com.do.

🍵🍵 **Iberostar Hacienda Dominicus**, All-Inclusive-Resort mit vielfältigem Sport- und Freizeitangebot; Bayahibe, La Romana, Tel. 686-3600, Fax 221-0921, www.iberostar.com.

Samaná / Las Galeras

🍵🍵 **Grand Paradise Samaná**, gutes Strandhotel mit Tauchbasis, Whirlpools, Windsurf- u. Bootsverleih, 248 Zimmer und 50 Bungalows, All-inclusive; Las Galeras, Samaná, Tel. 538-0020, Fax 538-0040, www.amhsamarina.com.

8 HAÏTI

HAÏTI (☎ 00 509)

👉 Das Außenministerium Österreichs in Wien (www.bmeia.gv.at) und das Auswärtige Amt (www.auswaertiges-amt.de) in Berlin, sowie das Eidgenössische Departement für auswärtige Angelegenheiten in der Schweiz (www.eda.admin.ch) warnen vor Urlaubsreisen nach Haïti. Der abgeschirmte Kreuzfahrthafen Labadie (Labadee) gilt jedoch als sicher.

Hintergrund: Am 12. Januar 2010 hat ein schweres Erdbeben in Haïti hunderttausende vom Todesopfern und Verletzten gefordert und massive Schäden angerichtet. Am schwersten getroffen wurden Port-au-Prince und Umgebung. Der Wiederaufbau wird Jahre in Anspruch nehmen. Wie schon vor dem Erdbeben funktionieren die öffentlichen Institutionen schlecht, die Sicherheitslage bleibt prekär. Es besteht Seuchengefahr. Die Infrastruktur funktioniert weiterhin nur eingeschränkt.

🍵🍵 **Hotel Oloffson**, berühmtes wiedereröffnetes Grand Hotel, das für Graham Greenes Roman *Die Stunde der Komödianten* (verfilmt mit Liz Taylor u. Richard Burton) Pate stand; viel viktorianischer Charme, Swimming Pool, üppige Gärten, gutes Restaurant; der Besitzer Richard Morse ist ein bekannter Musiker, der hier oft donnerstagabends mit seiner Band RAM auftritt, Bar und Veranda sind bei

Journalisten aus aller Welt beliebt; 60 Avenue Christophe, Port-au-Prince, Tel. 3810-4000, hotela@hoteloloffson.com, http://hotelolofsson.com.

Le Plaza, 104 Zimmer, Bar, Restaurant, Casino und Pool, in der Innenstadt; 10 Rue Capois, Champs de Mars, Port-au-Prince, Tel. 2814-6000, www.plaza-haiti.com.

Kinam Hotel, wunderschönes Kolonialgebäude mit 40 geschmackvoll eingerichteten Zimmern, Restaurant, Bar und Pool; Place St. Pierre, Pétion-Ville, Tel. 2944-6000 und 2815-8000, info@hotelkinam.com, www.hotelkinam.com.

Moulin Sur Mer, 68 Zimmer mit Klimaanlage, Sportangebot, Pool, Restaurant, Strandbar; Route Nationale No. 1, Km 77, Montrouis, La Gonave Bay, Tel. 2813-1042 und 2813-1043, info@moulinsurmer.com, www.moulinsurmer.com.

🟢 **Visa Lodge**, 38 Zimmer mit Klimaanlage, 2 Restaurants; Route des Nîmes (Straße zum Flughafen), Port-au-Prince, Tel. 2813-0777 und 2812-2816, servius@visalodge.com, .

9 JAMAIKA

JAMAIKA (☎ 001 876)

Jamaika verfügt über verschiedenste Unterkünfte, von anerkannten Ferienzentren, Hotels, einfache Pensionen bis zu luxuriösen Villen mit zuvorkommendem Service. Achtung: Zimmersteuer von US $4-$12 täglich wird auf den Zimmerpreis aufgeschlagen, dazu kommt noch ein Bedienungszuschlag von 10-15%. Preislich besser überschaubar sind hingegen All inclusive-Angebote.

Montego Bay

🟢🟢🟢 **Half Moon Rock Resort**, 398 Zimmer, das Non-plus-Ultra lässt keine Wünsche offen; Montego Bay, Tel. (888) 830-5974, www.halfmoon.com.

RIU Montego Bay, im September 2008 eröffnetes All-Inclusive in einem 40 000 m² großen Garten direkt an der Mahoe Bay, nur ca. 2,7 km zum Flughafen von Montego Bay; Montego Bay, Tel. 940-8010 Fax 940-8015, hotel.montegobay@riu.com, www.riu.com.

Round Hill Hotel & Villas, rund um ein Herrenhaus aus dem 18. Jh.; John Pringle Drive, Montego Bay, Tel. 956-7050, in Deutschland 09123-966

2720, Fax 956-7505, www.roundhilljamaica.com.

Holiday Inn SunSpree Resort, wurde März 2005 renoviert und neu eröffnet, 524 Zimmer, 3 Restaurants, herrliche Pools, bis zu 2 Kinder unter 12 Jahren frei im Zimmer der Eltern; Tel. 953-2485, Fax 940-8426. www.carribeanhi.com.

Sandals Royal Caribbean, das Hotel akzeptiert nur Paare als Gäste, keine Singles, keine Kinder unter 16 Jahren, Butler-Suiten; Mahole Bay, Tel. 953-2231, Fax 953-2788, Infos u. Reservierung für alle Sandals Hotels in Deutschland: kostenfrei 0800-5892302, www.sandals.com.

🟢🟢 **Iberostar Rose Hall Beach**, in Bestlage an einem herrlichen weißen Sandstrand, der von der Lobby und den meisten Gästezimmern überblickt werden kann, Mindestaufenthalt 3 Nächte, zum Flughafen nur 20 Minuten Fahrtzeit; Montego Bay, Tel. 680-0000, Fax 953-8019, pr.beach@iberostar.com.jm, www.iberostar.com.

🟢 **Caribic House**, 17 einfache Zimmer, am „Hip Strip", 69 Gloucester Ave., White Sands Beach, Montego Bay, Tel. 979-9387/8, Fax 979-3421.

Ocho Ríos

🟢🟢🟢 **Jewel Dunn's River Beach Resort & Spa**, (vormals Sandals Dunn's River Resort), das All-Inclusive Hotel richtet sich gezielt an Paare und umfasst 6 Restaurants, 5 Bars, 2 Swimmingpools, Tennisplätze, einen Golfplatz, Fitnesscenter und Souvenirgeschäft; das Resort verfügt über 250 Zimmer und wurde zum 1. September 2010 wiedereröffnet; Mammee Bay, Ocho Rios, Tel. 972-7400, Fax 972-7400, infodunnsriver@jewelresorts.com, www.jeweldunnsriverresort.com.

Couples Tower Isles (vormals: Couples Ocho Ríos), wurde 2009 neu eröffnet, nur für Paare, All-Inclusive, 226 Zimmer, 6 Restaurants, 4 Pools, Privat-Inselchen für FKK-Anhänger; Ocho Ríos, Tel. 975- 4271, Fax 975-4439, www.couples.com, www.couplesresorts.com.

RIU Clubhotel Ocho Rios, Resort direkt am Strand auf weitläufigem Areal, zwei 6-stöckige Gebäudeflügel und ein 5-stöckiger Trakt, 105 km zum Flughafen Montego Bay, 10 km bis Ochos Rios; Mammee Bay, St. Ann, Ocho Rios Tel. 972-7200, Fax 972-2203, clubhotel.ochorios@riu.com, www.riu.com.

🟢🟢 **Casa Maria Hotel**, ruhig, im Jamaika-Stil;

Port Maria, Tel. 725-0157 o. 831-1107, www.casa-mariahotel.net.
Hibiscus Lodge, 26 Zimmer, Main Street 83, Ocho Ríos, St. Ann, Tel. 974-2676, Fax 974-1874, www.hibiscusjamaica.com.

Port Antonio

☺☺ **Hotel Mocking Bird Hill**, stilvoll umgebaute Villa, 10 Zimmer, gutes Restaurant „Mille Fleurs", wechselnde Kunstausstellungen in der dazugehörigen Galerie „Carriacou"; 6 km östl. des Zentrums, Tel. 933-7134, www.hotelmockingbirdhill.com.
Goblin Hill Villas, Appartements in der ländlichen Umgebung eines 280 ha großen Grundstück, Pool, Tennis, Babysitting; in San San, Tel. 993-7443, Fax 925-6248, www.goblinhillvillas.com.
Jamaica Palace Hotel, 80 mit Antiquitäten eingerichtete Suiten, neoklassizistischer Prachtbau in Weiß, vom Feinsten; Port Antonio, Tel. 993-7720, Fax 993-7759, www.jamaica-palacehotel.com.
Admiralty Club & Marina, einstmals Errol Flynns Insel; Navy Island, Port Antonio, Tel. 993-2667.

☺ **De Montevins Lodge**, Bauwerk in viktorianischem und jamaikanischem Stilmix; 21 Fort George Street, Tel. 993-2604, Fax 715-5987, demontevin@cwjamaica.com.

Kingston

☺☺☺ **The Courtleigh Hotel & Suites**, 127 Zimmer, in zentraler Lage im Finanzdistrikt, mit exzellentem Blick über die angrenzenden Berge, die Stadt und den Hafen von Kingston, Restaurant und Business-Center, kostenloser Internet-Zugang (WLAN) im ganzen Gebäude, nur 25 Minuten von Kingstons International Airport entfernt; 85 Knutsford Boulevard, Kingston 5 (New Kingston), Tel. 929-9000 und 936-3570, Fax 926-7744, sales@courtleigh.com, www.courtleigh.com.

☺☺ **Terra Nova All Suite Hotel**, das ehemalige Haus von Bob Marleys früherem Plattenproduzenten ist heute ein schönes Hotel; All inclusive, 17 Waterloo Road, Kingston 10, Tel. 926-2211, Fax 929-4933, info@terranovajamaica.com, www.terranovajamaica.com.

☺ **Hotel Four Seasons**, 76 Zimmer, neuer Pool, unter deutschem Management; 18 Ruthven Road,

Kingston 10, Tel. 929-7655, Fax 929-5964, www.hotelfourseasonsjam.com.

Mandeville / Südküste

Hier sind Unterkünfte und Mahlzeiten noch relativ preiswert.
☺☺☺ **Jakes Hotel, Villas & Spa**, 15 von Sally Henzell individuell gestaltete Bungalows mit Meeresblick, teils direkt am Strand; Calabash Bay, Treasure Beach, Tel. (001 877) 526-2428, Fax (001 876) 965-3000, www.jakeshotel.com.

☺☺ **Mandeville Hotel**, liegt mitten in Mandeville, wird vom Besitzer des Astra-Hotels geleitet; Mandeville, Tel. 962-9764, Fax 962-0700, www.mandevillehoteljamaica.com.
Treasure Beach Hotel, besonders zu empfehlen, Zimmer in Meeresnähe, herrliche Ruhe; St. Elizabeth, Black River, Tel. 965-0110, Fax 965-2544, www.jamaicatreasurebeachhotel.com.
Marblue Villa Suites, überschaubare, inhabergeführte und mehrfach preisgekrönte Anlage mit 5 großzügig ausgestatteten „One Bedroom Villas"; Calabash Bay, Treasure Beach, St. Elizabeth, Tel. 965-3408, www.marblue.com.

Clarendon

☺ **Milk River Spa Hotel**, Hotel und Heilbad mit dem „radioaktivsten Mineralwasser der Welt", 20 Gästezimmer, 6 Pools; Claredon, Tel. 610-7745, hotelmilkriver@yahoo.com.

Negril

☺☺☺ **Sandals Negril Resort & Spa**, romantisch, für Paare, Kinder ab 16, All-Inclusive; Norman Manley Blvd., Tel. 957-5216, Fax 957-5338, www.sandals.com.
Breezes Grand Negril, luxuriös, alles inklusive, mit Disco und Theater, 210 Zimmer; Norman Manley Boulevard, Tel. 957-5010, www.breezes.com.
Hedonism II, „Spielcamp" für Erwachsene, Inklusivpreise, mit FKK-Volleyball und nicht gerade jugendfreien Wettbewerben; Tel. 001 631 588-4336, www.hedonism.com.
RIU Palace Tropical Bay, die in viktorianischem Kolonialstil erbaute Anlage wird von einem 47 000 m² großen Garten umgeben; Bloody Bay Beach, Norman Manley Boulevard, Tel. 957-5900 Fax 957-

5727, hotel.tropicalbay@riu.com, www.riu.com.

Grand Pineapple Beach Resort, All inclusive-Hotel mit 65 Zimmern, Restaurant, Pool, Tennis und Sport; Norman Manley Blvd., Tel. 846-3290, www.grandpineapple.com.

Negril Tree House, Strandhotel mit breitem Angebot an Wassersport; Tel. 957-4287, info@negriltreehouse.com, www.negriltreehouse.com.

Bar-B-Barn, familienfreundliche Strandbungalows mit Kochnischen; Norman Manley Blvd., 957-4755, Fax 957-4679, bar-b-barn@cwjamaica.com, www.barbbam.com.

10 CAYMAN ISLANDS

CAYMAN ISLANDS (☎ 001 345)

Grand Cayman

Casa Caribe, schönes Hotel an einem ruhigen Abschnit des Seven-Miles-Beach, Pool, Tennis; Tel. 945-4287, Fax 945-5151, vacations@casacaribe.ky,www.casacaribe.ky.

The Colonial Club, Kochnischen, Tennis, Pool, Strand; Tel. 945-4660, Fax 945-4839, colclub@candw.ky, www.thecolonialclub.com.

Grand Cayman Beach Suites, schönstes Hotel der Insel, mehrere Pools, Wassersport, 18-Loch-Golfplatz, Tennisplätze und Grill-Restaurants; Seven Mile Beach, Tel. 949-1234, Fax 949-8528, reservations@gcbs.ky, www.grand-cayman-beach-suites.com.

London House, Kochnischen, Pool, Strand; Seven Mile Beach, Tel. 945-4060, Fax 945-6314, info@londonhouse.ky, www.londonhouse.ky.

Grand Cayman Marriott Beach Resort, Luxus-Hotel in kolonialem Stil, alle 309 großzügigen Zimmer mit Balkon, Strand, Pool mit Bar, Fitness Center und vielfältiges Angebot an Wassersport; Seven Mile Beach, Tel. 949-0088, Fax 949-0288, www.marriott.com.

Treasure Island Resort, Pools, Tennis, Nachtclub, erstklassige Küche; Tel. 992-2015, in Deutschland 069-38078 9650, www.treasureislandresort-grcayman.com.

Sunset House, Grand Caymans einzige Unterkunft von Tauchern für Taucher, die Strandbar ist der beliebteste Treffpunkt der Insel; Georgetown,

Tel. 949-7111, Fax 949-7101, sunsethouse@sunsethouse.com, www.sunsethouse.com.

Cayman Brac

Brac Reef Beach Resort, Pool, Strand, Tauchen; Tel. 948-1323, info@bracreef.com, www.bracreef.com.

Little Cayman

McCoy's Diving and Fishing Lodge, 8 Zimmer, Vollpension; an Little Caymans Nordküste, Tel. 926-0104, Fax 948-0057, www.mccoyslodge.com.ky.

Southern Cross Club, Fischen, Tauchen, 10 Zimmer, Vollpension; Tel. (619) 563-0017, Fax (619) 563-1665, info@southerncrossclub.com, www.southerncrossclub.com.

Pirate's Point Resort, 11 Zimmer, Meeräschen- u. Hochsee-Fischen, Tel. 948-1010, Fax 948-1011, pirate@candw.ky, www.piratespointresort.com.

11 KUBA

KUBA (☎ 0053)

Havanna (☎ 07)

Nacional de Cuba, renoviertes Prachthotel aus den 1930er-Jahren mit 426 Zimmern und 17 Suiten, Restaurants, Bars, Shoppingcenter, Pools, Tennisplatz; Calle O, Esquina 21, Vedado, Tel. 836-3564 bis 836-3567, Fax 873-5171, www.gran-caribe.com.

Habana Riviera, ehemaliges Meyer-Lanski-Mafia-Hotel von 1957, in dem sich heute u.a. eine beliebte Spielstätte Kubanischer Bands, der Copa Room (vormals Palácio de la Salsa) befindet; mit Cafeteria am Pool und elegantem Restaurant L'Aiglon; Ecke Malécon und Avenida Paseo, Vedado, Tel. 836-3564, www.gran-caribe.com.

Mercure Sevilla Havana, Trocadero Nr. 55, zwischen Zulueta und Prado, Habana Vieja, Tel. 860-8560, Fax 861-6565, www.mercure.com.

Hostal Valencia, Stadthaus in kolonialem Baustil, früher Sitz des Stadtrats Soto Longo, 14 preiswerte Zimmer und familiäre Atmosphäre; Calle Oficios Nr. 53, Ecke Obrapía, Habana Vieja, Tel. 867-

1037, Fax 860-5628, www.habaguanexhotels.com.
Colina, Jugendherberge in zentraler Lage vis-a-vis
der Universität von Havanna; Calle L / Ecke Calle
Jovellar, Vedado, Tel. 836-4071, Fax 833-4104, di-
rector@colina. hor.tur.cu.
Weitere **B&B** in Havanna unter www.cubaaccomo-
tation.com.

Playa del Este (☎ 07)

Nur 18 km außerhalb des Zentrums von Havanna
entfernt liegen 7 Badebuchten mit weißen Stränden.

☺☺ **Tropicoco Horizontes**, modernes Haus mit
188 Zimmern, etwas altmodisch, Disko, 4 Restaurants, Tennis und Mietwagenverleih; Avenida Sur
und Avenida de Las Terrazas, Santa María del Mar,
Tel. 797-1371, recepcion@htropicoco.hot.tur.cu.

☺ **Villa Armonía (Tarará)**, Hotel mit Schönheits-
farm, Kursen zum Stressabbau und Komfortbunga-
lows; 83 Zimmer, 2004 renoviert, Playa Tarará, Vía
Blanca, Tel. 961-526, Fax 961-735.

Cayo Largo (☎ 045)

☺☺☺ **Gran Caribe Playa Planca**, auf der Isla de
la Juventad gelegen, 2012 kamen hölzerne Villen
hinzu, Tel. 248-080, Fax 248-088, www.meliacuba.
com.

☺☺ **Sol Pelícano**, All inclusive-Bungalows im
Kolonialstil, hoteleigener Badestrand, italienisches
Restaurant und Nachtclub. Reitausflüge am Strand;
Cayo Largo del Sur, Tel. 248-333, Fax 248-243,
www.melia.com.

Varadero (☎ 045)

☺☺☺ **Barceló Solymar Arenas Blancas**, an
der Nordküste der Provinz Matanzas gelegen,
garantiert feiner Sand und kristallklares Wasser,
gegenüber des Strandes von Varadero; Calle 64 /
Ecke 1 RA Av. (Autopista), Tel. 614-450 bis 614-459,
Fax 614-490 u. 611-832, Zentrale Reservierung aus
Deutschland Tel. 080 777-7373, sac2@barcelo.com,
www.barcelo.com.

Iberostar Varadero, 386 Zimmer, Wellness-Be-
reich und Spa, vorzügliche Restaurants, breites Angebot an Wassersportgeräten; Carretera Las Morlas,

km 16, Matanzas, Tel. 669-999, reservas@iberostar.
co.cu, www.iberostar.com.

☺☺ **Hotel Islazul Los Delfines**, historisches
Hotel mitten im Seebad Varadero; Av. de la Playa /
Ecke Calle 39, Varadero, Tel. 667-720, Fax 667-727,
www.islazul.cu.

Cienfuegos (☎ 043)

☺☺☺ **Jagua**, in den 1950er-Jahren von einem
Bruder des Diktators Batista erbautes Strandhotel,
144 Zimmer, 2 Restaurants, Pool, eigene Mole und
Nachtclub Guanaroca,;Punta Gorda, Tel. 551-003,
Fax 551-245, reservas@jagua.co.cu, www.hotelja-
gua.co.cu.
☺☺ **Club Amigo Rancho Luna**, am Strand von
Rancho Luna gelegen, 268 Zimmer, breites Angebot
an Wassersportmöglichkeiten; Carretera Rancho
Luna, Km 18, Cienfuegos, Tel. 548-030 und 548-034.

Trinidad (☎ 041)

STRANDHOTELS HALBINSEL ANCÓN: ☺☺☺ **Hotel
Ancón** (Gran Caribe), ausgedehnter Sandstrand,
Marina Ancón nebenan, 12 km von Trinidad, 279
Zimmer; Carretera María Aguilar, Playa Ancón, Tel.
996-120, reserva@ancon.gca.tur.cu.
Daneben: **Hotel Brisas Trinidad del Mar**, All-
Inclusiv; Península Ancón, Trinidad, Tel. 996-500 bis
996-507, Fax 996-565, www.hotelescubana.com.

☺☺ **Gaviota Kurhotel Escambray**, das Hotel
liegt 800 Meter über dem Meeresspiegel, im Gebirgsmassiv von Escambray; die Stadt Trinidad, der
Badestrand Ancón und die Wasserfälle von Guana-
yara und Caburní sind von hier aus gut zu erreichen;
Topes de Collantes, Sierra del Escambray, Sancti
Spíritus, Tel./Fax (042) 540-117 und (041) 540-231,
comercial@topescom.co.cu.
Club Amigo Costasur, am Strand María Aguilar
gelegen, bietet das Costasur guten Service und vielfältige Wassersportmöglichkeiten, beispielsweise
Schnorcheln, Tauchen oder Hochseefischen im benachbarten Key Cayo Blanco; Playa María Aguilar,
Península Ancón, Trinidad, Sancti Spíritus, Tel. 996-
174 bis 996-174, reservas@costasur.co.cu.

☺ **Los Helechos**, wie das Kurhotel Escambray auf
800 Meter ü. M. im Gebirgsmassiv von Escambray
gelegen; Nationalpark Topes de Collantes, Sierra

267

del Escambray, Sancti Spíritus, Tel. 995-200, comercial@topescom.co.cu.

Las Cuevas, nur wenige Schritte vom historischen Zentrum Trinidads entfernt, auch der Badestrand María Aguilar kann in wenigen Gehminuten erreicht werden, die Zimmer bieten einem Blick auf die Karibische See, nach Sonnenuntergang schwoft man in der hoteleigenen Diskothek; Finca Santa Ana, Trinidad, Sancti Spíritus, Tel. 996-133 bis 996-135, Fax 996-161, reservas@cuevas.co.cu.

La Ronda, zentral gelegen ist das Hotel La Ronda ein idealer Ausgangspunkt um das Leben in der historischen Altstadt ausgiebig zu studieren; Calle José Martí 45, Trinidad, Sancti Spíritus, Tel. 993-434.

Holguín (☎ 024)

🟢🟢🟢 **Hotel Playa Pesquero**, bestes Haus am Ort, sechs All-Inklusiv-Restaurants, feinsandiger Strand grenzt an die größte Hotelanlage Kubas (912 Zimmer) an; Playa Pesquero, Carretera Guardalavaca. Rafael Freyre, Tel. 433-530, Fax 433-535, www.gaviota-grupo.com.

Playa Costa Verde (ehem. Breezes), weitläufiges 5-Sterne-Resort mit drei unterschiedlichen Restaurants (All-Inclusiv), großzügig gestalteter Lobby, de facto-Privatstrand und mehreren Pools; Playa Pesquero, Municipio Rafael Freyre, Tel. 433-520, Fax 433-525, sales@playacostaverde.co.cu, www.gaviota-grupo.com

Blau Costa Verde Beach Resort (ehem. LTI), 4-Sterne-All-Inclusive-Resort in 36 000 m^2 großem tropischem Garten; Playa Pesquero, Municipio Rafael Freyre, Tel. 433-510, Fax 433-515, www.blau-hotels.com.

Paradisus Río de Oro Resort & Spa, im Naturpark Bahia de Naranjo, am Playa Esmeralda, an der Nordküste von Holguín gelegen, 5-Sterne-Öko-Resort mit „Ultra All Inclusive" und 354 Zimmern, nur für Erwachsene ab 18 Jahren; Carretera Guardalavaca, Tel. 430-090 bis 430-090, Fax 430-095, jefe.ventas.pro@meliacuba.com, www.solmeliacuba.de

🟢🟢 **Riu Playa Turquesa**, großzügige 4-Sterne-Anlage mit 531 Zimmern, Strand, Pools und Garten, All-Inklusiv, zahlreiche Gäste aus Kanada; Playa Yuraguanal, Rafael Freyre, Tel. 433-540, in Deutschland (0800) 723-4360, Fax 433-545, jefe.ventas@riuplayaturquesa.co.com, www.riu.com.